KB076271

전교조 초기 역사를 일군 교사 12인의 분투기

교육
열전

교육열전

2019년 5월 24일 처음 펴냄

엮은이 이주영
펴낸곳 (주)우리교육
펴낸이 신명철
편집 윤정현
영업 박철환
경영지원 이춘보
디자인 최희윤
등록 제 313-2001-52호
주소 03993 서울특별시 마포구 월드컵북로 6길 46
전화 02-3142-6770
팩스 02-3142-6772
홈페이지 www.uriedu.co.kr

ISBN 978-89-8040-885-6 03990

이 도서의 국립중앙도서관 출판시도서목록(CIP)은
서지정보유통지원시스템 홈페이지(http://seoji.nl.go.kr)에서 이용하실 수 있습니다.
(CIP 제어번호:CIP2019016587)

전교조 초기 역사를 일군 교사 12인의 분투기

교육
열전

이주영 엮음

우리교육

교육민주화 동지들을 되새기면서

이주영

윤영규, 이순덕, 배주영, 신용길, 길옥화, 정영상, 이광웅, 김덕일, 김종만, 김덕일, 박정오, 유상덕. 열두 분을 되새겨봅니다. 교육민주화운동을 일으키는 데 앞장서신 분들입니다. 참교육 실천을 위해 온몸으로 부딪치다 먼저 가셨지요. 이렇게 먼저 간 사람들 이름을 기억하고, 그들이 했던 일을 기억하는 일은 그 뜻을 잊지 않겠다는 다짐이고, 그 뜻을 이어가겠다는 약속이라고 할 수 있습니다. 아직 살아남아 있는 사람들이 져야 할 책임이기도 하겠지요.

올해는 전교조 결성 30주년이 되는 해입니다. 교육민주화운동의 첫 외침이라고 할 수 있는 '우리의 교육지표(1978.6.27.)'부터 따지면 41주년이 됩니다. 강산이 서너 번이나 바뀌는 세월입니다. 그 세월을 거치면서 수많은 교사가 교육민주화 싸움에 나섰습니다. 나는 1977년에 교사로 첫 발령을 받았고, 1978년부터 교육민주화 싸움에 들어섰습니다. 나는 그 긴 싸움의 길에서 많은 동지가 몸과 마음을 다치고 쫓겨나고 감옥에 가고 심지어 돌아가시는 모습까지 지켜봐야 했습니다. 그런데 나는 아직 살아있습니다. 부끄럽게도.

어떤 사람들이 말합니다. 어떤 교사들이 묻습니다. 그렇게 오랫동안 교육민주화를 위해서 싸웠는데 지금 남은 것이 무엇이냐고, 무엇 하나 바뀐 게 있느냐고, 30~40년 전이나 지금이나 똑같은 거 아니냐고. 그런 질문을 받을 때마다 화가 납니다. 그런 질문은 곧 당신들이 교육민주화를 위해 뭘 했다고 하는데 실제로 한 게 뭐가 있느냐는 질문이니까요. 교육 현장을 요만큼이나마 바꾸는 데 수많은 동지가 죽어갔는데 그분들 희생을 아무런 가치가 없는 것으로 만드는 말이니까요.

정말 우리 교육 현장이 민주주의라는 관점에서 볼 때 1978년보다 조금도 바뀐 게 없을까요? 1989년보다 나아진 게 없을까요? 1999년보다 달라진 게 없을까요? 2009년보다 좋아진 게 없단 말인가요? 40년 전 학교에서 교장은 곧 법이었습니다. 신규 발령 교사는 교장 댁에 가서 절을 하고, 설이면 교무실에 모여서 세배를 드리기도 했습니다. 1989년에는 전교조에 참여했다고 경찰봉에 두들겨 맞으면서 경찰서에 끌려갔고, 1600여 명이 해직당하고, 3만여 명이 굴욕을 당하면서 탈퇴서에 도장을 찍어야 했습니다.

요즘도 교장한테 세배하러 가자고 하는 교사가 있나요? 전교조에 가입했다고 탈퇴서를 강요할 수 있나요? 숙직해야 하나요? 토요일과 일요일 당직을 해야 하나요? 가짜 교수학습계획서를 매주 써야 하나요? 초중고 교사 임금 차별이 있나요? 군이나 도 학력고사나 일제고사 보고 나서 아이들 시험지 채점을 조작하라는 강요를 받나요? 촌지 안 받고 안 준다고 왕따당하는 교사 있나요? 감오장천(교감 되려면 오백만 원 상납하고 교장 되려면 천만 원 상납해야 한다는 말)이라는 말이 들려오나요? 이 밖에도 무수한 변화와 발전이 있었습니다. 교육민주화운동으로 무엇이 어떻게 얼마나 바뀌었는가를 쓰라고 하면 책으로 몇 권이라도 쓸 수 있습니다.

물론 아직도 교육의 본질에 맞는 교육으로 제대로 바뀌었다고 말할 수 없습니다. 여전히 교육 현장에 교사에 대한 억압이 존재하고 교권을 짓밟히는 일이 많습니다. 그러나 40년 전보다 30년 전보다 20년 전보다

10년 전보다 교육민주화라는 관점에서 보면 훨씬 나아지고 있습니다. 지금은 그 민주화를 얼마나 올바르게 활용할 수 있느냐를 고민해야 할 때라고도 할 수 있습니다. 교원들의 교육사에 대한 무지와 이기주의 때문에 교육민주화가 오히려 퇴행하는 경우도 봅니다.

교육민주화를 위해 싸우다 먼저 가신 동지들한테 부끄럽습니다. 살아남은 네가 무엇을 어떻게 하고 있기에 우리가 죽음으로 일궈낸 한 걸음 한 걸음, 그 피맺힌 발걸음을 이리도 가치 없게 만들고 있느냐고 야단치는 말씀이 들리는 듯합니다. 이 책에 담지 못한 더 많은 분이 내지르는 외침이 들립니다. 그래서 교육민주화를 위해 앞서다 먼저 가신 분들 이야기, 그 외침을 조금이라도 기록으로 남기고 싶었습니다. 그래야 내가 죽어서 동지들을 만났을 때 조금이라도 덜 부끄러울 것 같아서입니다. 쓸데없이 기록으로 남겼다고 야단맞을지라도 말입니다.

이 책이 먼저 간 동지들을 기억하는 길이면서 동시에 앞으로도 계속 나와야 할 교육민주화 동지들에게 드리는 작은 선물이 되었으면 합니다. 민주교육의 본질에 맞는 참된 교육을 위한 길, 겨레를 살리는 민족교육의 길, 아이들을 살리는 인간교육의 길, 그 길을 손 잡고 열어가야 할 새로운 민주교사들한테 교육민주화 역사를 되새겨보는 기록이 되었으면 합니다. 이 기록을 만들기 위해 함께해주신 많은 분. 2016년부터 3년 동안 열두 번의 좌담 자리마다 같이 다니고, 녹취해서 풀어준 우리교육 신명철 사장, 어려운 가운데서도 잘 만들어준 우리교육 직원들에게 고맙다는 말씀을 드립니다.

대한민국 101년 2019. 5. 10.
우리의 교육지표 선언 41주년과
전국교직원노동조합 결성 30주년을 맞으면서

전교조 서른 돌과
《교육열전》 발간을 자축합니다

권정오(전국교직원노동조합 위원장)

1990년 2월 어느 날.

1989년 7월부터 9월까지 진행된 교육대학살의 기억으로 남몰래 흘린 눈물이 말라갈 즈음 또 한 번 우리 가슴을 울리는 아픈 소식이 경북 청송에서 날아왔습니다.

배낭에 전교조 신문을 하나 가득 넣고 학교 현장을 누비며 전교조 합법화와 해직 교사 복직 투쟁에 매진하던 해직 교사 한 분이 운명하셨다는 소식에 모든 조합원의 가슴이 한순간에 얼어붙었습니다.

배주영 선생님.

20대 젊은 해직 교사가 갑작스러운 사고로 운명했다는 소식에 전국의 많은 해직 교사가 안동 장례식장으로 달려갔던 기억이 어제 일처럼 생생합니다.

《교육열전》 원고를 책상에 쌓아놓고 틈틈이 기록을 읽었습니다. 아니 기록이라기보다는 옛 동지들의 흔적을 다시 새겼습니다. 아직은 책이 되지 못한 채 흰 복사지에 프린트된 열두 분의 이름 속에서 다시 배주영 선생님을 만납니다. 저와는 일면식도 없는 분이지만 전교조라는 이름으로 동지가 되어 전교조 출발 시기에 만난 가장 아픈 이름입니다.

《교육열전》에는 전교조의 출범 이전과 이후 교육운동의 씨앗을 뿌렸고 심지어는 자신의 생명까지 바친 열두 분에 관한 기록이 수록되었습니다. 몇 분은 이름만 들으면 아는 분이지만 또 몇 분은 화려하지는 않았으되 진정을 다해 교육운동에 매진했던 분들로, 30년 전교조의 주춧돌을 놓고 그 전교조를 생명처럼 사랑했던 숨결이 고스란히 담겼습니다.

89년 전교조가 결성된 이후, 아니 전교조의 정신적 뿌리였던 광주민주화운동 이후 모든 교육민주화운동의 역사에서 수많은 선생님의 헌신과 희생이 오늘의 전교조를 만들었습니다.

2013년, 합법화 14년 만에 전교조가 다시 법외노조라는 가시밭길을 선택할 수 있었던 근저에는 전교조를 태동시키고 성장시키는데 바쳐진 수많은 분의 정신이 전국교직원노동조합이라는 이름과 함께 여전히 살아있기 때문입니다.

2019년.

전교조 결성 서른 돌을 맞는 역사적인 해에, 전교조 결성을 위해 자신의 생명까지 던졌던 우리 역사의 출발과도 같았던 분들의 삶을 책으로 엮어내게 된 것을 참으로 기쁘게 생각합니다. 이 책은 단순히 몇몇 사람의 삶을 넘어 전교조가 왜 결성되었고 어떻게 지속적인 탄압에도 불구하고 조직의 건강성을 지켜올 수 있었는지에 대한 증언이기도 합니다.

이 책이 세상에 나올 수 있었던 데에는 한 사람의 열정이 오롯이 숨어있습니다. 조직이 나서 해야 할 일임에도 이 일을 자신의 사명으로 여기고, 자료를 모으고 책으로 엮어내신 이주영 선생님의 열정이 책으로 엮인 것입니다. 그래서 숨겨진 열세 번째의 주인공은 이주영 선생님입니다.

《교육열전》이 여전히 법외노조 취소를 위해, 참교육 실현을 위해 싸우는 전국의 교육 동지들께 무한한 자긍심과 투쟁의 에너지로 승화될 수 있기를 기원합니다. 《교육열전》이 새로운 전교조 역사와 한국 교육의 미래를 열어가는 나침반이 되기를 희망합니다.

차례

윤영규

01_전교조 창립 2주년 기념 기자회견

02_89년 전교조 결성으로 구속

03_90년 부산대에서 열린 석방 환영 대회

전교조 합법화로
학교로 돌아간 선생님,
진지하고 밝다.

01, 02, 03_
광주인권상을 받은
아시아인권위원회의
바실 페르난도와 스리랑카에서
워크숍을 진행

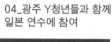

04_광주 Y청년들과 함께
일본 연수에 참여

5·18기념재단 이사장으로
광주 5·18묘역 참배,
청소년 기획자학교, 오슬로 연수 등
다양한 활동을 했다.

윤영규 선생님 삶을 기린
책과 추모제

1980년대 교사운동과 윤영규 선생님

김민곤(서울참교육동지회)

윤영규 선생은 1980년대 교사운동을 이끌었던 세 단체의 중심에서 활동하였다. 그 조직은 1982년 1월 결성한 한국YMCA중등교육자협의회(이후 Y교협), 1987년 9월 발족한 (민주교육추진) 전국교사협의회(이후 교협), 그리고 1989년 5월에 태어난 전국교직원노동조합(이후 전교조)이었다. 이 세 조직은 별개의 조직이 아니라 1980년대 교사대중운동이 발전하는 과정에서 한 뿌리에서 태어나 진화해간 단체다.

윤영규 선생(이후 선생)이 교사로 살았던 1970년대 유신체제와 1980년대 군부독재체제 아래 우리나라의 학교는 감옥이나 병영과 마찬가지로 그 자체가 하나의 폭력 기구로 기능했다. 통치의 기본 원리가 폭력인 국가에서 '인권을 바탕으로 하는 교육'을 공교육 체계 안에 구현하기는 불가능하다. 상명하복을 강요하던 학교에서 상당수 교사들은 자기도 모르게 폭력을 내면화하여 학생들 위에 군림하였고 대다수 교사들은 침묵과 굴종에 익숙한 말단 관료의 삶을 영위하였다.

1960년 4월 혁명 정국에 나타난 한국교원노조연합이 5·16군사정변 세력에게 처절하게 궤멸된 기억이 남아있던 교육 현장에서 교사들의 자주적인 결사나 활동은 교직 박탈과 형벌을 당할 수 있는 위험천만한 일이었다.

그러나 상황이 아무리 힘들다 하더라도 학생들 앞에서 진실을 추구하는 교사는 자기 내면에서 일어나는 진리와 정의를 향한 양심의 소리를 외면하기 어려운 법이다. 참사람으로 살고자 하는 이 교사들은 기존질서나 '기준을 수용하여 지키려고 하기보다는 차라리 새로운 기준을 생산하려 덤빈다.'(최진석, [아시아문화 통권21호])

유신독재가 한창 독기를 뿜어대던 1977년 광주에서는 4·19교원노조에 참여했던 이목 선생을 본받아 '광주교사조합' 결성을 추동하던 30대 초반의 교사들이 있었다. 그 중심은 대동고 역사교사 박석무였다. 양성우, 박행삼, 윤광장, 정규철, 김준태, 송문재, 임추섭, 정해숙, 박형민, 정해직 등 28명이 시차를 두고 결사했는데 모두 의협심이 대단했다. 이들은 선배 윤영규 선생을 기독교인이라고 처음에는 빼놓았다가 나중에 모임에 참여시켰다 한다. 선생을 포함하여 9명이 계를 했는데 모일 때마다 알리바이를 마련하기 위해 꼭 삼봉(화투놀이)을 쳤다. 이들은 자기들 모임을 '삼봉조합'이라 불렀다. 삼봉조합원 중 7명이 5·18광주민주화운동 관련으로 구속이 되어 고초를 당했고 1980년대 초에 일어난 광주지역 교사운동의 터전이 되었다.

전교조 광주지부장을 지낸 임추섭 선생의 증언이다.

"영규 성은 보기는 겁이 많아 보여도 대인의 풍모를 지녔어. 겁이 없어. 큰돈을 잘 써. 어려운 동료들 돕는 디 말이여. 1981년 Y교협 만들 때, 서울에서 유상덕이 와서 나랑 영규 성 집에 갔지. 그 어른이 거기서 맘먹고 교사운동에 본격적으로 나선 거여."

위의 증언처럼 선생이 교사운동에 처음 참여한 것은 전두환 내란 정권의 폭압이 서슬 퍼렇던 1981년, 부문운동으로 교사운동의 가능성을 모색하던 소수의 청년 교사들이 조심스럽게 한국기독청년회를 보호막으로 삼아 교사 조직을 만들어나갈 때였다. 선생은 5·18광주민주운동 기간 시민수습대책위원으로 활동하여 실형을 받고 교단에서 해직된 상태여서 1982년 2월 광주 Y교협을 창립했을 때 준회원으로 참여했다. 1983년 6월 나주중학교로 복직한 선생은 1986년 1월 한국 Y교협 제3대 회장을 맡고부터 차츰 교사운동의 중심에 서게 되었다. 1986년은 전두환 폭압 통치에 저항하는 민주화 요구(대통령 간선제 헌법 철폐 운동)의 목소리가 터져 나오기 시작한 해였다. 그 해는 교사운동도 그 일 년 전인 1985년에 일어난 '민중교육지 사건'으로 적지 않은 탄압을 받았음에도 불구하고 Y교협 조직이 전국으로 확산되고 있었다. 또 YWCA 사우회, 흥사단교육문화연구회, 민요연구회, 한국글쓰기교육연구회, 그리고 지역별 비공개 교사 모임들이 활성화되면서 대중세가 커지고 운동에 자신감이 붙어가던 시기였다.

선생이 Y교협 회장이 된 1986년 5월 10일 서울, 광주, 춘천, 부산에서 500여 명의 교사가 서명하고 집회를 통해 발표한 '교육민주화선언'은 1961년 한국교원노조연합 운동의 좌절 이후 나타난 최초의 공개적인 교사 집단행동으로 커다란 사회적 반향을 불러일으켰다. '선언'은 교육의 정치적 중립성 보장, 교사의 교육권과 시민권, 학생 학부모의 교육권 보장, 교육행정의 비민주성과 관료성 배제와 교육자치제 실현, 자주적 교원단체 설립 보장, 비교육적 잡무 제거와 비인간적 보충수업 심야학습 철폐 등을 요구했다. 여론은 '선언'을 지지했으나 정부 당국은 1987년 6월 민주항쟁이 일어날 때까지 수많은 참가자를 구속, 해임, 부당전출, 징계하고 공안사건을 조작하는 등 탄압의 고삐를 늦추지 않았다. 당국은 이 '선언'의 책임을 물어 선생을 외딴 섬으로 전보 조치했고 이에 항의하는 선생과 동료 교사들을 구속, 해임했다. 선생으로서는 네 번째 해직에 세 번째 구속이었다. '선언' 이후 윤영규 선생은 광주를 넘

1988년 11월 20일, 여의도 광장. 참교육 실천을 위한 민주교육법 쟁취 전국 교사 대회

어 전국적인 교사운동의 상징 인물로 부각되었다.

1987년 6월 민주항쟁의 승리는 교사운동 발전에도 획기적인 기회를 부여하였다. 이미 전국적인 조직망을 확보하고 있던 Y교협은 항쟁 직후 지체 없이 전국적으로 교사운동의 발전 방향을 논의에 부쳐 그해 9월 27일 역사적인 '민주교육추진 전교협' 결성을 이끌었다. 당시 선생은 선고유예로 교직에 복직한 상태였으나 교사운동과 별개로 급박하게 전개되던 정치권의 흐름을 타고 있었다. 1987년 12월 직선제 대선을 앞두고 9월 8일 예정된 김대중 선생의 광주 방문을 위한 내광환영준비위원회의 집행위원장이라는 중책을 맡고 있었던 것이다. 광주 시내에서 무전기를 들고 상황을 통제하고 있던 선생이었으니 마음만 먹으면 1988년 2월 총선에서 국회의원 자리 하나쯤은 '떼놓은 당상'이지 않았을까.

1987년 7월, 도청앞. 이한열 열사 추도식

하지만 윤영규 선생은 임박한 전교협 결성의 중심에 서주십사 하는 젊은 교사들의 요청을 물리치지 않고 기꺼이 고난의 길을 선택해 주었다.

전교협 결성 대회는 선생의 모교인 수유리 한국신학대학교 운동장에서 치렀다. 정권은 경찰을 풀어 대회장을 원천봉쇄하고 교사들의 결집을 차단하려고 했으나 전국에서 모인 교사들은 그런 탄압을 뚫고 전교협을 결성했다. 그 후에도 군부독재정권과 지배세력은 교사들의 자주적 운동을 '국가의 기틀을 건드리는 차원의 문제'라고 하면서 조직적으로 이념적으로 억압하였다. 창립 회장으로 추대된 윤영규 선생은 조직 결성 후 당국의 방해를 무릅쓰고 주말마다 전국을 순회하며 시도 지부의 결성을 지원하고 젊은 교사들을 격려했다.

우여곡절을 겪으면서도 전교협은 1987년 11월까지 충북, 제주교협을 결성하였고 광범위한 학교 평교사협의회(이후 평교협) 결성에 힘입어

1989년 3월까지 130여 개 시군구 교협을 결성하는 커다란 성과를 거두었다. 전교협 조직은 초등, 사립, 유치원으로 확대되었다.

교사운동은 교육운동으로 발전하여 1988년 3월 '국어교육을 위한 교사 모임'을 시작으로 역사, 농업, 영어, 지리, 과학, 물리, 공업기술, 미술, 도덕·윤리, 사회 교사 모임이 이듬해 상반기까지 결성되었다. 10개 교과 모임은 국정 교과서 제도 폐지를 주장하고 대안 교과서를 모색하는 활동을 했다.

전교협은 비록 임의단체였으나 짧은 활동 기간 교사운동의 역사에서 괄목할 만한 성과를 거두었다. 전교협은 1985년 이후 해직된 교사들의 복직 투쟁을 민주교육실천협의회와 공동으로 전개하여 1988년 대부분 복직하는 성과를 거두었으며 비민주적인 교육법 개정 운동을 치열하게 전개하여 이를 사회 정치적 의제로 부각시켰다. 그 성과는 1988년 11월 20일 여의도광장에서 교사와 예비교사 만3천 명이 참가한 '민주교육법 쟁취 전국 교사 대회'로 이어져 정치권에 법 개정을 압박했다. 이 대회에서 전교협은 '30만 교사 단결하여 노동3권 쟁취하자!', '노동3권 쟁취하여 교육민주화 앞당기자!'라고 주장하여 교원노조 결성 의지를 공공연히 표방하였다.

전교협 활동이 나날이 커져나가는 과정에 더욱 힘을 실은 것은 1988년 여름부터 '사학 교원 채용 기부금 반환 투쟁'이 봇물처럼 터져 나온 사립학교 교사들의 사학 정상화 투쟁이었다. 이 투쟁의 성과는 이듬해 전교조 결성의 큰 동력으로 작용하였다. 아울러 전교협의 조직 확대 사업은 평교협 조직 운동과 더불어 어용 조직으로 지탄 대상이 된 대한교련 탈퇴 운동으로 연결되었다.

그 밖에도 전교협은 교사들이 오랫동안 불만을 가졌던 사안들을 겨냥해 투쟁을 조직했다. 관제 연수 개선, 보충 자율학습과 시도 학력고사 폐지, 근무평정 폐지와 인사위원회 설치, 촌지 없애기와 교재 채택료 거부 운동은 상당한 성과를 거두었고 이는 곧 조직 확대로 이어졌다.

이러한 성과에도 불구하고 전교협은 교사대중운동으로 발전해 나가는 데 있어서 일정한 한계를 가지고 있었다. 임의단체인 전교협은 좁은 의미의 결사의 자유를 제외하고 세계 보편의 노동3권을 향유할 수 없어서 교육민주화를 염원하는 양심적인 교사들만 참여하는 한계를 갖게 되었다. 또 학교 평교협과 지역 교협, 그리고 전국 조직 간의 단결력을 높일 방도가 부족했다. 이런 형편에서 전교협은 자기 정체성을 대중적으로 논의하고 공유할 겨를도 갖지 못한 채 1989년 교원노조 결성 운동으로 매진하게 되었다.

1989년 1월 20일 전교협 중앙위원회는 참석 위원 29명 중 28명의 찬성으로 '상반기 중 대중적 합의를 기반으로 교원노조 결성'을 결의한 데 이어 2월 19일 전교협 정기 대의원대회는 참석자 280명(총원 369명)의 만장일치로 '상반기 중 교(직)원노조 건설'을 의결하였다. 이런 의결에도 불구하고 활동가들 내부에서는 노조의 조직 형태(전국 단일이냐 연맹체냐), 건설 경로와 방식(선 법 개정, 후 건설 등)을 둘러싸고 논란이 계속되었다. 논란의 와중에도 전교협은 '교(직)원노조 건설 추진 특위'(특위장 이규삼 전교협 상임부회장)를 설치하여 노조 건설 준비를 꾸준히 진행했다.

당시 여소야대 국회는 3월 9일 야3당 단일안으로 '6급 이하 공무원을 포함한 근로자는 노동조합을 조직하거나 이에 가입할 수 있고 단체교섭을 행할 수 있다(군인, 경찰, 소방, 교정공무원 제외)'라는 내용으로 노동조합법 개정 법률안을 통과시켰다. 교사들도 노동조합을 결성할 수 있는 법적 근거를 마련한 것이다. 그러나 노태우 정권의 거부권 행사로 합법적 교원노조 건설의 경로가 좌절되었다. 정권은 거부권 행사를 즈음하여 '의식화 교육 교사, 교원노조 추진 교사의 교단 퇴출' 지침을 하달하는 등 상반기 내내 교원노조 건설 추진 운동에 대한 대대적인 공세를 전개했다.

이러한 정권의 공세를 무릅쓰고 전교협은 교원노조건설준비위(위원장 윤영규)를 결성하여 5월 14일 발기인대회를 거쳐 5월 28일 역사적인 전교조 결성을 강행하였다. 당시 평민당을 중심으로 선 법 개정 후 노조 건설 의견이 개진되었으나 어느 누구도 도도한 역사의 흐름을 제어하지 못하였다. 위원장 취임이 곧 구속과 해직임을 알면서도 일곱 명의 어린 딸을 둔 선생은 소명처럼 기꺼이 역사 발전을 위한 십자가를 또 지고 나섰다.

위수령에 가까운 경찰의 봉쇄망을 뚫고 연세대에서 전교조 결성을 선포한 윤영규 위원장(이하 위원장)은 조직의 결정에 따라 구속영장이 떨어진 간부들과 함께 민주당사에 들어가 전교조 탄압 중지와 전교조 인정을 요구하며 단식농성에 들어간다. 일부 지부장을 비롯한 여러 중심 활동가들이 구속된 상태였다. 사전 구속영장이 발부된 상태에서 6월 5일 단식농성을 해제하면서 위원장은 문교부장관 퇴진, 전교조 합법화, 주도 교사 사법 징계 처리 철회를 요구하고 '지부 지회 분회 등 하부조직의 조속한 결성을 위해 학교 현장에서 분투하고 있는 40만 교직원들과 함께 투쟁할 것'을 다짐했다. 위원장 구속 후 전교조 투쟁은 그해 초 방북 후 구속된 문익환 목사가 나중에 출감하여 위원장에게 '1989년은 전교조의 해'라고 평가할 정도로 정권과 지배 세력을 상대로 감동적으로 전개되었다. 전태일기념사업회는 제2회 전태일 노동상을 1989년 11월 11일 전교조에 수여하였다. 전국민족민주운동연합 김근태 정책실장은 '전교조가 대중운동의 올바른 전형을 창출했다'고 높이 평가했다.

윤영규 위원장은 1500여 명 조합원이 해직되고 수많은 학생, 시민이 동참한 전교조 사수 투쟁 기간에 징역 1년형을 선고받고 안양교도소에 수감되었다. 1990년 2월 제2대 위원장 선거에서 옥중 출마한 윤 위원장은 97.5%의 지지율로 재선되었다. 옥중에서도 위원장의 활동은 결코 멈추지 않았다. 평상심을 유지하며 교육민주화의 대의를 위해 정부 당국과 대화하겠다는 태도를 견지하여 많은 사람의 공감을 일으켰다. 아울러 조합원들에게 날마다 엽서를 보내 격려했다. 1990

1989년 전교조 결성으로 이수호 선생님과 함께 구속

년 6월 26일 원주교도소에서 출감한 위원장은 1년 만에 부쩍 커버린 전교조 위상에 따라 주요 연대 단체의 공동의장이 되었다. 그 무렵 야당과 재야단체가 조직한 공안정국 종식을 위한 범국민대회에서 50만 명이 넘는 대중 앞에서 연설할 정도로 전국적인 인물로 변한 자신의 위치를 체험하고 크게 놀랐다고 한다.

전교조 하면 윤영규, 윤영규 하면 전교조가 떠오르던 시절이었다. 출소 후 3대 위원장으로 활동한 이듬해 3월까지 조직 내부 갈등을 겪으면서도 60여 개 지회를 방문할 정도로 몸을 돌보지 않고 조직 일에 매달려 건강이 크게 악화되기도 했다. 위원장은 1991년 봄에 발생한 경찰의 강경대 학생 타살로 조성된 분신 정국에서 재야 역량이 총집결한 '강경대 열사 살인 규탄 및 공안 통치 종식을 위한 범국민대책회의' 상임공동의장으로 열사의 장례식 총책임을 맡아 분투하다 현상금 천만 원에

1계급 특진을 내건 수배자가 되어 힘겨운 도피 생활을 하게 되었다.

1년 후 수배가 풀리고 마무리 조사를 하는 검사가 도대체 그동안 어디서 숨어 지냈느냐고 물었다. 위원장이 답했다. "우리 전교조 조합원이 3만 명이오. 하루에 한 집씩만 머물러도 10년 동안 아무 걱정이 없소!"

윤영규 선생은 1980년대 초에 시작한 교육민주화운동의 상징이었다. 5·18광주민주화운동 이후 우리 사회운동 진영이 붙잡고 고투한 자주, 민주, 통일이라는 새로운 시대정신이 교사대중운동 속에서 민족, 민주, 인간화 교육 즉 참교육운동으로 가까스로 피어났을 때 선생은 누구도 대신하기 어려운 중심 역할을 감당한 대덕大德이었다.

돌아보면 전교조가 표방한 참교육운동은 낡은 기존 교육(반교육)의 틀을 도저히 수용할 수 없는 '참교사'들이 이를 파괴하고 우리 교육에 새로운 알맹이와 틀을 만들기 위한 창조적 투쟁이었다. 지금 윤영규 선생을 기리는 우리는 참교육 운동에 참여했던 수많은 교사, 그리고 교사들의 분투에 함께해준 학생과 학부모, 시민의 박수와 환호를 기억할 필요가 있다. 부당한 권력이 전교조를 압박하는 데도 지지와 성원의 목소리가 잦아든 오늘, '폭력을 극복하고 자유와 평화를 누리는 공동체 실현'(윤 선생 석사학위 논문 주제)을 꿈으로 간직하고 가족과 일신의 행복마저 미룬 채 평생 심지 깊은 삶을 살다 가신 윤영규 선생의 말씀이 들리는 듯하다. "세월은 흐르고 세상은 변합니다. 아무리 화려했던 투쟁 조직도 운동성을 잃는 순간 썩기 시작합니다. 교육민주화 운동도 전교조도 결코 예외가 될 수 없습니다."

5·18과 윤영규 선생님

오창훈(광주체육고 퇴직)

　5·18광주민주화운동은 양심에 따라 살고자 했던 순수하고 온순했던 윤영규라는 한 젊은 교사를 피를 토하는 민주투사로 거듭나게 하였다. 박정희 유신독재가 헌법을 무시하는 긴급조치를 9호까지 발동하면서 독재정권의 목숨을 유지하고 있을 때, 1979년 10월 부산과 마산 지역 민중이 유신독재를 반대하는 부마민주화투쟁이 격렬하게 일어났고, 급기야 10·26 사태를 불러 왔다. 10월 26일, 궁정동 총탄 소리로 유신독재의 주역이었던 박정희 대통령은 쓰러졌다. 그러나 전두환과 노태우를 비롯한 신군부는 12·12 군사반란으로 민간 정부를 뒤집고 국가 권력을 찬탈하였다.

　그럼에도 불구하고 대다수 국민의 민주화에 대한 열망은 더욱 강렬해져서 '1980년 봄' 절정에 이르렀다. '유신철폐'와 민주화를 요구하는 전국 대학생들의 시위에는 시민들이 적극 호응하였고, 1980년 5월 15일 서울역 광장에 30여 개 대학생을 중심으로 10만여 명이 모여서 독재타도와 민주화를 요구하였다. 그러나 12·12로 권력을 장악한 신군부는 사전에 치밀한 계획을 짜서 탄압하였다. 5월 17일 24시를 기해 전국에 비상계엄을 선포하고, 김대중을 비롯한 민주 인사들과 대학교 학생회 지도부에 대한 검거령을 내리고 모두 연행하였다.

광주에서는 5월 16일 9개 대학 3만여 학생과 시민이 도청 앞에 모여 시국 선언문을 발표하고, 금남로에 나가서 횃불시위를 하고, 도청 앞 분수대에서 '5·16 화형식'을 가진 뒤 해산했었다. 그런데 신군부는 5월 17일 밤에 잘 훈련된 공수부대원들을 광주로 보내서 주요 관공서, 방송국, 전남대, 조선대, 광주교육대를 비롯한 요소요소를 장악했다. 도서관에 남아 공부하고 있던 대학생들까지 군홧발로 무자비하게 짓밟아 내쫓아버리고, 대학교 운동장을 군대 병영으로 바꾸었다.

다음 날부터 광주는 공포의 도가니로 변했다. 피에 굶주린 듯한 공수부대원들은 길을 지나가는 젊은이들을 무차별로 연행하고, 조금만 반항하면 1m나 되는 진압봉과 총 개머리판으로 무자비하게 때렸다. 피투성이를 만들어 군용트럭에 짐짝처럼 내던졌다. 지나가는 시내버스도 정차시키고, 젊은이들을 끌어내 온몸이 축 늘어지도록 두들겨 패서 군용트럭에 내던졌다. 그렇게 한 트럭이 차면 어디론가 사라졌다.

계엄군의 잔인하고 눈 뜨고는 볼 수 없는 야만의 행태는 5월 18일부터 22일까지 계속됐으며, 광주의 온 시가지는 피투성이가 되었다. 공포와 분노로 광주 시민들은 사지를 부들부들 떨었다. 처음에는 대학생들과 시민들이 투석으로 맞서보려 했지만 총칼로 무장한 군인들은 피에 굶주린 이리 떼마냥 돌을 피하지도 않고, 목표물을 정하면 끝까지 추적하여 피곤죽을 만들어 팬티만 입힌 채 연행해갔다.

계속되는 공수부대의 폭력에 분노한 학생들과 시민들은 점차 조직적인 시위로 맞섰으며, 급기야 버스, 택시, 트럭 기사들은 200여 대 차량시위로 도청 앞 계엄군 저지선을 위협했다. 발포 명령을 받은 계엄군은 선량한 광주 시민들을 향해 조준 사격까지 하였고, 시민들은 이에 맞서 예비군 무기고에서 꺼내온 총과 아시아 자동차 공장에서 끌고 온 장갑차와 군용트럭으로 무장하고 계엄군과 맞서게 된다. 광주는 전쟁 마당이 된 것이다. 분노한 광주 시민들 저항으로 계엄군은 5월 23일 광주 외곽으로 퇴각하였다. 광주는 평화를 찾았고, 거리는 시민들이 스스로 나와서 깨끗하게 청소하였다. 이때부터 27일 새벽 계엄군이 다시 광주 시로 들어와 도청을 점령할 때까지 광주는 그야말로 '대동세상'을 만들어냈다. 전남 도청 앞 광장에는 매일 수만 명이 모여, '민주성회'를 열었으며, 군부독재를 끝장내고 민주화를 요구하는 시민들의 연설이 그치지 않았다.

이러한 5·18광주민주화운동 과정에 윤영규는 광주상고 교사로서, 광주 YMCA 이사로서, 광주 무진교회 장로로서, 그 역사의 현장 중심에 있었다.

한신대를 졸업한 선생님은 정의로운 사회 공동체에 대한 열망을 항상 가슴에 새기고 살았다. 1969년 광주상고 교사로 부임한 윤영규 선생님은 언제나 학생들 편에 서서 교육활동을 하겠다고 다짐했다. 그래서 광주상고 Hi Y('하이와이' YMCA 학생클럽)를 창설하여 지도하고, 14개 고등학교에 Hi Y를 조직하여 학생들이 자치적으로 연합활동을 할 수 있도록 도왔다. 또한 MRA(도덕재무장 운동)에 적극 참여하여 전남지부장을 맡아 일했다. 전남적십자사 청소년 지도위원으로 일했고, 광주 YMCA 청소년부를 맡아 열심히 봉사하던 중 1972년엔 최연소 광주 YMCA 이사로 선임되어 청소년분과위원장으로 활동

1983년 2월. 한신대 대학원 졸업식

1977년 4월, 교사 시절. 제자들과 함께

했다.

　그렇게 열심히 청소년 지도교사로 활동하던 중인 1975년 11월 근무하던 광주상고 학생들이 유신에 반대하는 일이 일어났다. 전교생이 운동장에 모였으나 경찰이 교문을 막아서 가두로 나가지 못하고, 강제로 교실로 들어온 학생들이 책상과 의자를 창밖으로 내던지면서 유리창 200여 장을 깨뜨리는 일이 벌어졌다. 이 일을 주동한 학생을 처벌하는 교무회의에서 윤영규 선생님은 끝까지 퇴학은 안 된다고 주장하였다. 학생을 가르치는 학교에서 학생들을 퇴학시킨다는 것은 스스로 교육을 배반하고 아이들을 포기하는 일이기 때문이다.

　윤영규 선생님은 아무런 대가와 명예도 생각지 않고, 교단을 지키는 평교사로서 학생들을 사랑하고, 청소년 교육에 대한 순수한 의욕으로 활동하는 보람으로 살았다. 그러나 유신독재정권의 촉수는 순수한 활동을 하는 선생님의 일거수일투족을 조사하기 시작했고, 탄압할 기회를 노리고 있었다. 그러던 중 긴급조치9호로 걸고 넘어졌다. "순수한 고등학생들을 의식화시켜 유신에 반대하는 학생들을 선동한다"는 죄로 엮어 넣은 것이다.

1976년 2월 10일 아침 출근한 선생님은 중앙정보부 광주분실 지하
실로 끌려갔다. '음지에서 일하고 양지를 지향한다'는 중앙정보부원들
의 3일 동안 입에 담을 수 없는 무지막지한 폭력, 모진 고문을 받은 끝
에 온몸이 만신창이가 되었다. 그러나 윤영규 선생님이 고등학생들을
선동해서 유신에 반대하는 시위를 했다는 증거는 만들어낼 수 없었고,
18일 만에 무죄로 방면되었다. 이 일로 윤영규 선생님은 유신독재정권
앞잡이들한테 계속 감시를 받는 인물이 되었는데, 광주 지역 기독교 교
계나 시민사회 단체에서도 주목을 받게 되었다.

　다시 1980년 5월 광주민주화운동의 거리로 나서보자. 갑작스럽게 광
주 대부분의 거리가 공수부대원들한테 맞은 젊은이들이 흘리는 붉은
피로 물드는 것을 본 선생님은 피가 거꾸로 흐르고 온몸에 소름이 끼
치고 머리털이 곤두섬을 느꼈다고 한다. 선생님은 두려움을 이기고 거
리에서 그 모든 참혹한 상황을 똑바로 지켜보았고, 함께하고 있었다. 어
린 고등학생들까지 총을 든 상황을 본 선생님은 "이대로는 안 된다. 이
대로 가다가는 광주가 다 죽는다. 젊은이는 물론 늙은이도 살아남지
못한다"는 생각이 들어서 어떻게 하든 사태를 수습해야 한다는 생각
에 자진하여 도청으로 가서 '시민수습위원회'에 들어갔다. 수습위원회
를 만든다고 해서 들어가 보니 평소 신뢰를 받지 못하는 사람들도 끼
어 있어서 시민들한테 신뢰를 얻지 못하고 있었다. 그러는 사이 점점
상황이 급박하게 돌아가는 것을 느끼고 수습위원회를 광주 시민의 신
뢰를 받을 수 있는 분들로 만들기 위해 노력하였다. 홍남순 변호사, 조
아라 YWCA 회장, 조비오 신부, 김성룡 신부, 송기숙 교수, 명노근 교
수, 이성학 장로 같은 광주 시민사회에서 오랫동안 올곧게 활동하던
사회지도자들을 만나서 수습위원회를 재구성하는 데 촉매제 역할을
하였다.

이렇게 재구성한 수습위에서는 우선 '대통령에게 보내는 4가지 호소문'을 채택하고, 각 병원에 사망자 수(5월 25일까지 1300여 명)를 파악하고, 관을 준비하여 상무관에 안치하고, 시민들이 소지한 총기를 회수하는 일 등에 주력하였다. 광주는 질서와 평화를 되찾았다. 시민수습위는 '죽음의 행진'까지 하면서 계엄당국과 협상을 시도하였다.

그러나 당시 전두환 계엄당국은 자기들이 정해 놓은 수순대로 5월 27일 새벽에 탱크를 앞세우고, 기관총으로 무장한 계엄군인 공수부대를 광주 시내로 강제로 진입시켰다. 그리고 광주 시민들이 죽음을 무릅쓰고 지키고 있던 도청과 YWCA 건물을 비롯한 금남로를 죽음의 바다로 만들어버렸다. 계엄군이 총으로 장악한 살벌한 질서가 다시 광주를 억누르고, 휴교령도 해제되었다.

윤영규 선생님은 지인 집에 피신해있다가, 개학하는 날 양복에 넥타이를 매고 출근하였다. 2교시 수업을 마치고 나온 선생님은 곧바로 광주 보안대 지하실로 끌려갔다. 그곳에는 수습위원으로 일했던 분들이 모두 끌려왔다. 보안대 지하실은 아비규환이었다. 10일간 온갖 욕설과 폭행과 고문을 당하며 짐승 취급을 받았다. 그리고 헌병대 영창으로 이감되었다. 헌병대 영창은 15평 정도 방마다 100여 명씩 수용되어 지옥이 따로 없었다. 이런 군부대 영창 생활이 4개월 이어졌다. 전쟁 포로보다 심한 영창 생활은 차마 기억조차 하기 싫은 나날이었다. 10월 중순 선생님은 보통 군사재판에서 징역 5년을 선고 받고 광주교도소로 이송되었다. 그때 선생님은 아내와 어린 딸 일곱을 집에 남겨둔 상황이었는데, 선생님이 감옥에 가니 가족은 생계가 막막한 상태였다.

광주교도소에서 수형 생활을 하던 중 1980년 12월 24일 '무등산 타잔' 박흥숙[1]이 사형되었다는 소식을 들었다. 오직 가난했기 때문에 사회체제라는 거대한 폭력에 희생당한 한 청소년의 죽음에 밤을 뜬눈으로 새울 때, 25일 새벽에 교도소 담장 너머에서 울려 퍼지는 찬송가 소리를 듣고 마음에 위로와 힘을 얻었다고 한다. 감옥에서 나오고서야 그날 무진교회 학생들이 부른 '새벽송'이었음을 알게 되었다. 그 학생들은 선생님이 교회 주일학교에서 직접 가르친 제자들이었다.

선생님은 그해 12월 28일 고등 군사재판에서 집행유예 5년을 선고받고 출감했다. 5·18광주민주화운동은 오직 기독교 정신과 순수한 열정으로 청소년 교육과 청소년을 위한 사회활동에 전념하던 교사의 몸과 마음을 군사독재정권이 무참하게 유린한 폭력이었고, 동시에 민족과 국가를 보는 눈을 더 크고 높게 일깨워주었다. 무엇보다 죄 없이 죽어간 광주 시민들, 특히 젊은이들의 죽음을 헛되게 할 수 없다는 큰 짐을 지게 하였다. 윤영규는 그 짐을 스스로 묵묵히 받아들였고, 예수가 십자가를 지고 언덕을 오르듯, 그 무거운 짐을 어깨에 지고 험난한 민주화의 길에 나섰다.

5·18기념재단과 윤영규

1994년에 설립된 5·18기념재단(재단법인)은 '5·18광주민주화운동의 위대한 민주정신과 대동정신을 기념·계승하여 민주·자주·통일에 기여함'을 목표로 하며, 또한 '그 정신을 계승 발전시켜 민주·인권·평화의 가치를 국내외적으로 실천 연대함'을 지향하는 단체다. 윤영규 선생님은 재단을 만들 때부터 음으로 양으로 재단이 바르게 만들어질 수 있도록 도왔다.

전교조 위원장 임기를 마치고 집과 교회를 오가면서 지역 사회에서

---

1. 박홍숙은 홀어머니와 여동생, 3가족이 광주 변두리에 작은 셋방 하나 얻지 못해 무등산 골짜기에 움막 하나 지어 생활하는데, 새마을 운동의 일환으로 폭력 철거반이 들이닥쳐 움막에 불을 지르는 광경에 살인을 저질러 극악 범죄자로 사형수가 된다.

필요한 일이 있으면 조금씩 거들다가 2000~2001년에는 제4대 이사장을 맡게 되었다. 윤영규 선생님이 이사장 일을 맡으면서 더 관심을 기울인 사업은 청소년교육문화사업이다. 그동안 해오던 사업을 더 확대하기도 하고, 새로운 사업을 만들도록 이끌기도 했다.

그 시기에 했던 '청소년 역사캠프', '청소년 평화 순례', '사적지(오월길) 체험학습', '전국고등학생 토론대회' 같은 청소년교육문화사업을 보면 청소년들에게 5·18광주민주화운동의 정신과 역사적 의미를 사적지 체험교육과 연계하여 실시하는 것이다. 시청과 교육청의 협조를 얻어내 전문 지식과 소양을 갖춘 청소년 강사진을 양성하고, 해마다 5월을 맞이하면 각급 학교에서 5·18 계기 수업을 전개하고, 5월 항쟁 기간(5.18~5.27)에는 학생들이 직접 기획하고, 행사를 주관하는 자주적인 교육사업이 전개되었다. 학생들이 민주적이고 창조적인 주체로 서기를 바라셨다.

2001년 5월에 시작된 '5·18전국고등학생 토론대회'는 10년이 넘게 해마다 개최되었다. 2013년에는 2박 3일간으로 전국에서 592명의 학생이 참여하였다. '런던올림픽 개막식 또는 레미제라블을 보고 논제 뽑기' 예선을 거쳐 4차에 걸친 본선 토론, '님을

위한 행진곡과 라 마르세예즈' 등 4개의 주제로 결선을 거치는 대토론회로 발전했다. 토론 교육은 민주시민교육을 위해 꼭 필요한 교육이다.

또한 2001년부터 시작한 '5·18 청소년평화축제'는 2004년부터 '레드 페스타Red Festa'로 더 새롭게 발돋움하면서 '민주화를 향한 숭고한 희생', '청소년들의 문화적 열정', '나눔과 공간, 그리고 소통'을 주제로 청소년들이 주체가 되어 금남로 공간에서 마음껏 표출하는 거리 축제로 발전하였다. 이런 축제를 통하여 10대 청소년들이 5·18정신과 민주·인권·평화에 대한 눈과 마음을 새롭게 열게 하고, 자신들의 생활을 바탕으로 놀이와 문화의 장을 열면서 젊은 열기와 고민과 갈등을 스스로 풀어나가는 삶을 가꾸는 계기가 될 수 있다.

또 재단은 2001년 5월, 전국 중등교사 30명을 초청하여 '민주주의·인권교육 어떻게 할 것인가'라는 주제로 교사 연수를 시작하였다. 그 뒤 해마다 3~4차례씩 교사들을 대상으로 하는 민주주의와 인권교육 연수를 실시하고 있다. 이러한 활동과 연수를 계기로 수십 종류가 넘는 5·18 교육자료 개발로 이어지고 있으며, 5·18 인정 교과서가 발간되는 밑거름이 되었다고 할 수 있다.

2011년에 5·18민주화운동기록물은 유네스코 세계기록유산에 등재

되었고, 선생님은 2005년 3월 31일 영면하시어 국립5·18민주묘지인 망월동 묘역에 잠드셨다. 5·18기념재단과 전교조 광주지부는 해마다 윤영규 선생님 뜻을 기억하기 위한 추모 모임을 하고 있다.

*이 글은 자료 《멀리 보고 가는 길》과 《5·18기념재단 20년사》를 바탕으로 다듬어 정리했습니다.

오창훈_ 1986년 5·10교육민주화 선언에 주도적으로 참여하고, 1989년 전교조 해직교사로 교육운동 활동을 하다가 2014년 2월 광주체육고에서 정년퇴직하였다.

큰 바위 얼굴 윤영규 선생님

이주영 안녕하세요? 날씨가 갑자기 추워지는 데 건강은 어떠신지요.
《우리교육》3월호에 윤영규 선생님 특집을 싣기로 했어요. 김민
곤 선생이 교사운동 단체 활동과 관련해서 쓰기로 했고, 오창
훈 선생이 5·18광주민주화운동과 얽힌 이야기를 쓰기로 했고,
제가 인간 윤영규에 대한 글을 쓰기로 했습니다. 저는 1980년
대 Y교협을 하면서 선생님을 만났는데, 첫인상이 높은 산에 우
뚝 서 있는 큰 바위 얼굴 같았어요. 말없이 우직하게 자기 자리
를 지키고 계셔서 믿음직한 느낌을 받았습니다. 그후 전교협과
전교조 운동을 하면서 제 마음속에 더욱 또렷한 큰 바위 얼굴
로 새겨지셨지요. 오늘은 아내로서 본 윤영규는 어떤 사람인지
듣고 싶어서 왔습니다. 오랜만에 사모님 얼굴도 뵙고 싶었고요.

이귀임 먼 길 오느라 수고했소. 워낙 아기자기한 점이 없고, 가정보다는
바깥일에 바빠서 뭐 할 이야기가 없어. 딸이 일곱인데 같이 놀
러간 일도 별로 없어. 무등산 계곡에 한 번 가 물놀이하고 놀았
는데, 그때 찍은 사진이 최초로 찍은 가족사진이지라. 감옥에 있
을 때도 집으로는 편지도 안 보냈어. 동지들한테만 답장을 했지.

이주영   전국에서 보내오는 교사들 편지 답장하느라 바쁘기도 하셨겠지
        만 사모님이 일주일에 세 번은 꼭 면회를 가셨다면서요. 광주에
        서 서울이나 원주까지 면회 다니시려면 참 어려우셨을 테고, 전
        교조 집회나 민가협 모임에도 다니시느라 바쁘셨을 텐데 사모
        님도 참 대단하시다 싶었습니다.

이귀임   면회를 가야 그나마 바깥
        바람 쐬러 움직일 수 있으
        니 가야지. 6대 독자라 갈
        사람이 없으니까 내가 가
        야지. 그래서 일주일에 세
        번 이상은 꼭 갔어. 여기
        교회분들이 도와주기도
        했어.

이주영   무진교회가 선생님이 처음 다니신 교회인가요? 광주 YMCA에
        서 최연소 이사도 하시고, Y청소년 지도교사도 하시고, 나중에
        는 Y교협 활동도 하셔서 어려서부터 교회를 다니신 줄 알았는
        데 책을 보니 한신대 가실 때만 해도 세례를 받지 않으셨다고
        쓰셨더라고요. 언제부터 교회를 다니신 건가요?

이귀임   어려서 워낙 가난한 집에서 태어났어. 어머니가 억척스럽게 일
        해서 학교에 보냈지만 제대로 공부하기 어려웠지. 그래서 무인
        가 성경고등학교에 다녔는데 정작 세례는 못 받았다고 해. 한신
        대 다니면서 신앙이 두터워지셨고, 대학원과 유학시험까지 합격
        했는데 어머니가 아프셔서 포기하고 목포 영흥중고 교사로 갔
        어. 그런데 그 학교 이사장이나 학교장을 맡은 목사들이 하는
        잘못을 보고 싸우다가 쫓겨났지. 고아원에 가서 일하다 거기서

도 고아들을 돈벌이로 대하는 걸 보고 나왔어. 아이들을 위한 사회복지시설을 만들려고 땅도 마련하고 돈도 마련했는데 그 사람들이 막아서 못 하게 되었어. 너무 실망하고 좌절해서 자살하려고 약을 먹었는데, 3일 만에 살아났지. 살아났으니 다시 살아야지. 그래서 광주상고 교사를 하면서 광주 YMCA에서 청소년단체 지도교사를 했어. 그런데 그게 빌미가 돼서 중앙정보부에 끌려가서 엄청 맞았지. 완전 개돼지 취급을 당한 거야.

이주영 책을 보니 1976년 2월 10일 끌려가서 18일 동안 중앙정보부 지하에서 폭행을 당하셨더군요. 광주 YMCA 회원들과 목사들이 중앙정보부 앞에서 며칠 동안 연좌시위도 하면서 석방을 요구했던데요. 유신독재 긴급조치9호 발령 시기인데, 그때 무진교회를 다니셨던 건가요?

이귀임 아니야. 무진교회는 한신대에서 같이 공부했던 강신석 목사하고 같이 개척교회를 세운 거지. 처음에 집사를 하고 나중에 장로를 하면서. 원래 무진교회 자리는 백영흠 목사 집인데 3·15부정선거를 규탄하던 대단한 목사셨어. 그분이 돌아가시고 집이 은행에 잡혀 넘어가게 생겨서 돈을 모아 그 빚을 갚아주고 무진교회를 세운 거야.

이주영 무진교회가 광주 지역사회에서 참 소중한 교회로 자리매김하는 데는 그만한 역사가 있었군요. 윤영규 선생님이 5·18광주민주화운동으로 감옥에 계실 때 주일학교에서 지도한 학생들이 새벽에 감옥 근처까지 가서 몇 시간이나 성가를 불렀다는 기록을 읽고 눈물이 짠하게 나서 무진교회가 어떤 교회인가 참 궁금했거든요. 윤영규 선생님하고 1967년에 결혼하셨잖아요.《멀리 보고 가는 길》을 보면 윤영규 선생님은 사모님과 선보는 자리에서 처음 만나서 첫눈에 반했다고 쓰셨던데 사모님은 어떠셨나요?

이귀임   응? (빙긋이 웃으시기만 하다가)
캐나다 선교사 동역자를 하실
때인데, 숙문여숙이라는 야간
여학교에서 강의도 하셨어. 그
때 같은 교회 다니던 내 친구
가 그 학교 다녔는데, 그 친구가
소개해서 만났어. 사람이 성실
하고 이 선생 말대로 믿음직했
어. 자상한 성격은 아니라는 건 이미 알았고. 결혼하고 어려울
때도 많았지만 하는 일을 보면서 존경하게 됐어. 옆에서도 너무
힘들어 보이니까 네가 좀 말리라고 말하는 친구들도 있어. 그러
면 "좋은 일 한다는데 왜 말려. 누군가는 해야 하는 일인데 하
게 해야지"했어. 그래서 돈을 못 벌어 와서 힘들어도 내가 먼
저 돈 달라고 하지는 않았어. 아이들한테도 아버지를 이해하라
고 말해주고. 아이들이 아버지는 우리 아버지가 아니라 다른
아이들 아버지라고 하기도 했거든.

이주영   저희가 선생님 가정에 진 빚이 참 많네요. 따님들로서는 서운하
셨겠지만 그래도 가족이 함께 윤영규 선생님을 이 세상 아이들
아버지다운 일을 하실 수 있도록 도와주셨으니까요. 선생님 글
을 보다가 넷째 따님 낳으셨을 때 선생님이 "야구 경기에서 포
볼을 하면 아웃이야. 딸만 넷 낳았으니 이제 그만 나가지. 다른
데서 아이를 하나 낳아야 되겠어." 하셨더니 사모님이 "포볼인
데 왜 포수가 나가야 해요? 투수가 나가야지." 하셨다고 해서

한참 웃었습니다.

이귀임   6대 독자 집안에서 딸을 내리 낳으니 주변에서 더 야단법석이
야. 애들 아버지는 단산을 하고 싶어 했지만 애들 할아버지 성
화 때문에 단산도 못 했어. 나도 셋째까지는 울었는데 넷째부
터는 울지 않았어. 나가서 친구들한테 딸만 낳은 아빠라고 놀
림도 많이 당했다고 해. 그래도 웃으면서 넘기셨지. 다행히 일곱
딸 모두가 탈 없이 큰 데다 제 할 일 찾아서 잘하면서 살아가고
있으니 고마운 일이지.

이주영   둘째 따님 이야기를 읽으면서 선생님과 사모님이 얼마나 아이들
을 믿고 사랑하시는지 생명을 생각하시는 그 깊은 마음을 볼
수 있어서 감동받았습니다. 그 부분을 제가 읽어볼게요.

    둘째 애를 가진 뒤 여덟 달이 미처 안 된 어느 날 부엌에서
불을 때던 아내가 갑자기 통증을 호소하며 배를 싸안고 나뒹
굴었다. 하혈까지 해서 곧장 광주 기독병원으로 옮겼는데 아이
가 이미 뱃속에서 죽었다는 것이다. 산모를 살리기 위해서는 빨
리 죽은 아이를 꺼내야 했다. 죽은 아이를 꺼내는 방법은 두 가
지밖에 없다 했다. 자궁 내에서 토막 내 밑으로 받는 방법과 산
모 배를 가르는 수술에 의한 방법이었다. 물론 전자의 방법이 훨
씬 용이하겠지만 아무리 죽은 아이라고 차마 그럴 수는 없었다.
아내와 상의 끝에 개복수술을 받기로 했다. 한데 수술을 해보니
신통하게도 아이가 살아 있었다.

    집에 데려온 지 얼마 되지도 않아 황달에 걸렸다. 다시 병원
에 데리고 가니까 피 교환 수술을 해야 한다고 했다. 평소 호형

호제로 지내는 김기복 박사가 집도를 하기로 했는데, 수술 전에 내게 각서를 쓰라고 했다. 수술에 성공한다 치더라도 90% 이상 천치가 될 가능성이 있다는 게 아닌가. 난감했다. 이대로 죽일 수는 없는 노릇이고, 천치로 평생을 살게 하는 것 또한 못할 짓인 것 같았기 때문이다. 그러나 나는 각서를 쓰고 수술을 시도했다. 스스로의 운명에 맡기기로 결심한 것이다. 수술실 밖에서 초조하게 기다리고 있는데 김 박사가 이윽고 침울한 표정으로 나왔다. '실패했구나.' 나는 한눈에 직감했다. 김 박사가 내 어깨에 손을 얹더니 말했다.

"동생. 미안하네. 수술 도중에 죽었네."

울컥 눈물이 쏟아지려 했지만 나는 이를 악물고 참았다. 그 순간 갑자기 날카로운 간호사 목소리가 들렸다.

"박사님 애가 숨을 쉬어요!"

정말 기적 같은 일입니다. 두 분의 자식에 대한 사랑, 죽은 아이라도 소중하게 받아내려는 마음 때문에 살릴 수 있었으니까요. 이런 마음이시니 학교에서 사회에서 잘못된 교육과 정치 때문에 죽어가는 아이들을 보면서 얼마나 가슴 아프셨을까 싶어요. 어느 날인가 어두운 밤 전교조 야외 집회 때였는데 '죽어간 아이들이 햇불로 살아온다'는 노래를 부르시다가 울컥하면서 눈물 흘리시던 모습을 옆에서 보았습니다. 그때는 마음이 여리시고 좀 감상적이구나 했는데, 이 글을 읽으면서 감상을 넘어선 생명에 대한 깊은 사랑과 아이들에 대한 믿음 때문이었다는 걸 알았습니다. 갓난아기 때 두 번이나 죽었다 살아난 둘째 따님은 건강하게 사시나요?

이귀임 그때는 인큐베이터도 잘 없
던 때인데 다행히 기독병원에
두 개 있어서 그 속에서 살렸
지. 수술했을 때 김 박사가 일
곱 살이 될 때까지는 사흘에
한 번씩 병원에 다녀야 한다고
했어. 일곱 살을 넘겨야 안심
할 수 있다고 했거든. 줄곧 살
얼음판 걷는 심정으로 키웠어.
예상은 했지만 병치레가 잦아
서 무던히도 우리 부부를 마
음고생 시켰지. 자라나는 아이

89년 출소 후 일곱 딸과 함께한 가족사진

들이 치르는 병은 빠짐없이 앓았고, 바람이 조금만 불어도 폐
렴이니 뭐니 하며 병원 문턱이 닳을 정도로 드나들었지. 입원
도 몇 차례나 했는지 몰라. 커가는 내내 행동도 느리고 말도 늦
었어. 저러다 사람 행세를 못 하면 어쩌나 싶었는데, 신통하게도
학교 다니기 시작하면서부터 차츰 나아지더니 대학까지 무사히
마쳤어. 키도 여자 키로는 훌쩍 큰 173cm나 되게 자라고. 그러
더니 대학에서 직장을 잡아 잘 다니고 있어. 지금도 나한테 붙
어서 잘 살고 있어.

이주영 하하. 제가 보니 사모님한테 붙어서 사는 게 아니라 사모님이 둘
째 따님한테 붙어서 사시는 것 같은데요? 사모님도 벌써 올해
일흔일곱이시고 건강도 안 좋으신데 따님하고 두 분이 같이 사
실 수 있으니 좋은 거지요. 제가 마트에 가서 사과 사서 집으로
갖다 달라고 했더니 금방 "아, 윤영규 선생님 댁이요? 잘 알아

요. 두 분이 참 착하신 분이라서요. 해마다 명절이면 경비원들을 챙겨주세요. 작은 거지만 그렇게 해마다 빠짐없이 한결같이 하시기가 쉽지 않은 거잖아요." 하더라고요. 끼니마다 밥할 때 쌀 한두 줌씩 모았다가 떡을 해서 고아원이나 양로원에 나눈다고 하시더니 아파트에서도 이렇게 따스한 마음을 나누며 사신다 싶었습니다. 앞으로도 오래오래 힘내서 건강하게 사시기 바랍니다.

*이 글은 《멀리 보고 가는 길》(윤영규. 사회문화원), 《감옥에 간 선생님》(김성범. 우리교육), 《윤영규》(공선옥. 민주화운동기념사업회) 책 내용을 바탕으로 2016년 1월 15일 광주 무진교회에서 이귀임 어르신과 나눈 이야기를 줄기 삼아 좌담 형식으로 재구성한 것입니다.

● 윤영규 약력

1935년   광주광역시 남구 금동 출생
1960년   4·19혁명 당시 한국신학대학 대표 '대학생 수습원'으로 활동
1961년   한국신학대학 신학과 졸업, 목포 영흥중고등학교 교사
1965년   캐나다 연합교회 한국선교부 동역자
1967년   광주상업고등학교 교사
1971년   광주 YMCA 청소년 서클 Hi Y 지도교사
1972년   광주 YMCA 이사, 청소년 분과위원장
1976년   긴급조치9호 위반으로 조사 받음. 해직 일주일 후 조건부 복직
1976년   광주여자상업고등학교 복직
1977년   광주 YMCA 청소년지도자협의회 창립 주도, 의장
1978년   광주양서협동조합(독서클럽) 이사로 참여
1980년   5·18 시민수습대책위원으로 활동, 내란죄, 소요죄로 실형 7개월 복역
1981년   한신대학교 신학대학원 종교윤리학과 입학
1982년   광주 YMCA 중등교육자협의회 창립 주도, 초대 부회장
1983년   한신대 대학원 기독교 종교윤리학과 졸업(신학석사 취득)
          5·18광주민주화운동 관련 사건 복권, 나주중학교 복직
1986년   5·10교육민주화선언 관련 구속
1987년   민주교육추진 전교협 초대 회장
1988년   전교협 2대 회장, 광주체육고 교사
1989년   전교조 초대 위원장, 파면 후 구속
          전교조 결성으로 1년 구형, 1년 언도
1990년   전교조 2대 위원장
          민주쟁취국민연합 공동의장
1991년   강경대 열사 살인규탄 및 공안정국 타파를 위한
          전국민대책협의회 상임공동의장
1994년   5·18정신함양및범국민대책위원회 전국 공동위원장
1995년   광주광역시 교육위원
1998년   전교조 합법화로 광주충장중학교 복직
1999년   광주충장중학교 정년 퇴임
2000년   (재)5·18기념재단 이사장
2001년   동아시아 평화·인권 한국위원회 공동의장
2005년   전교조 자문위원
          3월 31일 별세
          4월 4일 '민주사회장'으로 국립5·18민주묘지에 안장
          국민훈장 모란장 추서

땀 흘리는 교육 동지들께

하느님의 크신 사랑과 은총이 선생님들과 그 가정에 듬뿍 내리기를 간절히 바랍니다. 저는 여러 선생님들의 염려와 근심 중에 잘 지내고 있습니다. 안부의 인사를 올립니다.

저는 이곳에 와서 여러 면으로 생각해보았습니다. 내가 무엇 때문에 이곳에 갇혔으며, 매일 은팔찌하고 포승에 묶인 채 몇 시간씩 조사를 받아야 하는지 이해할 수가 없습니다. 설사 조사할 일이 있다고 하더라도 불구속으로 인격적인 관계를 유지하면서 조사하면 될 터인데 무슨 큰 죄인이나 된 듯이 독방에 가두어 놓고 이수호 선생님과는 공범자라 하여 한 곳에 있지도 못하게 하고 서로 이야기도 못 하게 하니, 정말 어처구니가 없습니다. 그분들이 염려하듯이 도주의 우려가 있어서인지, 그렇지 않으면 그분들의 뜻에 어긋난 행위를 했다는 괘씸죄로 이렇게 곤혹스럽게 만들고 있는지 모르겠습니다. 이곳에서의 생활은 물론 밖에서의 생활보다 규제된 바가 많지만 생각보다는 훨씬 수월한 편입니다. 모든 분이 다 친절하게 대해 주시고 전교조의 앞날을 염려해 주셔서 몸둘 바를 모를 지경입니다.

선생님들! 저는 요사이 몹시 괴롭습니다. 모든 선생님은 밖에서 그 어려운 전교조 결성, 조직 확대, 전교조 결성의 당위성을 알리기 위해 열심히 수고하시며 고통을 당하고 계신데 저만 이곳에서 편안히 지내고 있나 하는 미안함과 무언가 함께 거들어야 할 텐데 하면서 돕지 못하는 이 심정을 이해해주시기 바랍니다. 정말 우리 선생님들 대단하시고 훌륭한 분들입니다.

당국에서 그렇게도 억척스럽게 원천봉쇄를 하는데도 불구하고 용감히 하실 일들을 다 하므로 참교육의 열기가 이곳 감옥까지도 넘쳐흘러 들어오고 있습니다.

오늘도 학교 수업에, 전교조 사업에, 저희 뒷바라지에 애쓰고 계실 여러 선생님의 노고가 이 나라 교육혁신에 커다란 획을 긋는 일이 되지 않을까 생각합니다. 여러 선생님의 산고는 참교육이 태어나는 현장이요, 참교육의 탄생은 이 나라 교육의 살 길이라 여겨집니다.

아무리 어렵고 고되더라도 초지일관하는 자세로, 우리의 굳건한 발걸음이 다음 통일 시대 주역이 될 우리의 제자들에게 하나의 이정표가 되리라 믿습니다.

저는 아무런 한 일도 없지만 여러 선생님의 숭고한 전진에 발맞추어 함께 나가고자 하는 마음은 끝이 없습니다. 저나 교사 모두가 지금 잘못 판단하여 비겁한 모습을 보인다면 이 나라 교육의 혁신은 언제 이루어질지 모르게 되지요. 아무리 어렵고 인격적인 모독을 당하는 일이 있다 하더라도 지금의 이 고초를 기쁨으로 앞으로 다가올 영광의 열매로 여물게 하는 마음으로 알고 나아가야 되겠습니다.

시간에 쫓기다 보니 차분한 글이 되지 않는군요. 무엇보다 여러 선생님의 노고와 꺼질 줄 모르는 열성에 전적인 찬사와 격려를 보내며 함께하지 못함을 죄스럽게 생각합니다. 저와 구속된 선생님들 모두 떳떳하고 의연한 모습으로 이 어려움을 대처해 나가리라 생각합니다.

여러분의 건투를 빌며 화합 중에 발전 있으시기를!

1989. 6. 27.
서울구치소에서
윤영규 드림

수배 전단 앞에서

조재도(시인)

지금 어딘가
바위처럼 묵직이 가라앉아 있는 사람
수배 생활 일 년
현상금 5백만 원이 걸려 있는 그의 얼굴을
흰 머리칼로 뒤덮인 그의 얼굴을
서울역 대합실에서 볼 수 있었다
다른 지명 수배자들과는 달리
명함판 크기로 확대된 그의 얼굴이
수배 전단 한가운데 내걸려 있음은
그가 곧 대빵임을 보여주는 것이리라
굳은 표정의 사진 얼굴 뒤로
남의 눈을 피해 어느 골방 깊숙이
앉아있을 그의 등이 보인다
사람 사는 곳 찾아
허리 짐짓 구부리고
이런저런 이야기 궁시렁궁시렁하고도 싶은
그러나 지금은 팔 다리 묶여
눈분신 봄햇살 남의 것으로 제쳐두고
온갖 외로움

눈 감아 지그시 삭이고 있을
그의 등이 보인다
소설 나부랭이나 들추고 있을
윤영규 선생님의 등이 보인다

_시집 《쉴 참에 담배 한 대》 중에서

다시 전교조 참교육의 횃불이 타오르길…

이부영 (윤영규기념사업회장)

선생님, 2014년 새봄입니다.

사람들은 '청마의 해'라며 덕담으로 새해를 맞이했지만, 그러나 많은 사람이 거짓으로 얼룩진 박근혜 정부 1년을 겪으면서 아직도 무력감에서 헤어나지 못하고 있습니다. 나라의 안녕과 국민을 보호해야 할 국정원은 지난 대선에서 부정선거로 민주주의의 근간을 흔들어 놓았고 최근에는 정치적 의도가 의심스러운 간첩사건 조작이 드러나고 있음에도 분노조차 느끼지 못하고 살아가는 듯합니다.

박근혜 정권은 진실을 가리기 위해 남북정상회담 대화록으로 노무현 전 대통령을 부관참시하고 검찰총장을 망신주어 찍어냈습니다. 통진당을 내란음모 사건으로 해체시키고 전교조는 법외노조로 내몰려 하고 있습니다. 국민대통합은 간곳없이 반대 세력은 철저히 배제하고 제 편을 위해서는 앞뒤를 가리지 않고 있습니다. 노동자들의 자존심인 민주노총을 무참히 짓밟고 철도민영화와 의료민영화를 밀어붙이고 있습니다. 그러면서 기업의 돈벌이에는 손톱의 가시 뽑기라며 온갖 규제를 폐지하는 데 팔을 걷어붙이고 있습니다.

그러나 위원장님, 전교조 창립 25주년을 맞는 올해 우리는 다시 희망을 만들어야 합니다. 오는 6.4교육감 선거에 든든한 동지들이 전국에서 출사표를 던지고 있습니다. 광주의 장휘국 교육감과 강원의 민병희 교육감은 재선이 유력하고 민주진보 단일 후보로 선출된 인천의 이청연, 충남의 김지철, 충북의 김병우, 세종의 최교진, 경남의 박종훈, 제주의 이석문 동지들과 나머지 지역에서도 우리 동지들이 경선을 위해 열심히 뛰고 있습니다. 갑오농민전쟁 120주년인 2014년, 6월 4일엔 전교조 참교육의 횃불이 다시 타오르는 날이 되었으면 합니다.

선생님, 올해에는 윤영규 장학생으로 두 명을 선정했습니다.

김해남 군은 새터민으로 홀어머니가 생계를 이어가는 어려운 처지에서도 학업에 열중하여 올해 송탄제일고등학교에 진학한 학생이며, 문은비 양은 아버지가 쌍용차 해고 노동자로 어려운 환경 속에서도 올해 부산 외국어대학에 진학한 학생입니다. 이들이 참교육 정신으로 꿋꿋하게 성장해가는 데 밑거름이 되리라 믿습니다.

윤영규 선생님, 오늘 추모의 이 자리가 다시 동지들에게 힘을 주고 결의를 다지는 자리가 되었으면 좋겠습니다.

내년 다시 뵐 때까지 편안히 계십시오.

*윤영규 선생 9주기를 맞으며 쓴 글입니다.

이순덕

01_1984년 예산여고 2학년 낙산사 수학여행

02_1986년 서면중 재직 때 받은 예산여고 제자의 편지 답장

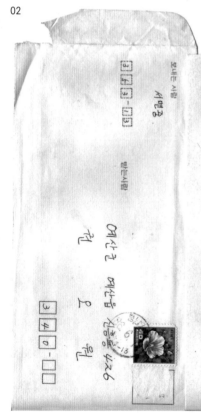

사랑스런 우리 은원.

우리들 모두가 기쁜날. 함께 웃는 성탄이 될 수 있도록하여
않이 고민하고 생각하여 의미 있는 생활 하도록 기도 한다.
건강하게 좋은 날들 만들어렴

4318. 12. 14. 이 순덕.

01_1988년 2월 발행한
　　교육부 정기 발행물 1호

02_제자에게 보낸 편지

03, 04_이순덕 추모. 묘소 사진

2016년 이순덕 선생님의 묘소를 방문한 제자들

민주교육 첫 순직 교사

이주영

"이순덕 교육 동지가 돌아가셨습니다."

경기도 의정부 도봉산 아래 대한YMCA연맹 수련원인 다락원 강당에서 전국 연수를 하고 있던 Y중등교사 회원들 가슴을 큰 망치로 '쿵!' 하고 때리는 소리였다. 엄혹한 군사독재정권 아래서 이 땅에 아이들을 살릴 수 있는 참교육을 해야 한다는 결심으로 교육민주화운동을 시작한 교육 동지의 죽음을 처음 듣는 순간이었기 때문이다. 그동안 4층 유리창을 청소하다 떨어져 죽은 여교사, 숙직하다 강도한테 맞아 죽은 남교사, 학교 비리를 공개했다가 자살한 교사들이 있었다. 그러나 참교육을 위한 교육민주화운동을 같이 하던 동지의 죽음은 처음이었다. 더구나 이순덕 교사는 교육민주화 선언 이후 충남교육청과 정부기관으로부터 표적 탄압을 받으면서도 이에 굴복하지 않고 강고한 투쟁 중에 결핵성늑막염으로 수술을 받았다. 그런 와중에도 문교부는 이순덕 교사에 대한 탄압을 계속 자행하면서 부당한 징계를 강행했고, 수술받고 나온 그에게 파면 통지서를 보냈다. 엎친 데 덮친 격으로 폐암이라는 진단을 받았고, 투병 끝에 1987년 1월 3일 새벽, 동지들에게 '먼저 가서 미안하다'는 말을 남긴 채 떠나셨다. 불과 스물아홉 살이라는 꽃다운 나이에,

웃는 모습이 너무 예뻤던 한 젊은 무용 교사가 참교육을 향한 열정으로 불꽃처럼 피었다 지고 말았다.

민주교육의 첫 순직 교사 이순덕은 홍성중고등학교 때 양궁선수로 전국체전에 도대표로 출전하기도 했다. 1979년 한양대학교 체육과 졸업 후 태안여자중학교로 부임했고, 서산여중을 거쳐 1982년 예산여고, 1985년 대전체고로 갔다가 충남교육청 탄압으로 1986년 서천여중으로 좌천당한다. 서천여중으로 가서는 충남교육청과 서천중학교 교장이 동료 교사와 학부모까지 동원해서 집요하게 괴롭히면서 탄압의 고삐를 조였고, 끝내 부당한 방법으로 징계를 해서 파면에까지 이르렀다. 그 과정에서 병이 들었고, 끝내 죽음에 이른 것이다. 교단에서 쫓아내기 위해 교장과 장학사가 자행한 온갖 음해 공작 내용을 보면 그 누구라도 죽음에 이르지 않을 수가 없을 정도였다.

이순덕 교사에 대한 제자들과 주변 교사들 기억을 따라가 보면 태안여중과 서산여중 때와 예산여고와 대전체고 때가 마치 칼로 무 자르듯 제자들과 동료 교사들 마음에 명확하게 다른 흔적을 남겼다. 예산여고 때도 1984년을 기점으로 급격하게 달라진다. 이번 특집을 쓰기 위해 만난 제자들 가운데 1983년과 1984년 2년 동안 학급 담임으로 만난 권오원 씨 증언으로 더 분명하게 확인할 수 있었다. 서산중학교 제자들은 이순덕 교사를 잘 기억하지 못하거나 기억한다고 해도 차갑고 냉정하고 편애가 심한 교사로 기억하는 경우가 많았다. 당시 전교조 홍성지회 민병성 동지 증언에 따르면 돌아가신 다음에 홍성 지역신문에 실린 추모하는 글을 읽은 서산여중 제자가 전교조 홍성지회에 강력하게 항의까지 했다. 참교육을 지향한다는 전교조에서 어떻게 이순덕 같은 교사를 단순히 전교조 교사라는 이유만으로 미화시킬 수 있느냐. 반면에 1984년부터는 예쁘고, 잘 웃고, 자기를 사랑해주었다고 기억하는 제자들이 많았고, 자기 삶에 나침반이나 등불 같은 교사로 기억하는 제자들도 만날 수 있었다. 동료 교사들도 비슷했다. 태안여중과 서산여중 동료 교사들은 한마디로 '싸가지 없다'고 말하기도 했다. 그런데 예산여고 체육 교사 중에서는 퇴임하고도 당시 이순덕 교사를 도와주지 못해서 미안했다고 진심으로 부끄럽게 여기는 이도 있었다. 도대체 무엇이 이렇게 한 교사에 대한 평을 극단으로 나누어지게 한 것일까? 그건 짐작하겠지만 교육민주화운동을 만나기 전과 후다. 곧 교육민주화운동에 참여하는 기점이 그 변화의 갈림길이 된 것이다.

이순덕 선생님 (무용)

이순덕 선생님 (체육)
예산여고 앨범 사진

이순덕 교사가 교육민주화운동에 첫발을 내딛게 된 것은 주변 교사들에 대한 관찰에서 시작되었다. 후배 교사인데도 자기와는 달리 교육에 대한 문제를 제기하고, 황폐한 교육 현실 때문에 고민하고, 아이들과 새롭게 만나는 후배 교사들이 보였던 것이다. 그들끼리는 책을 돌려보면서 자기한테는 권하지 않았다. 도대체 그 책이 무엇일까? 왜 나한테는 읽어보라고 권하지 않는 걸까? 그런 궁금증에 후배 교사를 찾아가서 '그 책 나도 빌려 달라'고 했다. 책을 읽으면서 그동안 알지 못했던 현실 이야기들이 너무 가슴에 와 닿았다. 책을 돌려주면서 책을 읽고 알게 된 것을 이야기하고, 모르는 것을 물어보았더니 그 후배 교사가 깜짝 놀랐다고 한다. 그때부터 밤을 새워 많은 책을 읽기 시작했고, 토론에 적극 참여했고, 홍성 Y교협에 참여하면서 교사가 아이들과 어떻게 살아야 하는가에 대한 고민과 해결 방법을 찾게 되었고, 바로바로 몸으로 실천하게 되었다고 한다. 이순덕 교사는 당시 심경을 후배한테 털어놓았다.

"후배들이 저렇게 공부하고 열심히 사는 동안 난 뭘 했나 생각해봤다. 사실 그동안 학생들을 위해 무엇을 어떻게 해야 될지를 몰라 잘못 가르친 지난 5년이 큰 죄를 진 것 같았고, 한없이 부끄러웠다. 알아야할 것을 알지 못한다는 것이 특히 선생에게 얼마나 큰 죄인가를 깨달았다. 그 뒤 Y교협 활동을 하면서 더 많은 선생님을 만나 더 많은 것을 배우면서 이런 생각이 점점 더 깊어졌다."

사실 교사들은 직업 특성상 교사가 아이들한테 죄를 지을 수 있다는 것, 더구나 자신이 아이들한테 저지른 죄가 무엇인지를 깨닫기가 결코 쉽지가 않다. 알게 되었다고 하더라도 그 죄를 인정하고 이렇게 참회하기는 더 어렵다. 1980년대에 교사 연수를 하다 보면 밤에 현장 이야기를 하다가 엉엉 우는 교사들을 자주 만날 수 있었다. 교사로서 아이들한테 지은 죄가 부끄럽고, 그렇게 몰아가는 교육 현실이 분하고 억울해서다. 그렇게 울고 난 교사들이 현장으로 돌아가서 한 학기 동안 고전분투하고, 방학 때 2박3일 연수 자리에 와서 또 참회하면서 서로 위로하고 격려하는 자리가 당시 연수였다고 할 수 있다. 이순덕 교사가 그 뒤에 철저하게 아이들 편에 서서, 동료 교사들 편에 서서, 민주교육 편에 서서 싸우게 되는 과정에는 이런 교사들의 참회가 있었다. 다시는 아이들한테 죄지를 짓는 교사가 되지 않겠다는 굳은 결심이 흔들리지 않았기 때문이다.

아이들한테 더 이상 죄를 짓지 않겠다는 마음 때문에 이순덕 교사가 첫 번째로 당한 어처구니없는 피해는 교육청 장학사가 아니라 동료 체육 교사한테 당한 폭행이었다. 당시 군 지역에서 대전시에 있는 체육고등학교로 전근을 간다는 건 체육 교사들한테는 일종의 영전이라고 볼 수 있는 풍토였다. 어쩌면 아직 교육민주화운동을 대표하는 주요 인물로까지는 표면에 떠오르지 않은 요주의 교사에 대한 회유나 분열을 위한 교육청 담당 장학사의 꼼수로 가게 된 것일 수도 있다. 어찌되었든 당시로서는 체육 교사라면 가보고 싶은 학교를 갔으니 우대를 받았다고 할 수 있다. 그런데 가자마자 담임을 주고, 실습 교생을 배당하고, 체육과 관련 없는 세계사, 도덕, 가정, 가사 과목까지 맡겼다. 당시 요주의 교사에게 과중한 업무를 주어서 바깥 활동을 못 하게 하는 것도 교육청이 학교 관리자들한테 교육시킨 요주의 교사 관리 지침 가운데 하나였다. 그런데 9월에 담임하고 있는 학급 아이의 수업 문제를 제기했다가 동료 교사한테 당한다. 대회에 나가 상을 타야 한다는 생각에만 가득 찬 남교사한테 운동장에서 뺨을 맞고, 옆구리를 걷어차이는 폭행을 당한다. 수업을 뒷전으로 하고 오직 상 타기가 목적이 된 체고였기 때문에 일어날 수 있고, 비호받을 수 있는 폭력이었다. 이런 일을 겪으면서 이순덕은 이런 문제가 교사 개인의 문제가 아니라 교육 체제의 문제라는 걸 알게 되었다고 한다. 폭행을 한 남교사도 그런 잘못된 거대한 체제에 희생당하는 가엾은 희생자에 불과하다고, 이런 문제를 해결하기 위해서는 교사들의 자각과 단결된 힘이 필요하다고 깨닫게 되었다. 그래서 더욱 교사 모임에 주도적으로 참여했으니, 충청 글쓰기교육연구회에 참석하고, 대전 Y교협 조직에 앞장서고, 1986년 1월 4일 전국 Y교협 정기총회에서는 특유의 맑고 높은 목소리로 노래를 선창하면서 활동을 이끌어 나가기까지 했다. 연수에서 돌아온 이순덕 교사에게 도교육청 장학사 두 명이 찾아와 홍성 Y교협 활동에 대한 자술서와 반성문, 앞으로 활동을 하지 않겠다는 포기서를 포함한 각서를 요구하였다. 당시 홍성 Y교협 관련 교사들은 활동 내용에 대한 정당성을 주장하면서도 대부분 형식적이나마 조사를 받았고, 진술서를 썼다. 그러나 이순덕 교사는 교사로서 당연히 해야 할 정당한 활동을 했고, 이런 활동을 조사하는 당국이 부당하다면서 조사 자체를 거부했다. 그러자 교육감이 경고 조치를 하고 대전체고 1년 만에 강제 내신되어 교육운동가들이 아무도 없는 충남에서도 오지라고 할 수 있는 서천여중으로 강제 전보를 냈다. 조사를 혼자 거부했기 때문에 졸지에 지독한 강성으로 분류되었고, 보복과 탄압의 표적이 되었다.

서천여중에 가서 2학년 4반을 담임했다. 비록 쫓겨온 학교지만 아이들은 너무 좋았다. 5분 이야기, 노래 부르기, 생일 축하하기, 동화책 선물하기 같은 학급 활동을 하면서 참된 교육을 실천하려고 열심히 했다. 그러나 도교육청 김수천 장학사와 황준하 교장은 이순덕 교사를 교단에서 쫓아내기 위한 공작을 진행시키고 있었다. 이순덕 교사 교육 활동을 감시하고 편지까지 몰래 뜯어서 검사하였다. 수업 시간마다 감시하고, 학생들 공책을 검사하고, 학생들을 한 명씩 불러서 묻고, 고발할 내용을 말하게 강요하였다. 가깝게 이야기를 나눈 교사, 심지어 복도에서 지나치다 인사를 나눈 동료 교사까지 교장실로 불러서 어떤 이야기를 나누었는지, 어떤 관계인지를 꼬치꼬치 물었다. 선물한 동화책을 빼앗아서 주임교사들한테 불온한 구절을 찾아내도록 하였다. 아니 조금이라도 꼬투리가 될 만한 구절을 샅샅이 찾아내서 불온한 구절로 해석하도록 하였다. 학부모들을 부추겨서 이순덕 교사를 모함하는 진정서를 도교육청에 내게 하고, 이를 빌미로 담임을 빼앗았다. 동료 교사와 학생과 학부모들한테 빨갱이 간첩과 같은 인물이라는 소문을 냈다. 직원 조회에서 인격을 모욕하는 폭언을 하고, 무용실까지 폐쇄하면서 주변 사람들이 일절 접촉하지 못하도록 고립시켜나갔다.

이순덕 교사는 이런 악랄한 음해와 탄압에도 굴복하지 않고, "교사로서 학생들에게 애정을 갖고 올바르게 지도하고자 노력한 것의 결과는 무책임한 교육 행정과 교권을 보호하고 존중해야 할 교장으로부터의 인간적인 탄압뿐입니다. 이와 같이 무참히 짓밟히는 교권에 침묵하는 것은 교사로서의 책임 회피요, 스스로 교권을 포기하는 것입니다. 또한 학생들에게 보다 더 관심을 갖고 창의적으로 교수 활동을 하여 교사와 학생 간에 격의 없이 친밀한 인간관계를 갖는 것이 좌경의식화 우려가 있다고 인정한다면 과연 우리 교사들은 어떻게 무슨 방법으로 학생들을 가르칠 수 있단 말입니까?" 라면서 버텼다.

곧 포기 각서를 쓰면 그 자체로 교권을 포기하는 게 되고 참된 교육을 하려고 했던 모든 활동이 좌경의식화 교육이라고 인정하는 것이기 때문에 그는 자신의 순수한 교육 활동을 잘못했다고 인정하는 포기 각서를 도저히 쓸 수 없었던 것이다. 이런 싸움 과정에서 병을 얻었고, 병으로 온몸에 고통을 받으면서도 결코 굴복할 수 없었던 것이다. 5년 동안 싸가지 없는 날라리 교사라고 손가락질 받던 한 교사가 어떻게 이렇게 빠른 시간에 제자들한테 좋은 교사였다고 인정받는 교사, 함께했던 동지들은 물론 일반 동료 교사들 마음에까지 불꽃처럼 남아있게 되었을까? 그 까닭은 본바탕에 사람다운 마음, 순수한 마음이 깔려있었기 때문이라고 본다. 그 순수한 마음이 억압되어 잠자고 있다가 어느 순간 작은 부딪힘에 자각해서 눈을 뜨고 깨어나게 되었고, 그 자각이 교사로서 가야 할 길을 찾게 하였고, 그로 인한 참회와 환희가 자신을 불꽃처럼 태우게 하였고, 그 불꽃을 끄고 자각을 다시 잠재우려는 억압과 폭력에 도저히 굴복할 수 없었던 것이다. 일본 순사보다 더한 충남교육청 김수천 장학사와 반민족 친일 극우파 서천여중 황준하 교장 같은 주구들한테 도저히 고개 숙일 수 없었던 교사, 정말 단순히 교사답게 살고 싶었던 교사, 아이들한테 더 이상 죄를 짓는 교사가 되고 싶지 않았던 교사의 죽음을 기억하지 않는다면 우리 교육에 희망이 있을까?

결혼하면 살려고 준비했던 방에서 약혼자와 마지막 15일을 살고, 동

지들에게 '먼저 가서 미안하다'면서 돌아가신 이순덕 선생님, 교육민주
화운동 과정에서 희생당한 이런 교사의 삶과 죽음을 기억하지 않는다
면 과연 우리 교육이 참된 민주교육으로 나갈 수 있는지? 민주교육 첫
순직 교사, 이순덕 선생님 30주년을 맞으면서 되묻지 않을 수 없다.

*이 글은 당시 최교진 전교조 수석부위원장(현 세종시 교육감)이 《민족과 교육》에 쓴 〈시련과 고난
속에서 타오르는 불꽃〉과 당시 대전체고에서 같이 근무하셨던 이춘희 선생님(현 상명대 학생상
담)이 《그 불꽃의 역정》에 쓴 〈대전체고 시설의 이순덕 선생님〉을 바탕으로 이번 특집을 구상하
면서 만난 사람들한테서 받은 느낌과 들은 이야기를 보태서 쓴 글입니다.

악랄한 교권 탄압으로 돌아가신
이순덕 선생님

이주영 오늘 모임을 준비해 주신 박경이, 이인호 선생님과 참석해주신
여러분 모두 반갑고 고맙습니다. 이순덕 선생님은 교육민주화운
동 역사에 불꽃처럼 나타나 불꽃처럼 살다가 불꽃처럼 우리 곁
을 떠난 분이십니다. 그 불꽃을 우리가 기억하지 않으면 누가
기억하겠습니까. 내년이 30주년인데, 오늘은 자유롭게 터놓고
기억하는 자리가 되면 좋겠습니다. 그래도 진행자로서 말을 풀
기 좋도록 조금 의견을 드린다면 '나는 이순덕 선생하고 어떻게
만났다든가 하는 관계, 가장 기억에 남는 일, 끝으로 30년이 지
난 이 시점의 교육운동 관점에서 왜 우리가 이순덕을 이야기해
야 하는지, 왜 다시 불러내고 싶은지'를 생각하면서 말씀해주
시면 좋겠습니다. 박경이 선생님부터 풀어주시죠.

박경이 1984년 4월 10일로 기억하는데, 청라중학교에 있다가 중간에 예
산여고로 전근 가서 이순덕 선생님을 만났어요. 같이 2학년 담
임을 했는데, 밥을 굉장히 맛있게 먹었어요. 학교에서 내려가
면 구질구질한 식당이 있는데, 얼마나 밥을 맛있게 하는지, 여
섯 명 정도 모여서 날라주시는 거 무지 맛있게 먹었거든요. 다

들 어떻게 기억할지 모르지만 이순덕 선생님 웃는 모습이 너무 너무 밝고 예뻐요. 활짝 웃어요. 어쩜 그렇게 예쁘게 활짝 웃는지. 그렇게 밥 맛있게 먹으며 수다를 떨다 보니 자연 가까워졌지요. 선생님 자취집에 놀러 가면 알루미늄으로 만든 두레반상, 세 명은 먹을 수 있는 옛날에 쓰던 자그마한 밥상에, 혼자 밥 먹는 사람이 꼭 그렇게 차려 먹는 거예요. 밥 한 공기 반찬 두 가지 그렇게 해서 부엌에서 받쳐놓고 먹는 거예요. "나는 혼자 먹어도 이렇게 먹어" 그러면서. 코딱지만 한 방이지만 부엌 뒤로 뒷문이 또 있어요. 옆에 쪽문을 열고 내려가면 부엌인데 거기를 신발 벗고 가야 돼요. 얼마나 깔끔하게 닦아놨나 먼지가 하나도 없어요. 하여간 참 깔끔했다는 게 기억나요. 몇 번 가다 보니까 그게 좋았어요. 아기자기하고, 깔끔하고 반짝반짝하고. 자기를 위해 상을 차리고 하는 게 너무 재미있었어요. 제가 세 살 후배인데도 뭔가 존중하고 섬기는 자세였어요. 체육과를 나왔으면 상당히 거칠 수밖에 없는 환경에서 어쩌면 후배를 그토록 존중하는 태도가 몸에 배었을까 생각을 하게 되네요.

저는 사실 이순덕 선생님을 무지 잊고 싶었어요. 기억하고 싶지 않았어요. 이순덕 선생님을 만난 게 저에게는 트라우마인 거예요. 어떤 순간마다 상처를 헤집어서 사람이 제 정신에 못 살게 하는 무서운 힘을 가지고 있어요. 뭐 그 정도냐 하겠지만 제가 그 트라우마를 완전히 털어버린 게 명퇴를 하고 5년 동안 정신분석 공부를 하고 나서예요. 그래서 한동안 안 가던 묘소 참배를 올해 갔다 왔어요. 그러니까 이제 그녀는 그녀의 삶을 살았을 뿐이다. 저는 스쳐가는 수많은 만남 중에 하나였을 뿐이지요. 그거를 한쪽으로 인정하면서도 '나를 안 만났

다면 나를 안 만났다면'
하는 마음이 계속 저한
테 작동하고 있었던 거
지요. 그런 걸 밖으로 말
도 못 하니…, 이게 트라
우마가 되는 거예요. 나
를 안 만났으면 그 사람
그 밝은 웃음으로…. 내

가 뭔데. 그 사람 인생에 뭘 했다는 건가 하는 생각이요. 항상
작동하는 거거든요. 그럼에도 불구하고 나를 안 만났더라면. 그
래서 저는 어디에 '박경이 선생님을 만나서….' 이런 글이 나오
면 아주 막 불싸지르고 싶어요. 이거를 말을 못 하고 혼자 덮어
놓고 한숨만 쉬고 살았던 거죠. 오늘은 제가 공개적으로 해원
굿을 하는 자리예요. 조금 있다가 더 얘기할 거예요. 이러다가
울 거 같아요.

이주영 저도 많이 와 닿는 느낌이에요. 전교조 활동하면서 해직된 후배
들이, 자기는 이주영 선배를 만나서 해직됐다고 딱 깨놓고 말하
거든요. 나를 만나 교육운동에 뛰어든 후배들이 많이 이야기를
하죠. 그럴 때마다 가슴이 철렁해요. 만나는 것도 인연인 거고
각자의 삶이지만.

이우경 박경이 선생님이 '이순덕 선생님이 나를 안 만났더라면…'이라
고 얘기하는데, 그렇게 말한다면 사실은 제가 '홍성 Y교협을
만들자고 박경이 선생님을 안 찾아갔더라면…'으로 시작이 되
어야 한다고 생각해요. 저도 그 때문에 박경이 선생님 못지않
게 힘든 세월을 살아왔지만 이렇게 정리를 했어요. 그때 우리가

거기에 누군가를 만나거나 인연이 되지 않았거나 간에 그 어느 누가 역사로부터 자유로울 수 있었을까. 만나지 못했어도 자유롭지 못했을 거고. 마음의 짐 때문에 내내 편안하지 못했을 거라고 생각해요.

제가 1984년에 홍성 갈산고등학교로 발령을 받았는데, 굉장히 실망했어요. 교육 현장이 '전 국민을 상대로 한 거대한 사기극이구나' 하는 생각이 들었어요. 그곳에서 현대가 갯벌을 막는 바람에 터전을 잃은 아이들을 가르치게 됐었거든요. 이 아이들이 고등학교 졸업하고 전부 공단으로 갈 건데. 그런 절망적인 아이들을 보면서 답답했어요. 교육을 통해서 이 아이들에게 뭔가 희망을 줄 수 있을까. 아니면 거대한 사기극이라도 걷어낼 수 있을까. 그런 생각으로 홍성 Y교협을 만들자고 선배들을 찾아다녔죠. 창립하는 날 회원 여섯 명 전원이 참여하는 상황극을 했고, 서울에서 YMCA 손님들이 와 있었고, 최교진 선생님이 제자들하고 왔던 기억이 나네요.

그때 박경이 선생님하고 같이 오신 이순덕 선생님을 만났어요. 제가 보기에는 여장부 스타일이었어요. 덩치도 크고, 항상 활발하고, 특히 배움이 굉장했어요. 꼭 스펀지가 물을 빨아들이는 것마냥 배움에 목말라 했고, 빨리빨리 배우고 그랬어요. 우리가 책을 읽고 같이 세미나 같은 것도 했는데, 그해 겨울방학 중에 연수를 기획했어요. 그때 제가 스물넷이고, 박경이 언니는 스물일곱, 이러니까 지금으로 보면 다 애기들인 거예요. 그래서 어떤 계획도 없이 우리는 모였는데, 약간 늦게 온 이순덕 선생님이 손에 쌀, 김치를 한 보따리 들고 나타난 거예요. 우리가 모여서 연수를 하긴 할 건데, 뭘 어찌 먹고 하는 건 아무도 생각 못 한 거죠. 그때만 해도 다들 애들이던 우리 후배들을 항상 챙겨주셨지요. 모임에서 항상 눈에 띄었어요. 너무 예쁘고 너무 환하고 너무 활발했기 때문에.

김민순 이순덕 선생님 처음 만난 것은 1985년도 1월이었던 거 같아요. 다락원에서 한 전국 Y교협 연수 때니까요. 그때 저는 충북 옥천여고에 근무하고 있었는데 제가 그 지역 사람이 아니기 때문에 아는 사람이 하나도 없어서 학교에서 이것저것 답답해하고 있었어요. 친구 소개로 다락원 모임 얘기를 듣고 회원은 아니지만 그냥 한번 찾아갔어요. 처음 가서 대전이나 청주 근처 쪽에 있는 선생님들 모임이 있으면 소개를 해달라고 얘기를 했더니 홍성 YMCA 선생님들을 소개해주었어요. 그런데 이순덕 선생님 처음 만났을 때 첫 인상은 되게 이상한 여자다 이렇게 생각했어요. 그때만 해도 다들 젊었고, 대부분 화장도 안 하고 왔잖아요. 그런데 이순덕 선생님은 화장을 세련되고 곱게 한 얼굴이라서 보자마자 굉장히 눈에 띄었어요. 더구나 유행가를 막 흥얼거리고 있는 거예요. 저 사람은 뭐 하는 사람인가 생각했어요. 나중에 보니까 상황극에서 부를 유행가를 개사한 노래를 외우느라고 흥얼거리고 있었던 거예요.

거기서 처음 이순덕 선생님을 만나고 다음 해 3월에 이순덕 선생님이 대전체고로 오시고부터는 거의 매일 만나다시피 했어요. 3월 넘어서면서부터 아예 제가 대전으로 집을 이사했어요. 매일 옥천에서 퇴근하고 이순덕 선생님을 만나러 대전으로 왔다갔다하는 게 너무 힘들어서요. 대전으로 이사를 와서 계속 만나면서 대전 Y교협을 만들자고 했어요. 아는 선생님들 소개를 받고 그 선생님들 찾아다니면서 만들었어요. 몇 가지 활동을 하기는 했어요. 소풍 가서 할 수 있는 좋은 놀이도 서로 배우면서요.

언니네 집에 가면 매운 고추장 감자찌개를 해주셨어요. 밖에 나가서 먹을 때는 동양백화점 뒤에 두부 두루치기하고 시래깃국 하는 데가 있었어요. 그곳 시래깃국을 굉장히 좋아했어요. 아침에 뭘 한다고 만나면 아침부터 먹으러 가요. 일 하다 점심 때 또 가서 먹어요. 하루에 두세 번 먹은 적도 꽤 많이 있어요. 그중에서 언니가 좋아하는 집이 있었는데, 그 집 국 하고 김치를 굉장히 좋아했어요. 아프고 난 다음에 한번 그 집 김치가 먹고 싶다고 해서 그 집에 가서 사정 얘기하고 김치를 얻어왔던 기억이 나요.

이인호　대전체고로 갈 때는 특별한 일 때문에 간 것은 아니죠. 정기 전보로 갔으니까요. 당시 충남 교사 모임으로는 Y교협 흐름이 하나 있었고, 이주영 선생님께서 저보다 먼저 했던 이오덕 선생님을 중심으로 하는 글쓰기 모임이 있었지요. 충남은 글쓰기 모임이 활발했어요. 저는 1984년에 제대하고 오래전부터 알던 박경이 선생님 통해서 이순덕 선생님을 뵙게 되었어요. 저는 두 분이 자매처럼 지내는 사이라는 생각이 들었어요. 저희 집에도 자주 왔고. 예산으로 박 선생 보러 갈 때 같이 가보기도 했어요. 그러다 두 운동 단체가 주축이 되어서 충남 교육민주화 선언을 했습니다. 그때 이우경, 공근식, 저, 세 명만 이름을 공개하고 나머지는 그냥 모른다고 하기로 의논했어요. 그런데 이순덕 선생님은 그걸 왜 내가 숨기느냐면서 밝혔어요. 그러다 보니 탄압의 표적이 되셨지요. 그래서 대책회의 때문에 많이 만나고 그랬었죠. 글쓰기 모임 교사들과 겨울방학에 며칠 합숙하다시

피 하고, 학급문집 만들 때도 오셔서 같이 얘기도 하고, 술 한 잔 하면서 관심을 보이던 생각이 나요. 대전 가고 나서는 그렇게 자주는 못 봤어요. 교육운동으로는 조금 나중에 합류한 분이지만 상당히 원칙대로 하려고 했고, 모든 일에 헌신하셨어요. 하여간 자신의 모든 거를 다 쏟아붓는 식으로 하신다는 생각이 들었어요.

이우경 　얘기를 하니까 생각이 나네요. 그때 제가 갈산고등학교 교장실에서 입수한, 인비친전으로 보내온 충남교육청 문서가 있었어요. 그 문서에 문화단체, 탈춤반이나 YMCA 활동 교사 명단이 45명 있었는데, 이 교사들에 대한 일일 감시 동향 보고를 하면서 나중에 징계의결할 거리를 찾으라는 공문이었지요. 일제강점기 때와 똑같아요. 충남교육청 김수천 장학사가 주도한 일이었어요. 충남은 정보부인가요? 거기와 되게 가까웠어요. 우리 행동 일거수일투족을 감시하기 시작한 게 민중교육지 사건 이후로 생각이 돼요. 그 중에서도 유독 굉장히 고난을 겪으신 분이 이순덕 선생님이었지요. 저는 천주교 정의구현사제단 신부님들이 독수리 5형제마냥 학교에 나타나서 항의해주셨어요. 아무튼 그때 제가 입수한 공문서를 신동아 기자를 만나서 폭로한 기억이 나요.

이주영 　교사들에 대한 감시는 그 전에도 있었지만 민중교육지 사건과 교육민주화 선언 이후 교육청과 경찰청과 정보부가 합동으로 하기 시작했지요. 당시 문교부에서 학교로 보낸 문제 교사를 구별하는 조항을 보면 기가 막히지요. 아이들을 열심히 가르치는 교사, 아이들과 유달리 친한 교사, 풍물을 가르치는 교사, 학급문집을 만드는 교사, 촌지를 받지 않는 교사, 교무회의 시간에 일어서서 발언하는 교사…. 이런 교사들한테는 동료 교사나 학생을 시켜서 날마다 무엇을 어떻게 가르치거나 행동하는가를 교감에게 보고하게 하고, 교감이 교육청에 일일 동향 보고서를 올렸어요. 1984년 당시 서울 Y교협 회원이 50명 정도 되었는데, 나중에 서울시교육청이 서울 Y교협 회원으로 의심된다고 분류하고 감시하는 교사 명단을 우연히 입수해서 보니 400여 명이나 되더라구요. 하하. 지금까지 선생님들이 말씀하셨는데, 제자들 이야기를 듣고 싶습니다. 권오원 님은 예산여고 때 제자라고 하셨지요?

권오원   네, 저는 예산여고 1, 2학년 때 두 번 다 이순덕 선생님이 담임 선생님이었거든요. 처음 학교에 들어가면 배치고사처럼 반을 나누는 시험을 보잖아요. 1983년에 선생님을 처음 보았어요. 그런데 구두 굽이 이렇게 높아요. 짧은 타이트스커트를 입었고, 다리에는 토시를 신었고, 눈썹은 마스카라 했고요. 화장도 진하게 하셨어요. 이렇게 하고 시험 감독을 하시는 거예요. 껌도 잘 씹으셨어요. 처음에는, 나중에는 가끔 씹다가 결국은 끊으셨어요. 전형적인 무용 선생님이셨지요.

  학교 다닐 때 어떤 기억이 있냐면, 매월 내는 육성회비를 못 내면 혼내잖아요. 어떤 선생님은 "너는 왜 돈을 안 가지고 와." 이게 아니고, 돈을 안 낸 애들을 죽 세워놓고 "너는 왜 단추가 없어." 해요. 언니들한테 물려받았으니 단추가 없죠. 이런 식으로 혼난 기억이 많은데, 우리 선생님은 그렇게 많이 잘 차려입었는데도 그러지 않으셨어요. 저는 나중에도 그렇지만 1학년 때 반짝반짝 빛나는 아이는 아니었어요. 공부를 특별히 잘한다던가 아니면 얼굴이 예쁘다거나 집이 부자라던가 그러지 않았지요. 그런데 1학년 때 걸레를 빨고 있으면, "너는 어쩌면 걸레를 그렇게 잘 빠니." 이렇게 말씀하시면서 막 와서 안아주고 그랬어요. 2학년 때에도 담임이셨는데, 처음부터 저는 그냥 '저를 예뻐하시는구나' 이렇게 생각했어요. 나만 예뻐한다고. 나중에 친구들 만나보면 그건 아니었어요. 저는 나중에 서천으로 가신 뒤에도 서천 집에까지 가서 한밤 자고 온 경험도 있었거든요. 제 기억에는 그냥 뭐랄까 엄마 같은, 언니 같은 선생님으로 항상 함께 있어요.

김숙진 저는 2학년 때 담임이셨는데, 한 번 안아주신 적도 없어요. 그냥 '저러면 안 되는데 쟤를 어떻게 하면 좋지…' 하는 시선으로 항상 쳐다보셨던 기억이 나요. 저한테 가장 기억에 남는 건 유난히 길고 간절했던 아침 조회예요. 그런데 그게 지루한 게 아니라 굉장히 간절했어요. 저한테만 그랬는지 모르지만. 그때 제 상황이, 다른 아이들은 정규 수업 끝나고 야간 자습 공부할 땐데 저는 정규 수업이 끝나면 집으로 갔어요. 집으로 가서 옷을 갈아입고 밤 업소에 가서 연주를 하고 돈을 벌어야 하는 처지였거든요. 학기 초에 선생님에게 "저는 이러이러해서 업소에서 돈을 벌어야 되기 때문에 정규 수업 이외에 특별활동은 하지 않겠습니다." 하고 말씀드렸어요. 그 이야기를 한 뒤로 저는 선생님에 대한 관심은 접었어요. 어쨌든 조회가 유난히 간절하고 긴데, 꼭 나한테 하는 말 같았어요. 제가 기억하는 선생님 외모는 머리끝부터 발끝까지 반짝반짝이에요. 그거는 다시 말하면 정성이거든요. 자기관리. 지금은 많은 사람이 하지만 그때 무대화장 비슷한, 눈썹 올리고, 머리 파마해서 하나하나 바람 머리로 매만지고, 머리끝부터 발끝가지 정성으로 자기관리를 투철하게 했던 분이에요. 삶에 대한 열정이 크셨다고 봐야지요. 그래서 더 많이 전달하고 싶어 하셨어요. 너무 간절했어요. 그래서 우리 반 조회가 항상 늦게 끝났어요. 아침 조회가 항상 맨꼴지였던 것으로 저는 기억해요. 오원이랑 같은 반이었는데 느낌은 다르네요.

학교 다닐 때는 수업 끝나면 저는 얼른 집에 가서 직장 생활 전선에 나가고 했으니까요. 그래서 선생님에 대한 기억은 별로  없는데, 나중에 선생님 유품에서 저한테 쓴 편지를 전달받았을 때 깜짝 놀랐어요. 그 편지를 제가 계속 가지고 다니다가 어느 순간에 없어졌는데, 힘들 때 그 편지를 읽었어요. A$_4$ 용지를 가로로 네 번 접었는데, 볼펜으로 시작을 '미운 오리새끼처럼 사랑스런 숙진아' 이렇게 쓰셨어요. 그 한 줄을 읽고는 매일 울었어요. 내용은 지금은 돈을 벌 때가 아니고 네가 하고 싶어 하는 음악이 되었든 꿈을 이루기 위한 공부할 시기라는 것이었어요. 아침 조회 때 자주 하셨던 말씀이 적혀있는 편지였어요. 선생님이 돌아가시면서까지 저한테 이런 편지를 남겨주셨다는 게 엄청 충격이었지요. 저는 클래식을 전공하고 싶었어요. 현실 여건 때문에 밤업소 음악을 13년간 계속 했어요. 그 꿈은 지금도 숙제로 남아있어요. 선생님이 원하던 그것을 지금도 못하고 있거든요. 지금도 하고 싶어요. 그게 아직도 이루어지지 않은 꿈으로 남아있죠.

여름에 동네 개울가에 내려가면 반딧불이가 있었잖아요. 그

반딧불이같이 반짝이는 선생님. 저는 선생님이 교권운동을 했는지 뭘 했는지 아무것도 모르는데 아무튼 너무 간절하게 반짝이는 선생님이에요.

박경이 그때 나는 네가 이순덕 선생님한테 뭔가 숨겨놓은 딸내미 같다는 느낌을 받았어. 나랑 별 얘기를 많이 했거든. 선생님 개인적인 창피한 얘기도 했어. 그런데 네 얘기를 살짝 살짝 숨겨놓고 다 얘기를 하지 않았어. 그냥 어떤 아이를 하나 숨겨놓고 뭔가 도와주고 마음으로 계속 지원하는구나. 그 정도만 알았죠. 네가 왜 그렇게 예뻤을까?

김숙진 선생님이 저한테 밤업소 나가면 얼마나 버느냐고 물어보신 적이 있어요. 당시 저희 엄마가 술집 겸 식당을 하셨고, 제 아버님이 항상 술로 사셨어요. 그러니까 저는 자라면서 "너는 엄마 도와서 동생들 가르쳐야 한다."를 인이 박히도록 듣고 자란 거예요. 공부도 잘했는데, 돈 때문에 엄마 아시는 분이 밤업소하시는 데서 피아노를 치게 된 거지요. 그때 저희 아버지가 충남방적에 있었어요. 거기 정비 첫 급여가 8만 6천 원이었던 것으로 기억하는데, 제가 학교 끝나고 밤업소에 가서 한 시간에 40분은 선생님이 연주하고 20분은 제가 해요. 그렇게 하루 세 번, 주말에는 네 번, 연주해서 받은 첫 급여가 40만 원이었거든요.

이주영 그때 선생님들 월급보다 많았네요. 그러니 이순덕 선생님이 볼 때 공부도 잘하는 고2 여자아이가 가정형편 때문에 자기가 하고 싶은 걸 못 하고 밤업소에 나가서 일하는 게 얼마나 가슴에 짐이 되었겠어요. 민 선생님이 좀 늦게 오셨는데, 돌아가면서 이순덕 선생님에 대한 기억을 이야기 나누고 있는 중입니다.

민병성 저는 1984년 10월 24일 홍성 Y교협을 창립했는데, 그 전에 예비모임을 할 때 이순덕 선생님을 처음 보았어요. 첫인상은 날라리 같았죠. 야하고. '교사 모임에 이런 분이 나와도 되나?' 생각했어요. 왜냐하면 저는 굉장히 보수적이었거든요. 처음부터 진지하게 교육 문제를 고민할 사람 같지 않았어요. 처음에는 담배도 골초였어요. 그래서인지 같이 근무했던 선배가 이순덕 선생님을 싸가지 없다고 하더라고요. 그러나 그게 완전히 선입견이었다는 것은 나중에 깨닫게 되었습니다. 사람이 그렇게 무섭게도 변할 수 있구나 알게 된 거지요. 저 같은 경우는 생각은 조금 앞서 있지만 몸은 못 따르고, 이걸 해도 되나 저걸 해도 되나 재는데, 이순덕 선생님은 그런 것에 거침이 없었어요. 아주 거침없이 활달했거든요. 그리고 자기 고백을 가끔 했어요. 내가 왜 여태까지 그렇게 살았나 싶다고. 참, 양궁선수 출신이라고 했어요. 홍성여중, 홍성여고에서 양궁 도대표 선수로도 나갔다고 했어요. 어렸을 때부터 운동선수 생활을 했다는 거죠.

이인호 잘하기도 했지만 또 다른 사람 이야기를 정말 잘 들어주었어요. 교실에서 아이들이 뭘 했다 하면 굉장히 관심 보여주고, 다 빨아들일 거 같았어요.

민병성 대전체고 근무하실 때 동료 교사한테 폭행을 당한 일도 있어요. 30년 전에는 학교에서 여선생님들 인권이 굉장히 어려운 상황이었잖아요. 체육 교사한테는 더하잖아요. 더구나 대전체고 풍토는 더 어려웠을 거 아니에요. 그런데 자기 수업 시간인데 애가 없단 말이에요. 전국체전을 앞두고 운동장에서 강화훈련 중인 거예요. 그런 풍토에 주눅들만도 한데 그러지 않았어요. 운동장에 나가서 감독과 코치한테 내 수업 시간인데 애가 수업을 빠지게 하면 어떻게 하냐고 항의한 거예요. 근데 그 자리에서 이 남자 체육 선생이 욕을 하면서 뺨을 때린 거예요. 지금 같았으면 형사처벌감인데 그때는 그게 하나도 문제가 안 됐던 거죠. 우리 운동선수들에게 가해지는 이런 비교육적 상황을 모임 자리에서도 공개해서 모두 다 같이 분노하게 만들었던 기억이 있어요.

이주영 30년이 지났는데, 우리는 왜 다시 이순덕 선생님을 기억해 내야 하고 이 시대에 불러내야 하는가, 어떤 의미가 있는 것인가 그런 것들을 말씀해주십시오.

이우경 저는 순덕 언니가 말기에 가장 고통스러워하던 순간에 한번 대전 집에 간 적이 있었어요. 그 건장하고 크던 언니가 삐쩍 말라가지고 변기에 앉으면 거의 변기 속으로 사람이 푹 빠질 정도였어요. 밤새 기침하느라 너무 고통스러워서 앉지도 눕지도 못하고 막 기대서 밤을 새우는 언니를 봤죠. 그때 교육 행정관료들이 얼마나 지독하게 굴었는지 의료보험도 안 되게 방해할 정도로 치졸하게 굴었어요. 이 맺힌 한을 어떻게 할 수가 없었어요. 언니가 가고 나서는 두 몫을 살아야겠다. 그래야 살아있는 거니까 그런 생각을 했었고 그래서 아마도 한순간도 편하게 교사 생활을 못 했던 거 같아요.

저는 요즘 30년 전과는 전혀 지형이 다른 본질적인 교육운동이 시작되는 시점이라고 생각해요. 전교조가 독재정권에 대항한 정치적 운동인 동시에 교사들의 권익운동으로 전개됐던 거에 한걸음 더 나아가서 교사가 어떻게 가르치고, 아이들과 어떻게 만나야 하는가 하는 본질적인 교육운동이 시작되고 있거든요. 그래서 '내가 정년퇴직을 하는 날까지 아이들하고 뒤집어지도록 재미있게 수업을 해야겠다'는 꿈을 가지고 살고 있어요.

그게 순덕 언니를 살려내는 일이라고 믿기 때문에.

권오원 저는 어린이집에서 아이들을 계속 키웠거든요. 저는 학교 다닐 때도 이순덕 선생님하고 박경이 선생님 영향을 받았어요. 고등학교 때부터 책을 좀 읽었고요. 어떤 용기가 필요할 땐 선생님이 생각이 났고요. 학교 졸업하고 어린이집에서 아이들을 만나면서 기본으로 가지고 있는 생각은, 선생님이 아이를 예쁘다고 인정해주면 저처럼 바뀐다는 거였어요. 제가 그런 경험 때문에 더 잘하려고 해서 정말 바르게 잘 자랐거든요. 친정아버지 산소보다 선생님 산소에 가서 울어요. 저도 어린이집에서 일한 지 20년 됐는데요. 선생님이 저한테 해주신 것을 아이들한테 해주려고 해요. 항상 우리 아이들이나 그 부모들을 만날 때 선생님에게 배운 것이 고스란히 드러날 수 있는 삶을 살겠다고 다짐해요.

이인호 이순덕 선생님 기일되면 충남지부 출범식을 거기 가서 했어요. 끊어진 때도 있었지만 대부분 거기서 한 해 시작을 했어요. 충남에서 교사로 살아가는 데, 교육운동을 해나가는 데 결속시켜주는 힘은 분명히 있었던 것 같아요. 이 분이 엄청난 일을 해서, 너무나 멋진 삶을 보여줘서라기보다는 정말 있는 동안에 같이 하는 사람들한테, 우리가 흔히 동지니 뭐니 이야기하는데 그 이상의 어떤 가족 같은 느낌을 많이 주었고, 그런 힘들을 저도 알게 모르게 많이 받았다고 생각해요. 이런 것들이 선생님과 끈을 계속 가져가게 하는 게 아닌가 해요. 사람들에게 따뜻하게, 진심으로 다가가곤 하던 것들이 제 속에도 많이 전해지지 않았나 생각이 듭니다.

김민순 이순덕 선생님이 그렇게 탄압을 받았으면서도 전혀 굴하지 않고 끝까지 길을 가고 결국은 몹쓸 병에 걸려 돌아가시기까지 했는데, 어찌 되었든 남아있는 우리에게는 부채가 됐다, 우리가 해야 되는 몫이 아닌가 그런 생각을 했던 것 같습니다. 전교조 가입을 하고, 해직되는 순간, 뭔가를 결정해야 하는 일들이 있잖아요. 교협부터 시작해서 계속 선택을 해야 하니까. 그때마다 이순덕 선생님 생각이 났어요. 이 상황에서 순덕 언니는 어떻게 했을까. 오늘 오는 걸 사실은 조금 망설였는데, 이제 퇴직도 했고, 편하게 보내줘야 한다는 그런 마음으로 왔어요.

민병성 저는 선생님 병문안을 간다던지 이런 일을 못 했어요. 지금도 마음에 큰 돌짝처럼 얹혀있어요. 소식을 듣고 가야지 가야지 하면서도 가서 어떤 표정을 짓고 어떻게 해야 할지 망설이며 흘러오다가 나중에는 저의 일상에 매몰되어서 제대로 병문안도 못 가고, 장례식도 못 간 마음이 굉장히 무겁게 있고요. 그런 부채를 마음에 담고 살아왔습니다. 지금 시점에서 보면 이순덕 선생님 삶이 아주 일반적인 사례는 아니지만 사람에게 진지하고 본질적인 가치, 인간적인 측면, 교육의 본래 목적 이런 것들을 잘 제시하면 정말 훌륭한 참교사로 거듭날 수도 있다는 증거가 되었습니다. 그런데 그런 것들을 돌아볼 마음의 여유가 없

는 요즘 젊은 사람들한테는 근본적인 문제를 고민하고, 그런 것을 실천하려는 노력들이 꼭 필요하다는 것, 그리고 그렇게 하면 어느 순간에 갑자기 질적인 변화와 발전이 일어나듯이 교사들이 자기 인생을 개척할 가치관을 형성할 수 있다는 측면에서 굉장히 좋

은 사례라는 생각이 듭니다. 평범한 교사, 어떻게 보면 일부에서는 교사로서 적절치 않다고 생각한 교사가 그야말로 교육운동 과정에서 참교사로 거듭난 사례가 선생님들한테 '나도 할 수 있겠구나' 하는 메시지로 전달될 수 있겠다 싶습니다.

이우경 세상을 어떻게 살아가야 할까에 대한 본보기를 보여주신 분이 잖아요. 그러니까 우리가 그렇게 엄혹한 시절을 견디면서 아이들에 대한 믿음, 동료 교사들에 대한 믿음을 가지고 흔들리지 않을 수 있었던 것도 순덕 언니가 우리한테 준 감동이었던 거지요.

박경이 순덕 언니는 그때 어쩌면 불꽃, 불꽃이란 비유는 식상하고 참 안 좋았어요. 그런데 결국은 그 말밖에 합당한 표현이 없는 거예요. 그 말의 의미를 몸서리치게 깨달았죠. 그런 깨달음은 번개처럼 뇌의 이쪽에서 저쪽으로 확 꿰뚫고 지나가죠. 그러니까 그녀는 잘 산 거예요. 압축해서 너무나 잘 산 거예요.

이춘희 저도 그때 체고에 같이 있다가 나중에 여러 가지 일로 연루되어서 좌천을 당했는데, 과거에 대해 이야기를 하는 것도 의의가 있지만 30주년 되어서는 후배 여교사들에게 귀감이 될 수 있는 모습을 찾고 구체화했으면 좋겠다는 생각을 합니다. 그런 측면에서 여교사들을 조직화하는 일에 적극적으로 나서는 후배들이 있으면 좋겠다. 그것이 이순덕 선생님이 가졌던 정신이기도 하니까요.

이주영 이렇게 늦게까지 많은 이야기를 해주셔서 고맙습니다. 우리 교육운동 역사는 우리가 기록해야 한다는 생각으로 시작했는데, 이 중에서 10분의 1이나 실을지 모르겠습니다. 지면 사정상 이번 특집에는 못 들어가더라도 오늘 나누신 말씀들이 30주년 모임을 준비하는 데 조금이라도 도움이 되시기를 빕니다. 고맙습니다.

때_ 대한민국 98년. 2016년 5월 10일
참석자_ 권오원(예산여고 제자, 어린이집 운영), 김숙진(예산여고 제자, 음악실 운영), 김민순(충북 옥화여고), 민병성(충남 홍성중), 박경이(전 예산여고 근무), 이우경(천안 분당중), 이인호 (천안 청수고), 이춘희(천안 상명대학교)
사회·정리_이주영(서울참교육동지회)

● 이순덕 약력

1956년   12월 예산군 오가면 내량리에서
        아버님 이용채 씨와 어머님 김용순 여사의 3남 2녀 중 넷째로 출생
1979년   한양대 체육과를 졸업. 태안중, 서산여중 부임
1982년   예산여고 부임
1984년   Y교협 회원 가입
1985년   대전체육고등학교로 전근 발령 조치
1986년   서천군 서면중학교 부임
1986년   6월 14일, 6월 28일
        '충청 교육민주화 선언'과 '충청 교육민주화 실천 결의 대회' 활동
        8월 해임 후 충격으로 쓰러져 병마와 싸움
1987년   1월 3일 돌아가심

230

나 또한 그대와 같이

― 이순덕 선생님 추모의 노래 ―

이인호 글
노 비 가락

웅달진 묘지 앞에 서 　이제 눈물 뿌리지 않는 다

나도 너와 같았더 니 　너도 나―와―같으리 라

그대 결고 운햇살 로 　지친 발길 일떠세 우누 나

다순 손더운 눈물도없 이 　아― 가 슴마 다에 묻― 혀 　청한

별빛 뛰는 맥박으로 외치 는구나 네가 나와 같 았더니 나도 　너와 같으리 라

덥석 안고 덩실 춤 출 　그― 대 의 사랑으 로

먹장 구름 걷어 내 　　는 　우리 들의 사 랑으

로 　청한 　우리 들 의 사― 랑 으로 ― ―

우리들의 선생님

권오원(예산여고 졸업)

1983년
큰 창 마룻바닥 바람이 추운 날
우리들 서먹한 마음에
선생님 말씀은 겨울바람처럼 시리다
다른 반보다 일찍 등교하고
영어 단어, 한자 하나하나
더 외워라
이렇게 좋은 선생님이고자 하신 분
어린 마음에 그것이 전부인 줄 믿는다.

1984년
내 키가 한 뼘 자라고 있을 때
조례, 종례 시간이면
가뭄든 날 정원에 물 주는 사람
쌀값, 농부 이야기를 하시는 눈빛
청소 시간의 칭찬에서
작은 것으로부터
사람에 대한 애정을 말씀하시고
김수희 멍에를 부르시던 선생님

이제 아침 이슬을 함께 부른다.

무용 시간,

아! 대한민국에 맞추어 에어로빅을 하다가

우리들 머리를 맞대고

우리들끼리 춤을 만든다.

우스운 탈춤에서 이상스런 전위 무용까지

이름난 무용가 발표회만큼이나

자랑스러워하시던 선생님.

전교 합창대회

함께 부르는 노래 일등 아니면 어떠랴,

설레는 마음 뿌듯한 이삿짐

내일 학교 가면

선생님 안녕하세요, 만날 것만 같다.

1985년

사람 많은 동양백화점 앞

횡단보도를 사이에 두고 선생님!

보랏빛 티셔츠 우리 선생님, 요년들! 하시며.

갖은 탄압 우리가 모를 어려움 속에서도

더운 여름

여럿이 먹는 콩국수 국물처럼

시원한 웃음으로 우릴 맞으신다.

1986년

먼길 서천 바닷가

장거리 짧은 통화 노란 국화 한 다발에

환히도 크게도 웃으시더니
혼자 사는 방보다
끝내 쓰지 않은 각서 때문에
더 외로우신 걸
편지 한 장 제대로 못한 우리들
병원에 계신 선생님 뵙고
'꾀병 그만 하세요.'

1987년
일월 추위 속에 선생님을 묻고
컵라면 먹던 우리
살아 남은 우리의 몫은 무엇인가
가두 시위 짱돌 줍고 구호 외치는 딸,
경찰서, 자식 농사 잘 지으라는 전화
어머니의 한숨 소리
무너질 것 같은데
선생님의 편지
꿋꿋하게 살아야 해
다시 툭툭 털고 일어선다.

배주영

01_배주영 선생

02_1973년 국민학교 5학년. 가운데 왼쪽

03_중학교 시절

04_대학교 2년 때 성당 산간학교 활동

05_경북대학교 졸업 사진

01_1987년 2월 졸업식에서 제자들과 함께
02_1988년 5월 19일 자취방에서
03_안동지회에 보관한 유품사진
04_1989년 4월 2학년 농과반 야외 수업

01_1987년 11월 27일
안동 교협 창립대회에서 창립 선언문 낭독

02_안동 교협 창립을 위한 연수회
(구 YMCA 강당)

03_1989년 청송·영양지회 조합원 선생님들과
계룡산에서 수련회

04_1989년 4월 진보공소에서 교사 대회 직전에
동료 교사들과 함께

05_1990년 1월 청송·영양지회 조합원 선생님들과
한자리

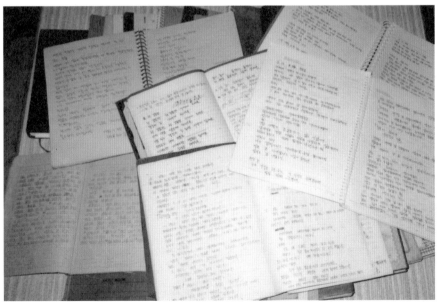

배주영 선생님의 일기와 기록물들

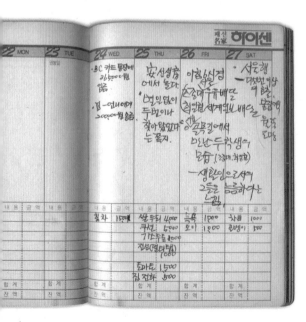

01, 02, 03_
안동지회에 보관한 유품 사진

04_배주영 선생님 장례식

01_배주영 선생님의 묘

02_전교조에서 수여한 참교사상

03_진보중고등학교

04_2016년 7월 17일 안동지회 선생님들과 묘소 참배

참교사 배주영 선생의 부활을 기도하며

이수호(전태일재단 이사장)

우리 선생님은 자그마한 체구에 언제나 함박웃음, 낭랑한 목소리로—세상은 남과 더불어 사는 것이지 혼자 존재하는 것이 아니라고—, 어떤 어려움에도 언제나 미소 띤 그 모습에, 학교에 안 나오고 화투판 벌인 친구도 고개 숙이고, 자퇴서 쓴다던 친구도 지금은 어엿한 사회인이 되었습니다. 이렇게 모두 잘하고 있는데 왜 당신만이 혼자 외로이 가셨습니까?

1990년 2월 23일(19일 돌아가심), 안동 목성동 성당에 모인 500여 명의 교사·학생·학부모는 청송군 진보종합고등학교(이후 진보종고) 3학년 박경자 학생이 읽는 조사를 들으며 모두가 울었다. 꽃다운 나이 스물일곱, 교직 경력은 현장에서 4년 6개월, 해고되어 지회 상근자로 6개월, 제자들의 졸업식을 보러 갔다가 연탄가스 중독이란 어처구니없는 사고로 목숨을 잃으셨다. 배주영, 그는 전국에서 참교육을 위해 활동한 수많은 교사 한 사람 한 사람처럼 거의 알려지지 않은 현장 활동가였다.

배주영 동지는 1985년 경북대학교 사범대학 국어교육과를 졸업하고 그해 봉화군 봉화여고로 발령받아 2년 근무하고, 1987년 청송군 진보종고로 와서 1989년 8월 18일 해임되셨다. 이 기간, 그가 남긴 일기에 나타난 내용을 중심으로 참교사로 서기 위해 애쓴 흔적을 살펴보는 것은 매우 의미 있는 일일 것이다. 1985년 5월 6일, 그가 교사 생활을 시작한 지 석 달째다. 아마 소풍을 갔던 모양이다.

　　슬프기만 한 우리 현실.
　　중1의 춤을 보면서 느낀 서글픔. 재실 옆에 인적이 없는 토담집. 폐가로 남은 우리 모습과 녹음기로 알아듣지도 못하는 팝송을 틀어놓고 온몸을 흔들어대는 아이들 모습이 너무 대조적이었다. 어설픈 놀이들, 몸짓들, 몽땅 다 헛것이라는 생각에 얼마나 울화통이 터지던지. 그리고 '선생'이란 위치에 있는 사람들 행태는 정말 눈 뜨고 못 볼 것들뿐. 실컷 먹고, 마시고, 떠들고, 편한 것 다 찾으면서 애꿎은 아이들만 윽박지르는 꼴들. 어이하리오, 어이하리오.

　　교사 생활 석 달 만에 파악한 우리 교육 모순이 소풍이라는 행사를 통해 너무나 잘 나타났다. 선배 교사들 모습을 보며 자신의 앞날을 보는 것 같은 참담함에 '어이하리오'를 연발하는 아직도 때 묻지 않은 교사다운 시각이 너무도 애처롭게 느껴지기까지 한다.

　　현실은 언제나 하나다. 단지 그 현실을 보는 눈이 여럿일 따름이다. 현실을 바르게 볼 줄 아는 눈, 우리 교사에게는 이러한 오염되지 않은 눈과 마음이 있어야 한다. 그래야만 아이들을 바로 바라볼 수가 있다.

교사 첫해 마지막 날 일기는 배주영 선생의 맑고 깨끗한 영혼이 모순 투성이인 교육 현실을 어떻게 극복해가는가를 잘 보여준다.

　동료 교원들, 학생들, 나 자신, 모든 것이 적대적 모순의 관계로 다가올 때, 그런 때를 스스로 만들어서는 안 된다. 비적대적 모순 관계로 존재해야 한다. 오래 참고, 감싸주고, 온유하며, 성내지 아니하고, 시기하지 않는 사랑을 배우고 익히면서. 맑고 깨끗한 영혼을 가진 교사는 결국 모든 것을 사랑으로 해결하려 한다. 헌신과 희생으로 아이들과 동료에게 다가감으로 해결할 수 있으리라는 기대를 하게 되는 것이다. 종교인은 더욱 그러하다. 기독교인이었던 배주영 선생이 스스로 고민하면서 택할 방법도 그것뿐이었다. 그러나 그것은 가장 옳으면서도 한계가 있다는 것을 그는 곧 깨닫게 된다. '더 진실 되게 아이들을 평가하기 위해 미뤄둔' 생활기록부 작성을 종업식 날 수업 시간에 불러내어 형식적 작성을 요구하는 교감의 질책에 그는 분노한다.

　1986년 10월 5일 일기는 배 동지가 부닥치는 많은 문제를 혼자 해결하려는 데서 한 발자국 앞으로 나아가고 있음을 보여주며, 이것은 철저한 자기 각성을 통해 이루어짐을 보여주고 있다.

　　때가 온 것 같다. 서서히 기반을 닦자. 손 내밀어 도움을 청해 보자. 조직이 아니라도 좋다. 동지를 만날 수 있도록 노력해보자. 사랑과 애착, 희망을 쉽게 팽개쳐선 안 된다. 먼 시계를 갖고 전진하자. …… 때가 왔다, 주영아. 이제 네 약한 힘도 큰 힘이 될 수 있다. 모두 함께 일어설 그 날을 위해 어설픈 내 힘이 이제 필요하단다.

'나'의 문제가 아닌 '우리'의 문제로, 그래서 '혼자'가 아닌 '너와 나'

가 함께하며 함께 해결해야 한다는 깨달음으로 발전하게 되는 것이다. 그런데 교단 둘째 해까지 일기에는 구체적인 수업 이야기라든지 학생 지도에 관한 사례가 거의 없다. 그것은 배 동지의 교육 행위가 그즈음에는 관념의 수준에 머물러 있었다고 봐야 할 것이다. 진보종고로 전근 온 3년째 일기부터 완전히 다른 모습을 띤다. 고민과 갈등, 사랑과 희망에 대한 생각을 적는 것이 아니라 교실에서 혹은 어느 특정 학생에게 실현되는 구체적인 사례들을 쓰고 있다. 이것이야말로 애벌레에서 곤충으로 탈바꿈하는 큰 변화다. 1987년 새 학기를 시작하는 첫날인 3월 3일 일기는 수업에 관한 이야기로 채워졌다.

> 1년을 살면서 내가 원하는 원칙 세 가지를 정하고, 부탁 두 가지를 들었다.
> ① 수업 시간에 꼭 못 들어올 사람은 미리 내게 이야기할 것.
> ② 수업 시간 중 나보다 큰 소리로 떠들지 말 것.
> ③ 복장 단정—특히 여름에 윗도리를 다 벗는다든가 바지를 걷는다든가 하지 말 것.
> 그놈들의 부탁은 ① 교무실로 불러서 야단치지 말 것, ② 다른 선생의 원조를 요청하지 말 것 두 가지다. 지켜줄 수 있다고 대답했다.

아주 구체적이며 또 현실적인 수업에 대한 원칙들을 아이들과 협의하여 실천해가는 모습이 자신에 차 있다. 이때부터 학생 개개인에 대한 구체적인 관심과 사랑이 그의 교사 생활을 온통 채우고 있다. 1987년 이후 일기에 등장하는 그 많은 학생 이름을 볼 때 자기가 담임한 반의 학생은 말할 것도 없고 수업을 들어가는 학생들에게도 계속 관심을 두고 관계를 맺고 있다는 걸 알 수 있다.

교사 4년째인 1988년 배 교사는 첫해 가을에 소개받은 교사 모임에 적극적으로 참여하기 시작한다. 활동 범위를 개인에서 학교 전체의 문제로, 그리고 드디어는 지역사회 전체로 나아간다. 드디어 그해 12월 10일 청송·영양 교협을 창립하고 그 주된 역할을 배 동지가 발로 뛰면서 해냈음을 우리는 확인하게 된다. 이렇게 활동 폭이 넓어지면서 학생들에 대한 애착도 더욱 강해진다.

교사 5년째인 1989년이 밝았다. 배 동지도 이젠 한 성숙한 교사가 되었다. 그해 3월 어느 날의 일기도 "하여튼 올 한 해는 부드럽고 너그러운 마음으로 살아내자"라고 씀으로, 익어서 고개를 숙이는 곡식처럼 여유와 무게가 느껴진다. 4년의 세월이 그를 그렇게 성장시킨 것이다. 7월 9일 여의도 둔치 집회에 참석했다가 연행되어 풀려나와 다시 수업하기 위해 진보종고로 향하며 쓴 일기는 그 시대를 살아낸 참교사의 절절한 신앙고백이다.

교장 호출, 전교조 탈퇴 운운하며 강경 징계 얘길 했다. 나도 나름대로 고민과 걱정, 갈등을 말하면서 눈물을 주르르 쏟았다. 문득 교단을 떠나야 한다는 현실적 상황이 나를 감상에 젖게 했다. ……차근차근 마음의 준빌 갖추어야겠지. 양자택일을 해야 하는 상황으로 사람을 몰아세우는 강경대책(조치) 앞에서 비중을 재어 현실적 이익을 따지기엔 참으로 어처구니없는 일. 당연히 스스로 의지를 굽혀선 안 된다. 내가 택한 길, 이만한 고통쯤이야. 앞으로 더 험하고도 무지막지한 고통이 많을 텐데. 그래, 이제 겨우 시작일 뿐이다.

주여, 바른길로 걷게 하소서. 가족들의 아픔을 딛고, 동료 교

사들의 걱정을 딛고, 양심을 딛고, 바르게 살아있는 사람이 되게
하소서.

배주영 선생은 결국 해임되었고, 일기는 여기서 끝났다. 그 뒤 숨 가
쁜 해고자 생활이 일기 쓰는 여유조차 허락지 않았으리라. 전교조 지
지 서명을 받고, 신문을 돌리고, 출근 투쟁을 하고, 참교육 물품을 팔
고, 지회와 지부에 모여서 회의하고, 평가하고, 계획하고……. 생활이 어
려워서 먹을 것도 제대로 못 먹고 잠도 제대로 못 자며.

5년이라는 짧은 삶을 통해 한 평범한 교사가 교육운동가로 성장하여
드디어 민족 제단에 온몸을 바치는 과정을 살펴보았다. 그 뜨거운 삶을
꿰뚫어 흐르는 몇 가지 일관된 자세는 첫째는 끊임없는 자기 성찰과 각
성이요, 둘째는 현실을 바로 보려는 구체적인 노력이요, 셋째는 각성과
노력을 통해 얻어낸 결론에 대한 확신과 흔들림 없는 실천이요, 넷째는
역사적 시각의 견지라 할 수 있겠다. 물론 이 모든 것의 밑바탕에는 자
신과 가족, 그리고 이웃, 가르치는 학생들, 동료 교사들, 뜻을 함께하는
동지들에 이르기까지 모든 것에 대한 알맞은 사랑이 깔려있다. 지금 이
시대에 참교사 배주영이 더욱 많이 부활하기를 기도한다. 끝으로 참교
사 배주영 선생 일기장 마지막 쪽에 마치 유언처럼 우리에게 남겨놓은,
교사로서 또 운동가가 지녀야 할 기본자세를 옮겨 적으며 글을 맺는다.

① 비굴하지 말 것 : 어떤 일에도 치사한 감정이나 자신의 이익을
  내세워 비겁해지지 말 것이며 의지를 굽히지 말자.
② 당당한 태도와 바른 생각을 가지도록 노력할 것 : 늘 생활을
  정리·반성하여 생각을 바르게 하고 상대에 대해 너그러울 것.
③ 공부-학습을 열심히 할 것.

• 생활자세

① 적당한 수면과 규칙적인 식생활을 하며 건강에 유의할 것.

② 활동을 많이 할 것-몸을 많이 움직일 것.

③ 일을 미루지 말 것.

*이 글은 1주기 추모집에 실은 글을 필자 허락을 받고 이주영이 간추리면서 다듬었습니다.

전교조장으로 보내드린 배주영 선생님

차영민 (안동중앙고등학교)

청송군 진보종고에서 국어 교사로 근무하던 배주영 선생은 전교조 결성기인 1989년 8월 18일자로 해직당했다. 그는 당시 청송지회 총무와 안동 교협 부회장을 맡고 있었다. 해직 뒤 청송지회에서 활동하면서 1990년 2월 21일 제자들과 졸업식 때 만나기로 한 약속을 지키려고 이수경 선생(대구 초등학교 교사로 재직 중)과 함께 자취하던 방에서 잤다. 그러다 연탄가스 중독으로 제자들 졸업식은 보지 못한 채 영원한 길로 떠났다. 이수경 선생은 평소에도 건강한 체질에다가 온갖 레크리에이션을 선도하던 분이었다. 당시 해직 교사들은 서울에서 한창 집회를 열고 있었다. 나는 연락을 받고 안동병원부터 먼저 들렀다. 이수경 선생이 마스크를 한 채로 누워있었다. 그리고 청송으로 달려갔다. 박무식 선생과 제자가 많이 모여있었다. 아직 가족들은 도착하기 전이었다. 배주영 선생은 충혈된 눈을 감지 못하고 영면했다. 배 선생이 보았을 지상에서의 마지막 모습을 내가 닫아드렸다. 충혈된 모습을 가족들이 보면 충격받을 것만 같은 생각이 들었기 때문이다.

제자들은 오열하면서 '어머니'라고 불렀다. 늘 아이들과 함께 밀대를 들고 청소를 같이하던 선생님은 그야말로 소외당한 지역에서 자라는

아이들에게는 어머니 같은 사랑이었다. 제자들은 국화 대신에 장미를 조화로 바쳤다.

나는 배주영 선생 눈을 감겨 드리고 가족들이 오기 전에 자리에서 일어나야만 했다. 장례식 준비를 위해 안동에서 해야 할 일이 많았기 때문이다. 경북지부 해직 교사들이 서울에서 농성하다 비보를 듣고 내려왔다. 나는 이들과 함께 소주를 마시면서 밤새워 죽음을 알리는 글을 썼다. 많은 동지가 학생회관 지하로 내려가는 계단에서 만장을 만들었다. 기억에 남는 도인 같은 사람이 있었다. 시종 소주를 입에 달고 허~허~ 대면서 만장을 익숙하게 써내려가던 사내, 그가 서인주(현재 경주에서 재직 중) 선생이다. 동지들도 울었고 하늘도 울면서 만든 유인물을 서울에서 내려온 복지국장과 함께 안동 시내 아파트 단지와 성당마다 뿌렸다. '고 배주영 세실리아'의 죽음을 알리는 글이었다. 오후에 이수호 선생님께서 안동에 오셨다. 나와 함께 안동병원에 들러 이수경 선생의 상태를 살펴보았다.

장례일이었다. 목성동 성당에서 장례미사를 지냈다. 가족 중에는 오빠만 왔던 것으로 기억한다. 오빠 배설남은 한국 노동운동사에 큰 획을 그은 분이다. 마산 창원 공단에서 처음 노동운동의 씨앗을 뿌린 전설적인 노동운동가다. 장례는 '전교조장'으로 지냈다. 당연히 전교조 본부에서 문화패들이 내려왔고, 상엿소리도 이들이 주도했다. 사진은 목성동 성당에서 운구하여 경안 네거리에서 노제를 올리고 안기동 천주교 공동묘소로 가는 길이다. 경북 선봉대를 단골로 맡았던 정갑상 선생이 명정을 들었다. 그리고 같은 학교에 근무하던 박무식 선생이 영정을 들었다. 나는 그 뒤에서 우산을 받치고 따라갔다. 상여꾼도 동지들이 맡았는데, 묘소를 올라가는 가파른 길에서 20여 명의 상여꾼은 몹시 힘겨워했다. 급히 구해온 상여가 철근 덩어리여서 더 힘들었다. 그날 전국에서 모인 조문객들 모두 빗물 속에 눈물을 흘리며 배주영 동지를 보냈다. 그리고 해마다 2월 21일 가까운 일요일이면 추모 행사를 한다. 그때마다 배주영 선생 추모집이 있으니 후배들이 한 번쯤 읽어보도록 권한다.

한 떨기 붉은 장미꽃,
3년을 30년처럼 살다 간 배주영 선생님

이주영 이렇게 모여 주셔서 고맙습니다. 그동안 해마다 추모 모임을 해
        오셨다고 들었습니다. 그간 과정을 배용환 선생님부터 말씀해
        주시지요.

배용환 전교조 결성 후 첫 장례식이라 전국에서 많은 사람이 모여서
        전교조장으로 장례식을 치렀지요. 그 뒤 바로 '배주영 선생 추
        모사업회'를 만들었고, 유품을 모아서 보관했습니다. 유품은 대
        부분 일기장입니다. 그 일기장을 바탕으로 1주기 추모식 때 자
        료집을 펴냈지요. 미혼이라 자식들이 없으니 조합원들이 대신
        묘소를 관리하고 있습니다. 처음에는 몇몇 동지들이 같이했는
        데, 언제부터인가 주로 제가 맡아서 하고 있지요. 제 딸하고 이
        름이 같아서 더 애틋하게 느껴집니다.

이주영 따님 이름도 주영이군요. 저는 당시 전교조 본부에 있었는데, 저
        하고 이름이 같아서 더 놀랍고 안타까웠지요. 장례식 때도 본
        부 일 때문에 못 와서 한 번 와봐야지 했는데, 이제야 와봅니
        다. 묘비를 보니 천주교 본명이 세실리아시군요. 이곳이 천주교
        공원묘지고요.

차영민   예, 여기가 천주교 안동교구 공원묘지 들머리지요. 저 위에는 김창환 선생님 묘소도 있습니다. 이곳에 조합원 몇 분 묘소가 같이 있습니다. 먼저 와서 한 바퀴 돌고 왔어요. 오늘 오기로 한 분들은 다 왔으니 이제 참배를 하지요?

(모두 무덤과 무덤 주변에 난 큰 풀을 같이 뽑고, 자리 깔고, 준비해온 술과 안주와 담배 한 대를 놓고, 돌아가면서 참배를 하고 내려와 안동지회 근처 식당에서 점심을 먹고 이야기를 나눔)

이주영   30여 년이 흘렀지만 당시 함께한 동지들은 아직도 기억이 생생하지요? 배주영 선생과 만난 인연이나 같이 활동하면서 있었던 일화나 생각을 말씀해주세요.

차영민   그때 다들 술 많이 마셨지만 배주영 선생도 술을 자주 많이 마시는 편이었어요. 그런데 술을 마셔도 자세가 흐트러짐이 없어요. 자기 의견을 내거나 주장을 할 때도 차분하게 조곤조곤 하지요. 일기를 보면 참 꼼꼼해요. 아이들에 관한 이야기를 꼼꼼하게 자세히 써놓았어요. 아이들과 같이 청소하고, 화를 내고 야단치면서도 아이들에 대한 사랑과 이해를 놓지 않았지요. 장례식 때도 아이들이 국화를 바치지 않고 장미를 바치는 거예요. 울부짖는 소리에 선생님이라는 말보다 엄마라는 말이 더 많았어요.

이주영   학생들이 장미를 바쳤다는 게 어떤 뜻이에요? 장례식 때는 흰 국화를 바치는 거잖아요. 그런데 붉은 장미를 바쳤다니 이상하네요.

차영민   학생들한테 물어보니 자기들은 선생님 죽음을 인정할 수 없다는 거예요. 자기들과 함께 자기들 마음속에 영원히 살아있다는 뜻으로 빨간 장미를 바치는 거라고 했어요.

김현탁 나는 당시 경북교협 회장 직무대행을 하고 있을 때인데, 대구경 북이 같이 있다가 분리할 무렵이었지요. 안동 마리스타연수원 지하 강당에서 모임 할 때 처음 만났어요. 그 뒤로도 모임 때 주로 만났는데, 대부분 논쟁에 끼어들지 않고 담배와 술을 계 속하다가 가끔 자기 생각을 딱 말하고는 술을 마셔요. 얼굴이 빨개져서 빨간 대추라고 놀렸어요.

이용우 저는 1996년 2월 안동으로 와서 장례식 동영상을 보면서 알 게 되었지요. 고등학교 때 가톨릭학생회를 하면서 배주영 선생 에 대한 글은 읽었어요. 그런데 경북지부 총무국장으로 추모사 업회 일을 하면서 장례식 동영상도 보고, 일기장을 보면서 자 세히 알게 되었어요. 해마다 추모제를 준비하면서 보게 되는데, 그때마다 조금씩 새롭게 다가왔어요. 초등학교 때부터 쓴 일기 장이 다 있어요. 초등학교 때도 일기를 잘 썼어요. 초등학교 5 학년 때 쓴 일기를 보니 '어릴 때부터 생각이 깊었구나' 하는 생각이 들더라고요. 1988년이나 1989년 일기를 보면 얼마나 꼼 꼼하게 적어놓았는지 몰라요. 대구경북 지역 지부 결성식이나 지회 활동 내용을 다 되짚어볼 수 있을 정도예요. 경북지부 30 년사 자료집과 CD를 준비하면서 다시 읽는데, 요즘 2030 젊은 교사들이 많이 보면 좋겠어요.

이주영 윤영규 선생님 추모식에 가면서도 항상 안타까운 게 젊은 교사 들, 조합원들이 오지 않는다는 거지요. 전교조를 위해 헌신한 사람들 삶을 구체로 만나지 않으면 한두 줄 글로만 만나는 죽 은 역사가 되는 거지요. 죽은 역사는 오늘을 짚어보면서 살아 있는 미래를 만드는 힘을 주지 못합니다. 경북지부에서 30년사 를 준비하고 있다니, 배주영 선생이 살아온 삶을 젊은 교사들이 생생하게 만날 수 있도록 잘 만들어주면 좋겠다 싶습니다.

(식당에서 나와 진보로 가는 차와 답사지에서 나눈 이야기.)

박무식   올해 제가 쉰둘인데, 배주영 선생은 스물일곱에 돌아가셨지요. 그런데 저한테는 스물일곱이 아닌 스승처럼 느껴져요. 제가 30 년간 교사로 살았지만 배주영 선생이 진보종고에서 3년 동안 교사로 산 삶이 훨씬 더 알찬 게 아닌가 싶거든요. 같은 학교 근무할 때 옆에서 본 모습이 그래요. 불과 한 살 위인데도 정말 교사로 알차게 살더라고요. 그러니 허술한 저한테 불만도 많았을 거예요. 일기에도 그런 이야기가 가끔 있어요.

     2월에 신규 교사 연수가 있어 전교조 설명을 하러 갔는데, 연구사가 혀를 차며 말하더라고요. 예전에는 신규 교사 본인이 전화했는데 오늘은 한 신규 교사가 늦으니까 아버지 차를 타고 오면서 어머니가 대신 전화를 하더라는 거지요. 이런 신규 교사들이 배주영 선생 일기를 보면 좋겠어요. 스스로 교사로 성장하는 모습을 느낄 수 있게요.

이주영   그렇지요. 이 시대 젊은 교사들이 누구 아들이나 딸이 아니라 한 사람의 교사로 우뚝 설 수 있어야 하는데 말입니다. 박 선생님은 당시 진보종고에 같이 근무하셨으니 배주영 선생이 몇 학년 담임을 했는지 아시겠네요. 또 자료집이나 일기에 '일보삼' '이농이'라는 말이 나오는데, 그건 무슨 뜻이에요?

박무식   저는 2년을 같이 근무했는데, 1학년 담임과 2학년 담임을 했어요. 국어를 가르치셨고요. '일보삼'은 1학년 보통과 3반이라는 뜻입니다. '이농이'는 2학년 농과 2반이라는 뜻이고요. 보통과는 지금으로 말하면 인문계지요. 농과는 농업과고요. 여기가 진보종고인데, 건물은 새로 지은 겁니다. 배치는 비슷하고요. 여기가 정문이고, 정문에서 바로 보이는 저 집이 배주영 선생이 돌아가신 집이에요. 원래는 한 집 건너 옆집에서 혼자 자취했는데, 해직되고 나서 돈이 없으니까 나와서 지회에서 일하면서 저집에 자취하던 동료 여교사 방에서 같이 사셨던 거예요. 같이 자취하면서 참교육 배낭에 신문과 참교육사업단 물품을 가득 담고 청송과 영양 지역 학교마다 다니면서 홍보도 하고 후원금도 걷고 했어요.

이주영 정문 바로 앞이네요. 가보지요. 음, 문패를 보니 '진성로 11-1'이네요. 원래 사시던 집은 진성로 11번지고요. 그날 두 분이 주무셨다고 하던데, 다른 선생님은 어떠셨어요?

박무식 1월 19일이 서울 여의도에서 전국 집회가 있던 날이에요. 그래서 지회 조합원들 대부분 서울로 갔는데 그다음 날이 하필 진보종고 졸업식이었지요. 담임했던 아이들이 졸업하는 날인데, 아이들하고 졸업식 끝나고 교문 앞에서 만나기로 약속한 거예요. 학교에서 막으니까 졸업식장까지는 들어갈 수 없었지요. 학교 밖에서 만나는 것도 자유롭지 못했고요. 그러니까 어디로 가야 하나 갈등하다가 아이들하고 약속을 지키기 위해 학교로 온 거지요.

이주영 배주영 선생한테는 전국 집회보다 아이들하고 약속이 더 소중했던 거군요.

박무식 그렇지요. 그래서 이수정 선생님이라고, 청송에서 해직된 초등교사 한 분하고 같이 와서 주무시다 변을 당하신 거예요. 이수정 선생님은 다행히 사흘 만에 깨어나셨어요. 더 젊고 운동도 해 더 튼튼해서 살아나신 거지요. 이왕 오셨으니 배주영 선생이 일하시던 청송지회 사무실에 가보지요.

이주영 　아직 당시 사무실이 그대로 있나요?

박무식 　지금은 다른 데로 옮겼지만 그때 사무실로 쓰던 건물은 그대로 있어요. 천주교 진보교회에서 교우들을 위해 새로 지은 작은 건물인데, 우리가 자유롭게 쓸 수 있도록 사무실로 내준 거예요. 조합원들 가운데는 천주교 신자도 있었지만 배주영 선생이 독실한 신자고, 보호를 받을 수 있는 곳이라서 좋았지요.

이주영 　그러네요. 아주 조촐하면서도 아담하고 깨끗한 건물이네요. 진보로 95-8번지, 천주교 진보교회, 같이 사진 찍어요. 언제 또 여기에 오겠어요.

　　　　(마침 나오신 수녀님과 온 사연을 이야기 나누고 안동지회 사무실로 와서 이용우 총무국장이 갖고 온 유품들을 사무실 책상에 놓고 같이 살펴봄.)

이영우 　이 유품 전시회를 1993년 5월 8일부터 10일까지 안동학생회관 202호에서 했어요. 경북지부 30주년 때도 유품 전시회를 할까 생각하고 있어요.

이주영 　한 젊은 교사가 27년이라는 삶을 어떻게 살아냈는가, 교육운동을 위해 어떻게 헌신했는가, 무엇보다 왜 했는가를 가장 진술하게 보여줄 수 있는 자료라고 생각됩니다. 그동안 경북지부에서 이렇게 잘 보관하고 관리해왔으니 정말 다행입니다. 이 선생님이 아니었으면 사무실 이사하거나 정리할 때 묻어나갈 수도 있거든요. 초등학교 때 쓴 일기도 좋네요. 이 글만 따로 모아서 책으로 묶어내도 되겠다 싶을 정도예요. 두 편 읽어볼게요.

　　　　1973년 12월 2일

　　　　일요일인데도 성당에도 안 가고 방에 엎드려서 숙제를 하고

진보성당

있으니까 어머니께서 "세실리아 집 좀 보렴. 엄마 농공 이모 집
에 갔다올 테니." 하시고는 이모 집에 배추 좀 주려고 한다면서
가셨다.

저녁이 되어 엄마가 "세실리아 내 저 집에 놀러 간데이." 하시
고 가시려고 해서 나도 "엄마 같이." 하면서 빨리 엄마랑 희숙
이네 놀러 갔다. 어머니끼리 이야기를 한참 하는데 아주머니께
서(전화를 받으시면서) "예어 아저씨입니꺼." 하시길래 나는 "야
아 아버지다." 하고 일어서니 우리 집이 아니어서 좀 창피하였
다. 그러나 아버지께서 온다니 기뻤다.

1973년 12월 8일

오빠가 군대 가야 할 날도 가까워지고 있다. 송구 연습을 마
치고 오면서 문경민이 집에 들러서 만화를 보고 집에 오니 4시

35분이 되었다.

오빠 둘이서 공부를 하는데 어머니께서 "칼국수 사오너라." 하시니 오빠는 상 탔다고 기분이 좋은지 "예." 하고 대답하고 돈 달라고 했다. 어머니께서 돈 1000원을 주시고 "국수, 미원, 신 싸래이." 하시고는 돈 50원을 보태어주며 "빵모자도 사려면 싸래이." 하시고는 돈 100원을 내더니 "오늘 상 타서 줬다." 하시면서 작은오빠를 주었다. 나는 '그때 웅변해서 상 타왔을 때, 아무 말도 없었으면서.'라고 생각하며 울면서 슬퍼했다. 나는 그래서 '나는 주워온 애'라고 생각하고 원망만 했다. 그리고 잘 때까지 시무룩해졌다. 너무도 서럽고 슬퍼서 견딜 수가 없었습니다.

자기가 겪고 느끼고 생각한 일을 솔직하고 생생하게 잘 썼어요. 이야기체도 잘 살렸고요. 이렇게 날마다 손바닥만 한 작은 일기장 한 쪽씩 또박또박 채워 써놓았네요.

신명철 일기장마다 나뭇잎이나 풀잎이나 풀꽃을 이렇게 정갈하게 말려서 넣어놓았어요. 그리고 여기 보세요. 아이들 사진을 한 장씩 다 붙이고 기본 정보와 그 아이에 대한 생각을 이렇게 꼼꼼하게 써놓았어요. 말로는 들었는데 직접 보니 참 마음이 뭉클하네요. 이렇게 아이들을 사랑한 선생님이 얼마나 될까요?

이주영 많지요. 그 많은 노력이 기록으로 남아있지 않을 뿐이지요. 배주영 선생은 기록으로 남긴 거고요. 곧 배주영 선생은 황폐한 교육 현장에서 고통받는 아이들을 껴안고 그 고통을 함께 나눠온 수많은 참된 이름 없는 교사를 대신한다고 보면 됩니다. 그런 마음으로 일기 몇 편 같이 읽어볼까요?

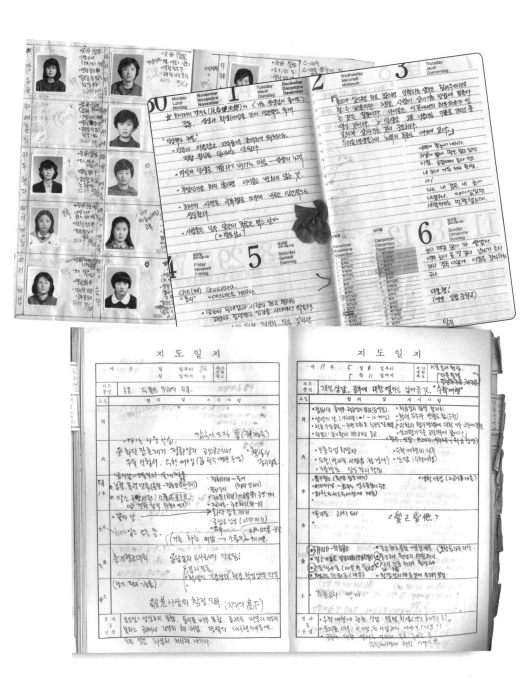

[왼쪽 위]

12月2日

「허선」
행복를 보다 아름답게 풀고 나이가는 것
그것이 우리의 희망인 행복일 길이다」
사명감이 투철한 선생이 되어야겠다는
생각을 했다 오빠의 좋은 덕분에
경숙이에게 그렇게 편지를 썼다
「아직은 평생을 이 자리에 선다는 건
두렵지만, 여기 있는 이상은 온전한
선생의 마음으로 생활해야겠다」라고.
가슴 무거웠지만 다짐하게 되는 아이들
「학급일기를 쓰게 해야겠는데」

[왼쪽 아래]

그 린 T C
●그린TC-DISH, FLASK ●그린펫팁 ●고속원심류브

12月 3日
「학급일기」쓰자고 제안했다가 아이들의 반대를
당해버렸다. 자존심이 상했다.
그래서 그렇게 자존심 상할 때 「너희들이 싫
다니 그만 두겠는데 나도 너희 하는 일에 한번
반대를 한 것이다」라고 단언했다.
곧 지우학습시간 감독으로 들어가서
마음을 풀고 — 내 의도대로 안 따라주니 더이상
뻐기게 무거를 주기 싫어 조용히 말라면 —
"이제는 내가, 빼앗는데, 우리, 그러지 말고
읽히는 자만이라도 일기를 써 보기로 하자"고
했더니 30명 정도 남았던 아이들이 조그만 동의
를 급해주더구만.
몽고학생들과 카드 교환한다고 뻥뻥히 카드 따르고 있는
아이들, 그만 방송수업도 정말로 억지로 하는 걸,
2교시 2교시, ✚ 녹십자의료공업(주) 나도 2교시.
「하나 취트 논을 남네 잊지 마라」고 했다.

[오른쪽 위]

1993년 9월 2일. 동북.
이번 週, 너무 더럽게 기분 나.
아픔. 피곤함. 그리움. 교육을 등으로 인해 時間을 죽임.
사람들은 몇 둘러 가면서이나 담을 쌓는데도 시간은 여전히 자전다.
惡夢. 잠에 대한 그리움이 끝나가는 탓. ——(月.火.木.)
그러나 또 하나의 가까움이 끝나지 않은 탓.
9월末총회. 일처명단 문제 내감다. 이제. (오전분에 式.)
기분이 영 젬병. —— 그럴수밖에.
그래도 아세계획 나아지고 있다.
1반; 수업「땅 앞앞이 팥뜨리 수曜」찰 것이 괜히 자존심(은)
상해 교수들 넘겨서 고압들 나가 버림에 마음 아프게 찾겼
다 대체로 좋아지는 있는 터다.
「먹지. 마장 멘지 —그. 경국. 계미.
         엄마 —그. 경숙. 현미. 명미. 혜경」보내자.
집에 전화 두번.
벌려워 혼구렁였다.
정변구의 바람과 무렵에 이번주 이렇게 풀어버릴 건
아닌가
아해들.
나랑 같이 어울려 영통할 수 없어 멀고 싶다.
혹은 내가 끝이 어울려 우물이 없어 믿음 싶다.
그저 기계적으로 한시간 한시간 시간만 메우는 걸인가 끝나다
나가고 있다. —— 여유. 푹 쉬고 싶다.

[오른쪽 아래]

임상시험용구
●배큐젝트 ●페트리디쉬 ●그린튜브 ●그린플레이트

1983년 10월 6일. 흐림.
월보에서. 마침내 옆이 상했다.
1반2 담임 터짐.
담/생님. 교장. 교감. 멍멍하영. 설명회같으며 있는 줄.
하나 굳자에게 담임 벗겨진 그 과나감한탓에 휘말림수 받았지
앉고보게 내적 인간된깨름에 마음이 별로 좋지 못하였다.
2교사—2교시 경재담대에나 2교 하니 —으로 내가 담임을
알기거니, 더요미나 박선생님 일이생겨우 달러 없었어.
누운 높이 인간들이 목명을(말2라이) 그 모양들였지.
수업 대빼 일거서서 1후에서. 대탈가미.
새빼늘 너희들도 빠앗기신대 운명승이서는 막게달라고
그 태도들. 학교 선생의 사회적. 지위.
창으로 우리를 위화라니!! 그게.
해도를 앞에서나 폭 잡으라고. 말이지.
여기서야 모두에게 비참한 골로 땅하는 것 아닌가.
윗사람들. 학생들. 주민들 모두에게.
1눈 종임으로 내일에게 내가 말아야겠다.
이미 자랑은 해야겠고 (순간의 순회 에게 귀멸해봐)
헤럽더라도 2눈통는 하나 달 알아야겠구나.
✚ 녹십자의료공업(주)

그리고 다른 자료나 사진을 더 모을 수 있으면 모으는 게 좋겠다 싶어요. 제자들도 찾아보고요. 도움을 주실 만한 분들 좀 알려주세요.

이용우 일기에서 가장 많이 나오는 친구가 김경숙 선생님이세요. 김경숙 선생님은 고등학교와 대학교 친구이신데, 신혼여행도 같이 따라갈 정도로 친한 친구세요. 지금은 퇴임하셨구요. 그리고 같이 사고를 당하셨다 살아나신 이수경 선생님은 영천 지역 초등학교에서 근무하세요. 두 분 연락처를 알려드릴 테니 통화해보세요.

이주영 제자들과 연락하는 데 도움을 주실 만한 분은 안 계시나요?

차영민 조합원이신 김진후 선생님이 현재 진보종고에 계시니 한번 도와달라 부탁해볼 수 있을 것 같습니다.

이주영 그래요. 당시 앨범이라도 구할 수 있으면 제자들을 찾는 데 도움이 될 겁니다. 앞으로도 계속 수고가 많으시겠지만 오늘 정말 수고 많으셨습니다. 고맙습니다. 일기장마다 책에서 좋은 문장을 골라 써놓고, 연수 때 들은 이야기를 옮겨 적어놓기도 했는데, 그중에서 1987년 일기장 앞에 이장원 선생이 한 말을 옮겨놓은 게 눈에 들어오네요. 아마 당시 전교조 본부에서 활동하던 이장원 선생이 경북 조합원 연수를 할 때 강의한 내용 중에서 골라 적었나 봅니다. 이 글을 소개하면서 마무리하겠습니다.

우리는 흔히 맹목적이 되기 쉬운데, 중요한 것은 어떤 것을 주장하고 그것을 행하는 근본 이유다. 우리가 민족을, 민주를 외치고 주장하는 것은 모두 올바름(진리)이 거기에 있기 때문에, 많은 사람의 보다 나은, 보다 올바른 삶의 길이 거기에 있기 때문이다.

　민족의 대다수가 풍부하고 윤택하고 올바른 삶을, 인간다운 삶을 영위하도록 하기 위해 우리가 민주주의를 주장하고 민족 주체성을 강조하는 것임을 잊어서는 안 된다.

_이장원 선생님

　이처럼 배주영 선생님은 민주, 민족, 인간 교육을 위해 불꽃처럼 자기 삶을 태우다 불행하게도 연탄가스 중독으로 돌아가셨지만 참교육에 대한 열정과 희망은 시대가 바뀌어도 우리 교사들이 잊어서는 안 될, 항상 되살리고 되살려내야만 우리 교육에 희망이 있다고 할 수 있을 것입니다. 그게 이 땅의 교사들이 배주영 선생을 기억하는 것이고, 우리 민족 근현대사를 일궈온 이 땅에 들꽃처럼 수많은 이름 없는 교사들의 소중한 삶을 기억하는 방식이 되어야 할 것입니다.

때_ 대한민국 98년. 2016년 8월 1일
참석자_ 김헌택(안동중앙고), 박무식(영양중), 배용환(퇴직 조합원), 이용우(경북지부 총무국장), 차영민(안동중앙고)
사회·정리_ 이주영(서울참교육동지회)

● 배주영 약력

1963년   7월 경북 달성 출생
1975년   2월 화원국민학교 졸업
1978년   2월 달성중학교 졸업
1981년   2월 경북여자고등학교 졸업
1985년   3월 경북대학교 사범대학 국어교육과 졸업
1985년   3월 봉화여자고등학교 부임
1987년   3월 진보종합고등학교 부임
          교육운동에 합류, 안동 교협 창립준비위원으로 활동
1987년   11월 안동 교협 창립, 부회장에 피선
          안동 교협 부회장으로 활동하면서
          청송 지역 산골마다 찾아다니며 조직 사업
1988년   12월 청송·영양 교협 창립, 총무 피선
1989년   6월 청송·영양 교직원노조 창립 활동, 총무부장 피선
1989년   8월 5일 직위해제
1989년   8월 18일 해임, 해임 후 진보에서 자취하며 전교조 활동 계속함
1990년   2월 19일 돌아가심

가을 1
-졸업앨범 사진(촬영) 광경을 보고

어울리지 않는 꾸밈
뒤틀린 모습으로
오늘을 산다
금줄 은줄의 원색 치마 저고리에,
펄럭이는 치마폭에 감춰진
청색 진바지는
염치 없이 사부자기 웃는다
진흙 속에 발버둥쳐 떠밀리고
다시 등 떠밀리고
그래서 하늘을 찌르는 춤이 유행한다지만
땅 딛고 서 아무리 〈나〉를 외쳐도
여름내 땀 흘려 가꾼 누우런 논밭이
속속들이 내 것이 될 수 없듯
'빌어 쓴 나'로 남을 뿐이다.
일상의 편익에 억눌려
'빌어 쓴 나'는 차라리 자연스럽고
벗은 내가 어색함은
학이 아닌 참새의 날개를 갖더라도
온전한 하나이기를.
온전한 하나이기를.

1984. 11. 2

우리의 영원한 참스승
배주영 선생님 영전에서

하늘이 무너져내린 듯합니다. 영구차가 떠나는 걸 보고서도 자신의 눈을 의심해야만 했습니다. 도저히 믿을 수 없습니다.

정말 하느님이 계시다면 우리 선생님이 얼마나 곧게 사셨는지 아실 겁니다. 그리고 이처럼 우리 곁에서 선생님을 떠나가게 하지 않았을 겁니다.

너무나 생생합니다. 우리 선생님은 자그마한 체구에 언제나 함박웃음, 낭랑한 목소리로-세상은 남과 더불어 사는 것이지 혼자 존재하는 것이 아니라고-어떤 어려움 속에서도 언제나 미소띤 그 모습에, 학교 안 나오고 화투판을 벌인 친구도 고개 숙이고, 자퇴서를 쓴다던 친구도 지금은 어엿한 사회인이 되었습니다. 이렇게 모두들 잘하고 있는데 왜 당신만이 혼자 외로이 가셨습니까?

우리에겐 선생님이 신앙이고 하늘이었습니다. 괴롭고 아파서 찾아가면 그냥 얼굴만 대해도 푸근했고 편안했습니다. 언제나 저희 입장에서 생각하시고 말씀하시던, 이 세상 누구보다도 소중한 친구였습니다. 아무것도 모르는 어린애 같은 우리에게 학교 오는 즐거움은 국어 시간에 선생님 만나서 이야기하는 것이었습니다.

그러던 선생님께서 교직원노조에 가입하셨습니다. 저희는 처음에 그것이 무엇인지 몰랐고 지금도 확실히 모릅니다. 하지만 우리 선생님은 언제나 바른 말 하시고 그 말씀을 행동으로 옮기시고 그렇게 몸소 보여주셨기에, 전교조란 것에 대해선 몰라도 우리 선생님께서 몸을 던지신 일이라면 옳다고 믿습니다.

참교육, 참사랑, 인간화, 민주화.

저희는 사람이고 싶습니다. 그래서 인간교육을, 참교육을 받고 싶습니다. '대학 아니면 죽음이다'라는 식의 현 교육제도, 저희가 알고 싶은 건 몇 십 대 일의 경쟁률이 아닙니다. 저희에게 소중한 것은 대학 졸업장이 아닙니다. 더불어 산다는 것이 무엇인지, 올바르게 사는 방법이 무엇인지 그것이 필요합니다.

난 너희를 사랑한 죄로
옳게 사는 방법 가르치려다 떠난다.
내 비록 지금 떠난다만 반드시 돌아올 거다.
언제나 너희를 위해 기도 올릴게.
진정 사람을 사랑하며 나보다 약자인 그들을 위해
진정 인간다운 사람이 되어라.

해직을 반대하며 농성하는 우릴 찾으시어 마지막 하신 말씀들. 차마 발길 돌리지 못해 눈물 흘리시던 선생님 모습을 잊을 수가 없습니다. 교장선생님한테 떠밀리어 돌려지지 않는 발길을 떼시며 우릴 보시던 애절한 눈빛.

난 항상 너희랑 함께다. 힘들면 찾아오너라.

선생님께서 이렇게 말씀하셨지만, 이제 저희는 답답하고 억울해도 찾아갈 곳이 없어요. 누가 우리에게 선생님을 빼앗아갔나요?

우린, 겉으로만 우릴 위하는 척하는 선생님들을 바라지 않아요. 우리가 필요로 하는 건 지식 전달의 기계도 아니고, 잘난 위선으로 포장된 그런 사랑도 아니고, 서투르더라도 진정 어린 선생님의 사랑입니다. 졸업하는 날이면 헤어짐이 서러워 손 마주잡고 펑펑 통곡할 수 있는 그런 학교 말입니다.

선생님, 우리 선생님!

선생님은 언제나 함박 웃는 모습으로 저희 가슴마다 영원히 자리하십니다. 이 세상 사람 어느 누가 선생님을 욕하고 손가락질해도 저희는 영원히 변치 않을 마음으로 사랑하고 존경합니다.

슬퍼하지 마십시오. 걱정 근심하지도 마십시오! 결코 선생님의 떳떳한 죽음이 욕되지 않게, 이 병든 사회와 절름발이 내 나라를 진정으로 치유하는 저희가 될 터이니 선생님, 편히 주무셔요. 그리고 가끔씩은 저희 위해 기도해주셔요. 참된 세상을 향해 나아가는 용기 잃지 말라고….

신용길

01_부산대 사범대학 국어교육과 졸업식
02_신용길 선생
03_주례여중 학생들과 함께
04, 05_아들 준재와 함께

01_전교조 부산지부 창립 준비 대회
02_전교조 부산지부 창립 결성식

01_부산 경희여상 사태 부산 교사 항의 집회(1989.2 부산시교육청)

02_1989년 8월 전교조 교사 징계 저지 학생 시위(학산여고)

01

01_학산여고 민병창 교사 해임후

02, 03_부산시민대상 해직 교사 복직 선전지

02

03

01_부산일보에 보도된 전교조 징계 반대 교내시위 기사

01

02

02, 03_부산일보에 보도된
전교조 가입 교사 징계 저지 농성
(1989.7 학산여고)

04

04_징계 저지 복도 시위:
　　전교조 가입 교사 징계 저지 위한
　　재학생 복도 농성(학산여고)

신용길 선생 장례식

01_장례 자료집
02_안구 기증 기사
03_윤영규 선생 편지(1991)
04_신용길 선생 부친의 편지

03

이번 저희 전교조 부산지부 조합원 신용길 선생님의 투병
과정과 장례때 보여주신 여러분의 정성에 큰 마음으로 고마움의
절을 드립니다.
전국 방방 곡곡에서 보내주신 성금과 격려의 말씀들 다 챙겨
인사드리지도 못하고 찰나간에 상가까지 당하고 보니 더욱 경황이
없었습니다. 장례 일일간 그야말로 많은 분들이 다녀 갔습니다.
3천여명이 조문하는 맞으면서 신용길 선생님의 죽음을 바탕으로 저희
전교조가 다시 분사할수가 있겠다는 다짐을 합니다.
생각하면 더이없는 죽음이지만 저희 가슴이 영원한 전교조 후사
이었음을 각인하였습니다. 아직도 살아서 세상을 보고 있는
신용길 선생의 두 눈 위해서도 저희는 이 명에 참교육을
튼튼히 뿌리내리고 당당한 교단으로 돌아갈 수 있도록 죽음 바쳐
싸우겠습니다.
신용길 선생님의 모비에도 이렇게 썼습니다. < 참교육을 위해 살다간
신용길 모 >, 그러고 뒷면에는 < 살아서는 몸과 마음을 바쳐
교육운동에, 죽어서는 두눈을 눈못보는 사람에게 주어서 명천한
숨을 이간한 사람, 이 명의 진실한 교사가 살아 돌아 올 날을
두 눈 부릅뜨고 지켜 보리라>
이 땅의 아이들을 사랑하는 모든 이들과 함께 저희는 신용길
선생의 부활을 약속하겠습니다.
거듭 보내주신 정성에 감사 드리며 인사 올립니다.
참교육 실천 3년 3월 20일
전국 교직원 노동 조합 위원장 윤 영규
전국 교직원 노동 조합 부산 지부장 박 순보 드림

04

지난 90년 11월 11일 부산침례병원에서 용길이가 위암
선고를 받은지 불과 5개월만에 세상을 뜨고 말았습니다.
병상에서 용길이는 혼자 외로이 투병해야 했습니다.
그 고통과 아픔을 살과 피를 나누어 주었다는 이 애비까지도
함께 할수가 없어 안타깝기만 했습니다.
그러나 여러 선생님과 제자들, 각지의 여러분들의 뜨거운 정성과
보살핌은 죽음무쟁인 저희 가족들을 깨우쳐고 무엇보다도 용길이에게
크나큰 힘이 되었습니다.
용길이가 끝까지 희망을 버리지 않고 굳은 의지로 고통을 참아낼 수
있었던 것도 바로 여러분들의 그런 애정 때문이라고 여겨집니다.
용길이가 하는 것에 벌 도움도 주지 못했던 애비로서 이런 말을
지켜보면서 정녕 부끄럽기 그지 없었습니다.
아들의 일을 대신 할수 없습니다만, 이제 평생을 대로 용길이가 하고자
했던 일을 도울까 합니다.
용길이도 기뻐할 것이고, 이것만이 그동안
격려해주시고 보살펴주신 여러분들에게 조금이나마 보답하는 길이
아니겠느냐 라 생각합니다.
거듭 감사의 뜻을 전하며 저희 가족 모두 올바르게 바르게
살아가겠습니다.

1991. 3. 20

故 신용길의 父 신상병 드림

01

02

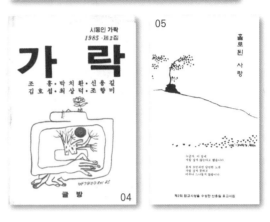

05

04

03

01, 02_자필 시와 병상 일기

03, 04, 05_유고 시집 《홀로된 사랑》(실천문학사), 동인지 《가락》,
　　　　제자들로 구성된 추모사업회가 만든 유고 시집 《홀로된 사랑》

06_부산대 중앙도서관 앞에 세워진 신용길 선생 시비

06

01, 02_신용길 선생 시비 제막식

03_시비 제막식에서 이상석 선생(좌)과
    신용길 선생의 아들 준제 군(우)

04_신용길 선생 시비의 내용

05_신용길 선생 약력

故 신용길 선생

1957 서울 출생
1979 부마민주항쟁 참여
1982 부산대학교 국어교육과 졸업
1987 현대문학으로 등단(시)
1989 전국교직원노동조합 결성 관련 구덕고에서 파면
    옥중에서 단식투쟁 중 병 얻어서
1990 부마항쟁 공동수업자료집 발간
    전교조 부산지부 교과위원장으로 왕성한 활동
1991 1월 9일 35세의 나이로 영면
    참교사상 수상, 유고시집 「홀로된 사랑」 출판
2004 민주화운동 인정

함성의 앞머리에서 달려간 교사, 신용길

이주영

보고있다우리들의아첨을
보고있다우리들의굴종을
보고있다우리들의위선을
보고있다우리들의기만을
보고있다우리들의거짓증언을
보고있다우리들의비겁을
보고있다우리들의타협을
보고있다우리들의거짓기도를
보고있다우리들의짐짓무사함
보고있다우리들의썩은타락을

듣고 있다 이 모두를 이기는 분노의 함성소리를

〈아우슈비츠6〉 전문이다. 신용길 선생이 자기 마음을 가장 잘 드러
낸 시가 아닌가 싶다. 아니 우리 모습을 가장 잘 비추어보게 하는 시가
아닌가 싶다. 신용길 선생 특집을 편집하기 위해 자료를 수집하고, 사람

들을 만나고, 몇 시간씩 전화기를 붙들고 씨름하면서 문득문득 이 시가 떠올라 내 마음을 휘젓고 다니다 사라지고, 또 나타나 휘젓다 사라지곤 했다. 우리 중 누가 '보고 있다'를 피할 수 있겠는가? 또 '이 모두를 이기는 분노의 함성소리' 듣고 싶지 않겠는가?

신용길 선생은 그 함성의 앞머리에 서서 멈추지 않고 나아갔다. 1979년 끄트머리 부마항쟁부터 1989년 전교조가 참교육 깃발을 높이 올리기까지 10년, 그리고 1991년 두 눈을 다른 사람한테 남겨주고 떠나기까지 그는 소리 지르기를 멈추지 않았다. 그 모든 소리 지름의 맨 앞에서 거친 숨을 몰아쉬며 달려나갔다. 그렇게 교사 신용길과 시인 신용길로 멈추지 않고 내달려 살다 간 그에 대한 이야기를 같은 부산지부 동지였던 윤지형 선생이 쓴 글을 통해서 살펴볼 수 있다.

"햇빛 속을 한 여자가 갑니다"
-故 시인 신용길, 2013년 겨울의 응답

1

신용길, 그는 1991년 3월 9일에 죽었다. 나와 같은 1957년 닭띠니까 우리 나이로 서른다섯에 횡하니 가버린 거다. 그로부터 나는 20년이 넘게 더 살았지만 돌아보면 그와 헤어진 게 어제 일만 같다. 꿈결 같기도 하다. 꿈결? 그렇다. 깨어있지 못하면 언제나 꿈속임을 면치 못하는 게 인간이라고 했다. 그럼 지나간 일이나 죽은 사람을 떠올려 지금 여기로 불러낸다는 것은 무얼 의미할까? 역사는 기억하는 자의 것이라는 비장한 말씀도 있고 그 또한 나름 진실이지만 진정 과거란 실재하지 않는다. 과거를 생각하고 기리고 붙잡으려는 나의 현재만 있을 뿐이다. 그래서 선사들은 '이뭣꼬是甚麼'라고 일갈도 했다. 하지만 이 공안公案은 현재조차 의심한다. 붓다의 금강경을 떠올려보라. '과거의 마음도 얻을 수 없고 미래의 마음도 얻을 수 없고 현재의 마음도 얻을 수 없다!過去心不可得 現在心不可得未來心不可得' 도무지 항상恒常한 것은 없고 제행이 무상한 것이다. 반야심경은 불생불멸不生不滅도 설했다. ('불생불멸'이라니 말도 아닌 말은 대체 뭐지?) 각설하고, 나는 얼마 전부터 신용길을 떠올려보곤 했다. 그러면 그는 냉큼 혹은 조용히 내 앞에 와있었다. 책상 위에 놓아둔 그의 유고시집《홀로된 사랑》(실천문학사, 1991)과 전집《브레히트를 생각하며》(전망, 2006)처럼 바로 손에 잡힐 듯 그렇게 말이다. 기억은 힘이 세다. 아니 언어로 각인된 어떤 존재의 상相은 힘이 세다. 그것은 허상이자 실상이고 사실이자 창조물이다. 요컨대 나는 신용길을 모른다. 내가 아는 것은 그에 대한 내 기억의 파편들이고 그가 남긴 약간의 언어들일 뿐이다. 나는 이제 신용길을 말해볼 참이지만 정말이지 신용길은 누구인가? 나는 모른다. 모르기로 한다. 눈을 감고서 될 대로 되라하고 그에게로 가보겠다는 말이다.

2

일단, 짧은 그의 연대기를 들춰본다.

서울 출생(1957), 부산 동아고 졸업(1976), 부산대 사대 국어교육학과 졸업(1982), 첫 학교(1984, 주례여중), 두 번째 학교(1986, 구덕고, 결혼), 《현대문학》시 부문 추천 완료(1987), 부산 교협 문화부장(1988), 전교조 결성 관련 파면(구덕고, 1989), 전교조 부산지부 교과위원장(1990, 11월 위암 진단), 타계(1991. 3. 9).

이런 연대기는 벽에 걸린 액자 속의 빛바랜 몇 장의 사진과도 같다.

그 중 한 장면은 첫 번째 학교인 주례여중. 그곳의 한 가난한 어린 제자
는 저 염소수염에 광대뼈가 불거지고 성질 또한 괄괄한 총각 선생의 어
디가 좋았는지 만년필을 선물했다는 걸 나는 알고 있다.

> 이 시를 쓰고 있는 만년필
> 동순이가 졸업식 때 수고하셨다고 사 준 만년필
> 연쇄점 하는 아버지 돕고
> 오빠 대학 갈 수 있게
> 여상으로 간 동순이
>
> 고등학교에 가서도 일요일마다 꼭꼭
> 문안 전화 걸어오는 그 아이
> 스승의 날 집에 와서 하는 말
> 선생님, 여상에선 키 작고 얼굴 못나면
> 암만 공부 잘해도 소용 없대요
> (중략)
> 열심히 공부해 큰 회사에 취직하고
> 첫 월급 받아 자기처럼 핏기 없는 부모님에게
> 고기 한 점 실컷 대접하고 싶다는 동순이
> 시든 꽃처럼 향기 없는 동순이
> 언젠가 팔팔 웃는 모습 보나

_〈여상 학생 동순이〉

두 번째 학교였던 구덕고에서 그는 삐딱해 뵈는 머슴애들을 엄청 팼
다 한다. '처음에는 그랬다'고 그가 죽었을 때 추모사업회까지 만든 제

자들은 내게 말한 적이 있다. 그걸로 봐서 나중엔 '사나이 대 사나이'라는 식의 그런 소통 행태는 내던졌던 모양이다. 생각건대 신용길은 미구에 교사(교육) 운동을 만났고 그때부터 빠른 속도로 '환골換骨'해 갔을 터다. 1987년 6월 '전두환이'를 권좌에서 끌어내린 그 항쟁의 여세를 몰아 교사들이 그해 9월 '민주교육추진'이란 말을 앞에 붙인 '전교협'으로 결집했을 때 그는 부산 교협 결성식(9.28)에서 꽤나 긴 자작 축시를, 아마도 좀은 신나게 좀은 비장하게, 낭송했으니까.

> 교사여, 민족의 선생이여
> 어깨 함께 걸 30만 교사여
> 죽음이 가득 찬 교실
> 죽임의 가르침이 득세하는 교실에서
> 뛰쳐나오라, 나와서
> 삶의 의지로 다시 태어날
> 민주교육, 민족교육, 통일교육의 밭고랑에
> 나란히 서보자
> 하여 흰 수건 머리 동여매고
> 김매는 아낙네처럼
> 참교육, 인간교육, 산교육의 농사를 지어보자
>
> _〈마침내 거름 좋은 흙으로 드러누워〉 부분

부산대 교정, 바로 내 코 앞에서였다. 그러니까 그는 국어 선생이자 시인으로 내 앞에 나타난 것이었는데 사실 나는 그의 시가 그다지 시적으로 다가오지 않았다. 혁명가의 삶은 그 자체가 시적이라 해도 그의 격문이 시가 될 수는 없는 것 아닌가. 그는 '시인'일까? 나는 의심했다.

학생들과 봄소풍

진정한 시인은 혁명가일 수밖에 없고 진정한 혁명가는 시인일 수밖에 없다는 내 철석같은 낭만적 믿음에 비춰 봤을 때 신용길은 시도, 시인도, 혁명가도 그저 고만고만해 보였다. 성급한 자기중심적 판관判官이 내 속엔 있었던 것이지만 그때만 해도 나는 그가 대학 시절부터 반체제적 모더니스트였고 그런 성향의 시편들이 매우 탁월했다는 것을 모르고 있었다.

어쨌거나, 그날들로부터 파죽지세 말 그대로 교사(교육)운동은 앞만 보고 달렸던 것인데 그건 그도 나도 그랬다. 1987년 겨울 대선 패배의 절망을 딛고 이듬해 초여름에 전취한 여소야대 정국은 전두환·노태우를 청문회장으로 끌어낼 만큼 위력을 과시했고, 열혈 교사들은 교육악법 개정과 일선학교 평교협 건설운동, 사학민주화 투쟁으로 눈코 뜰 새 없는 나날을 보냈던 것이다. 당시 부산 교협 사무실은 양정로터리 부근의 한 건물 지하였다. 사무국장이란 직책을 벗고 부산교사신문 편집장 자리를 꿰찬 나는 문화부장인 신용길과 그 지하에서 종종 조우했는데 그에겐 결정적인 결함(순전히 내 멋대로 잣대)이 하나 있었다. 그건 애연가인 그가 술은 거의 전혀 못 마신다는 놀라운(!) 사실이었다. 아니 디오니소스 신과 담을 쌓은 시인도 가능하단 말인가? 물론 불가능하기야 하겠는가만 디오니소스의 위안도 끼어들 틈이 없는 그이기에 '아내여 미안하다'로 시작하는 그의 '반성문'은 더 가난하고 더 쓸쓸하게 다가오는 것만 같은 것이다.

세련미 없는 말솜씨 / 고분고분할 줄 모르는 오만함 / 삼십에 들
어서도 제 설 자리 잘 몰라 / 제 분수 잊은 채 / 교장과 싸우고 주
임들에게 미움 받고 / 동료 교사에게 돌리고 / 어쩌냐 쓴 소주 한
잔에도 꺾이지 않아 / 씩씩대며 걸어 올라온 / 양정동 달동네 비
탈길 / … / 오늘도 밤 열두 시 / 조용히 문 따고 들어와 / 피곤에
지쳐 잠든 당신 머리맡에 / 쪼그려 앉는다

_〈반성문〉 일부

그가 이런 '반성문'도 쓰고 〈식민지의 국어 시간〉을 분노도 하고, 시
험 경쟁에 짓눌려 자살한 아이들의 혼을 부르기도 하고(〈죽어간 아이들
에게 바치는 글〉), 바로 그 자신도 자유롭지 못한 〈폭력 교사〉를 질타하
는 동안 전교협과 평교협, 사학정상화 운동으로 분기한 교사들은 1989
년 5월 28일 전교조 건설의 길로, 아주 운명적으로, 달려가고 있었음을
역사는 기록하고 있다.

전교조, 그것은 1960년 4·19 혁명의 한 열매인 교원노조가 이듬해 군
부쿠데타의 폭압에 의해 괴멸된 지 근 30년 만의 쾌거였다. 근데 이쪽이
'쾌거'였던 만큼 불의한 권력과 기득권 세력에게 그것은 공포로 다가왔
던가? 그들의 극악한 공격은 '거짓 교육'의 밭을 갈아엎고 '참교육'의 씨
앗을 뿌리려는 전교조의 대오와 함께하려는 사람이면 그이가 초등학생
이든 중고생이든 교사든, 어린아이든 어른이든, 노동자든 성직자든 가리
지 않았다. 그랬었다. 전교조(교사)를 놓고 참과 거짓, 민주주의와 독재,
자유와 억압, 평등과 무한경쟁이 일대 전쟁을 벌였던 것이다. 그럼 그런
통에, 각성한 민중이 전교조와 함께 하루하루 새로운 역사를 썼던 그
해 봄과 여름에, 전교조 교사 신용길은 어쩌고 있었나?라고 나는 내게
물어본다. 내 첫 대답은 이렇다. 그는 나날이 '과격'해지고 있었다고.

나에게 과격하다 이름붙이지 마라
1989년 여름의 대학살을 기억하리라
출근하는 교사를 학생들이 보는 앞에서
삼복에 개 잡듯이 끌고 가던 정보과 형사들
교문 앞에는 새마을주임 충성파 체육 선생이 대기하고 있었고
교문 안에는 급조된 학교정상화협의회 학부형들이 진치고 있었다
(……)
죽어가는 아이들을 살려보겠다고
이 나라의 민주주의를 실현시켜보겠다고
분단된 조국의 통일을 꿈꿔보겠다는 우리에게
그들은 핏물 낭자한 칼날을 들이대었다

1989년 여름 교육대학살의 그늘 뒤에서
문교부 장관은 TV 과외로 독점재벌과 VTR 상담을 하고
정치가들은 시원한 풀밭에서 한가롭게 골프채나 휘두르고
대통령과 그 일가들은 전용 별장에서 휴가를 보내고 있었다
나는 똑똑히 기억하리라
평생 잊지 않으리라
1989년 한국 여름의 교육대학살을
나를 과격하게 만든 이 역사적인 사건을

_〈1989년 한국 여름 그리고 교육대학살〉 중에서

'대학살!'
　그것은 그해 여름 방학을 이용해 정권이 전교조 탈퇴를 거부한 1500
여 전교조 교사를 파면·해임한 '역사적인 사건'이다. 아니 그것만이 아

교단을 떠나며. 전교조 가입 교사 징계 저지 농성(1989.7 학산여고)

니다. 그 사건과 함께 분출한 범국민적 저항과 눈물과 사랑과 통고와 연대라는 이름의 놀라운 사건의 다른 이름이기도 하다. 그는 구덕고에서 전교조 분회 결성을 감행했고 (분회장 신용길에 분회원 후배 교사 한 명으로 '과격'하게!), 교육청으로부터 파면에 처해졌으며 (그러자 그 학교 고교생들은 운동장으로 뛰쳐나왔다), '출근 투쟁'이란 걸 하다가 교문 앞에서 연행당했고, 구치소에서 단식투쟁 중 위궤양이 도져 피를 토하고서야 병보석으로 풀려나왔었다.

3

'슬픔도 노여움도 없이 살아가는 자는 조국을 사랑하고 있지 않다.'

짜르 전제 정치의 폭압으로 고통받는 러시아 민중과 함께하고자 했던 시인 네크라소프의 이 시 구절은 저 질풍노도의 1980년대를 살았던 수많은 혁명아革命兒들의 가슴을 뜨겁게 했다. 예나 지금이나 저 '슬픔'과 '노여움'이야말로 혁명의 불쏘시개며 민중을 향한 사랑임을 우리는 안다.

죽은 당신들은 말이 없다

겨울을 재촉하는 비

붉게 물든 나뭇잎들 시신처럼 떨어지고

등성이에서 불어오는 바람

뼈마디까지 스며 불 켜게 한다

(중략)

아, 광주여, 오월의 광주여

충장로, 금남로, 도청을 지킨 사람들이여

자유·민족·통일의 깃발을 최초로 들어 올린 사람들이여

당신들은 죽어 말이 없구나

늦가을 비 당신들 죽음 위로 끝없이 퍼붓고 있는데

_〈다시 망월동에서〉 중에서

그러니까 나는 다시금 시인 신용길의 '슬픔'과 '노여움'을 생각해보는 것이다. 그것을 우리는 그가 범시민적 민주화 투쟁의 격류 속에서 포효하며 빚어낸 시편들에서 그 일단을 확인해보았던 것이지만 그게 어느 날 갑자기 분출한 것은 아니다. 박정희의 유신체제와 광주학살의 전두환 통치 시대를 어쨌든 간에 살아내야 했던 문학청년 신용길의 내면 풍경에도 그 슬픔과 노여움은 짙게 드리워져 있는 것이다. 그것은 끝모를 무기력과 남모를 외로움과 일견 냉소의 언어 속에서 먼저 엿볼 수 있다.

우리는 문을 열 줄 몰랐다

창고리가 붙어있는 곳을 알면서도

문을 열면 너무도 낯선 싸움의 세계가

의식의 구석구석을 찌르며 달려들

어둠과 긴 바람소리가 두려워
이미 내 방 천장에 달린 불을 켜고
문을 열기만 하면 되는 것을
누구도 내 외로움의 비밀을 알까 봐 두려워
불을 켜지 않았다

_〈그해 겨울은 창밖으로〉 중에서

밥을 먹고 있는 네 얼굴에서
빗방울이 흘러내리고 있는 네 얼굴에서
슬픔은 잠시도 지체할 수 없다는 듯이
시시각각 그 모양을 바뀌간다
이마에 집중된 네 슬픔이
비를 타고 흘러내린다
밥을 먹고 있는 네 얼굴로

밖에는 비가 내리고 있어
길에는 수없는 바람이 널브러져 있어
말의 시대가 지나갔다나 봐
말이 말로 들리지 않음…

_〈사건=침묵〉 중에서

　'인간적인 너무나도 인간적인' 슬픔과 외로움과 노여움이 '비밀'이 되
고 '침묵'이 되어야 하는 시대의 맨얼굴은 무엇일까? 젊은 모더니스트
신용길에게 그것은 공포였다. 〈공포영화〉 연작시와 〈아우슈비츠〉 연작시
는 그것을 칼로 살점을 발겨내듯 섬찟하게 보여준다.

사람의 머리로 꽉 찬 야구장

입마다 함성 소리를 물고

침을 질질 흘린다.

환호, 손뼉 치는 소리

웃통을 벗어 뒤흔드는 한 무리의 난장판.

9회말 투 아웃, 4대 3

역전의 찬스 6번 타자

원 스트라익 쓰리 볼, 딱

쭉쭉 뻗는다. 홈런이냐 홈런…

한켠으로 쏠리는 머리, 머리들.

그 가운데 딱

낙엽처럼 흐트러지는 인간들.

_〈공포영화 6〉 전문

　　전두환 정권 초기 3S 정책의 일환으로 만든 프로야구장에서 시인은
학살자의 음흉하게 웃는 민낯을 보는 것이다. '낙엽처럼 흐트러지는 인
간들'이란 마지막 대목에서 나는 '딱' 하고 야구공에 맞아 뇌수가 터
져 나온 군중을 상상했다. 끔찍한 장면! 아무튼 그 민낯은 도처에서 시
인을 공포로 몰아넣는다. 'TV가 끝나고 / 애국가가 끝나고 / … / 딸깍
TV가 꺼'진 '스무 평의 아파트'에도 '죽음'은 '가득' 차 있고(《공포영화
7》), '흑백논리, 백흑논리, 아리송한 논리로 / 원인이 없는 결과만 알리는
/ 말쑥한 용모'의 '아나운서'(《공포영화 10》)도 공포스럽긴 매한가지다. 그
러나 시인이 직면하고자 한 공포의 절정은 아무래도 〈아우슈비츠〉 연
작시다.

당신이빨다뽑을거야당신귀와귀사이소리가잘들리도록직선케도
를놓을거야당신목을분질러조각상을만들거야당신가슴의살을뜯
어발겨현악기를타겠어당신의성기를잘라모아목걸이를만들겠어당
신발을잘라서내신을만들겠어.

_〈아우슈비츠 4〉

가깝게는 광주 학살을, 좀 멀리로는 베트남전에서 자행된 양민 학살
을, 그리고 박정희와 전두환 정권 정보기관의 고문실을 나는 떠올렸다.

잠시기도하시고세수하시고빨래하시고우유에빵을적셔잡수시고
꽃을갈아꽂으시고새장에모이를넣어주시고학교가는아이들볼에뽀
뽀를해주시고늠름하게문을여시고친히고문하시고

_〈아우슈비츠 3〉

4

교사 신용길은 전교조 참교육 투쟁의 한 상징이 되어 경남 양산의
솥발산 공원묘원에 묻혔다. 앞서 말했지만 1991년 3월의 일이다. 그로
부터 15년째가 되던 해인 2006년 '추모사업회'를 함께한 사람들(신용길
의 제자, 전교조와 시민단체의 동지들)은 신용길의 시비를 부산대 중앙
도서관 앞에 세우고 그의 '전집'(시편과 산문 두 편을 모은 한 권)을 펴
내는 것으로 그를 향한 마음에 굵은 한 획을 그었다. 나는 그때 자문해
보았던 것 같다. 하늘에서 신용길이 이걸 본다면 뭐라고 할까? 우선 그
는 낄낄거리고 웃었을 것이라는 생각이 들었다. '허참, 내가 머라꼬, 이
런 거까지 하고 그라노, 쓸데없이.' 이러면서 말이다.
그건 그렇고 당시 '시인 신용길 전집'의 제목에 대한 논의가 있었을

때 나는 교육운동가 시인 신용길의 '마침내 거름 좋은 흙으로 드러누워'보다는 모더니스트 시인 신용길의 '브레히트를 생각하며'가 좋다는 쪽에 한 표를 보냈었다는 건 말해두기로 하자.

우리가 아니더라도
그런 말을 할 사람이 많이 있소

당신이 아니더라도
그런 글을 쓸 사람은 얼마든지 있어요
내가 아니더라도

그런 일 할 사람 많아요

그렇다면
침묵과 위선, 비겁과 굴종은
누구의 할 일이란 말인가

_〈브레히트를 생각하며〉 전문

왜 그랬을까? 그야 내 취향이겠다. 덧붙이자면 〈마침내 거름 좋은 흙으로 드러누워〉를 비롯하여 〈두고 온 교실을 떠올리며〉, 〈조선민주주의 인민공화국 모시조개〉, 〈동지들이여, 우리는 이기고 있다〉와 같은 격문성 시(물론 격문도 훌륭한 시가 될 수 있다고 나는 생각한다)나 〈절정〉, 〈편지〉, 〈달하, 밝은 달하〉, 〈소묘Ⅱ〉와 같이 김춘수적 이미지즘 냄새가 풍기는 시들보다는 매끈한 허상을 단박 꿰뚫어버리는 모더니스트의 직관이나 낯설게 하기와 동궤라 할 그 전복성에 나는 더 이끌리는 것

이다. 또 있다. 모든 진정한 시인은 생래적으로 서정시인인 거지만 나는
지극히 아름다운 서정시에 불현듯 염증이 날 때가 있다. 그 휘발성 때
문에, 서정적 아름다움이라는 것의 수상쩍음 때문에 말이다. 그럴 때면
검게 깊은 눈의 김수영이 푸른 하늘 같은 눈의 신동엽을 향해 던진 단
평 하나를 떠올린다. 김수영은 말했다. 그(신동엽)의 시는 모더니즘의 세
례를 통과할 필요가 있다고. 요컨대 모더니스트로서의 신용길이 그것
과 멀어진 신용길보다 훨씬 시적이라고 나는 생각하는 것이다. 그가 요
절하지 않았다면, 나만큼이라도 더 살았다면 그는 지금 어떤 시인이 되
어 있을까? 알 길이 없다. 그러나 〈귀촉도〉나 〈춘향유문〉이나 〈동천〉과
같은 환장하게 아름다운 서정시를 쓰기도 했던 저 노회한 탐미주의자
의 수상쩍은 내면과는 영 인연이 없는 시인일 것임은 내 장담할 수 있
다고 아주 장담을 해본다. 될 성 부른 나무는 떡잎부터 다르다고 그
'슬픔'과 '노여움'의 시혼을 그는 일찍부터 모더니즘으로 담금질할 줄
알았고 무엇보다 브레히트와 직면할 줄 알았으니! 그리고 보니 생각나
는 게 하나 있다. 그와 내가 해직 교사가 되어 전교조 부산지부 사무실
로 출근을 하며 신문도 같이 만들고 집회도 같이 나가고 때때로 상경
투쟁도 같이 했던 시절 나는 사무실 문에다 브레히트의 시를 한 편 붙
여놓은 적이 있었다. 해직의 세월이 기약 없이 길어지고, 나도 그도 가
슴이 쾡하니 뚫렸던 그런 어느 날이었다고 기억한다.

> 내가 사랑하는 사람이
> 나에게 말했다.
> "당신이 필요해요."
> 그래서
> 나는 정신을 차리고 길을 걷는다.

빗방울까지도 두려워하면서.

그것에 맞아 죽는 일이 있어서는 안 되겠기에.

_베르톨트 브레히트, 〈아침저녁으로 읽기 위하여〉 전문

　시는 진정 '사랑'하는 사람이 있다면 어설프게 살지 말라는, 사랑 없는 삶은 헛껍데기일 따름이라는 매서운 경책으로 나가왔었다. 사랑이란 무엇인가? 그것은 '침묵과 위선, 비겁과 굴종'이라는 파리, 온갖 곳을 가리지 않는 파리 따위는 한 찰나도 앉을 수가 없는 타오르는 불꽃의 자리이며, '슬픔'과 '노여움'의 순수 근원이며, '불생불멸'이라는 본래 면목의 다른 이름이지 않은가.

　5
　신용길은 죽었는가? 그래 죽었다. 그럼 죽은 신용길은 누구이며 지금 여기 이렇게 살아 있는 신용길은 누구인가? 하나인가 둘인가? 아니 나와 신용길은 하나인가 둘인가? '사랑'의 이름으로 나는 오늘 밤 묻고 싶은 것이다. "어이, 윤서방, 나 일어나면 맛난 거 많이 사주라." 송도 앞바다가 내려다보이는 고신대 의료원 병실에서 뼈만 앙상하니 버쩍 마른 얼굴로 신용길은 빙긋이 웃었었다. 그것은 어제였나, 전생이었나, 바로 지금인가? 그러니까, 다시 묻건대, 신용길은 누구인가? 교육대학살, 공포영화, 아우슈비츠, 슬픔, 노여움, 외로움, 암흑, 민주주의, 자유, 평등, 평화 이 모든 것을 내려놓은 자, 이 모든 것의 실상을 바로 보는 자, 이 모든 것의 실상과 하나가 된 자로서의 신용길은 어디 있는가, 하고 나는 물어보는 중인 것이다. 무릇 시인이란 그런 순간이 있는 것이고 그런 순수의식이야말로 시인을 시인답게 하고 사물을 사물답게 하고 우리를 꿈에서 깨어나게 하는 것일 테니까. 그렇지 않은가, 시인 신용길?

그의 시집 속 한 편의 - '유일'한 시가 내게 조용히 응답한다.

햇빛 속을 한 여자가 갑니다
부서지도록 아름다운 한 여자가
여자의 머릿결에서 빛나며 가슴에서 숨어버린
한 뼘 가량의 바람이 항상 충분하도록
부서지지 않고 걸어갑니다
여자의 구두 뒤축에 닿는 땅의 무력함
일어서거나 눕거나 저항하지 않는
땅의 모든 것들이 아름답게 부서지도록
한 여자가 걸어갑니다
이 세상은 우리들의 의지와 관계없이
아름답습니다. 아름답습니다.

_〈이 가을에〉 뒷 부분

그래서 정녕 아름답다, 그대 신용길이여. 저 가을이든 이 겨울이든 관계없이!

*이번 특집을 위해 자료 수집을 하면서 아쉬운 점이 많았다. 윤영규(봄호), 이순덕(여름호), 배주영 (가을호) 선생 특집을 준비할 때는 지부와 주변에서 보관해온 자료들이 많았는데 신용길 선생 경우는 몇 해 전 집에 불이 나서 상자에 모아놓았던 자료가 모두 없어졌기 때문에 지부 사무실에 있던 자료와 김동일 선생이 찍어 둔 사진에 겨우 의지할 수밖에 없었다. 부산대 도서관 옆에 있는 시비 사진도 부산대 이순욱 교수한테 부탁해서 다시 받았다. 이런 현실을 보면서 시간이 더 가기 전에 다른 동지들 자료도 수집하고 사본을 만들어 나눠서 보관해야겠다는 생각이 들었다.

● 신용길 약력

1957년   5월 7일 서울 출생
1976년   동아고 졸업
1982년   부산대 사범대 국어교육과 졸업, 부산대 국문학과 대학원 수료.
　　　　대학 시절 부대문학회 활동, 졸업 후 시작 활동
1984년   3월 주례여중 부임
1986년   3월 구덕고 부임
1986년   12월 부인 조향미 선생님과 결혼
1987년   12월《현대문학》시 추천완료
1988년   7월 아들 준재 출생
1988년   부산 교협 문화부장 역임
1989년   7월 전교조 부산지부 결성식에서 축시를 낭송했다는 이유로
　　　　구덕고에서 파면
1989년   8월 출근 투쟁을 하던 중 경찰에 연행
　　　　감옥에서 단식투쟁을 하다가 발병한 위궤양으로 병보석으로 풀려남
1990년   1월 전교조 부산지부 교과위원장
1990년   11월 부산위생병원에서 위암 진단
1991년   3월 오후 7시 23분 동아대부속병원에서 35세의 나이로 돌아가심
　　　　(임종 직전 이 땅의 고통받는 민중을 위해 안구 기증)
1991년   5월 제2회 참교사상 수상
1991년   7월 유고 시집《홀로된 사랑》발간
1992년   3월 9일 추모집《우리 아직 당신의 두 눈을 묻지 아니 하였습니다》발간
2004년   민주화운동 인정(민주운동 관련자 명예회복 및 보상심의위원회)

식민지 국어 시간

일제 시대에 '국어' 시간은 있었어도
'우리말'은 가르치지 못했다
'우리의 역사'도 가르치지 못했다
다른 책 속에 끼워 '우리말' '우리 역사'를 가르치다
일본 순사에 붙잡혀가
모진 몰매에다 고문에 못 이겨 숨지신 분 몇이던가
감시와 압제 속에 근근이 목숨 이어온
우리말과 우리글
해방된 국어 시간
옆에 다닥다닥 붙어있는 영어 시간
열없고 맥빠진 국어 시간에
단어장 꺼내놓고 영어단어 외기에 분주한 아이들
천근 만근 무너져내리는 울분에
아이들만 탓할 수 없어
더 목소리를 높여본다
국어 작문, 독서 시간은 없어도
영어 듣기 평가는 있어
양귀에 헤드폰을 꼽고
끊임없이 돌아가는 외국 문화, 팝송 람보에 눌려

기도 못 펴는 우리 민요
수업 중에 딴짓했다고 회초리 드는 순간
귓가에 저벅저벅 들려오는
군홧발 소리에 나도 몰래 움츠러드는
식민지 국어 시간

나는 너희들과 함께 선생이 되련다

스승과 제자가 한 교무실에서 같이 근무한다
제자는 보는 사람 눈이 두려워
쉬는 시간마다 구석에 가서 담배를 피우지만
그 스승은 누구였던가
무엇을 가르쳤던가

사대에 가지 마라
남자 못할 짓이 선생이다
그렇게 자기 설움을 뱉어댔지만
제자는 기어이 사대엘 갔더란다
선생다운 선생 노릇 하기 위해서
어쩔 수 없이 떼밀려온 패배자들을 이기기 위해서

선생보다 중한 직업이 무엇이더냐
더러 철들면서 얻은 귀중한 생각들
의사도 좋고 판사도 좋고 기술자도 좋지만
그런 사람들을 키워내는 것이 선생이 아니더냐
아니다. 지금은 아니다
그렇지 않다

이 악물고 침 튀기면서 하는 말들
교과서 한 장 한 장 넘길 때마다
아이들의 초롱한 눈빛
너희들은 더이상 식민지 국가의 후손들이 아니다
너희들은 더이상 분단국가의 슬픈 후예들이 아니다
너희들은 더 이상 패배자가 되어서는 안된다
나는 너희들과 함께 해방의 싸움꾼이 되기 위해
선생이 되었다

죽어간 아이들에게 바치는 글

누가 꿈이 없는 국어 교과서라 했던가
아이들에게
시를 읽는 즐거움도
이야기를 듣는 재미도 없는
국어 교과서를 우리는
45년 동안이나 그렇게 재미없게 지루하게
읽어왔다
시를 읽으면서는 직유법 은유법 두운 각운이나 강조하고
소설을 읽히면서도 두음법칙 자음동화 지시어를 가르쳤다
말 속에 담긴 뜻을 가르치기보다
말의 법칙과 기능만 가르쳐온 우리
스스로 법칙과 기능에 묶여
외기 잘하는 기계에서
외우기 잘하는 상품을 만드는 일에
지난 45년을 허비해왔다
점수가 지위가 되고 돈이 되는 수업 시간
우리는 애써 아니다 그렇지 않다
자신을 속이려 했지만
아이들은 식품 가공공장에서 만들어진 햄이나 소시지처럼

잘 만들어진 혹은 불량품이 된 채
시장으로 팔려나갔다
민족을 배반한 사람의 글
분단으로 더 큰 이익을 꾀하려는 사람들의 글
그들의 속셈은 가려지고
잘 만들어진 글
말 잘하는 재주만 강조되어
채찍질하며 가르쳤던 국어 시간
꿈이 없는 국어 교과서
재미없는 수업 시간 너머
행복과 진실을 찾으려 했던 아이들은
바람에 지는 꽃잎처럼
하나둘 떨어져 나갔건만
썩은 나무는 베어질 줄 모르고
아직도 저리 흉한 모습을 하고 섰구나

1989년 한국 여름 그리고 교육대학살

나에게 과격하다 이름붙이지 말라
1989년 여름의 대학살을 기억하리라
출근하는 교사를 학생들이 보는 앞에서
삼복에 개 잡듯이 끌고가던 정보과 형사들
교문 앞에는 새마을주임 충성파 체육 선생이 대기하고 있었고
교문 안에는 급조된 학교정상화협의회 학부형들이 진치고 있었다
교육의 '교'자도 모르는 사람들
그들은 인간관계라는 미명하에 상관에 대한 충성을 위장하였다
독재권력의 똘마니들답게 그해 교장 교감들은
감시와 왜곡 조작에 뛰어난 솜씨를 보였고
이 틈에 잘못 보인 싹수를 자르는데
숙달된 조교로부터의 시범을 보고
능숙한 칼질을 해대고 있었다
밥줄이냐 양심이냐의 갈림길에 선 우리들에게
올가미를 던져놓고 어느 한쪽이나 걸려들기만을 기다려
사정없이 줄을 당겼다
썩어 문드러지는 깡보리밥에 단무지 네 쪽 넣어주며
네가 언제 선생이었냐는 듯
반말과 욕설로 개같이 굴 것을 강요하던 교육감과 형사들

차라리 불쌍한 건 그쪽이었다
죽어가는 아이들을 살려보겠다고
이 나라의 민주주의를 실현시켜보겠다고
분단된 조국의 통일을 꿈꿔보겠다는 우리에게
그들은 핏물 낭자한 칼날을 들이대었다
1989년 여름 교육대학살의 그늘 뒤에서
문교부장관은 TV 과외로 독점재벌들과 VTR 상담을 하고
정치가들은 시원한 풀밭에서 한가롭게 골프채나 휘두르고
대통령과 그 일가들은 전용 별장에서 휴가를 보내고 있었다
나는 똑똑히 기억하리라
평생 잊지 않으리라
1989년 한국 여름의 교육대학살을
나를 과격하게 만든 이 역사적인 사건을

선생님이 누워계신 동안 우리에게 봄은 없습니다
-병상에 계신 선생님께

안도현(우석대 교수)

신용길 선생님께.

벽시계의 초침 소리가 유난히 크게 들리는 밤입니다. 선생님 생각이 나서 담배 한 대 피우고 누웠다가 일어나 편지를 씁니다. 누워계신 선생님 생각을 하면 슬픈 생각보다 먼저 가슴 밑바닥으로부터 왈칵 분노가 치밀어오릅니다. 아무 잘못한 일도 없는데, 교단에서 아이들을 잘 가르쳐보겠다는 꿈을 꾸고 그것을 실천한 죄밖에 없는데, 왜 하늘은 그 무서운 병을 선생님의 몸 속에다 심어놓고 있는지, 아 그게 정말 사실인지, 저는 지금도 믿기지가 않습니다.

겨울이 가면 봄이 온다지만, 선생님이 누워계시는 동안에는 우리에게 봄은 없습니다.

부산의 정일근 형이 전화로 처음 선생님 소식을 알려주었을 때, 전화를 끊고 저는 한동안 멍하니 앉아 있었습니다. 그것은 시인이자 전교조 해직교사인 서른세 살 신용길에게 닥친 일이 아니라 바로 저 자신의 일이라는 생각이 들었기 때문이었습니다. 며칠 후에 조간신문에 난 환자복 차림의, 퀭한 눈빛의 선생님 사진을 보기 전까지만 해도 제발 사실이 아니기를 빌고 또 빌었습니다.

그렇지만 문병을 갈 날짜를 잡고 시간 약속을 하는 동안 현실은 현실로 다가오고 있었습니다. 부산에서 이름난 병원에서도 치료할 길이 없다고 해서 선생님은 전라남도 화순의 한 수양관으로 옮기셨고, 우리 교육문예창작회 회원들은 그곳으로 찾아가기로 했던 것이지요. 물어물어 찾아간 그 길이 어찌나 서럽던지 모두들 별 말이 없었습니다.

그런데 겨우 도착해보니 선생님은 그곳에 계시지 않았습니다. 이불과 옷가지 몇, 간단한 취사 도구들만이 선생님의 방을 쓸쓸하게 지키고 있었고, 이야기를 들어보았더니 진통이 심해져서 주사를 맞으러 광주 쪽으로 나가셨다는 것이었습니다.

광주 선생님들의 도움으로 부랴부랴 찾아간 전남대병원 앞 작은 의원의 계단을 올라가면서, 선생님이 거의 탈진 상태에 이르렀다는데 혹시라도 우리 일행을 알아보지 못하는 것은 아닐까 하는 걱정이 앞섰습니다. 그러나 정말 다행히도 선생님은 예의 그 부산 사내의 말씨로 우리를 맞이해주었습니다. 선생님은 그때 말했지요. 아직도 해야 할 일이 너무 많다고, 쉬고 기국에 하얀 쌀밥을 말아 먹고 싶다고, 그리고 처절하게 슬프고 아름다운 말, 살아야겠다고.

우리는 그날 술을 마시지 않을 수가 없었습니다. 답답하고 안타까운 마음들을 술병에 기대어 풀어보려는 것은 철든 사내들이 할 짓이 아님에도 불구하고 모두들 취하고 싶었던 모양입니다. 군산에서 내려가신 이광웅 선생님도, 청주의 도종환 형도, 모두 취했습니다. 신용길 선생님을 병원에 두고 우리는 술집에서 노래까지 불렀습니다. 노래라도 부르지 않고서는 도저히 견디지 못하겠다는 듯이, 다른 어느 때보다도 악을 쓰며 불렀습니다. 술과 노래는 광주에서 제가 사는 이리까지 이어졌지만 희끗희끗 날리는 눈발처럼 우리의 마음은 산란하였습니다.

신용길 선생님.

선생님께서 싸움 중에 쓴 시 〈1989년 한국 여름 그리고 교육대학살〉을 오늘은 제가 읽어드리고 싶습니다.

"나에게 과격하다 이름붙이지 말라 / 1989년 여름의 대학살을 기억하리라 / 출근하는 교사를 학생들이 보는 앞에서 / 삼복에 개 잡듯이 끌고가던

정보과 형사들 / 교문 앞에는 새마을주임 충성과 체육선생이 대기하고 있
었고 / 교문 안에는 급조된 학교정상화협의회 학부형들이 진치고 있었다 /
(중략) / 밥줄이냐 양심이냐의 갈림길에 선 우리들에게 / 올가미를 던져놓
고 어느 한쪽이나 걸려들기만을 기다려 / 사정없이 줄을 당겼다 / 썩어 문드
러진 깡보리밥에 단무지 세쪽 넣어주며 / 네가 언제 선생이었냐는 듯 / 반말
과 욕설로 개같이 굴 것을 강요하던 교육감과 형사들 / 차라리 불쌍한 건
그쪽이었다 / 죽어가는 아이들을 살려보겠다고 / 이 나라에 민주주의를 실
현시켜 보겠다고 / 분단된 조국의 통일을 꿈꿔보겠다는 우리에게 / 그들은
핏물 낭자한 칼날을 들이대었다 / (하략)"

그렇습니다. '그들'은 선생님의 아이들과 밥그릇을 빼앗고도 성이 차지
않아 이제는 하나밖에 없는 생명까지 위협을 하고 있습니다. 억눌리고 고
통받을 때 그 길을 헤쳐나갈 수 있는 유일한 방법은 싸움이라는 것을, 싸
움을 통해 얻어낸 승리가 아니면 모든 것이 허구에 불과하다는 것을 우리
는 경험을 통해 익히 배워왔습니다. 투병이라는 말도 그렇지요. 선생님은
병상에서도 싸움꾼이어야 합니다. 병마 앞에서 조금은 굽힘없이 싸우는 그
야말로 '과격한' 싸움꾼이어야 합니다.

1991년 새해가 밝았습니다. 선생님께서 힘 오른 양어깨로 활보하는 새
해, 선생님께서 우리 운동의 무기인 시를 당차게 생산해내는 새해, 아니 그
것보다도 선생님과 소주 한잔 거나하게 마시는 새해가 되기를 간절히 빌겠
습니다. 가능하시다면 한두 줄씩이라도 매일 글을 쓰는 버릇을 들여보는
것이 어떨는지요? 옆에서 누구보다도 애쓰고 계시는 부인 조 선생님과 세
살배기 꼬마를 위해서 말입니다. 그리고 선생님의 쾌유를 빌고 있는 모든
이들을 위해서 말입니다.

조만간 다시 찾아뵙도록 하지요. 부디 몸조리 잘하시고, 창 밖에 함박눈
이 내리거든 우리가 보내는 희망의 편지로 꼭 생각해주십시오. 선생님, 힘
내십시오.

용길이의 투병을 지켜보면서

이상석(전 전교조부산지부장)

작년 11월 19일 부산 위생병원에서 위암 진단을 받으면서 오히려 용길이는 자기 삶을 다시 시작하는 듯하였다.

알릴까 말까 하는 가족의 걱정에 앞서 환자 스스로 죽음을 예고하는 진단을 담담히 받아들이고 끝내 이겨내리라는 자신감을 가지고 어려운 투병을 시작하였다.

링겔을 꽂은 채 병원 베란다에 나가서 운동을 하며 달을 쳐다볼 때의 용길이 모습.

광주 어느 수양관에서 연이어 찾아오는 광주, 전남지부 동지들에게 감사의 인사를 드리던 용길이 모습.

그때까지만 해도 지켜보는 우리의 마음에도 힘이 솟았다.

그러나 도대체 암이란 놈은 용길이 몸속에 크나큰 어둠을 덮으면서 끝없이 몸을 갉아 먹고 마음을 갉아 먹었다. '희망이 있는 싸움은 행복하여라' 도종환의 시가 우리에게 절실히 전해지면서부터 용길이는 고통 속에서 제3의 삶을 시작하였다. 발견 처음부터 수술이 불가능한 상태에서 그 고통은 오죽했으랴. 그러나 용길이는 단 한 차례도 신음 소리를 내지 않았다. 도무지 참지 못할 고통 앞에서 침대 모서리를 잡고 바들바들 떨면서도 아픔을 안으로 삼키는 용길이는 평소 조금의 불의에도 냅다 고함을 치며 서류를 내던지던 깡마른 성품, 그 사람이 아니었다.

12월 31일. 동아대 부속병원으로 옮긴 이후부터 복수는 터질 듯이 차

오르고 얼굴은 예전 모습을 연상하기 어려울 정도로 야위어 갔다. 링겔을 너무 많이 맞아서 핏줄이 굳어버리고 이젠 어깨쪽 살을 찢고 주사를 꽂아야 했다. 시술을 하는 의사에게 용길이는 "이제 내가 곧 죽을 것 같은데 내 몸의 성한 부분은 그것이 없어서 고통받는 이에게 주고 가고 싶다"는 유언을 했고 그때부터 죽음을 준비하였다.

가물가물 정신마저 혼미해져 갈 때는 이승에서 지나온 날들을 추억하는 듯 자기가 살아온 마을 얘기를 하고 어릴 때 놀던 얘기를 하면서 중얼거렸다.

"여기는 하늘, 쉬어가는 곳이제. 여기까지 시마차면 한점 난다."

그러고는 수업하는 시늉을 했다. 책을 펴고 아이들 앞에서 글씨를 쓰던 모습, 아이들 부르는 모습. 용길이는 이제 교단을 쫓겨난 그 사실을 잊어버렸을까.

우리는 유언이라도 받고 싶었다. 그러나 그때는 고통 속에 빠져서 정신이 가물거리고 입 속으로 호스를 꽂아 이물질을 빼낼 때라 말을 할 수 없었다. 떨리는 손으로 이렇게 썼다.

"하고 싶은 말을 떠올려 봐도 별로 생각나지 않더라. 내가 한다고 해봤자 뻔한 소리만 될 것 같고. 그러나 애정은 한결같다, 가족·동료·친구들에 대해서. 죽음이 이렇게 두려운 것만도 아니다. 때론 담담히 맞을 자세도 가져본다. 노력해보겠습니다."

그러고는 그리운 이름들을 썼다, 박영도, 조향미, 이상석, 준재, 박순보, 도종환, 김진경….

3월 9일 새벽, 혈압은 현저히 떨어지고 산소호흡기를 꽂아야 했다. 수없이 말을 하려고 입을 달싹거려도 소리로 되어 나오지 못하고 멀리서 가까이서 동지들이 달려오고 제자들이 달려왔을 때 겨우 눈알 굴려 사람들 한 번 바라다볼 뿐.

호흡은 더욱 어렵게 되고, 복수가 차올라 눕기조차 어려웠던 용길이는 몸을 뉘었다. 엉덩이에 진물이 나도록 앉아서 고통을 참던 용길이가 허리 펴고 몸을 누일 때 부모님과 아내와 동생들은 용길이의 두 눈을 산자에게 두고가도록 하였다. "저승길 가며 눈이 없이 어찌갈꼬" 오열하던 어머니도 "살아서 우리 선생님들 복직되는 것 보게 하면 더 좋겠지요." 하며 손을 잡는다.

이날 저녁 7시 23분, 용길이는 가족과 동지들과 제자들이 둘러서서 지켜보는 가운데 모든 고통 벗어던지고 두 눈 형형히 살아 우리 교육운동의 앞날을 비출 것을 약속하며 허위허위 저 세상 길을 떠났다.

못다한 일들 우리에게 남기고….

우리는 죽음으로 이 교단을 지킨다

-신용길 선생님 영전에

도종환 (시인, 국회의원)

어두운 비 내리던 밤 당신이
쓰러지셨다는 소식을 들었습니다.
설해목 우지끈 부러지는 소리 우리 어깨와 가슴
그렇게 무너지는 소리를 들었습니다.
당신이 똑똑히 기억하라고 말한 그 한마디를
다시 새기고 씹으며 살이 떨려 옵니다.
우리는 죽음으로 이 교단을 지키는 것이다
당신은 온몸 다 바쳐 말하고 계십니다.
이 싸움은 우리 목숨 다하는 날까지 한평생을 바쳐
싸워야 하는 싸움임을 보여주고 계십니다.
흔들리는 것들은 돌아오라
제 살을 물어뜯고 싸우는 것들은 돌아오라
다시 한 몸뚱이 되어 팔뚝이 되고 정강이가 되어
저기 저 까딱않는 독재교육의 모리배들과
싸워야 한다 말하고 계십니다.
뉘우쳐라 뉘우쳐라 하루 한 순간도
주먹을 풀지 말고 싸워야 한다고 바람 치는 소리를 듣습니다.
이 싸움이 얼마나 어렵고 얼마나 고귀한 것인가를
결단하는 그때 그 마음으로 다시 돌아가

부둥켜안고 눈물범벅으로 싸워야 한다는 것임을 압니다.
캄캄한 밤 가난과 냉기에 뒤엉켜 홀로 죽어가던
배주영 선생님을 만나고 이순덕 선생님 오원석 선생님을 만나고
이 시대 어둠의 교육을 끌어안고 죽어간 수경이를 만나고
어린 몸을 태워 아스팔트 위에 던지며
선생님 반드시 승리하셔야 한다고 외마디로 외치다 죽어간
심광보의 불꽃을 만나
우리들 아직 살아남아 있는 머리 위를 떠돌며
바람으로 매서운 비바람으로 머리채를 흔드는 것임을 압니다.
보라 이렇게 쓰러질 때까지 싸우는 것이다.
보라 이렇게 최후까지 흔들리지 말고
싸우다 쓰러지는 것이다 이런 함성입니다.
함성의 눈보라입니다. 피눈물입니다.
선생님 사랑하는 신용길 선생님
아직 목숨 붙어있는 것들아 너희가 진리의 푯대
양심의 깃발이 되어 황량한 이 벌판에 나부껴라
이렇게 당신은 말하고 계십니다.
당신 그 야윈 몸을 우리들 가슴에 한평생
묻어달라는 뜻을 압니다.
당신 형형한 영혼 한 방울 한 방울
우리들 가슴에 분노의 눈물이 되어 쏟아지고 있습니다.
이 땅의 선생 아닌 것들아 뉘우쳐라
우리는 죽음으로 이 교단을 지킨다
이렇게 쓰러지며 우리는 싸운다
당신은 온몸을 던져 보여주고 가십니다.
선생님 신용길 선생님
선생님 신용길 선생님

49제에
-고 신용길 선생님

조재도(시인)

사람은 죽어
마흔아홉 날 저승에 들지 못하고
이 땅에 떠돈다는군
천당 갈지 지옥 갈지 판가름이 난다더군
그래서 사람들은 저승길 가는 길 편히 가라고
이렇게 모여 술도 올리고
제 지낸다는군
그러나 아무래도 용길이는 못 떠날 것 같아
이 세상에서 맺었던
인연의 줄을 끊고 홀 홀 떠나지 못할 거 같아
네 살박이 아들놈 놓고 어떻게 가겠어
복직되면 돌아가야 할 구덕고등학교 그냥 두고
어떻게 가겠어

소고기 국밥 한 그릇만 먹을 수 있다면
더 바랄 게 없다고 병상의 염원 남겨두고
아무래도 오늘 못 떠날 것 같아
이 세상 어딘가에 우리랑 함께할 것 같아
술자리 어느 한 쪽에서든

우리를 전송하는 이상석 선생이나 윤지형 선생
어깨 틈서리에서
용길이는 우리랑 함께 웃고 있을 것 같아
서른다섯 동갑내기인 용길이가
저승에 든다는 오늘
어허 달구 천당 갈지 지옥 갈지 심판받는다는 오늘
그러나 용길이는
돌아오는 경부선 만원열차 안에서
나와 함께 흔들리고 있었어.

우리에게 별이

채유정 (당시 부산대 국문과 4학년에 재학중)

선생님 떠나보내는 하늘 가장자리
별이 뜹니다
야간학습 마친 골목길
가로등으로 높이 떠 앞을 밝히던
젊은 별하나 떨어졌는데
'하지만 샘예,
샘이 우리를 너무 사랑했는 거라예'
굵직한 머시매들 목소리처럼
별이 뜹니다

'용가리 힘내라'
살아있는 아이들 눈망울 앞에서
해직도, 감옥도, 단식도 마다 않던
젊은 별 하나 떨어졌는데
별이 뜹니다
교실에 갇혀,
마지막 가시는 길 지켜드릴 수 없어

창틀에 매달려 발구르는
아이들 눈물진 가슴마다
'저승길 앞도 못 보고 우예 가노'
어머님 울음 앞에
참사랑 가득 쓰일 칠판
보고야 말겠는데
뭐가 걱정이냐고
뭐가 걱정이냐고
빛을 얻은 노동자 눈동자에
별이 뜹니다
동터오는 하늘 올려다보는
가슴 가슴에
촘촘히 촘촘히
별이 뜹니다.

길옥화

01

02

01, 02_원주여고 시절 앨범

03_고등학교 졸업 앨범

04_교원자격증

05_서울대학교 졸업 앨범 사진

06_1985년 중화중 졸업앨범 사진

제29회

졸업기념

1980학년도

원주 여자고등학교

03

04

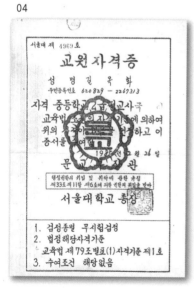

05

06

01

01_임용장과 배정서

02, 03_중화중학교

01, 02_서울대학교 졸업 앨범 사진
03_중화중학교 교사 회지

03

길옥화 선생 장례식 안내장(민주화운동기념사업회 open ARCHIVE)

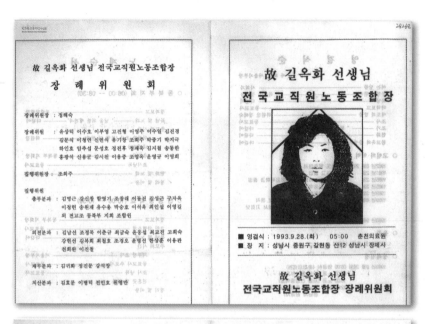

길옥화 선생 장례식 노제

길옥화 선생 장례식 노제 계획
(민주화운동기념사업회
open ARCHIVE)

고 길 옥 화 선생님 노제 계획(1993. 9. 28)

#####동북부 지회 노제(08:00--09:00/지회 사무실 앞) #####

사회 : 사무차장

1. 경과 보고 ----------------------장례 집행위원장(3분)
2. 묵념 및 노래(님을 위한 행진곡) ----------사회(3분)
3. 추모의 시간(15분)
   1) 위원장 조사(분향과 헌작)
   2) 내빈 조사
   3) 동북부 지회장 추모사
4. 헌화(10분) 및 노래 ----------------대표헌화/전체 노래
5. 대오 정비 및 이동(08:50--09:50 /이동 경로 별첨)

######신앙증 노제(10:00--11:00/신앙증 교문 앞)#####

사회 : 동북부 사무장

1. 경과 보고 및 고인 약력 소개 ------------동북부 지회 지회장(5분)
2. 묵념 및 노래(3분)
3. 추모의 시간(15분)
   1) 부위원장 조사(분향과 헌작)
   2) 신앙증 동료 교사 추모사 - 정승희
   3) 조가(문화국)
4. 진혼 굿 / 헌화(10분) ----------------문화극/참석자 전체
5. 대오 정비 및 이동(11:00--12:00)

#######성님 장제사 행사(12:00--15:00)########

사회 : 장례 집행위원장

1. 고 길 옥 화 선생님을 보내며 ------------동북부 지회장
2. 유족 인사
3. 참교육의 함성으로, 따르멜 다시 살마나 ------참석자 전체

길옥화 선생 장례 기사
(1993년 10월 11일
전교조신문 제128호)

도움을 주기 위해 △학부모교실 △교육모니터상담실 △부모의 역할 훈련강화 등을 미련한다.

이반달 28일부터 이틀동안 열리는 '하부모교실'에서는 △마음을 살쩌우는 일기쓰기 지도 △독서지도 방법이 소개된다. 오는 26일부터 12월까지 열리는 '부모의함훈련강좌'에서는 △번화하고 있는 교육환경과 자녀들의 학교생활 △자녀와의 참만남을 위한 집단상담 △부모역할 훈련등의 프로그램이 진행된다. 문의: 하부모회(634-6508)

청소년 상담교실 개최

'서울YMCA 청소년상담실'에서는 오는 15일부터 다음달 26일까지 청소년 상담교실을 개최한다.

이번 강좌에서는 △청소년의 심리와 생활세계 △상담의 이론과 집근방법 △가족상담의 이론과 실세 등 다양한 내용들이 미련될 예정이다. 문의:청소년상담실(725-6309)

❖ 결혼을 축하드립니다 ❖
정방남(우리교육 기자)
복양선(전 동국대 교사)
□때: 10월 17일(일)오후12시
□곳: 동국대 정각원
김효분(전 홍천사서울 교사)
한명숙(전 춘천고 교사)
□때: 10월 31일(일) 오후 2시반
□곳: 춘천여성회관

길옥화교사 전교조장치러

지난달 26일 부산자살교사 고 길옥화 교사 (31세, 여)의 장례식이 28일 동료 국어교사들이 지켜보는 가운데 전교조장으로 치러졌다. 고 길옥화 교사는 자살하기 일주일 전에 어머니를 따라 원주로 내려와 가족들과 지내다가 지난달 25일 '미장원에 다녀온다'고 나간 뒤 26일 새벽 김원도 춘천 세라미 아파트 13층에서 부산자살했다. 김교사의 가족에 의하면 김교사는 '전교조가 합법화되길 희망했고 탈퇴각서를 쓰고 돌아갈 수 없다'고 그동안 고민해왔다고 한다. 유사는 없건되지 않았다. 김옥화교사는 서울 신앙중학교에서 8년 전교조가입이므로 해직된후 서울 동북부지회에서 지회보 '꿈꾸봄'을 펴내는 등 전교조 활동을 하다가 90년 하반기부터는 방역등을 하며 서울에서 혼자 자취를 해왔다.

△고 길옥화 교사 약력
62. 8 / 29 김원도 원주 출신/85. 2 서울교대 사범대학 국어교육과 졸업/85. 3 서울 중화중학교 근무/88. 8 신앙중 근무중 전교조 활동 해직/이후 서울 동북부지회에서 관련

고 길옥화 선생님을 추모하며

선생님에 대한 기억의 첫자리는 3층으로 올라가는 계단에서부터입니다. 수업준이 치러던 한참 앞의 계단, 깨끗한 스웨터를 꼭 여미런 선생님은 국어책을 가슴 가득 그 위로 두손 생각언가 깊이 잠겨 계단 하나하나를 꼭꼭 짚고 올라 오셨습니다. 문득 고개들어 바라보던 그 눈빛이 어찌나 맑고 밝은지. 일기에 잔잔하게 번지던 그 미소가 어느 날이가 정결던지. 그 순간 전 선생님을 아주 오랫동안 알아온 듯한 착각에 빠지고 있었어요. 제가 아는 모든 사람들은 그런 선생님의 푸르런 웃음과 순결한 눈빛에 여지없이 끌려들어가곤 했습니다.

선생님은 자신이 '국어선생님'임을 무척 자랑스럽고 기쁘게 생각했습니다. 1주일에 다섯시간, 다른 과목보다 제일 많은 시간을 아이들과 만나는 생문이었으므로 전 선생님은 시간이 왜 이리 수많아 하나하 속상해하기도 하나. 온국어 교육에 쓰일었던 아이들은 선생님의 눈물 품에 시의 진실을 담고 이것 속의 주인공이 되어 숨을 쉬곤 했습니다. 선생님의 국어시간은 온통 삶이라는 삶의 함함으로, 즐거운 비명으로, 가득 찼습니다. 겨울 새벽 아무도 아무도

도 받지 않은 눈물처럼 시리도록 하얀던 선생님의 봄도 아이들의 웃음소리에 발그랗게 물이 돌었으요 선생님이 처음 개선던 중화중학교에서 선생님은 '문제교사'로 낙인찍혀 신앙중에 와서도 담임을 맡지 못했습니다. 선생님은 그 때문에 많이 마음 상해 하셨으요. 반 아이들과 단합하셔려 가는 저를 부러운 눈으로 바라보실 때마다 얼마나 최소려웠던지.

복직기쁨 노래하고 싶어 하셨건만…

선생님은 사람들을 너무도 좋아하고 사랑하셨습니다. 깊이 깊은 검은 눈동자로 차의 주저함이 담담히고 진솔하게 사람들의 삶을 묻곤 하셨습니다. 그때마다 전해치는 담묵스러움에 어쩔줄 몰라요. 그렇게 생문님은 임상에 매물되어 때문에 째 살아가는 우리의 모습을 부끄럽게 여기게 만들어 버리셨요. 선생님 앞에서는 정의 거짓도 있을 수 없었습니다. 선생님은 자신의 삶을 전혀 꾸밈없이 사셨으요 선생님의 삶을 전혀 꾸밈없이 사셨으요 비록 소매가 낡아 해졌어도 항상 청결하시던 선생님의 옷만을

이나 깨끗하게.

해직된 후 선생님의 건강은 나앞던 선생님의 봄도 아이들의 눈자위를 더욱 더 깨닥게 눌러 여 갔습니다. 선생님은 임시 봄 빛을 갈빛었습니다. 따뜻한 햇살을 찾아 이 집 저 집을 옮겨가며, 며칠도 어머니께 내색 한번 하지 않으면서. 선생님은 오려려 돈을 부쳐드리기도 하는 결혼을 한편하시요. 조가 배 임날 어렵게 미련한 돈으로 선생 삶 살아라 원동이 좋아야던 선생님의 모습이 눈에 선합니다.

학교로 돌아갈 기다리시면, 돌아가지 못하면 건 달 수 없이 이를 것 같다던 선생님의 철망어린 목소리가 들려옵니다. 아이들 곁으로 있봄으로 해서 선생님이기에 해직 취의 세월은 선생님께 죽음이었습니다. 선생님이 흔혀 흔들고 마르던 복직의 우렁은 끝내 선생님 살앙증 분회 결성 써지면으로 앞끝 이런 복직의 기쁨을 노래하고 싶어 하셨건만…

학생부님 성가, 선생님의 자리 지금도 비어있습니다. 저 어찌살까요. 그 철낙하고 푸른 삼시 선생 어 어 아래 선생님이 게시 닫니다. 야 아래 선생님이 살아아닌가 선생님을 기다립니다.

장승희 서울 신앙증 해직

길옥화 선생 묘소 방문

이름 없는 별, 길옥화 선생님

이주영

    새로 개원한 경기도 이천의 민주화운동기념공원을 전교조 선배 및 동료 선생님들과 다녀왔다. 정부 수립 후 권위주의와 군사독재에 맞서던 민주화운동을 총정리한 기획 전시실과 각종 야외 조형물을 비롯하여, 마석 모란공원 등에 잠들어 계시던 민주 영령의 일부를 이장하여 조성한 묘지공원까지….

    1991년 경찰의 폭력 진압에 희생된 강경대, 김귀정 열사, 1986년 신림사거리에서 반전반핵과 전방입소 거부를 외치며 분신한 김세진 열사, 1975년 세계적 사법 살인으로 불리는 긴급조치 위반(인혁당재건위 사건)의 사형수 하재완 선생님, 전교조 결성 참여로 해직된 후 1993년 전교조 탈퇴 강요에 항의하며 춘천에서 투신자살한 길옥화 선생님…. 이장을 예정한 136분 중 49분의 영령이 이미 안장되어 계셨다.

    민주화 역사에 어느 한 사건도 가볍거나 중요하지 않은 것은 없다. 하나하나가 모두 피맺힌 역사고, 희생당한 분들의 넋은 하나같이 고귀하다. 그중에서도 교육민주화운동과 전교조 결성의 역사는 더욱 가슴 뭉클했다. 길옥화 선생님처럼 전교조 결성에 목숨까지 걸었던 선배들이 한둘이겠는가. 결성 자체가 당당한 민주화운동으로 역사적 평가를 받은 전교조가 오늘날 정부로부터 당하는 부당한 상황은 민주화가 아직도 절실한 시대적 과제임을 웅변한다. (2016.06.14.)

어느 이름 모를 전교조 조합원 교사가 이천 민주화운동기념공원에 다녀와서 블로그에 올린 글이다.

"민주화운동관련자명예회복및보상등에관한법"에 근거해서
민주화운동 관련자 중 사망자로 인정받은 명단
강경대 강민호 강상철 곽현정 권미경 권재혁 권희정 길옥화 김경숙
김귀정 김기설 김기훈 김병곤 김 구 김상옥 김상윤 김상진 김성수
김세진 김수경 김영균 김용권 김용원 김윤기 김종수 김준배 김중배
김진수 김철수 김학묵 김학수 남태현 노수석 도예종 류재을 박동학
박래전 박석중 박선영 박성호 박 희 박영두 박영진 박응수 박인기
박종만 박종철 박진석 박창수 박태영 박현민 서도원 석광수 손석용
송광영 송상진 신용길 신유경 신장호 심광보 심오석 안종필 안치웅
양영진 여정남 오범근 우종원 우 선 원태조 유재관 유진곤 윤용하
이경동 이경환 이길상 이내창 이대건 이범영 이상남 이상모 이상희
이석규 이수병 이영일 이오순 이원수 이윤성 이윤식 이재식 이재용
이재호 이재호 이정순 이철규 이 춘 이태환 이한열 임인영 임혜란
장석구 장이기 장재완 장현구 전재권 전정배 전태일 정경식 정만진
정법영 정상순 정성희 조만호 조민기 조병도 조성만 조수원 조정식
진성일 차호정 천세용 최덕수 최우혁 최응현 최종길 최태욱 표정두
하재완 한상근 한상용 한영현 한희철 홍기일 황보영국 황정하

이 명단에 들어 있는 길옥화는 전교조 해직 교사 중에서 김영삼 정부가 저지른 전교조 탄압에 맞서 유일하게 자살로 항거한 교사다. 아이들에 대한 순수한 사랑으로 교육운동에 투신한 교사, 그렇기에 자신의 순수성이 조금이라도 훼손되는 굴욕에 굴복할 수 없었던 꽃다운 젊은 교사다.

길옥화 선생에 대한 취재를 시작했을 때 무척 당혹스러웠다. 본부에도, 지부에도, 지회에도 그에 대한 기록이 전혀 없었기 때문이다. 당시 서울지부나 동북부지회에서 활동했던 분들한테 물어봐도 대부분 이름조차 기억 못 했다. 이름조차 사라진 사람이었다. 전교조 운동사인《참교육 한길로》나《참교육, 교육노동운동으로 꽃피다》에서도, 윤지형 선생이 쓴 전교조 27년사《다시 닫힌 교문을 열며》에서도 그 이름을 만날 수 없었다. 오직 1515라는 숫자에 묻혀 있을 뿐이었다.

다행히 김민곤 선생을 통해 성낙주 선생과 만나면서 조금씩 보이기 시작했다. 성낙주 선생을 통해 허호 선생을 만났고, 허 선생을 통해 임명숙 선생을 만났다. 그리고 정해숙 선생님이 서울까지 오셔서 이야기를 들려주셨다.《정해숙 자서전》'슬퍼할 겨를이 어디 있느냐'에서 그 이름을 찾을 수 있었다. 그나마 성낙주 선생이 민주화유공자보상심의 때 자료를 갖고 와주셨고, 사진 몇 장과 길옥화 선생이 쓴 분회보를 한 부 찾아다 주셨다. 허호 선생은 대학 때 앨범을 찾아왔고, 김성보 동북부지회장이 소개해준 정영옥 중화중 분회장이 1980년대 중화중 졸업 앨범을 찾아 사진을 보내주셨다. 강원도교육청 주순영 선생 소개로 원주여고 박동호 분회장한테서 원주여고 졸업 앨범을 찾아서 사진을 확보할 수 있었다. 본부 교육희망 편집실장인 이을재 선생은 신문 자료를 검색해주었다. 이렇게 여러 사람 도움으로 겨우 이 정도 특집이나마 정리할 수 있었으니 고마운 일이다. 어쩌면 단 몇 년만 지나도 이 정도 취재마저도 불가능하게 될지 모른다.

　자료를 살피면서, 이분들과 좌담하면서 길옥화 선생에 대한 두 가지 모습을 만날 수 있었다. 대학까지는 혼자 공부만 하던 가난하고 착하고 순한 여학생을 만났다. 원주에 사는 친척 동생 중에 원주여고 1981학년도 졸업생이 있어 친구들이 있나 찾아보도록 했는데, 찾을 수 없다고 하는 걸 보니 아마 고등학교 때도 그렇게 조용히 공부만 하면서 지냈을 것이다. 또 한 모습은 중화중으로 발령받아 교사가 된 활달하고 적극적인 교사 모습이다. 교육운동을 하면서 변화된 모습이다. 그리고 그는 스물여덟이라는 꽃다운 젊은 나이에 해직 교사라는 이름을 가슴에 안고 별똥별처럼 떨어져 죽었다. 이제 아무도 기억하지 못하는, 또는 누구도 기억하지 않으려고 할 수도 있는, 이름 없는 별이 되어 참교육 강물 속에 흘러가겠지. 흘러 흘러 넓은 바다 어느 한쪽, 깊은 바다 작은 바위 틈에 가라앉아 스러져 가겠지.

굴욕에 죽음으로 맞선
길옥화 선생님

이주영 오늘 길옥화 선생님 묘지 참배를 같이 해주셔서 고맙습니다. 우선 각자 길옥화 선생님과 어떻게 만났는지, 길옥화 선생님과 같이 한 일 같은 것을 말씀해주시고, 30여 년이 됐는데 이 시점에서 길옥화 선생님을 어떻게 기억해야 하는가, 또 우리 후배 전교조 조합원 선생님들이나 일반 교사들이 길옥화 선생님을 어떻게 기억했으면 좋겠는가? 이렇게 3가지 관점에서 말씀해주시기 바랍니다.

임명숙 저는 81학번으로 대학교 같은 과 동기입니다. 학교 다닐 때는 옥화하고 친하거나 교류가 많지 않았습니다. 학생운동도 안 하고, 조용히 혼자 공부만 했거든요. 그래도 옥화를 특별히 기억하는 이유는 우리 과 친구들이 다 학생운동 하던 친구들이고, 그 연장선상에서 교육운동을 하거나 학생운동과 관련된 활동을 다양하게 추구하는 경우가 대부분인데, 옥화는 대학 때 전혀 운동 곁에 있지 않았고 그렇게 적극적으로 운동에 투신한 친구가 아니었음에도 불구하고 학교 현장에 나와서 아이들과 만나고, 선생님들과 교류하면서 교육과 삶의 열정을 갖게 된 친구라고 생각하기 때문입니다. 학교에 나와서 학생들과 만나면서 확 바뀐 경우거든요. 그래서 훨씬 더 진정성과 순수성이 있었던 교사라는 생각이 들어요.

우리 같은 이들은 대학 때 학생운동 하던 가락 그대로 해서 당연히 학교 나오면 교육운동 내지는 잘못된 것에 맞서 싸워야 한다고 생각했어요. 이런 의무감 때문에 오히려 형식에 빠져 있는 사람이 많았어요. 저도 그렇고. 옥화는 그렇지 않았기 때문에 자기의 온 혼을 다 바쳐서, 온 정성을 다 기울여서, 자기 삶의 모든 것으로서 교육운동 내지는 학생지도에 임했을 거란 생각이 들어요.

그렇기 때문에 해직이라든가 전교조 활동이 정부 권력에 의해서 타격받는 것에 대해서 본인이 더…. 우리는 어쩌면 그런 것을 예상하고 전교조에 가입하고, 또 당연한 것으로 생각했기 때문에 해직도 자연스럽게 받아들였던 거지요. 저는 사실 그걸로 상처를 받지는 않았거든요. 옥화는 그런 사람이 아니었기 때

문에 복직 조건으로 탈퇴서를 쓰라는 정부 요구가 자기의 모든 열정과 순수함, 삶을 모욕당하는 기분이 들지 않았을까 하는 생각이 들어요. 그런 과정에서.

이주영 그럴 겁니다. 저도 적과 싸우는 전쟁에서 굴욕이 되더라도 이기는 길이라면 가야지 했지만 길옥화 선생님 같은 분은 그런 굴욕감을 견딜 수 없었으리라는 데 공감합니다. 1989년 당시 탈퇴각서를 쓰고 현장에 남은 교사 중에서 해직 교사보다 더 큰 굴욕과 상처를 받아서 큰 병에 걸려 고생한 분들도 여럿 보았으니까요. 허 선생님도 서울사대 국어과 81학번으로 같은 동기시고 길옥화 선생님이 해직 당시 근무하셨던 서울 신양중에서 6개월 같이 계셨고, 분회활동을 같이하셨지요?

허 호 네, 그런데 저도 사실은 학교 다닐 때 얼굴만 봤지, 잘 몰랐어요. 물론 우리 과 학생이라는 존재는 알았죠. 얼굴 하얗고, 예쁘장하고, 신비스러운…. 그러나 아는 사람도, 얘기하는 사람도 없었어요. 친한 사람이 누구인지도 잘 모르겠고, 남학생들 사이에는 "쟤 누구냐?" 그런 친구가 많이 있었죠. 제가 먼저 신양중으로 발령을 받았어요. 근무하다 군대 갔는데, 제대하고 1년 지나고 나니까 옥화가 발령받아 왔어요. 실제로 분회활동을 한다고 해도 남자 여자 벽이 있잖아요. 그 전에 이물 없이 다른 친구들처럼 말을 섞고 그랬으면 모르겠는데, 이 친구는 학교에 발령받고 나서 처음 말을 나눈 거예요. 우리 학교로 왔을 때 겨우 대화해봤을 정도였어요. 그것도 실제로 전교조 분회를 만들기 전, 지부나 지회 모임에 나가서 활동할 때도 옥화는 거의 참여하지 않았어요. 아이들하고 지내는 쪽에 더 관심이 있었죠. 미안한 것은 같은 학교에 근무했는데도 그때는 기억이 거의 없어요. 부서도 다르고 남자라 여자한테 속에 있는 얘기를 하기도 그렇고. 그 전에 교류가 있었던 것도 아니고… 아이들하고 관계는 잘하는 것 같다고 생각했어요.

이주영 길옥화 선생님이 신양중에서는 몇 학년을 가르쳤나요?

허 호 저는 3학년을 맡았고, 옥화는 담임을 안 맡고 2학년 교과 수업만 했어요. 3학년을 했으면 같이 시험 문제 내면서 협의도 하고 그랬을 텐데 협의한 기억이 없으니… 분회 결성식 때는 현수막이나 칠판에 차례 같은 글씨는 다 썼어요. 분회 결성 준비도 같이 했는데… 신양에서 해직될 때까지 6개월밖에 근무 안 했고, 실제로 곁을 잘 주는 성격이 아니에요. 우리 학교에 같이 계신 다른 분들하고 어느 정도 교제했는지 모르지만… 해직되고 나서도 같이 해직된 선생님들과 산행을 갈 때도 나타나지 않았어요. 다른 쪽에 뭔가가 있나 보다 짐작만 했지요. 적극적으로 계속해서 같이 하자고 못 한 게 일 났을 때 후회가 많이 됐죠. 여선생님들끼리도 교류가 많지는 않았던 것 같아요. 의외로 단단하다 그런 느낌. 해직될 때 장학사나 교감이 집에까지 찾아가서 탈퇴각서 받으려고 난리 쳤을 때 있잖아요? 그때 제가 옥화한테 탈퇴하지 말라고 얘기하지 않았는데도 끝까지 남아있었어요. 그래서 '의외로 활동력이 강하구나, 단단하구나' 그런 느낌을 받았어요.

이주영 신양중은 분회원이 몇 명이었나요? 또 몇 명이나 해직되었나요?

허 호 처음 분회 결성할 때 18명이었나? 18명 중에서 6명이 해직된 거죠. 해직되고 난 뒤에 제가 6개월 정도 집에서 폐인 생활을 했어요. 온몸에 열이 나서 집에서 꼼짝하지 않았거든요. 화병이지요. 그때 출근 투쟁하고 그랬잖아요. 출근 투쟁도 거의 못 나갈 정도로 폐인 생활을 했어요. 분회장인데 자신을 챙기지 못한 거 생각하면 분회원들한테 미안하지요.

이주영 그러면 해직 교사 모임 같은 걸 시작한 거는 6개월쯤 후가 되는 거네요?

이주영

허 호 네, 교과에서… 계속 김진경 선생님이 나오라고 해서 국어 교과 사무실부터 나가기 시작했어요. 분회에서 출근 투쟁한다고 하는데도 일어나지 못해서 못 나가다가 국어 교과 모임 나가면서 다시 하게 되었지요. 나중에 지부에서 애들 모아서 겨울학교 활동도 했는데, 그때도 제가 옥화한테는 연락을 안 했어요. 제가 연락처도 안 가지고 있었던 거예요. 지부에서 해직 교사들과 현장 교사들이 같이하는 건데 그때도 연락이 안 됐어요. 제가 꼼꼼하게 못 챙긴 것도 있고, 무심한 성격이라 그랬던 거지요.

임명숙 주로 중화중에 있을 때 활동을 많이 하고, 해직되고도 중화중 선생님들하고 교류하고 그랬나 보죠.

이주영 성낙주 선생님이 중화중에서 같이 근무하셨지요? 먼저 본인 소개를 좀 하시고, 말씀해주시지요.

성낙주 사립인 대원고에 있다가 공립으로 옮겨서 처음 간 곳이 중화중이에요. 사립은 고립되어있잖아요. 공립은 서울사대를 비롯한 학생운동에 참여한 분들이 현장에 나오면서 전체적으로 분위기가 잡히는데 사립에는 그런 일이 거의 없거든요. 게다가 거기에서 1988년도에 김종현 선생하고 둘이 공립에 쫓겨 왔지만 올

때까지 우리나라 교육 현장에 공교육이든 사교육이든 소위 학교라는 곳에서 많은 분이 고민하고 있다는 생각을 못 해본 거죠. 그래서 처음에는 동료 교사들이 나를 오해해서 관계를 안 했고…, 그러다가 서서히 아닌 것 같기도 하니까 그 친구들과 다시 접촉했는데, 거기서 급격하게 서로 신뢰하고 믿게 된 거죠. 그런 과정에 길옥화 선생은 국어과니까 문학이나 국어 자체에 대한 것이 친밀하게 만드는 통로가 된 거죠. 그때 내가 보기에 길옥화 선생은 내성적이거나 새침거나 이렇지 않았고, 뭔가 활력이나 삶의 생동감을 많이 발산했어요.

임명숙 학교 나가서 아이들을 만나면서 그렇게 바뀐 거 같아요. 옥화가 제일 빛난 시기는 중화중에 있을 때였던 것 같아요. 그 전의 얼굴 하얗고 핏기없고 기운 없고 이러던 모습이 아니라 삶의 가장 정점에 섰을, 물고기가 물을 만났다는 그런 느낌, 파닥거리는 느낌이 들었어요. 중화중 때 많이는 안 봤지만 가끔 집회 자리에서 볼 때 정말 놀라운 느낌이었어요. 우리가 아는 길옥화가 아니라 파닥거리는 삶의 의욕 그런 게 충만한 느낌이었는데, 그런 선생님한테서 교단을 뺏은 거잖아요. 물고기한테 물을 뺏은 거와 똑같은 상황이었을 것 같아요.

허 호 그러니까 말라 죽었지.

성낙주 그러니까 말라 죽었다. 정확한 답이네. 그러니까 그 양반… 우리는 술도 좋아하고 아이들도 좋아하고 그런 건데…. 흔한 말로 교사에게 아이들이 전부다, 이건 사실 아니거든요. 우리도 생활인이고 다들 사회와 가정에서 역할을 갖고 있고…. 그런데 이분은 오로지 아이들이었죠. 시골에 계신 엄마와 아이들. 엄마를 뺀 나머지는 다 아이들. 너무 행복해했었고 그때는 너무 여유 있었고 농담도 잘하고 밝고 늘 까르르 웃으면서 생활했어요. 자리야 달리 앉아 있지만 만나거나 스쳐 지나갈 때도 신나서 생긋생긋 웃으면서 지냈기 때문에 오늘 말씀 들은 대학 생활은 상상이 안 가죠.

대학교 때 말씀을 들으니까 혼자 따로 지낸 것 같은데, 학교 와서 아이들이라고 하는 보물을 만난 거지. 자기와 소위 수평이 되고 서로 교감할 수 있는 대상이 나타난 거고 그 대상에 대한 무한한, 그동안 속에 축적된 사랑이란 감정이 애들한테 곧바로, 그야말로 직방으로 투사될 수 있으니까 그게 너무 행복했던 거죠. 그분하고 중화중 떠나기 전까지 한 해밖에 같이 안 있었는데 그분도 무척 행복했고 아이들도 행복했고, 동료 교사들하고도 너무 잘 지냈어요. 그리고 윗사람 소위 관료화되어있는 간부들, 이분들도 길옥화는 인정했어요. 싹수 없게 굴지 않았거든. 전교조 해직 교사들 싸우다 보면 어떤 장면들이 있어서 선입견을 품고 보는 이들이 있는데 오히려 교감 교장 포함해서 부장들이 길옥화를 굉장히 아끼고 걱정하고…. 어쩌면 나중에 가만히 생각해보면 길옥화 선생한테는 중화중 때가 가장 행복했던 것 같아요. 짧은 인생에 있어서.

임명숙 우리도 그때 옥화 모습은 너무나 신선한 충격이었어요. 애가 정말 충만한 삶을 살고 있구나. 학교라는 현장이 애한테 삶의 극적인 전환을 가져왔다고 느낄 정도로 굉장히 신선한 충격이었고 너무 모습이 아름다웠어요. 지금도 저는 그 빛나던 모습으로 기억해요. 그런 거를 해직 등으로 인해서 소중한 삶을 빼앗긴 거죠. 자살이 아니라 살해당했단 생각이 들어요.

이주영 살해당한 거라는 말씀이 맞지요.

허 호 그때 본부나 지부나 지회나 교과 모임에서 계속 활동하는 분도 있었지만 나머지는 조직 관리 밖에 내던져진 거예요. 그런 부분에 대해서 전교조 차원이든 우리 내부 차원이든 반성은 있어야 할 거예요. 그때 현장 교사들이 내는 후원비로 주는 생계비를 받았어요. 저는 본조에 있으니까 많이 받았죠. 15만 원. 그러다 본조가 아니거나 활동 못 하시는 분들에게는 그게 안 나갔잖아요. 그렇지요?

임명숙 그것도 몇 달 아니었어요. 나도 관동지회에서 편집하고 책 만들었는데 몇 달 아니었던 것 같고, 한 5~6개월 지나서부터는 생계든 생활이든 모든 게 개인이 감당해야 할 몫으로 다 돌려졌죠.

허 호 나는 그래도 교과 모임 사무실에서 활동했기 때문에 본조 소속이잖아요. 참실이니까. 그래서 본조에 있던 사람, 지부 핵심 사람에게만 생계비가 나갔던 것 같아요.

이주영 아, 그래요? 나는 당시 미혼이나 기혼에 따라 10만 원, 15만 원, 20만 원 정도로 나눠서 생계비가 계속 나간 것으로 알고 있었어요. 그러면 임명숙 선생님은 관동지회에서 활동했는데 아예 못 받았다고요?

임명숙 아니요. 지회에서 1년 동안은 받았어요. 그 이후에는 사실 생계비가 모든 해직 교사에게 지급되는 게 아니었던 것 같아요. 저도 출판사에서 원고 쓰고 알바해서 돈 나오면 지회에서 치킨하고 맥주하고 한턱내서 나눠 먹고 그랬던 것 같아요. 하여간 조직이 부담스러워하는구나 그런 생각을 가졌어요.

성낙주 역할을 맡은 분들에게는 조금 지급이 되고, 아니면 좀 적거나 그럴 수도 있고. 어떨 때는 동전까지 줬으니까. 동전 줬다는 게 참. 대의원대회에서도 현실적으로 많이 논란이 됐죠. 다 끌고 갈 수 없다, 그럼 동지들을 다 버리라는 얘기냐. 이렇게 양론이 일기도 했어요.

임명숙 그럼 옥화는 조직에서 떨어져 있었으니 생계비도 못 받았던 거 아닌가요? 기본 용돈도 못 받았을 가능성이 있어요.

허 호 우리 해직됐을 때 생활도 한번 되돌아볼 필요가 있어요. 얼마 전 김민곤 선생님 쓰신 전교조 역사책을 보면 사건일지 비슷하게 죽 나왔는데, 개인이 어떤 동기에 의해서 결단하고, 해직을 각오했고, 해직 이후에 어떻게 생활해왔는지 그런 것에 대한 뭔가의 작업은 있어야 할 거 같아요. 길옥화 선생님은 극단적인 선택을 했지만 그와 비슷한 심리가 많았을 거예요. 그게 지금 와서 그냥 그랬었나 하고 끝나는 건 아니라고 봐요. 그랬었나도 잊어버렸겠지요.

이주영 그때 성낙주 선생님은 복직하자, 우리가 각서를 쓰더라도 하자는 입장이었다고 하셨는데 두 분 선생님은 어떤 입장이셨나요? 그때는 전교조 내부에서 해직 교사끼리 날카롭게 대립했잖아요. "탈퇴각서를 쓰더라도 현장으로 들어가야 한다. 절대 써서는 안 된다." 심지어 일부 아주 극단으로 나가는 분들은 "협상하는 지도부를 다 죽여야 한다"까지, 지도부를 칼로 찔러 죽이겠다고 떠들던 사람도 있었어요. 그래서 내가 크게 화를 내고 꾸짖었더니 나한테 실망했다고 한동안 인사도 안 한 후배도 있어요. 그런 후배 중에는 실제로 복직 안 하고 버틴 분도 있고요. 심각한 논쟁이 일어나던 시점이었지요.

허 호 전 우스갯소리로 "전교조에 가입한 적도 없는데 무슨 탈퇴 각서야." 했어요. 결성하다 잘린 거니까요. 말도 안 되는 소리 하지 마라.

임명숙　저는 해직됐을 때 폐결핵 환자였거든요. 투병 중이었기 때문에 적극적으로 활동할 몸이 아니었어요. 그때 결혼한 상태였고. 해직될 때도 6개월 정도 약을 먹고 있었는데 그 이후에도 6개월 더 약을 먹고 요양을 해야 했기 때문에 적극적으로 활동하지는 않았지만 지회에 나가서 편집 일을 하고 지회보 만드는 일을 좀 했어요. 이게 몇 달 지나니까 지회에서 우리 생계비니 뭐니 지원하는 것 자체를 굉장히 부담스러워하는 거예요. 그리고 우리가 출근해서 퇴근할 시간까지 꽉 채워서 해야 할 일이 별로 없어요. 우리는 실업자인 거지. 지회보 만드는 거 일주일 정도면 간단히 끝나는 일이고, 우리가 짐이 되고 부담이 되는 기분 있잖아요. 그러니 우리 자체도 마음을 열지 못하고, 그렇다고 내가 선택한 건데 조직에 다 해결해 달라고 할 수도 없는 거고. 그러면서 심리적으로도 거리감 같은 것을 느끼면서 점점 멀어져 갔던 거 같아요.

임명숙
서울사대 국어과 동기

옥화 같은 경우는 더군다나 이전에 운동했던 사람도 아니고 정말 순수한 교사로서 전교조를 받아들이고 해직을 감수하고 순수한 마음 자체로 있던 사람이기 때문에 그 이후의 과정이 더 힘들고 어려웠을 거 같고, 복직하는 것에 대해서 옥화가 그렇게 굴욕적으로 생각하고, 모욕적으로 생각했다는 걸 성낙주 선생님 말씀 듣고 처음 알았어요. 사실 저는 그때 그렇게까지 심각하지 않았어요. 쓰고 들어간다는 것 자체를 요식행위 정도로 생각했지 옥화처럼 이게 우리 근본적인 정신이 훼손당하고 순수성이 의심받는다고 생각하지는 않았어요.

성낙주 길옥화 선생은 전향서를 쓰는 것으로 받아들였어요.

임명숙 저는 그렇게 생각하지 않았어요. 그런 건 정치적인 거라고 생각했기 때문에.

허 호 저도 서로 밀고 당기다가 적당한 선에서 합의가 되겠지 이렇게 생각했죠.

임명숙 옥화가 자기가 모욕당하고 훼손당한다고 생각한 건, 옥화한테는 전교조나 이런 것들이 정말 정치적인 게 아니었던 거죠. 자기의 삶이고 그야말로 순수한 교사로서 선택이었던 것이죠. 우리 같은 경우는 굉장히 운동적이고 정치적이었기 때문에 뭘 쓰고 들어가든 안 쓰고 들어가든 이것은 정치적으로 타결될 거로 생각했던 거니까요. 그래서 해직되는 게 크게 부담되는 선택도 아니었고, 해직 이후에도 투병하고 어쩌고저쩌고했지만 나중에 출판사에 다니면서 돈벌이도 좀 하고 아이들 논술지도 해서 생활비도 좀 벌고 이러면서 지내고, 중간에 아이도 낳으면서 복직되는 것에 대해서도 우리가 뭘 쓰고 들어간다는 것에 대해서도 정치적으로 해결되는 거라고 생각했지요.

허 호 정말 심각하게 받아들이지 않았어요. 아까 제가 말씀드렸지만 가입도 못 했는데 무슨 탈퇴야 웃기지 마. 그러고는 정치적으로 일괄 면접 볼 때 "전교조 활동에 대해서 법을 지키겠습니다." 그렇게 말하는 거로 협상이 됐는데, 지방 어디에서는 장학사나 교장들이 면접할 때 굴욕감을 주어서 해직 교사들을 울게 만들었다는 곳도 있더라고요.

성낙주 길옥화 선생은 그 논쟁 속에 끼어들지도 않았으면서 혼자 집에서 정부에서 발표하는 내용을 들을 때마다 분노를 참지 못했

죠. 장례식과 관련해서 조금 언급해야 할 부분이 정해숙 위원
장이에요. 시종일관 그 일 나고 나서 모든 과정에서, 그분도 원
래 운동하신 분이 아니잖아요. 그래서인지 더욱 순수하게 젊은
여교사의 죽음에 대해서 가장 많이 아파하셨고, 때가 되면 원
주에 가서 어머니에게 인사드리고 같이 얘기 많이 하고 오시고
그랬어요. 1년, 2년, 3년 후까지 가시고 그랬어요. 제가 상주 비
슷했기 때문에 그 과정을, 그분의 모습을 보았지요. 그 상황 속
에서 가장 가까이 진심을 느낀 사람 중에 한 분이세요. 전혀 정
치적이지 않고 위원장이자 선배 교사이고 우리 교육을 같이한
다는 뜻을 가진 분이 젊고 순결한 사람이 갔다는 것을 지켜내
지 못했다는 것에 대해 너무 자책감을 많이 가지고 있었고, 특
히 어머니에 대해서 서로 공감해서 어머니도 마음을 다 열었어
요. 그런 정해숙 위원장 생각이 나네요.

임명숙 집회나 이런 데에서 만나면 우리를 '야!' 하면서 탁 치고 사내처
럼 활력이 넘쳐서 저희도 그때 깜짝 놀랐어요.

성낙주 그 양반 인생에서 몇 살에 떠난 거야… 스물여덟에 떠났는데,
중화중이 어쨌든 가장 행복했던 시기였던 것 같아요. 아무리
가까워도 신경전도 있을 수 있고 갈등도 있을 수 있는데 동료
들하고 그런 게 일절 없었어요. 조합원들하고도. 조합원뿐만 아
니라 다른 선배 교사나 교장, 교감들하고도 말이 잘됐어요. 그
래서 희미한 기억이지만 무슨 일이 있을 때 교장, 교감하고 얘
기해서 풀기도 했어요. 원칙을 저버린 게 아니라 그들을 설득하
는 것도 잘했어요. 그래서 저는 그 양반이 원래 그렇게 아주 활
발했고 적극적인 성품이라 생각했어요. 그 선생님 만나서 굉장
히 저도 힘이 났고요. 사립학교 잘려서 갔을 때 의기소침할 수

도 있는데, 덕분에 그러지 않았어요. 그래서 동료들과 너무 신나게 1년 동안 지냈어요. 같이 어울리고 술도 먹고 놀러도 가고… 우리 시골집에도 갔어요. 1988년 겨울방학 때 제가 소설 쓴다고 시골에 가서 엎어져 있으면 여러 동료하고 같이 반찬거리를 싸 들고 와서 놀다 가기도 하고. 장작불 때고. 길옥화 선생님은 시대가 좋았다면 절대로 그런 길로 가지 않고, 인생의 어

성낙주
당시 서울중화중학교 동료 교사

떤 중요한 목표를 가지고 행복한 삶을 살 수 있는, 스스로 삶에서 보람과 의미를 찾으며 살 수 있는 그런 분이었다고 생각해요.

이주영 정부가 그런 치졸한 짓만 안 했어도 지금까지 학교에서 아이들하고 참교육하면서 행복하게 멋진 교사로 사셨겠지요. 중화중은 분회원이 몇 명이었죠?

성낙주 1988년에 평교협이 떴잖아요. 중화중에서 평교협 뜨는 과정에서도 주도적인 역할을 했고 〈두레〉라는 회보를 봐서 알듯이 제가 가기 전부터 길옥화 선생님이 직접 손글씨로 만들었던 거예요. 글씨를 아주 질서정연하게 쓰잖아요. 또박또박. 너무 쉽게 써요. 쉽게 쓴다는 게 대충이 아니라 우리 같은 사람이 한 페이지 채우려면 무지 힘든데 쉽게 그 작업을 해요. 참 재주 좋다는 생각을 많이 했죠. 그래서 본부에서 문건 나오면 으레 이거 써 빨리 이렇게 됐던 거지.

참 분회원이 몇 명이었느냐고요? 몰라요. 20명쯤 됐겠지, 꽤

많았으니까. 해직 교사는 두 명이었어요. 심인섭 선생하고 저하고. 길옥화 선생은 그때 신양중으로 갔으니까. 저 같은 경우는 분회원 중에서 낮살을 먹어서 어쨌든 책임진다는 생각도 있었고, 심인섭은 운동을 오랫동안 해왔으니까요. 그렇게 둘이 나오게 된 거지요.

아까 허호 선생님은 신양중 분회장으로 길옥화 선생님한테는 탈퇴하지 말라는 말씀을 안 했다고 하는데, 저는 탈퇴하라고 여러 차례 말했어요. 길옥화 선생 보고 "아이고 넌 그만둬라. 너 같이 세심한 사람이 해직하고 애들하고 떨어지면 못 살 거다." 라고 말했어요. 이 판단은 누구나 동감하니까 길옥화는 탈퇴시키자. 길옥화는 이미 딴 학교에 간 사람이지만 중화중 분회에서는 그런 판단을 했고, 제가 맡아서 탈퇴를 권유했어요. 허고 한 날 제가 전화해서 싸우고 했어요. "너는 안 돼. 나는 껄렁껄렁하니까 난 얼마든지 버텨. 너는 못 버틸 거야." 이렇게 얘기를 하면 "나를 왜 무시하냐, 나도 잘 싸울 수 있다"면서 계속 고집

허 호
당시 서울신양중학교 동료 교사

피우고. 마지막에 그런 결과를 우리가 예상했다는 건 아니지만 진짜 생활이 힘들었을 거라는 짐작은 했죠. 분해하고. 과격한 사람이 아니라 훌훌 털고 가는 게 절대 안 되는 사람이지요. 언론에서 가해지는 그 많은 왜곡과 억지, 억압, 모욕감을 참지 못하는 거죠.

허호 길옥화 선생님이 자살했다고 해서 처음엔 놀랐고 한편으론 그럴 만도 하겠다는 생각도 들었어요. 내 마음에도 투사가 돼요. 제가 해직되고 나서 6개월 정도 폐인이 된 까닭

은, 신양중에서 아이들하고 만나서 너무 행복했는데, 그게 어느 순간 갑자기 소멸해버리니까 그 생활을 견디기 너무 힘든 거예요. 그나마 6개월 정도로 폐인 생활을 끝내고 나올 수 있던 것이 국어 교과 사무실에 매일 출근해서 일해야 하고, 전국을 돌아다니면서 본부 활동을 하니까 희석이 됐어요. 만일 그런 활동에 참여 안 하고 외따로 떨어져 있었다면 외로움이라든지, 분노, 행복한 시절에 대한 아쉬움 그런 것들이 대단히 큰 영향을 끼쳤을 거예요. 떨어져 있는 것도 자의가 아니니까, 그 전에 너무나 행복했기 때문에 그런 박탈감이 매우 컸을 거라는 생각을 했었죠. 그래서 한편으로는 분회장으로서 분회원을 챙기지 못했다는 자책감도 들었어요. 해직이 여섯 명이나 되는데, 정기적으로 모이는 모임 같은 것을 주도적으로 만들지 못했다는 아쉬움이 크지요.

이주영 길옥화 선생님이 자살하셨다는 연락은 어떻게 받으신 건가요.

허 호 저는 뉴스인가 신문보도인가로 들었어요.

성낙주 라디오 뉴스로 들었어요. 이동 중인지 정확히 기억이 안 나는데…. 왜냐하면 저는 길옥화 선생이 자살하기 한 달 전에 마지막으로 만나서 4시간 가량 설전을 했거든요. 길옥화 선생 입장에서는 가장 순수한 교육운동 세력인데 복직을 갖고 거래하자고 나오고. 자기 같은 사람들이 몰려난 것도 참을 수가 없는데 순수성이다 뭐다 이런 건 하나도 인정이 안 되고 아주 불온한 집단이나 불순한 집단이라고 하고, 아이들 교육과는 상관없이 이념적인 집단이라는 식으로 계속 정치공세를 해대니까 그런 것에 대한 인격 모독감이 대단히 컸고 거기에 분노하고 있었어요.

이주영 탈퇴각서 쓰라는 거에 대해서 분노한 건가요?

성낙주 그렇지요. 탈퇴각서 얘기가 계속 나올 때 자기는 못 쓴다, 모욕감 때문에. 정권이 너무 심하지 않냐. 그런 말을 들으면서 순간 소름이 끼쳤다고 할까? 순간적으로 불안감이 확 들었어요. 혹시 쓸데없는 생각하는 거 아니야? 하고. 그래서 그런 생각 눈곱만큼도 하면 안 돼, 라고 이야기하면서 나는 "쓰자. 써서 아이들 만나서 거기서 힘 얻어서 1단계 2단계 나가자. 역사 진행이 꼭 순절만을 통해서 진행되는 것은 아니다." 이런 얘기까지 했습니다. 그 양반이 마지막에는 그래요. "아이, 지금까지 한 얘기는 농담이에요. 저를 뭐로 보세요." 뭐 이런 식으로 얼버무리더라고요.

뉴스를 접했을 때 날짜가 탈퇴 시한 2일 남겨놓은 날이었어요. 그러면 장례 날이 탈퇴시한 날이 되더라고요. 당시 정부 공세로 전교조 내부의 동요도 있었는데, 탈퇴각서를 쓰고 들어가더라도 전략적으로 최소한 정부가 정한 1차 시한은 넘기고 가자는 의견도 있었어요. 그런데 정부가 금을 딱 긋고 "이때까지 안 들어오면 너네 다 끝이다."라고 할 때, 순순히 그래 1차에 쓰자 이렇게 될까 봐 많이들 걱정했어요. 힘겨운 분 중에는 지금 상황에서는 다른 방법이 없다, 쓰고라도 들어가자는 분도 있었으니까요. 현실론 분위기가 싹 트고 있었는데, 그때 이 분 소식을 듣고 바로 딱 생각이 난 것은 "내일모레가 시한인데 그것을 막으려 했구나." 이런 생각이 바로 떠오르는 거예요. 전교조 조직이 동요하는 것, 흔들리는 동지들 붙잡아 놓으려 했나? 나는 그렇게밖에 볼 수가 없는 거예요.

임명숙 저는 어떻게 연락을 받았는지 잘 모르겠고, 어쨌든 춘천의료원에 택시를 타고 갔어요. 가서 어머니를 만나서 붙잡고 막 울고,

어머니가 점잖은 선생님들이 문상을 많이 오니까 너무 놀라서 우리 딸이 다 알던 사람들이냐, 다들 누구냐고 저한테 묻더라고요. 선생님들이시라고 그랬더니, 내가 맨발에 슬리퍼, 몸뻬 입고 급하게 달려와서 양말하고 신발하고 검은 옷 좀 사다 달라고 하시더라고요. 그래서 친구하고 같이 나가서 사다가 드렸더니 갈아입으셨거든요. 손님들이 막 오니까 놀라셨지요. 옥화 고등학교 친구들도 몇 명 와 있었어요.

성낙주 황망해서 막 달려오신 거죠. 어머니는 능히 그러실 수 있는 분이시고, 너무 눈물이 많은 분이고, 제가 여러 차례 갔었으니까 그 뒤에. 어머니 모시고 식사도 하고 한스러운 말씀을 많이 듣고, 아버지한테는 어머니도 크게 기대하는 게 없었고, 딸한테 많은 걸 기대하고 있었지요.

이주영 장례식 절차는 어떻게 하셨어요?

성낙주 춘천에서 새벽 4시 반에 발인해서 먼저 청량리 미주아파트 건너면 동산병원 맞은편에 있던 동북부지회 사무실 빌딩 앞에서 노제를 지내고 신양중에 갔죠. 교문에서 막고 있어서 들어가지 못해 교문에서 노제를 지냈어요.

허 호 영정 사진이라도 들어가 운동장이라도 한번 돌자고 했는데 끝까지 안 들여보내고…. 악독하게 구는 놈을 못 팬 게 지금도 한이 돼요. 그때 3학년 부장하다 지금 교장으로 퇴임했는데…. 3학년 부장하고 교무부장 패려다 못 팬 게 한스러워요.

성낙주 신양중 교문에서 노제를 지내고 화장터에 가서 화장하고 유골을 받아 안고 정토회 포교당으로 갔어요. 정토포교원이 그 당시 홍제역 근처에 있었는데 거기 가서 법회를 했죠. 유수 스님이…. 길옥화 선생님하고 관계가 있었던 게 아니고 전교조 선생님 중에 정토포교원 다니던 분이 있었어요. 저도 조금 관련이 있었고. 그래서 그중 누구 한 분이 부탁했을 거예요. 당시에 민주화운동을 한 사람을 교회나 절에서 잘 안 받는 분위기도 있고 하니까 정토원에서 받아준 거죠. 유수 스님이 제일 열심히 애써주셨고, 49재 끝나고 다시 유골을 동북부지회 사람들 중심으로 받아서 남한강 어디인지 잘 모르겠어요. 차 타고 가서 그것도 함부로 하면 안 되니까 조심스럽게, 놀러 온 사람처럼 위장해서 가면서 뿌렸는데 여주 근처일 거예요.

이주영　여기가 민주화운동기념공원인데요. 민주화운동유공자로 선정되게 하는데 성낙주 선생님이 크게 역할을 했는데 그 과정을 좀 얘기해 주시죠.

임명숙　정말 성 선생님이 노력해서 된 거 같아요. 고맙습니다.

성낙주　누가 됐든지 간에 가장 가까운 사람이 챙기는 건 의무가 되는 거고 당연한 일인데…. 저는 동기도 아니고 한 해밖에 같이 일하지 않았죠. 공식적으로는. 그런데 마지막까지 저하고 철저히 교감을 많이 했어요. 어느 정도냐면 안 사람하고 동기예요. 과는 다르지만요. 우리 집 애가 그 무렵에 태어났는데, 아이가 예쁜 거야. 우리 집에 애를 보러 오고 그랬죠. 그러면서 너무 가까워진 거지. 우리 식구와 아이, 그러니까 우리 부부가 어디 나가야 할 때가 있으면 전화해서 불러다가 우리 집에 좀 와있어. 애 좀 봐. 그러면 좋다고 와서 있고, 우리는 밤늦게 들어오고. "애 때리지 않았어?" 이렇게 농담하면서 허물없이 지냈어요. 나중에 본조 쪽에서 저한테 연락이 왔어요. 보상심의 일을 해달라고. 내가 가장 친하다고 대외적으로 알려졌으니까 저한테 연락이 왔는지 모르겠는데. 내가 할 수 있는 일은 이것밖에 없다.

특히 어머니를 위해서 해드릴 수 있는 것은 이것밖에 없다고 생각했어요. 그래서 많이 뛰어다녔죠. 원주시청, 원주 동사무소 다니면서 떼라는 서류 다 떼고, 춘천 가서 보상심의회 사람들하고 얘기 많이 하고, 그 사람들이 내가 계속 써내니까 나중에 진짜 심의를 하겠다는 사람이 연락이 왔어요. 그래서 제가 갈까요 하니까 자기들이 온다고 하더라고요. 그래서 상계동인가 중화동인가 어디에서 만났죠. 그때 몇 시간 동안 다방에서 얘기했어요. 전신자 선생을 같이 불렀죠. 두 사람이 입을 맞춘 건 아니지만 거의 관점이 같았으니까. 그 사람들은 계속 물었죠. 실질적으로 활동한 내용이 있냐, 뭐가 있냐 그런 식으로. 저는 최선을 다했다 생각하고 기다렸는데, 보상심의위에서 통과됐다는 연락을 받았다고 저한테 제일 먼저 연락을 했더라고요. 어쨌건 그래서 돈이 나왔어요. 3억이 나왔다고 해요. 한목에 딱 나온 거고. 어머니가 꼭 왔으면 좋겠다고 전화하셔서 갔어요. 그 형제하고 어머니하고 넷이 식사를 했지. 그리고 올라왔는데 그러고 나서는 제가 발을 끊었어요. 당시 제가 가장 고마웠던 사람들은 심사한 사람. 까칠하게 굴지도 않고 진심으로, 아마 강원도청 공무원 같아요. 그 소임을 맡았던 거 같아요. 그분들이 가능하면 될 수 있는 방향으로 계속 애를 썼어요. 지금 생각해보면 제가 인사라도 가야 했는데, 그때는 이제 길옥화를 잊는다, 이제는 정리한다. 이런 마음이었기 때문에 그분들한테도 연락을 못하고, 가서 밥이라도 한번 먹었으면 좋았을 텐데…. 그걸 안 한 게 약간은 후회가 돼요.

임명숙 감사드려요.

이주영 길옥화 선생에게 빚을 졌다는 생각이 들어요. 당시 저는 복직하자고 계속 주장했거든요. 제가 1989년부터 본부에 있으면서 〈교육운동 10년사〉 편집을 했어요. 편집부장을 하면서 전국을 다 다녀봤는데, 전국을 다니면서 가장 가슴 아팠던 건 학생운동 하다가 들어온 사람들은 잘 버티는데 순수한 교사라 아이들이 좋아서, 그때 전교협에서 전교조에서 주장하는 참교육이나 이런 걸 보니까 정말 이게 옳은 길이다. 그리고 학교가 너무 개판이고 엉망이고 그러니까 거기에 대한 문제 때문에 해직을 감수하신 분들, 이분들이 갈 데가 없는 거예요.

임명숙 그런 분들이 제일 힘들었죠. 교사에 대한 양심과 아이들에 대한 사랑으로 해직됐던 분들이 제일 마음의 상처도 크고.

이주영 그분들이 어디 가지도 못하고, 나와서 조합 일도 못 하고, 조합 밖으로 나가서 일도 못 하고 그런 분들이 3분의 1이에요.

임명숙 전교조는 굉장히 정치적으로 움직이는 조직이다 보니까.

이주영 그래서 저는 어쨌든 복직을 해야 한다. 정 안되면 그분들이라도 선별해서 들여보내야 한다고 주장했기 때문에 참 죄송하더라고요. 그런 주장이 길옥화 선생님 같은 분들한테 오히려 더 큰 상처가 되었잖아요.

성낙주 길옥화 선생 같은 분들은 탈퇴서를 쓰더라도 들어가야 한다는 걸 도저히 받아들일 수 없었던 거지요. 이분이 해직되고 아이들 집에 들어가서 애들도 가르쳤는데 집 주인이 너무 사람이 괜찮으니까 처음에 약속했던 것보다 더 주는 거예요. 그런데 더 주는 것도 못 참아. 그러니까 자기는 요 정도 일을 했으니까 요만큼만 받으면 된다. 그 이상을 준다고 하면 그것을 스스로 인정할 수 없는 거야. 내가 우리 집에 와서 애들하고 놀아줬을 때도 집에 갈 때 차비라도 주려고 하면 안 받아. 먹을 게 없어 굶는 것 같은데도 그래. 너무 정갈한 사람이야. 길옥화 선생을 생각하면 장례식 때 정해숙 위원장님이 조사하려다가 말씀이 안 되니까 멈칫멈칫하다가 "침묵하겠습니다" 말을 딱 끊고 침묵하는 그 장면이 딱 떠올라요. 이젠 다 잊어야지. 이 선생 나한테 더 연락하지 마.

이주영 이제는 전교조 차원에서 전교조 결성 시기 해직 교사와 탈퇴각서를 쓰고 현장에 남았던 교사들, 1994년 복직한 교사와 복직하지 않은 교사들에 대한 자료 수집과 구술사 정리가 필요하다 싶은 생각이 들었습니다. 통사로는 볼 수 없는 전교조 역사의 속살을 볼 수 있을 테니까요. 더 늦기 전에 정리하고 분석해서 새로운 교육운동을 일으키는 불쏘시개로 삼을 필요가 있겠다 싶습니다.

때_ 2017년 1월 16일
곳_ 이천민주화운동기념공원
참석자_ 성낙주(당시 서울중화중학교 동료 교사), 허호(당시 서울신양중학교 동료 교사), 임명숙(서울사대 국어과 동기)
사회·정리_이주영(서울참교육동지회)

내 가슴에 묻은 길옥화 선생님

대담: 정해숙(전 전교조위원장)

이주영   안녕하세요? 바쁘신데 광주에서 올라오시느라 수고 많으셨습니다.

정해숙   오랜만인데, 이 선생은 변한 게 없으시네. 여전히 젊어요. 아프다고 들었는데, 예전 모습이 그대로 있어서 반가워요.

이주영   네, 여러분이 많이 걱정해주시고 도와주셔서 잘 지내고 있습니다. 선생님도 예전 모습이 아직 그대로 남아있으신데요 뭐. 제가 광주로 찾아뵈어야 하는데 죄송합니다.

정해숙   아니에요. 오늘 저녁 서울에서 일도 있어서 조금 일찍 올라온 거예요.

이주영   제가 살아남았으니 먼저 가신 동지들 위해서 뭐라도 해야겠다 싶어서, 이런 거라도 해야겠다 싶어서 하는 겁니다.

     2011년 5월부터 10월까지 〈한겨레신문〉 '길을 찾아서'에 실린 선생님 취재 기사를 잘 읽었습니다. 오롯이 참교육 길을 걸어오신 자취가 마음에 많이 와닿았습니다. 전교조가 참 어려운 시기였던 1993년부터 1996년까지 4년 동안 전교조 위원장(5대, 6대)을 하셨는데, 7월 14일 기사 '세상 떠난 해직 교사 마지막 길 지켜준 법륜 스님'이 해직 교사 복직 과정에서 자살하신 길옥화 선생님 이야기더군요. 그 기사에 '1993년 복직 문제 해결을 위해 분투하던 와중에 참으로 마음 아픈 비보를 접했다. 9월 26일 길옥화 선생님의 투신자살 소식이었다. 해직 교사의 자살은 처음이자 마지막 사례였다'고 말씀하셨습니다.

정해숙 예, 그렇지요. 참교육운동, 전교조 투쟁기에 참 많은 선생님이, 꽃다운 젊은 선생님이 돌아가셨어요. 대부분 암이에요. 스트레스가 너무 심해 암으로 돌아가신 거지요. 또 집회에 참여하러 오가던 중에 교통사고로 돌아가신 분들도 계시고요. 그런데 길옥화 선생님은 투신자살이셨어요. 그것도 복직을 위해 김영삼 정부 교육부와 교섭 투쟁 막바지에 자살하셔서 더 가슴 아팠어요.

이주영 네, 전교조 총무부에서 받은 자료에 따르면 전교조 활동을 하다가 돌아가신 분, 그러니까 교육민주화운동을 열심히 하시다 돌아가신 분들이 74명이세요. 참 많은 교사가 먼저 갔습니다. 그중에는 제가 이름조차 몰랐던 분도 계시더군요. 길옥화 선생님도 자살 소식을 들을 때까지는 몰랐고, 지회 선생님들도 대부분 몰랐던 분이라는 걸 알게 되었습니다. 혹시 선생님은 자결 소식을 듣기 전에 길옥화 선생님을 아셨는지요? 아니면 처음 알게 되었는지요?

정해숙 실은 길옥화 선생님을 직접 보지는 못했던 것 같아요. 영정 사진을 보니까 행사장에서 봤던 얼굴 같기도 했어요. 그런데 소식을 들었을 때는 얼른 떠오르지 않았어요.

이주영 집회에도 자주 나오지는 않았고, 지회 활동도 활발하게 하지 않았다고 합니다. 분회에서도 조합원 한두 명과 가깝게 지내는 정도였다는 걸 알 수 있었습니다. 정말 가장 바탕이 되는 평조합원을 대표하는 분이었다고 생각합니다. 당시 위원장님은 사망 소식을 언제 어떻게 들었나요?

정해숙 그때는 추석 연휴예요. 9월 말이니까요. 그때 내가 서울 본부에 와서 근무하다 추석 연휴가 되어서 집에 내려갔어요. 며칠 쉬면서 추석을 지내려고요. 광주에 막 도착했어요. 집에 막 도착해서 좀 있는데 본부에서 전화가 온 거예요. 길옥화 선생님이 사망했다고. 장례식장이 춘천이라고 연락이 왔어요. 밤길이지만 바로 되짚어 밤차로 춘천까지 갔어요. 밤에 장례식장인 도립의료원에 도착하니까, 전교조 본부에서도 선생님이 많이 와있었고, 법명이 유수라는 젊은 스님이 오셔서 장례식장에서 시간마다 불교의식을 갖춰서 하고 계시더라고요.

이주영 기사에는 법륜 스님이라고 나왔던데, 법륜 스님이 아니셨군요. 길옥화 선생님은 가톨릭 신자셨는데 어떻게 스님이 오셨지요?

정해숙 유수 스님이 법륜 스님 제자예요. 법륜 스님은 나중에 서울 홍제역 근처에 있는 정토회 포교당에서 49재를 맡아주셨지요. 기사는 그때 이야기예요. 나는 자세히는 모르는데 돌아가시기 전에 가끔 산에도 가고 절에도 가고 했답니다. 주변에

가깝게 지냈던 선생님 몇몇이 그 이야기를 하더라고요. 자살하기 전에 가깝게 지낸 친구들 중에는 교사가 있어, 그 사람하고 일요일이면 산사를 가자고 그랬다는 거죠. 일요일이면 산에 가면서 절에 갔더라는 거예요. 어느 절인지 그때는 들었는데 이제는 기억에 없고. 그다음 주에는 다른 사찰을 다녔다고 그래요.

처음에 연락받으면서 어떻게 돌아가셨냐고 물었을 때 자살이라고 해서 '이런 일이 있나.' 하고 갔는데, 장례식장에 가서야 자세히 이야기를 들었어요. 당시 해직 교사 복직 협상을 각 시도지부장들이 나하고 같이 할 때니까 각 시도지부에도 본부에서 진행하고 있는 방침을 다 알고 있을 때다 싶었는데, 이렇게 자살을 했다 해서 너무나 가슴이 아팠죠.

내가 갔을 때 어머니는 안 계셨어요. 늦은 밤이었어요. 광주에서 연락을 받을 때가 초저녁이었고요. 추석 무렵이라도 어두운 시간이었어요. 밤차가 있으니까 광주에서 춘천 가는 버스를 타고 갔어요. 본부 선생님들하고는 춘천에서 만나기로 하고요. 가니까 본부 선생님들이 먼저 많이 와있었고, 서울지부 소속이니까 서울지부 선생님도 많이 와있었어요. 이수호 선생님이 지부장 할 때일 거예요. 어머니는 안 계셨고 오빠던가, 오빠도 결혼도 안 했던 것 같고, 얼마 안 있다 어머니를 뵀죠.

이주영   전교조 서울지부장으로 장례식을 했다고 하는데, 장례 절차를 조금 더 자세히 말씀해주세요.

정해숙   전교조 서울지부장으로 했나? 기억이 없네요. 아쉬운 시기였거든요. 복직을 놓고 교육부와 협상하던 중인데 자살을 하시다니. 하여간 전교조에서는 유일하게 자살한 동지였거든요. 안타까운 생각이 들었어요. 그때만 해도 우리 선생님들이 상당히 많이 돌아가셨어요. 이순덕 선생은 아주 초창기였지만, 배주영, 이광웅, 신용길, 정영상 선생님…. 이런 때였는데 선생님이 자살하셨다니까 더 가슴 아팠지요.

춘천에서 장례식 마치고 서울로 오면서 길옥화 선생님이 해직된 신양중으로 전부 다 갔죠. 갔더니 교문을 딱 잠가 놓았더라고요. 그래서 들어갈 수가 없었어요. 밖에만 있다가 철문으로 교정만 쳐다보고 밖에서 노제를 했죠. 운동장에 들어가서 하려 했는데 교문을 잠그고 열어주지 않으니까 밖에서 간략하게 했어요. 그리고 서울벽제화장장에 가서 화장하고, 홍제역 근처에 정토회 포교당에 모셨지요. 거기에서 매주 7번, 49재를 모셨어요. 그때마다 서울지부 선생님들이 법당에 가득 참석하고 그랬거든요.

마지막에 가서 법륜 스님이 49일째 되는 날 법문을 했어요. 법륜 스님은 전교조 초창기부터 관심을 가졌던 스님이었거든요. 북한 돕기에 굉장히 힘을 쓰셨지요. 그 당시에는 1억이라는 돈은 큰돈이었는데, 1994년 북한에 홍수가 났을 때 그냥 탁 내놓는 분이었는데 거기서 49재를 지내주셨지요. 그때는 건물주가 전교조라면 사무실도 안 내주려고 하고, 강당에서 집회하려고 해도 빌려주지 않으려고 할 때인데, 법륜 스님이니까 탁 맡아서 49재를 해주신 거지요. 고맙게도.

이주영　장례식 이후에도 가끔 길옥화 선생님 어머니를 만나셨다고 들었습니다. 어떻게 만나셨는지요?

정해숙　어머니가 원주에서 조그만 구멍가게를 하고 계셨어요. 가끔 강원도에 출장을 가거나 할 때마다 제가 구멍가게로 가서 만났어요. 뭐 특별한 이야기는 없고 살아오신 이야기를 들었지요. 길옥화 선생은 원주여고를 1등으로 졸업하고, 서울사대 영문과에 들어갔어요. 영문과를 1년인가 다니다가 "나하고 영어하고는 체질에 안 맞는다"면서 본인이 국문과로 바꿨다고 해요. 국문과를 졸업하고 서울에서 중화중으로 발령을 받았어요. 좁은 구멍가게에서 평생 일하면서 키운 따님이 자살했으니 그 마음이 오죽하겠어요. 그런저런 이야기 들어드리고, 손잡고 같이 우는 것밖에.

이주영   1993년 9월이면 정부와 복직 교섭을 앞장서서 하실 때인데, 김영삼 정부에서 내놓고 밀어붙이는 전교조 탈퇴 요구 때문에 전교조 조합원들 비판이 많았잖습니까? 그런 중에 길옥화 선생님이 투신자살하셨으니 더 힘드셨지요?

정해숙   내가 전교조 위원장을 할 당시에 굉장히 안타까웠던 것은 선생님들이 자꾸 돌아가시는 거였어요. 해직될 때는 건강했던 우리 젊은 선생님들이 돌아가실 때 거의가 암이었거든요. 그 전에도 암의 원인이 스트레스라고 들었지만 '암은 정말 스트레스 때문에 생기는 병이 틀림없구나' 하는 걸 제가 그때 확신했다니까요. 설마 스트레스 가지고 암이 되나 이렇게 생각했는데, 우리 선생님들을 보면서 정말 그렇다는 걸 알았어요. '원래 있었던 것이 아닌 것이 삶을 통해서 마음고생으로 인해서 생기는 것이 암 덩어리였구나.' 이걸 절실히 느끼던 차인데 이번에는 자살하셨다고 하니까, 하이고.

그때 될 수 있으면 우리에게 유리하게 복직 방침을 정하기 위해서, 국회 조순형 교육위원장과 자주 만났어요. 당시 장영달 의원이 초선의원으로 국회 교육위 간사였어요. 장영달 의원이 중간에서 아주 열심히 했어요. 우리가 중앙집행위원회 회의를 해서 회의 결과가 나오면 그 결과를 교육위에 가서 전달해요. 교육위에서 검토한 의견을 받아가지고 청와대로 들어가요. 그리고 청와대 이야기를 듣고 우리 사무실로 와서 전해줘요. 당시에 참 열심히 뛰었어요.

그러면 그걸 제가 받아가지고 회의를 소집해서 그 내용을 놓고 논의하고, 논의한 결과를 또 장영달 간사에게 전달해요. 그러면 그것을 받아가지고 청와대에 가고. 그때 참 수고 많이 해줬어요. 조순형 위원장이랑. 그 당시에는 정말 어렵고 급박한 문제였으니까요. 김영삼 씨는 교사가 무슨 노동자냐 그런 생각을 하는 사람이잖아요. 그러니 얼마나 어려워요.

이주영   조금 곁가지로 나가는 것 같기는 한데, 그래도 길옥화 선생님 투신자살이 당시 전교조 복직 요구에 대한 김영삼 정부 태도가 큰 영향을 끼친 거니까 조금 더 자세히 말씀해주시면 좋겠습니다. 김영삼 대통령의 전교조에 대한 생각이 복직 투쟁에 너무 큰 걸림돌이었지요?

정해숙   그렇지요. 김영삼 김대중 두 후보 나왔을 때 두 분 다 처음엔 자기가 당선되면 전교조는 당선되는 그 날로 합법화시키겠다고 했어요. 그랬는데 김영삼 쪽에서 1주일 만에 그것을 삭제해버렸어요. 후보로 나와서 공약을 내세운 지 일주일 만에 딱 없애버렸어요. 그런데 김대중 쪽은 시종일관 당선되면 전교조는 합법화시키겠다고 했지요. 그래서 전교조에서 논의해서 김대중 후보를 지지했지요. 김영삼 씨가 대통령이 되었을 때 저도 위원장이 되었잖아요.

김영삼 씨가 대통령이 되고 1993년 3월 첫 행사였을 거예요. 전국의 수석졸업생을 초청했어요. 김영삼 씨가 2월 25일에 취임

했지요. 2월 말에 대학들이 다 졸업식 하잖아요. 그러니까 3월에 전국 각 대학의 수석졸업생을 청와대로 초청했어요. 간담회를 하고 나중에 질문하는 시간이 있었는데 어느 지역이었는지 모르지만 어떤 여학생이 건의했답니다. "대통령에게 건의를 한 가지 간절하게 하고 싶습니다. 저희가 고등학교 다닐 때 존경하는 선생님들이 전교조 가입으로 인해서 해직되어 고생하고 계시는데, 우리 선생님들을 언제쯤 복직시켜주시겠습니까?" 이렇게 질문을 했답니다. 그러니까 그 질문에 대한 답이 바로 "교사가 무슨 노동자입니까?" 그랬답니다. 그 자리에서 바로. 우리는 그 자리에 없으니까 모르는데, 전교조 출입하는 〈한겨레신문〉, 〈경향신문〉, 〈문화일보〉 기자들이 와서 전해주었어요. "교사가 무슨 노동자입니까?" 이랬다는 거죠. 그렇듯 교사가 노동자가 아니라는 인식을 가지고 있는 대통령과 전교조 해직 교사 복직 문제를 협의하려니까 얼마나 힘들었겠어요.

그런데 그 당시 교육부 장관이 오병문 교육부 장관이었습니다. 오병문 장관은 민주화운동을 했던 5·18 관련자였고, 그러니까 그나마 교섭이 진행될 수 있었습니다. 그때 그런 상황 속에서 장영달 의원이 수고 많이 해주었어요.

이주영   정말 어려운 상황이셨는데, 당시 해직 교사들을 가장 어렵게 했던 게 김영삼 정부가 언론을 통해 내놓은 전교조 탈퇴각서와 선별복직 방침이었습니다. 당시 3월에 '전국해직교사원상복직 추진위원회'를 구성해서 복직 투쟁을 시작했고, 4월에는 20여 명이 제주에서 서울까지 13개 도시를 걸어서 순회 투쟁도 했습니다. 걸어가는 곳마다 국민들 성원이 이어지고, 지역별로 '해직 교사 복직 촉구 각계 인사 선언'도 이어졌던 기억이 납니다. 그러면 정부와 복직 문제를 논의하기 시작한 건 언제부터인가요? 그러니까 언제부터 위원장님과 오병문 장관이 교섭을 시작했나요?

정해숙 4월 8일 교육부 장관실을 방문하면서부터예요. 그 전에 조순형 위원장과 자주 연락이 되었죠. 조순형 위원장이 중간에서 다리를 놓아서 1993년 4월 8일 처음 만났어요. 그때가 전교조 결성하고 1600여 명이 해직된 이후 전교조와 정부의 첫 만남이었죠. 정말 어떻게나 기자가 많이 왔던지 교육부 장관실 화분이나 가리개가 다 무너졌어요. 우리 쪽에서는 유상덕 수석부위원장과 이영주 사무처장, 조정묵 대변인이 그날 다른 일 때문에 못 가고 정진화 부대변인이 참석했을 거예요. 하여튼 언론과 국민들의 굉장한 관심사였어요.

이주영 그때 조건 없는 전원 복직을 요구하셨잖아요? 그에 대한 오병문 장관 반응이 어땠나요?

정해숙 복직시켜 달라는 요구를 전교조 위원장 입장에서 직접 전달하는 첫 만남이었죠. 또 오병문 씨와 저는 실은 스승과 제자 사이죠. 제가 의예과 다닐 때 오병문 장관은 전대 교수였어요. 나중에 전대 총장을 했는데, 5·18 관련자로 발탁됐었지요. 어떤 언론은 전교조 위원장이 광주 출신이 되니까 아주 긴급하게 광주쪽 전대 교수를 교육부 장관으로 채용하게 된 것이라는 기사를 쓰기도 했어요. 오병문 장관도 갑자기 장관을 맡아달라는 연락을 받고 와서 했다고 그러데요. 어떤 논설위원이 그 이야기를 해주더라고요.

그때가 1993년도인데, 해직 3~4년 사이에 우리 선생님들이 열두 명인가 사망했어요. 그렇게 기억이 되네요. 90% 이상이 암이었어요. 갑자기 생긴 암. 그래서 저는 복직이 너무나 시급한 일이라는 것을 절감하고 있었지요. 그래서 첫 만남 때 무조건 전원 복직해야 한다는 우리 쪽 의견을 전달했고, 좋은 방향으로 대답했어요. 그런데 두 번째 만남부터 달라지더라고요. 두 번째는 6월에 저하고 교육부 장관이 만났어요. 그때 교육부 장관이 탈퇴 얘기를 하더라고요. 그때 처음. 제가 깜짝 놀라서 "무슨 탈퇴를 하고 복직을 하란 말이냐." 그 자리에서 그랬죠. 그때부터 그렇게 한참 옥신각신하는 중에 길옥화 선생이 가버리니까 아주 마음이 안 좋았어요.

이주영 당시 정부에서는 언론을 통해서 계속 탈퇴각서를 쓴 사람만 선별복직을 시키겠다고 하면서 그 구체적인 내용까지 언론에 내보내던 때였고, 전교조 내부에서도 그에 대한 논란이 많았습니다.

정해숙 그렇죠. 탈퇴서를 내고 복직한다는 것은 있을 수가 없잖아요. 탈퇴서 별도로 쓰고 복직 신청서를 따로 또 쓰라는 거죠. 그래서 다 거부했죠. 탈퇴서 따로 쓰고 들어가는 것은 할 수 없다. 그것을 전달했죠. 그래서 몇 번을 실랑이했어요. 나중에는 청와대에서 뭘 조건으로 가지고 왔냐면 탈퇴서를 따로 쓰지 않고 복직 신청서 속에 탈퇴하고 복직한다는 내용이 한 문장 들어가게끔 하겠다는 거예요. 그 이상은 청와대에서 후퇴할 수 없다. 마지막이다. 그랬다는 거죠.

이주영 청와대 의견을 장영달 의원을 통해 전달받은 게 언제쯤인가요?

정해숙 10월 초예요.

이주영 길옥화 선생님 장례식 뒤군요. 청와대에서 탈퇴각서를 정식으로 따로 쓰지 않고 복직 신청서 안에 한 문장 넣는 방법으로 바꾼 거군요.

정해숙 그렇지요. 그때 회의를 많이 했어요. 시도지부장들이 지부에 가서 회의하고 와서 다시 회의하고 했지요. 처음에는 그것도 빼자고 했고, 청와대에서 더 이상은 후퇴할 수 없다고 하고요. 더 이상은 어떻게 할 수가 없어서 중집에서도 결국 그 안을 받아들이기로 했지요.

그런 중집 의견에 대해 서울지부 선생님들 반론이 있다면서 논의하고 싶다 해서 전교조 사무실 옆에 있는 성문밖교회 강당을 빌려서 했어요. 그 자리에서 저한테 굉장히 공격이 많았어요. 어떻게 만든 조직인데 중집에서 탈퇴서를 허용하고 복직하는 방침을 세울 수가 있느냐. 그때 제가 정말 힘들었어요. 그래도 질문을 했는데 대답은 해야죠. 책임자니까.

내 이름에는 바다 해海 자가 들어 있다. 우리 인간이 사는 곳에서 제일 낮은 곳에 바다가 있다. 그런데 그 바다를 생각해봐라. 그 바다는 깨끗한 물도 더러운 물도 공장 폐수도 하수구 물도 거부하지 않고 다 받아들인다. 그렇게 다 받아들였다고 해서 더러워지냐? 오히려 수많은 생명을 키우고 있지 않냐. 그것도 짠맛으로 해서 부패하지 않고, 우리 그런 역할을 할 수 없을까? 나도 모르게 내 이름을 가지고 그렇게 말했어요.

현 정부와 협상해야 하는데, 협상이라는 것이 우리 주장만 끝까지 할 수는 없지 않느냐. 또 우리를 그렇게 몰살시킨 노태우 정부라면 어떤 조건도 받아들일 수 없지만, 그 노태우 정부가 아닌 김영삼 정부가 새로 생겨서 협상을 해야 하는데, 형식은 정부 입장도 감안해주고 우리는 우리대로 내용을 챙기면 되지 않을까. 이렇게 이야기를 했어요.

사실 그때 복직 협상을 하면서 수없이 많은 시민단체 대표를 제가 만나고 다녔어요. 왜냐하면 전교조는 조합원들만으로 이루어진 단체가 아니잖아요. 그 당시 수많은 학생, 학부모, 시민단체, 노동단체, 종교단체, 시민이 우리 전교조와 해직 교사들을 격려해주고 후원금 보내주어서 지켜왔

는데 복직을 우리 마음대로 우리끼리 회의해서 할 문제가 아니에요. 그래서 저하고 수석부위원장이나 대변인들하고 같이 다녔어요. 김수환 추기경까지 만났어요. 연락하니까 흔쾌히 시간을 내주는 거예요. 김수환 추기경실에 가니까 반갑게 맞아주시더라고요. 선생님들 복직 문제 때문에 좋은 말씀 듣고 싶어서 왔다고, 지금 이러이러한 조건으로 청와대에서 내놓고 있는데 참 망설여지는 조건이라고, 어떻게 하는 게 좋겠는지 추기경님 의견을 듣고 싶어서 직접 왔다고 그랬거든요. 첫마디를 뭐라고 하신 줄 아세요?

"아, 난 전교조가 무서워."

"추기경님 왜 저희가 무서워요?"

추기경님이 웃으시면서 실은 당신께서 전교조 선생님들 볼 면목이 없다고 그러시더라고요. 자기가 이사장으로 있는 부천 소명여중고에서도 여섯 명이나 해직시켰잖아요. 그래서 사실은 면목이 없다고 그러시더라고요. 저도 광주에 있었는데, 광주 살레지오에서만도 아홉 명을 해직시켰어요.

이주영 　그랬지요. 노태우 정부에서 전교조 교사를 해직시키지 않는 사

립학교는 철저하게 탄압했으니까요. 거창고가 전교조 교사를 해직시키지 않자 당시 문교부에서 지원금을 다 끊어버렸고요.

정해숙 그래서 그때는 그때고 복직 방침을 앞두고 어떻게 하면 좋겠는가 물었더니 역시 김수환 추기경도 어떤 조건이 되더라도 들어가는 게 좋지 않겠는가 하세요. 시민단체나 종교단체도 여러 곳을 다니면서 의논을 했어요. 그때 전국연합 이창복 의장님, 박형규 목사님, 지선·진관 스님도 찾아가 만났어요. 참교육학부모회 회장도. 그분들도 대부분 정리를 하면 일단 복직해서 싸우자는 거예요. 링 안에 가서 싸워라, 링 밖에서 아무리 소리치면 무슨 소용이 있냐. 링 안에 들어가서 결투를 해야지. 그러니 그런 조건이라도 복직했으면 좋겠다. 중집에도 그런 각계 의견을 내가 만나고 와서 보고하고 했거든요. 그래서 성문밖교회에서 거세게 항의하는 서울지부 선생님들한테 나도 모르게 내 이름에 들어가 있는 '바다 해' 자를 가지고 설득한 거지요. 내 생각이기도 했지만 많은 시민단체 대표 의견도 그러니까 나도 역시 그런 쪽으로 방침을 결정했으면 좋겠다고 하니 나이 많은 선생 입장에서 젊은 선생들을 설득하기 위해서 그렇게 말한 거지요. 그 뒤에도 와달라고 요청하는 몇 개 시도지부에 가서 똑같이 이야기했어요.

그렇게 조합원들과 현장 회의를 하고 와서 10월 14일 최종 중집회의를 했어요. 그날 〈조선일보〉 기자가 끈질기게 계단에 와서 서 있어요. 우리가 12시 넘어 회의하고 문을 여니까 밖에 서 있는 거예요. 정말 놀랐어요. 그 기자 정신을 높이 평가해줬어요. 기자 정신 제대로 발휘하는 여자 기자인데, 전교조가 발표할 것 같다는 생각에 직접 확인하러 온 거예요. 우리도 몰랐는데 화장실 가려고 문 열어보니 기자가 있는 거예요. 그래서 우리가 피곤해서 내일 회의를 계속한다고 기자한테는 얘기하고 뿔뿔이 흩어졌다가 내가 있는 합정동 숙소로 모였어요. 한참 회의하는데 전화가 왔어요. 밤중에 전화가 오면 이상하잖아요. 그래서 제가 받지 말라고 하는데, 그래도 우리 식구인지도 모르니까 전화기 옆에 있던 선생님이 받아버렸어요. 내 숙소로 전화했는데 남자 목소리가 나거든. 그러니까 그 〈조선일보〉 기자가 장소까지 바꿔서 회의를 계속하는 거 보니까 정부 복직 방침을 수용해서 15일 발표할 거라는 확신을 하고 아침에 대서특필로 전교조가 탈퇴 수용하고 복직한다고 〈조선일보〉에 내버렸어요. 〈한겨레신문〉에서는 굉장히 섭섭하게 생각했죠. 왜 〈조선일보〉에는 힌트를 주고 자기들한테는 안 줬냐고. 사실은 그것이 아니었는데, 그렇게 긴급하게 돌아가는 상황이었어요.

이주영 〈조선일보〉 전교조 출입 기자가 그동안 중집회의와 시도지부를 다니면서 위원장과 조합원들의 토론 과정을 보면서 정부의 복직 방침을 그 선에서 수용할 것이라는 흐름을 파악하고 있었던 거군요. 다만 그 발표 시기가 언제인지에 촉각을 세우고 있었고요. 또 다른 조합원들의 찬반 의견이나 행동 가운데 기억에 남는 게 있으시면 말씀해주세요.

정해숙 9월 들어서면서 정부에서는 탈퇴서를 내면 무조건 복직시켜주겠다고 언론을 통해서 발표했어요. 우리는 계속 반대 의견을 발표하고요. 그렇게 부딪치는데, 그때 대구에서 간부가 전화했어요. 밤중에. 탈퇴서를 쓰더라도 정부에서 이렇게라도 복직시켜준다고 할 때 복직해야지 더 이상 미루면 안 되지 않겠냐고, 자기들은 탈퇴서를 쓰고 복직 신청을 하겠다고 그러더라고요. 그래서 제가 이야기했어요. 선생님 조금 기다리세요. 조직에서 논의 중이니 결과가 곧 나갈 거니까. 전화를 끊었다가 제가 다시 전화했어요. 늦은 밤인데. 선생님 탈퇴서 쓰지 마세요. 조직에서 조금이라도 더 좋은 조건으로 협상하려고 애쓰고 있는데 정부에서 발표했다고 해서 거기에 응해버리면 되겠냐고. 간부 입장에서 선생님들 요구가 있으니까, 그러니까 더 자중하시라고요. 제가 단호하게 얘기했어요. 정부에서 제시하는 조건에 응하지 마세요. 간부니까 정말 솔선수범하세요. 내가 그랬거든요. 그래서 안 했어요. 그런데 그때 전국에서 정부 쪽 발표대로 80명 정도가 탈퇴서를 쓰고 들어가는 거로 결정했어요.

이주영 시도교육청에서는 그런 걸 교육부로 보고하고, 정부에서는 탈퇴서 쓰는 숫자를 발표하면서 마지막 시한을 9월 28일이라고 선전하고 했습니다. 그때 80명 정도가 조직에서 이탈해 먼저 탈퇴서를 내고 복직 신청서를 썼군요.

정해숙 예 정부 쪽 조건에. 그때 그랬어요. 그때가 추석 전이에요. 그때 길옥화 선생님이 돌아가신 거지요. 길옥화 선생이 심리적으로 그런 영향도 좀 있었을 것 같아요. 내 생각에. 결국은 탈퇴, 이렇게 전교조 활동을 했는데, 이제 와서 이렇게 탈퇴서 내고 들어가려고 했나 하는 생각에. 내 생각이에요. 길옥화 선생님하고 대화를 나눠본 적이 없으니까.

이주영 저도 그렇게 생각합니다. 1993년도 추석을 찾아보니 9월 30일이더군요. 당시 정부에서는 추석 전인 9월 28일까지 탈퇴서를 쓰고 복직 신청하는 해직 교사는 복직시키고 그때까지 탈퇴서를 쓰지 않는 해직 교사는 복직시키지 않겠다는 강경한 발표를 계속하고, 각계각층 여론도 그렇게라도 우선 복직하고 보자는 경향이 있고요. 1989년 결성 때 해직된 교사들이 1600여 명 되는데, 제가 1990년 본부 홍보출판국장으로 있으면서 《한국교육운동백서》를 편찬하느라고 전국 시도지부와 지회를 다녔잖아요. 자료수집도 하고 해직 교사들 활동 상황도 살펴보면서 다녔는데 그때 벌써 조직 활동에서 멀어진 해직 교사들이 3분의 1 정도 되었습니다. 힘든 투쟁 활동을 하기에는 가정 사정이나 개인 성격이나 건강 때문에 어려운 분들이었습니다. 1993년에는 지회 활동에서 아예 떨어져 나가거나 해직 교사끼리도 잘 만나지 않는 해직 교사도 있었고, 그런 분들 가운데서 개인으로 탈퇴서를 쓰고 복직 신청하는 경우가 있었습니다. 정부는 그걸 홍보 수단으로 삼고요. 그러니 지회 활동에서 떨어져 있던 길옥화 선생님은 얼마나 더 자존감에 상처입으면서 외롭게 갈등했을지 짐작하고도 남습니다. 그런 상황에서 길옥화 선생님이 투신자살했으니 그 충격이 컸습니다. 자칫 해직 교사들 투신자살이 퍼질 수 있는 여지가 많았으니까요. 청와대와 교육부 관계자들도 뜨끔했겠지만 저도 자칫하면 또 다른 희생자들이 나올 수 있겠다 싶었으니까요.

정해숙 길옥화 선생님 투신자살 후 청와대도 탈퇴서를 포기하고 한 발 후퇴하면서 복직 신청서 속에 한 줄 넣겠다고 하니 우리도 더 버틸 수 없는 상황이었어요. 정부 안을 수용하자는 제 생각에 강력하게 반대하는 분들한테 제가 그랬어요. 선생님이 위원장 맡아서 젊은 선생님 장례위원장 한번 해보시라고. 나는 더 이상 할 수 없다고. 그런 아픔 속에 10월 15일 정부 복직 안을 받겠다는 기자회견을 하기로 했는데, 그때 기자회견을 당산동 본부에서 2시에 하는데 기자회견실에 못 나가겠어요. 왜 이렇게

길옥화 223

눈물이 나는지. 혼자 앉아있는데 아주 눈물이 계속 나와요. 돌아가신 선생님들이 계속 생각이 나고. 아무리 그치고 나가려 해도 그야말로 하염없이 나와요. 내가 안 나가니까 이수호 선생하고 고진형 부위원장 둘이 들어오더라고요. 나 우는 걸 보고는 말 한마디 없이 나가더라고요. 아마 조금만 기다려 달라고 했던 것 같아요. 나는 말 한마디 할 수도 없었어요. 어떻게 눈물이 나는지…. 기자들도 모두 아무 말 없이 기다리고. 그때 아마 기자회견을 30분 늦췄던 것 같아요.

기자회견이 끝나고 나니까 서울지부 남자 선생님이 기자회견 끝나고 흩어지는데 나 있는 데로 와서 "위원장님, 나는 그 조건으로는 복직을 못 하겠습니다." 하세요. 기자회견한다니까 일부러 와본 거야 하면서. 그래서 제가 "선생님 신청하세요. 탈퇴하고 복직한다는 내용이 들어간 복직 신청서를 전교조 위원장에게 내라는 겁니까? 전교조 위원장에게 탈퇴서를 내는 겁니까? 정부가 전교조냐고. 정부에다 내고 들어가 다시 싸우자는 하나의 방편 아니냐고. 그러니 선생님 그러지 말고 신청하세요." 이랬거든요.

이주영 그렇지요. 전교조 조합원이 탈퇴서를 전교조에 내야 탈퇴서지 다른 데 아무리 내봐야 탈퇴서가 아니지요. 더구나 정부에 낸다는 게 말이 안 되지요. 정부나 국민이나 누구나 다 해직 교사들이 탈퇴서를 내고 복직해도 다 전교조 활동을 계속할 거라는 거 알면서 그러는 건데요. 정부와 전교조는 전쟁 중이었고, 전쟁 중에 적을 속이거나 힘이 약할 때 굴욕을 견디는 건 전략 전술상 얼마든지 할 수 있는 거지요. 한신은 장터 부랑배들 가랑이 사이로 기어나가기도 했잖아요. 그러나 해직 교사들

순수한 마음으로 볼 때는 그걸 참을 수가 없었던 겁니다. 해직될 때 탈퇴한다는 말만 해도 해직이 안 되는 걸 알면서도 버티다 해직이 되었는데, 복직 신청서에 그런 문구가 들어가는 걸 인정하고 쓸 수가 없었던 거지요. 그런 굴욕을 해직 교사들에 감수하라는 결정을 내려야 했던 선생님 마음이 짐작이 갑니다.

정해숙 그날 기자회견 끝나고 바로 어디로 갔냐면, 전라북도 군산 앞바다에 배가 침몰해서 전교조 조합원 한 명이 사망했어요. 합동으로 많이 사망했는데 거기에 해직된 조합원이 김관○인데, 그때 시도 쓰고 그랬던 것 같은데. 돌아가셨지요. 군산 공설운동장에서 합동으로 장례식을 했어요. 그래서 기자회견 마치고 그리로 내려갔어요. 내려가서 추모 행사에 참석하고 별도로 전북 선생님들하고 있는데, 차상철 선생이 딱 오더니 "그 조건으로 복직을 못 하겠다." 그래요. 어쩔 겁니까. 나이 많은 위원장 입장에서 같이할 수는 없잖아요. 달래야지. "나한테, 나한테 냈어? 위원장한테 냈어? 아니잖아. 그러지 말고 행동 같이하라니까. 정부 방침에 형식으로 따르라는 거지. 위원장한테 탈퇴서 내라는 거야?" 그러고는 한쪽 구석에 가서 앉아있었지만 저는 속이 안 좋았죠. 나도 모르게 말이 그렇게 나왔어요. "나한테 탈퇴서 내라고 했어?" 화도 못 내고, 위원장이 화내면 안 되잖아요. 정말 화내고 싶지만 그럴 조건도 아니고 그럴 분위기도 아니에요. 웃어야지. 거기서 좀 당하고 복직 절차를 밟았죠.

그런 과정이 내적으로 진행 중에 있는데 길옥화 선생님이 가버려서 굉장히…. 길옥화 선생이 순수한 교사 마음에서 그런 길을 택한 게 아닌가. 나 혼자만의 생각이에요.

이주영 길옥화 선생님 죽음을 당하고 위원장으로서 속으로 안타깝기도 하고 죄스럽기도 하고 미안하기도 하고 그런 마음들이 굉장히 많이 들었겠다 싶습니다.

정해숙 그때 제가 주로 화풀이로 이런 말을 많이 했어요. "장례위원장 한번 해볼 거야? 다른 동지들 앞에서, 젊은 동지 죽음 앞에서 장례위원장 한번 해볼 거야? 나는 더 이상은 못하겠어. 복직해." 이렇게 말하는 게 화풀이였어요.

'바다 해'자 이야기는 그때 경기지부 가서도 했을 거예요. 서울지부 선생님들 항의할 때도 써먹고. "장례위원장 한번 해볼 거야?" 아이고 정말! 장례식 때 젊은 동지 죽음을 앞에 놓고 마음이 안 좋았어요. 뜻을 함께했던 동지가 결국 그 아픔으로 간 건데, 호주머니에 토큰 몇 개 넣어가지고도 그렇게 열심히 뛰고, 전국으로 출장 다니면서 겨우 출장비 달랑 받아서 그렇게 했는데…. 암으로 돌아가시는 걸 보니 정말 힘들었어요. 그런데 속도가 빨라져요. 암 환자 늘어나는 수가. 그리고 시간이 갈수록 많아져요. 죽음으로 골인해버리는 분들 수가. 암 환자 판정을 받았다는 말은 점점 늘어나고, 죽음으로 골인해버리는 수가 점점 늘어나고…. 제 기억으로는 해직되어서 복직할 때까지 열두 명이었어요.

이주영 갈등은 겪었지만 대부분 중집위 결정에 따라 복직했는데, 그래도 끝내 복직을 안 한 사람도 있었지요?

정해숙 그때 중집에서 시도지부의 책임질 분들은 안 하기로 해서 안 했지요. 시도지부는 조직을 운영해야 하니까 그렇게 남기로 했었죠. 100여 명 남았습니다. 해직되어서 학원에 강사 하던 분들, 거기도 학생이 있는 곳이니까 복직한다고 해서 학생들 팽개치고 올 수가 없잖아요.

이주영 대학교수로 갔거나 다른 직장에 취직하신 분도 있고, 윤영규 선생님처럼 다른 민주단체에서 중요한 책임을 져서 못 하신 분도 있고, 외국으로 나간 분도 있고, 송언 선생처럼 절대 반대하는 뜻으로 안 한 분도 있고…. 제가 알기로는 좀 있었던 거로 압니다. 앞에서 잠깐 이야기하셨는데, 길옥화 선생님 집에 갔을 때와 49재 지낼 때 이야기를 조금 더 해주시죠.

정해숙 원주 집에는 두 번 정도 갔을 거예요. 어머니가 구멍가게에 앉아 계시더라고요. 내 마음부터 아픈 상처를 가지고 바라보는 눈이기 때문에 어머니를 바라볼 때 나 스스로부터 먼저 마음이 너무나 아파 버리니까 속으로 같이 울고 그랬어요. 자식이 죽으면 가슴에 묻는다고 했는데, 나도 같은 심정이었지요. 내 가슴에 묻고 살아왔어요. 어머니는 포교당에서도 볼 때마다 울고 계셨어요. 49재 동안 계속 참석하고, 오빠도 참석했는데, 어머니가 계속 울고 있으니까 법륜 스님이 단호하게 말씀을 하시대요. 지금 울고 있을 때가 아니다. 기도해줘야지. 다른 무슨 표현을 하면서…. 아, 젊은 스님이신데 참 단호하게 하시는구나 했지요. 스님도 노동운동 출신이잖아요, 경주고등학교 나오고, 그래서인지 아주 단호하게 그러시더라고요. 어머니 못 울게 하려고 그렇게 강한 표현을 했던 것 같아요, "지금 울고 있을 때가 아닙니다. 기도를 하세요." 누가 그쪽으로 연락했는가는 모르겠어요. 김남선 선생님이 연결한 게 아닌가 싶어요. 김남선 선생님 때문에 법륜 스님을 알게 되었거든요. 위원장 초창기에.

이주영 제가 지난번 선생님하고 통화하고 나서 김남선 선생님한테 전화해봤어요. 그런데 김남선 선생님도 길옥화 선생님은 잘 몰랐다고 해요. 법륜 스님한테도 자기가 연락한 게 아니라고 하더라고요. 장례식장에 가보니 유수 스님이 벌써 와 있더라고 해요.

정해숙 아, 그러면 다른 사람하고 연락이 됐던 모양이네요. 그거는 내가 들었어요. 자살하기 전에 사찰을 다녔다는 것은 들어서 그래서 왔나보다 했고, 당시에도 더 이상 묻지는 않았어요. 그런데 우리 길옥화 선생님 아프셨듯이 내 기억에는 우리 선생님들 매우 아팠어요.

이주영 어느새 모임에 가실 시간이 되었습니다. 마무리 말씀으로 길옥화 선생님처럼 전교조 운동을 하시다 먼저 가신 선생님들을 우리 조합원이 어떻게 기억했으면 좋겠는지, 어떻게 우리가 안고 가면 좋을지 부탁하시는 말씀을 해주시면 어떨까요?

정해숙 그때도 그렇고 지금도 그렇지요. 전교조, 올바른 교육을 위해 희생해 가면서 개인을 희생하고 가족을 희생하고 이러면서 했던 우리 동지들 역할은 우리 역사에 길이 남을 역할을 했었던 것 같아요. 왜냐하면, 이건 제 개인 판단이 아니라 많은 사람이 그렇게 생각할 겁니다. 그 당시 제가 위원장이었을 때 인터뷰를 많이 했잖아요. 〈조선일보〉, 〈동아일보〉 기자, 일반 기자가 아니라 편집국장 보도국장들이 인터뷰했거든요. 다 끝나고 나면 "저희는 전교조가 부럽습니다." 그래요.

　1993년도 초에 문익환 목사님이 석방되어서 나오시고 많은 행사에 참석하셨거든요. 그러면 꼭 전교조 이야기를 하세요. 1989년은 임수경과 문익환 북한 방문했던 것도 아주 중요한 사건이지만, 그때 우리 교사들이 노동자의 깃발을 올린 일은 참으로 역사적인 사건이다. 문익환 목사님이 이 말을 행사 때마다 하셨어요. 자기들이 북한 방문을 한 것도 큰 사건이잖아요. 그걸로 구속되었다가 1993년 3월에 나오셨거든요. 그때부터 행사장 다니시면서 그 이야기를 했어요. 전교조는 살아있는 신화라는 거, 그런 엄청난 탄압을 무릅쓰고 결성하고, 조직을 사수하고 일궈낸 이런 사건은 살아있는 신화다. 그런 전교조를 지키기 위해 활동하다 먼저 가신 분들을 기억할 때 그 역사가 이어질 거라고 봐요. 우리 역사를 우리가 이어가야지요.

이주영 전교조로서도 가슴 아픈 이야기지만 선생님 개인으로도 평생 잊을 수 없는 가슴 아픈 이야기일 텐데 이렇게 오랫동안 자세히 말씀해주셔서 고맙습니다.《정해숙 자서전》을 읽어서 다 알고 있다고 생각했는데, 이렇게 말씀으로 들으니 그 행간 속에 묻혀있던 생생한 느낌이 살아나 더 가슴에 와 닿습니다. 앞으로도 건강하게 오래오래 사시기 바랍니다. 고맙습니다.

* 2017년 1월 17일 서울 경복궁 부근에 있는 한겨레두레협동조합 회의실에서 길옥화 선생님이 돌아가실 때 전교조 위원장을 맡고 계셨던 정해숙 선생님을 만나 당시 전후 상황에 대한 이야기를 들었습니다. 신명철 우리교육 대표가 자리를 함께하면서 녹취하였습니다.

● 길옥화 약력

1962년   8월 29일 출생
1985년   서울대 졸업
1985년   3월 중화중학교 임용, 평교협 활동
1989년   3월 1일 신양중학교 전출
1989년   8월 17일 전교조 결성 관련 해직
1989년   ~1993 서울시 동북부지회 편집위원, 해직 이후 참교육 활동
1993년   6월 24일 정부 선 탈퇴 후 선별복직 방침 발표,
          이에 심한 거부감과 모욕감으로 고민
1993년   9월 26일 춘천에서 투신하여 돌아가심
2014년   9월 20일 민주화운동기념공원 민주묘역 이장

고 길옥화 선생님 영전에 올립니다

"선생님!

어느덧 일 년, 이 땅에서의 온갖 끄달림에서 벗어나 훨훨 날아가신 그곳에서의 선생님은 지금 어떤 모습인지요.

…

故 길옥화 선생님!

아직도 이 세상이 노여우신가요. 아직도 우리들을 향해 질타를 던지고 계신가요. … 여기서 우리는 우리의 절대명제인 참교육을 향해 새롭게 출발하려 합니다. 선생님을 떠나보낸 그 죄를 고스란히 짊어지고, 한 걸음이 아니면 반 걸음씩이라도 쉼 없이 나아가려 합니다. 그 길만이 선생님 영전에 바칠 수 있는 가장 빛나는 헌물일 것이기 때문입니다.

선생님, 이 땅의 모든 오욕은 살아남은 바로 우리들의 몫입니다. 우리는 결코 그것을 회피하지 않을 것이며, 끝내 싸워서 이길 것입니다. 그리하여 이 땅을 더 이상 외롭게 떠나는 영혼이 없는 참세상으로 가꾸어낼 것입니다.

故 길옥화 선생님! 부디 부디 편안하소서!

참교육 6년 9월 25일
정해숙 전국교직원노동조합 위원장 올림

《동부중등2지구 회보》 제4호 1994.

정영상

정영상 선생과 가족

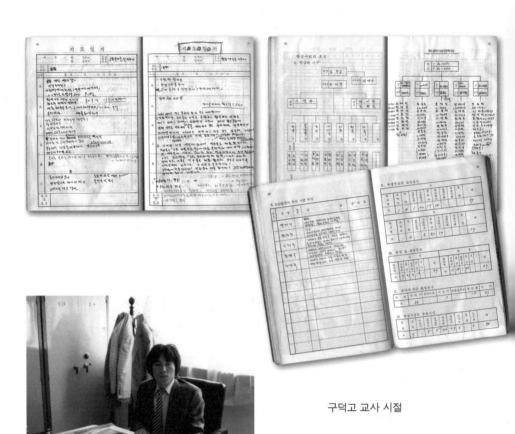

구덕고 교사 시절

전교조 활동들

안동지회 활동

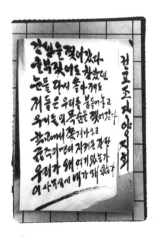

단양지회 활동

정영상 시집
출판 기념회와 시집

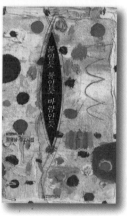

정영상 선생 장례식, 추모사업

지금도 듣고 있는가?
이 세상 흐르는 물소리!

정영상 동지가 떠난 지 24년을 맞이하여

김병우(충청북도교육감)

범속한 세상에 매여있기 괴로웠던 사내가 있었다. 악법도 법이라며 올가미를 치는 세상을 못 견뎌 했다. 범속하다 못해 '소름 끼치도록' 어두운 세상을 못 참아서 그는 곧잘 그 더운 가슴으로 불을 토해내곤 했다.

정영상 동지! 그와 함께 우리가 살아낸 세상은 그토록 뜨겁고 아픈 것이었다.

> 저 돌맹이 불온하지 않은가
> 저 돌맹이 언제 날아가 파출소 유리창을 박살낼지 아는가
> 저 돌맹이 언제 날아가 미대사관 현관을 박살낼지 아는가
> 저 돌맹이 사회안전을 현저히 해칠 우려가 있으니
> 저 돌맹이 보안감호처분 내릴 의향은 없는가
> (중략)
> 이 나라의 풀 한 포기 나무 한 그루 돌 한 덩어리인들
> 악법의 올가미 속에서 어찌 자유롭다 할 것인가
>
> _〈악법〉 중에서

악법이 지배하는 세상에서 우리는 '수상하다고', '빨갛다고' 내몰리고 두들겨 맞고 짓밟혔다. 불의와 부조리에 뜨겁게 분노하던 정영상. 역설적이게도 그 불꽃같은 분노의 에너지는 티끌 없이 맑은 서정의 영토에서 솟는 것이었다. 바람도 맑고, 물도 맑은 자리, '목련'이 피는 일에도 마음 다치는 순수한 영토, 그것이 정영상의 내면 세계였다.

목련이 핀다 / 사는 것이 죄다 / 봄이면 / 너 혼자 개벽하고
/ 나는 또 죄인이 되는가

_〈목련〉 전문

1989년 경북 복주여중에서 해직된 미술 교사 정영상은 훤칠한 미남에 그림 잘 그리고, 시도 잘 쓰는 멋쟁이 사내였다. 불처럼 뜨거운 정열 아래 물처럼 맑은 순수가 있었기에, 정영상을 아는 사람은 그를 아끼고 사랑할 수밖에 없었다. 그가 타오르면 타오르는 대로, 흐르면 흐르는 대로 우리도 함께 타오르고 흘러가며 그에게 감염되곤 했다. 시절을 잘 만났더라면 신선처럼, 한량처럼 멋들어진 한 평생을 잘 놀다 갔으리라.

하지만 군부독재의 악법이 숨통을 죄어오던 그 시절이 정영상에게 '신음', '피', '죽음', '눈물' 이런 유의 시어들을 자꾸만 쓰게 했다. 불과 서른여덟의 나이에 세상 떠난 그를 생각하면, 그 시어들은 절명구 같은 것이기도 했다. 컴컴하고 답답한 세상이 그의 뜨거운 심장을 아프게 조이고 절명구를 뱉어내게 한 것이다.

그를 떠나보낸 지 이십여 년의 세월, 때로는 이 좋은 세상 놔두고 왜 그리 일찍 갔느냐고 한탄한 적도 있었다. 얼어붙은 겨울이 풀리고, 봄볕이 드는 시절이 있었다. '전교조', '참교육', '민족통일', '민주주의'…, 이렇게 우리가 지키고 추구하던 것들에 세상이 칼날을 거두고 손을 내밀

기 시작하던 시절, 이 좋은 날에 그대가 있었더라면 하고 아쉽고 그리웠다.

기사 작성에서 편집까지 그대가 도맡아 만든 신문들, 경찰이 뜯어내는 족족 한 시간 안에 그대 손으로 다시 써서 걸고 또 걸던 그 플래카드들, 학교 현장에서 그대가 욕 먹고 두들겨 맞으며 뿌리던 선전지들, 그것들이 쌓이고 쌓여 이런 좋은 날을 만들었다고, 어쩌자고 그대는 우리를 이렇게 미안하게 하였는가, 하고 한없이 그리워하던 시절이 있었다.

그런데 지난 2014년 4월 16일, 그가 떠난 지 이십 년이 지난 그 시점에 우리는 정영상이 느낀 공포, 심장이 터지는 아픔이 고스란히 재현되는 것을 겪어야 했다. 이 땅은 여전히 정영상이 머물 수 있는 세상이 아니었다.

> 아아 어두워지는 교실에서
> 마지막 책걸상을 정돈하는
> 주번 아이들마저 돌려보내고
> 쓰라린 가슴으로 창 밖을 보면
> 행복은 성적순이 아니다
> 피맺힌 유서 남겨놓고 목숨 끊은
> 어린 열다섯 여학생의 얼굴이 떠오르고
> 이 나라 푸른 하늘 보기가
> 그만 소름 끼치도록 무서워진다.
>
> _〈아이들 다 돌아간 후〉 중에서

정영상, 그대에게 너무 미안했다. 눈물 뿌리며 그대를 보내면서, '동지

의 무덤 위에 하늘만큼 / 시퍼렇게 낫을 갈아야 하는 계절'이라고 다짐
했는데, 아직도 세상은 황무지처럼 막막해서 미안했다. 여전히 이토록
소름 끼치는 푸른 하늘이 참으로 미안했다. 그대는 '경찰이 사람을 총
으로 쏴 죽이는 그런 나라에선 / 노동자들의 깃발만 보아도 / 그만 눈물
이 나고 만다'고 하였는데, 이 세상이야말로 노오란 빛깔만 보아도 눈
물 나는 세상이 되었다.

하지만 정영상, 그대의 불꽃같은 분노가 물처럼 맑은 마음에서 타올
랐듯이, 세상사람 눈물 역시 촛불이 되어 타올랐다. 지금 촛불은 다시
어둠을 밝히고, 진실을 밝히는 중이다.

이 탁한 세상에 매어 있을 수 없어 떠난 정영상, 순수한 양심으로 그
은 선이 아니면 그 무엇도 그를 속박할 수 없었다. 그는 이 세상에서도
경계를 넘어 머물던 사람이었다.

체육 시간이라 급한 김에 그만 누가 수도 꼭지 잠그는 걸
잊어버리고 뛰어 나갔을까. 안동 복주여중에서 수돗물
떨어지는 소리 죽령 너머 단양의 내 방에까지 들려온다.

_〈환청幻聽〉 전문

해직을 당했어도, 안동에서 단양으로 이사를 했어도 그는 듣고 싶은
소리를 들었다. 그의 여리고 순수한 마음이 향하는 곳이면, 그는 이렇
게 절절하게 그곳을 넘나드는 사람이었다. 그리고 진정 소중하게 여기
는 것들을 쉽게 떨쳐 내거나 잊지 못하는 사람이었다.

경복궁에서 청와대까지 정의와 양심을 외치다 끌려간 자리에서 경찰
의 강제 지문채취를 거부하며, 스스로 엄지손가락을 물어뜯고 피흘리
던 결기도 그 오롯한 순수에서 나온 힘이었다.

전교조 단양지회 사무실에서 일하면서 단양중학교의 타종소리를 들을 때마다 괴로워하던 그에게 묻는다. 정영상, 지금도 듣고 있는가? 우리 가슴에 흐르는 이 강물 소리, 아픈 상처 치유하고 그대와 함께 이루려던 그 세상 향해 흐르는 이 강물 소리를 듣고 있는가?

그대가 이 세상에 남긴 불꽃 같은 시를 다시 가슴에 새긴다. 그리고 그대가 아끼던 동지들, 학생들, 무엇보다도 정의, 평화, 양심 이런 것들을 그대가 잊었을 리 없다고 생각하면서, 경계를 넘어 또 그대가 다 보고 듣고 있을지 모른다고 생각하면서, 그대 향한 따스한 촛불 하나 밝힌다.

불, 물, 바람
그리고 정영상

도종환(시인, 국회의원)

1

그 사람 정영상을 회상하기에는 너무나 많은 언어가 필요하면
서도 적확한 단어가 없다. 그는 물 같은 사람이고 동시에 불같은
사람이었다. 가슴속에는 늘 출렁출렁 감정의 물결을 담고 있다가
누가 장난으로 돌팔매질 하나라도 하면 불같이 일어나 사랑하고
미워할 줄 아는 사람이었다.

이 글은 그의 부인 박원경 선생이 쓴 수기 〈봄이 저기 오고 있는데〉
중의 한 구절이다. 박원경 선생의 말대로 그는 "물 같은 사람이고 동시
에 불같은 사람"이었다.

지난해던가, 서울에서 있었던 해직 교사 집회 때였다. 집회가 끝나고
교육부로 2차 항의 방문을 갔다가 모두 경찰서에 연행되었다. 경찰서에
연행되어 가면 신원 파악이 시작된다. 그러나 해직 교사들은 경찰의 신
원 파악 그 자체를 거부했다. 교육부 앞에서 기다리는 동안 대표단이
교육부에 들어가 면담을 하고 있었고 면담 결과를 들으면 해산하려고

했기 때문에 교사들은 이것이 불법연행이라고 항의했고, 시내 각 경찰서에 분산 수용된 몇백 명의 교사 중에 혹시라도 수배자가 있거나 아니면 지도부가 섞여있을 경우 전원 석방되지 않고 그 중 몇은 또 감옥살이를 할 가능성이 있기 때문에 신원 확인 그 자체를 거부했던 것이다. 경찰은 강제로 신원을 파악하기 위해 선생들을 몇씩 분리해서 끌고 갔다.

팔이 꺾이고 멱살을 잡힌 채 강제로 소지품 조사를 당하거나 지문을 찍게 하여 신원을 파악해내는 폭력수사가 진행될 때였다. 지문 찍히기를 거부하던 정영상 선생은 자기 엄지손가락을 입으로 물어뜯어버렸다. 피를 흘리는 정선생의 모습을 보던 경찰들은 기겁을 하여 뒤로 물러서고 말았다. 그 때문에 마지막 석방 협상 과정에서도 경찰은 정 선생만은 석방시킬 수 없다고 주장했었다. 정영상은 그런 사람이었다.

나는 계란이다
계란으로 바위를 치면
나만 박살난다는
바로 그 생계란이다
그러나 사람들아
부끄러워하라
내 앞에서
부끄러워하라
너희는 누구 어디
나처럼
온몸으로 박살나도록
으깨져 본 적이 있는가

바위 같은 큰 적 앞에

온몸으로 피투성이로

내장까지 흘러내리며

싸워본 적이 있는가

이 미쳐버린 나라에

이 똥물보다 더 더러운 정권에 대항하며

나처럼 온몸으로 박살날 자신이 있는가

_〈절규 3 나는 계란이다〉 중에서

그는 참 약하고 여린 사람이다. 마음도 약하지만 어릴 적부터 약골이었던 사람이다. "좋아하는 여자애 괴롭히는 녀석과 / 복도에서 눈이 마주쳐도 / 내가 먼저 눈을 내리깔고 / 슬금슬금 교실로 들어와"(《솔개미》) 버리던 사내아이였다.

할아버지가 못난 놈이라고 개구리 뒷다리를 달여 먹이던 그런 어린 날을 보냈다. 그러나 그는 늘 자신이 약하다는 것을 숨기지 않는다. 숨기지 않고 솔직히 드러내며 약한 그 처지에서 있는 그대로 싸운다. 비겁하지 않게, 비굴하지 않게 몸을 던진다. 설령 그가 이 세상에 한 개의 계란 정도밖에 되지 않는다 하여도 그는 그곳이 몸을 던질 자리이면 온몸을 던진다.

그것이 그가 할 수 있는 최선의 일이라면 겁내지 않고 몸을 던져 왔다. 앞뒤를 재고 실리를 따지고 계산을 하는 사람이 아니었다. 그러면서 우리에게 이렇게 질문을 던지는 것이다.

"너희는 누구 어디 나처럼 온몸으로 박살나도록 으깨져 본 적이 있는가."

"나처럼 온몸으로 박살날 자신이 있는가."

물론 이 물음은 '바위'와 '계란'으로 상징되는 양심적인 개인과 거대한 권력구조와의 싸움에서 온몸을 다 던졌던 전태일, 박종철 이런 이름들 앞에 나약함과 부끄러움을 딛고 거듭나고자 하는 자기 각성의 질문이다.

　이 시는 먼저 자신이 부끄럽지 않게 살아야겠다는 깨우침을 시작으로 해서 다른 사람들에게 다시 던지는 '수사적 질문'의 형태를 띠고 있다. 그리고 이 시대 양심적인 소수에게 끊임없이 던져오던 '당신들은 패배할 수밖에 없다'는 소시민적 담론이며, 몇십 년 동안 교묘하게 포장되어 대중적으로 유포된 지배이데올로기의 전형적인 언설인 '바위'와 '계란', 바로 그 부분을 정면으로 뒤집으며 우리에게 던져진 시가 〈절규 3〉인 것이다. 그리하여 우리에게 부끄러움을 일깨우고 "언제라도 던져질 각오가 되어있는" 삶을 살아야 한다고 말해 오는 것이다.

　그의 이런 불같은 심성이 여과되지 않고 그대로 드러난 것이 〈화염병〉, 〈불〉, 〈新농부가〉, 〈신문을 찢는다〉, 〈식칼 1〉, 〈식칼 2〉, 〈나는 집게 손가락을 움직이고 싶다〉 등의 시들이다.

> 식칼을 쓸 때가 많다
> 아내가 벌어 먹고 사는 동안
> 나는 부엌에서
> 하루에 한 가지씩은
> 썰거나 잘라서 먹는다
> 무를 통째로 자르거나
> 생선의 목을 자를 때
> 내 눈은 빛난다
> 깎을 때보다 자를 때

전율이 온다
이렇게 먹기 위해서만 썰거나 잘라야 하는가
식칼의 용도를 바꿔보고 싶다
짐승 같은 나라.

_〈식칼〉 전문

나는 집게손가락을 움직이고 싶다
호흡을 잠시 멈추고
조용히 당기고 싶다
뻥 뚫린 구멍이 보고 싶다
밑바닥이 꼭대기가 되고
꼭대기가 밑바닥이 되는
그런 피라미드를 보고 싶다

_〈나는 집게손가락을 움직이고 싶다〉 중에서

식칼 연작의 자르는 행위, 〈나는 집게손가락을 움직이고 싶다〉의 방아쇠를 당기는 행위가 뜻하는 이런 시적 분위기는 시를 읽는 사람들로 하여금 무서운 살인 의지 같은 것을 느끼게 한다. 이런 살인 의지는 그의 '불같은 심성'과 궤를 같이하는 것들이다. 해직 4년 동안 그는 이른바 '잘린 사람'이었다.

해직을 사람들은 학교에서 목이 잘렸다고 한다. 잘렸다는 의식이 머릿속을 지배하던 4년 동안 그는 "식칼의 용도를 바꿔보고" 싶은 꿈을 꾸는 것이다. 어디에서 "짐승 같은 나라"에서. 이 점이 중요하다. 그의 공격 의지가 단순한 한 개인을 향한 것이 아니라 "짐승 같은 나라"를 향해 있는 것이다. 〈나는 집게손가락을 움직이고 싶다〉도 마찬가지

이다. 그런데 집게손가락을 당겨서 "밑바닥이 꼭대기가 되고 / 꼭대기가 밑바닥이 되는 / 그런 피라미드를 보고" 싶었던 것이다. 혁명 의지였던 것이다.

문제는 〈불〉이라는 시를 제외한다면 각각의 시들이 개인적인 욕구의 분출에 그치고 있다는 점이다. 불 같은 그의 심성이 "불은 가만있지 않는다 / … / 모든 것을 태워버리는 / 민중의 뜨거운 가슴이다."(이처럼 함께 불붙고자 하는 심성으로 확산되지 않고 〈절규 3〉, 〈식칼〉, 〈나는 집게손가락을 움직이고 싶다〉의 시적 화자들이 모두 개인에 머물러 있다. 다음 시를 보자.

> 온 세상의 속 알맹이에 불이 나서
> 나무들 잎새 물줄기에도 불이 나서
> 모락모락 저마다 가슴속 연기가 나서
> 콜록콜록 숨이 막히는 8월
> 나는 그대에게 무엇인가 드리고 싶었어요
> 하찮은 인정 칼로 자르는 것도 배우고
> 곰곰이 돌아보며 이제껏 지었던 죄
> 깊이 뉘우칠 줄도 알고
> 땀방울 흘려서 거두리라
> 그것만 타이르고 속삭인 8월
> 나는 그대에게 하염없이 무엇인가 드리고 싶었어요
> (중략)
> 눈이 뜨이면 그 눈을
> 길이 열리면 그 길을
> 그대에게 드리고 싶었어요

그러나 정작 드리고 싶었던 것은
하나도 제대로 드리지 못하고
활활 타버린 8월
재가 되어 차곡차곡 쌓인 8월

_〈재가 된 8월〉 중에서

　이 시의 시적 화자는 불 속에 있다. 불타는 가슴을 지니고 있다. "모락모락 저마다 가슴속 연기가 나서/콜록콜록 숨이 막히는 8월" 속에 있다. 칼로 인정을 자르는 것도 배우고, 이제껏 지었던 죄 깊이 뉘우칠 줄도 아는 그의 심성은 '그대'까지 불 지르려 하지 않고 자기만 불에 탄다. 그러고는 그대에게 "눈이 뜨이면 그 눈을/길이 열리면 그 길을" 드리고 싶어한다. 그대에게까지 불 지르고자 하는 것이 아니라 자기만 불을 안고 불에 타 "재가 되어 차곡차곡" 쌓이는 것이다. 다른 경우에 그에게서 솟는 '불'은 그리움이다.

학교야, 아이들아, 어둠을 찌르고 높이 솟은 게양대야
이 내 눈의 불빛을 보아다오
보이지 않느냐
학교와 너희들의 교실을 훔쳐보는
이 그리움에 사무친 선생의 두 눈에서 새나오는
불빛이 보이지 않느냐.

_〈학교를 훔쳐 보러 간다〉 중에서

　어둠에 싸인 텅 빈 운동장, 숙직실 불빛이 새어나오는 것을 바라보다 두 눈에서 불이 쏟아지는 해직 교사의 마음. 돌아갈 수 없는 학교와 아이들에 대한 그리움으로 눈이 타는 것이다. "학교가 보일까 봐 / 학교가 보이지 않는 골목길로 돌아간다"(《자전거 패달을 전속력으로 밟는다》)는 역설과 함께 가슴속에 자리한 학교로 돌아가고픈 마음이 두 눈을 불타오르게 하는 이 시의 '불'의 이미지가 갖는 상징은 정영상의 시 전편이 갖는 불 같은 심성의 그 근원을 생각케 한다.

2

가슴속은
겨울 건초더미처럼 말라버렸다
확 불지르면
아마도 슬픔이 타는 냄새가
코를 찌를 것이다.

_〈자물통과 열쇠 - 자화상〉 중에서

그는 건초더미처럼 마른 자기 가슴을 불지르면 "아마도 슬픔이 타는 냄새가 / 코를 찌를 것"이라고 말한다. 이 이야기는 그의 불 같은 열정은 똑같이 물 같은 심성과 섞여있다는 것을 보여주는 말이다.

물을 보면
가슴이 아픕니다
물을 보면
반가워서 슬퍼집니다
너무 많은 물을 보아도
죄가 많은 것 같고

너무 적은 물을 보아도

죄가 많은 것 같습니다.

_〈무제〉 전문

물을 보면 왜 반갑다가도 슬퍼질까. 물을 보면 왜 가슴이 아플까. 물은 예로부터 자신을 있는 그대로 비쳐보게 하는 것의 상징이다. 물을 보면 불 같던 그의 분노가 다시 고요히 가라앉으며 제 모습으로 돌아오게 하는 것이다. 자신의 모습을 되비쳐보고 자신의 본모습으로 돌아오게 하는 것이다. 진여자성眞如自性 본래의 그 여린 심성, 착한 심성으로 돌아오게 하는 것이다. 그래서 슬퍼지는 것일 것이다.

그는 물 앞에서 두 가지를 이야기했다. 하나는 아픔과 슬픔이고, 하나는 죄의식이다. 이 죄의식은 정영상이 끝내 벗지 못하고 가져간 것인데, 구체적으로는 자기 자신의 양심과 지조를 지키기 위해 해직의 고통을 감수하다 "아내가 벌어 먹고 사는" 삶을 살아야 하면서 남편 노릇, 아비 노릇, 자식 노릇을 못하고 살게 되는 동안 쌓인 죄의식이다.

〈아내의 아침〉, 〈단양에서 1,2〉, 〈新단양역에서〉, 〈객지의 달〉, 〈가을 홍수〉, 〈깊은 밤〉, 〈어머님 칠순〉 같은 시들이 그런 죄의식을 구체적으로 형상화한 것이다. 해직 교사로서 자신을 지키면서도 그것이 곧 가장 가까운 가족들에겐 고통으로 다가가는 것을 못내 가슴 아파했고, 그것 때문에 "실업의 깊은 밤"을 불면으로 새우거나 죄의식에서 벗어나지 못했던 것이다. 그것이 더욱 비약하여 살아있는 것 자체가 죄스럽게 느껴지던 날의 시들은 오래오래 우리 가슴을 아프게 때린다.

목련이 핀다

사는 것이 죄다

봄이면

너 혼자 개벽하고

나는 또 죄인이 되는가.

_〈목련〉 전문

돌 앞에 앉아 울고 싶은 날이 있다

주먹만한 돌이

아이를 둘 낳고 아버지 소리를 듣는

사나이보다 더 크다

살아온 날 돌아보다가

살아갈 날 고개 저으며

돌 앞에 앉아 울고 싶은 날이 있다

하루를 산다는 것은 얼마나 무서운가

인간으로 산다는 것은 얼마나 부끄러운가

_〈돌 앞에 앉아〉 중에서

    꽃피는 삶. 그도 그런 것을 꿈꾸었을 것이다. 목련꽃 피는 목련나무 아래 서서 꽃필 수 없는 사람의 봄을 생각하고 거기서 그는 또 죄의식을 느낀다. "사는 것이 죄"라고 말한다. 돌 앞에 앉아 돌보다 못한 자신의 삶에 가슴 아파한다. 아이를 둘이나 둔 아버지인 자기 처지를 생각한다. 살아온 날은 돌아보아지는데 살아갈 날을 생각하면 고개가 저어진다. 막막하고 자신이 없어졌을 것이다. 그러나 그래도 이렇게 살 수밖에 다른 도리가 없는 삶을 생각하며 한없이 괴로웠을 것이다. 하루를 산다는 것의 무서움, 인간으로 인간답게 산다는 것의 어려움, 그런 것을 느끼며 울고 싶었을 것이다. 그리고 그런 갈등 속에 괴로워하는 자신을 그는 도리어 부끄러워했다. "돌 앞에 앉아 울다 / 돌에 이마를 짓찧고 / 피 흘리고" 싶어했다. 그렇게 지켜나가던 양심이었다.

그의 마지막 유고시인 〈돌 앞에 앉아〉는 그리하여 살아 남은 자들이 두고두고 눈물 흘리게 한다. 가슴 아프게 하고 돌에 이마를 짓찧고 똑같이 피 흘리고 싶게 한다.

정말 "하루를 산다는 것은 얼마나 무서운가", "인간으로 산다는 것은 얼마나 부끄러운가" 그의 시에 많이 나오는 울음과 눈물처럼 그는 '물의 심성'이 가득했던 사람이었다.

그가 얼마나 정이 많고 사람에 대해 애틋한 눈을 가졌는가 하는 것을 보여주는 시들이 이 시집에는 너무 많다. 〈산다는 길〉, 〈오근장역에서〉, 〈철가방〉, 〈吉〉, 〈김수열〉, 〈동지와 가을〉, 〈철새는 날아가고〉, 〈맑은 눈〉, 〈김종찬〉, 〈진흙〉, 〈사랑하고 싶은 사람 박화영〉, 〈길〉, 〈정덕화〉, 〈거울〉, 〈김수열과 포니 투〉 등의 시들이 그것이다.

이 시의 주인공이 되었던 이름들. 김수열, 김광택, 강성호, 윤영규, 안수정, 김종찬, 강병철, 박화영, 정덕화, 조석옥 이런 이름들은 대부분 우리가 늘 가까이하던 이름들이다. 가까이하면서도 정영상처럼 따뜻하고 애정 어린 눈으로 깊이 있게 들여다보지 못했던 이름들이다. 그가 아니고는 볼 수 없는 그런 사랑스런 눈을 그는 갖고 있었다.

> 따뜻한 봄날
> 새싹을 보면 아껴주고 싶듯이 그렇게 사랑하고픈
> 사람이 있습니다.
> 언제나 만나기만 하면 꼭 술 한잔 사주고
> 그러다 어둑어둑해지면 그만 자고 가라고
> 소매를 붙잡아 집으로 데리고 가고 싶은 사람이 있습니다.

(중략)

돌미나리 산나물 냄새 나는 4월의 단양 장날

모처럼 그가 나타나던

시장 골목 어디 선술집으로 가서

아무에게도 말하고 싶지 않던 비밀 한 가지

그에게만은 살짝 귓속말로 일러주고 싶습니다

_〈사랑하고 싶은 사람 박화영〉 중에서

그는 그렇게 정이 많은 사람이었다. 그럴 수만 있다면 우리가 꼭 그렇게 "기어이 붙잡아 밥 한 그릇 먹고 가게 하고 싶은 사람"이었다.

3

해직 이후 그와 함께 활동했던 전현직 교사 시인들의 모임 교육문예 창작회 회원들은 그를 '바람 같은 사람'이라고 말한다.

교육운동 또는 교육문예운동에 대해 밤새 회의를 하고 토론하고 술을 마시다 새벽 대여섯 시쯤 되면 그는 온데간데없이 사라진다. 한두 번이 아니었다. 화양동 모임에서도 그랬고, 속리산 모임, 변산반도 모임에서도 그랬다. 〈술〉이란 시에 나타난 그대로다. 술이 덜 깬 모습으로, 그의 키만한 슬픔을 고스란히 지닌 모습으로, 밤을 꼬박 새운 모습으로 아무 차나 잡아타고 사라진다.

건강 때문에도 그렇고 밤새워 술을 마신 것 때문에도 걱정이 돼서 남아있는 사람들을 애타게 만들다가 단양에서 편지를 보내 온다. 구절구절 사과의 말도 들어 있고, 부끄러움과 뉘우침의 이야기도 들어있는 편지였다.

죽기 전 날도 단양군 내의 여러 학교를 다니며 학교 방문도 했고, 돌아오는 길에 술 한잔을 더 마시고 다음날 새벽 다섯시쯤 늘 그러듯이 혼자 먼길을 떠났다. 봄꽃도 지천으로 피던 날, 영영 돌아오지 못하는 길로 가버렸다. 그는 그런 바람 같은 사람이었다.

> 한번 태어난 솔바람은
> 언제까지나 솔바람으로 산다는 것을
> 처음 알았습니다
> 솔바람이 솔바람을 다스리고
> 아무도 솔바람을 다스리지 않는
> 이미 신앙이 되어버린 바람을
> 처음 알았습니다
>
> _〈겨울 山寺에서〉 중에서

솔바람만이 솔바람을 다스릴 수 있고, 아무도 솔바람을 다스리지 않는 것처럼 그를 다스릴 수 있는 사람은 그밖에 없었는지 모른다. 그는 외로워했다. 외로운 솔바람처럼 살다가 갔다. "신앙이 되어버린 바람"을 그가 알았듯이 신앙이 되어버린 근원적인 외로움을 그는 끝내 벗지 못하고 갔는지도 모른다.

"비가 오지 않으면 나는 살 수 없다 / 바람이 불지 않으면 나는 살 수 없다"(〈운명〉)

> 그는 그렇게 말했다.
> 오리木 잎 지는
> 산비탈
> 개미마저 돌아가고 없는 산길

옛집은 외롭다

그들이 일을 끝내고 가버렸을 때
모든 길들은 제 갈길로 뻗어있었고
주먹을 쥔 내 손은 외로웠다.

오리나무 잎 지는 산비탈, 개미 한 마리 없는 산길, 옛집처럼 외로운 한 사람, 그는 그런 사람이었는지 모른다. 그가 유배지처럼 쫓겨와 해직 교사 생활을 하다 생을 마감하고 떠난 단양. 거기서 그는 같은 해직 교사 김수열 선생과 단둘이서 매일같이 사무실을 지키며 일을 했다. 사무실을 지키는 것, 사무실의 전교조 그 깃발을 지키는 것, 그것은 서울이나 대도시의 북적대는 사무실에서 전국 단위나 도 단위의 사업을 계획하고 집행하는 일과는 다른 야전의 최전진 기지를 지키는 초병의 끝없는 파수처럼 외로운 것이었다.

군 단위나 면 단위 학교에서 발생하는 교육 문제들을 해결해나가며 학교와 가장 가까이 있는 사무실을 지키는 일이었지만 그만큼 어렵고 외로운 일이었다. 실은 그들이 이 땅의 교육을 가장 어려운 자리에서 힘겹게 지켜낸 사람들이었다.

수십 명의 노동부 직원, 경찰, 교육청 관료들에 둘러싸여 노동조합 간판을 지키기 위해 몸부림치다 한 사람은 창자가 뒤틀리고 또 한 사람은 눈물이 범벅된 채 간판을 빼앗긴 날 그는 〈주먹을 쥔 내 손은 외로웠다〉라는 시를 썼다.

"그들이 일을 끝내고 가버렸을 때 / 나는 사무실 구석 벽에 세워둔 /

낡은 플라스틱 빗자루보다 더 초라했다"로 시작하는 이 시는 마치 폭력배들에게 팔다리를 붙잡힌 채 집단윤간을 당하고 난 뒤의 심정을 보는 듯한 처참함이 배어있다. '전국교직원노동조합 단양지회 간판'이란 글자 대신 '순결'이라는 단어를 놓고 이 시를 다시 읽어보면 강간당한 사람의 참혹한 심정을 담은 시 그대로다. 그 간판을 빼앗기는 일은 그 두 선생에게 있어서는 순결을 빼앗기는 일이나 다름없었다. 그것은 이름이면서 양심이고, 간판이면서 지조였던 것이다.

앞의 시 〈옛사랑〉이 존재론적 외로움을 담고 있다면 그래서 뒤의 시 〈주먹을 쥔 내 손은 외로웠다〉는 구체적·현실적인 외로움을 담고 있는 시이다.

이곳 단양에는 태풍도 겨우 앞산 떡갈나무 잎사귀들 북쪽으로
뒤집어놓고 비껴가고
강물은 겨우 立秋의 발목 언저리까지 차올라왔을 뿐이다

1992년 초가을 대낮이었다
나는 사무실에 앉아 창 밖을 내다보고 있었다. 하루에 한 번
씩 우체부는 왔다가 제천에서 보내오는 한겨레신문을 던져놓고
가고, 3년 전 보따리를 싸들고 미술실에서 쫓겨날 때처럼
닭벼슬보다 더 붉게 맨드라미는 다시 피는데
그때 그 아이들의 편지는 이미 끊어진 지 오래되어버렸다
_〈단양에서 3〉 중에서

그가 해직 4년을 이 외로운 지역에서 어떻게 살았는가를 단적으로 보여주는 시다. 이 시는 다른 시들과는 다른 담담함이 배어있다. 그는

"하루에 한 번씩 우체부는 왔다가 제천에서 보내오는 한겨레신문을 던져놓고 가는" 사무실에 앉아 초가을의 창 밖 풍경을 보고 있다.

그토록 보고 싶던 아이들에게서는 편지도 끊어진 지 오래되었다. 아이들을 위해 이렇게 싸워왔는데 세월은 모든 것을 덮어버린 채 짐짓 모른 체하고 고개를 넘어가고 있다. "죽령을 넘어가는 구름은 날 모른다 하고 / 날이면 날마다 눈 앞에 마주보는 산은 날 모른다" 한다. 사람들도 하나씩 둘씩 그의 곁을 떠나고 그는 외롭게 앉아 있다. 그러나 정말 담백한 외로움으로 앉아 있다. 그의 시를 관통하고 있는 '불의 심상', '물의 심상', '바람의 심상'들이 이 시에 와서는 고요히 가라앉아 있다.

"태풍도 겨우 앞산 떡갈나무 잎사귀들 북쪽으로 뒤집어놓고 비껴" 갈 뿐 그를 흔들지 못한다. "강물은 겨우 立秋의 발목 언저리까지 차올라왔을" 뿐 그를 적시지 못한다. "닭벼슬보다 더 붉게 맨드라미는 다시 피는데" 그는 다른 시처럼 불타지 않는다.

그에게도 그런 담백한 시심이 있었다. 외로움 속에서 단련된 담백한 시심. 정영상을 기억하는 많은 사람은 그에게서 불같은 분노나 물 같은 슬픔, 바람 같은 외로움을 보지만 그 어느 것에도 젖지 않는 그런 심성을 갖고 있는 것이 또한 시인이기도 하다는 것을 이 시는 보여준다.

바슐라르의 시론을 보면 그의 시학의 토대가 되는 공간 개념과 시간 개념 사이에 네 가지 원소가 놓여있다고 말한다. 그 물질은 공기(바람), 흙(대지), 불, 그리고 물의 이른바 4원소다.

공교롭게도 정영상의 시를 읽다 보면 바슐라르의 이 4원소가 시의 근본 모티브가 되어있는 것을 발견한다. 지금까지 불과 물과 바람의 이미지가 그의 시와 삶에 얼만큼 중요한 요소로 작용하는가를 살펴본 게 되었다.

'강병철'이란 부제가 붙은 〈진흙〉이란 시는 그 마지막 네 번째 요소인 흙의 이미지를 내포하고 있는 시이다. 〈5퍼센트의 고향〉, 〈아버지와 함께 누워〉, 〈쌀〉 등 빈곤을 벗을 수 없는 이 땅의 농촌과 고향에 계시는 아버지와 고향 마을을 생각하며 쓴 시들의 밑바탕에도 역시 흙의 이미지가 토대가 되어있다.

> 아직도 진흙인 사람이 있다
> 진흙길인 사람이 있다
> 아직 포장되지 않은 인간이 있다
> (중략)
> 진흙길을 걸어가면
> 진흙이 발에 달라붙어 고통스럽듯이
> 아직 사람을 만나 서로 고통을 나눌 수 있는
> 진흙 속엔
> 가끔 돌멩이처럼 빤질빤질한 놈,
>
> 구두나 빤질 닦아 신는 놈, 흙을 묻히지 못하는 놈
>
> 그런 놈들은 진흙 속에 발을 딛지 못한다
>
> _〈진흙 - 강병철〉 중에서

흙의 원시성, 거짓을 벗어버린 질박한 인간의 모습. 그것의 상징이 이 시의 '진흙'이다. 그것은 정영상이 어떤 삶을 갈구했던 사람인가를 동시에 보여주는 상징이기도 하다. 사람의 본모습, 위선과 허세와 과시욕으로 이어지는 삶이 아닌 포장되지 않은 인간의 삶. 그는 그런 삶을 추구하고자 했던 것이다.

그렇게 살다가 그는 갔다. '불' 같은 분노, '물' 같은 사랑을 지닌 채 '바람' 같은 외로움 속에 살다가 '흙'으로 돌아갔다. 그토록 돌아가고 싶던 학교, "자다가도 그 생각만"(〈3월〉)하던 학교로 돌아가지 못하고 그는 짧은 생을 마감했다. 해직 교사로 살던 4년은 그의 삶에 있어 어쩌면 가장 치열하게 살았던 기간이었는지 모른다. 이 시집은 그리하여 그 치열한 삶의 기록 그 자체다.

그의 시 〈동지와 가을〉은 우리가 그에게 쓸 시까지도 미리 쓰고 간 것 같다는 생각을 떨쳐버릴 수 없게 한다.

> 싸움이 길어지고 있다
> 잠든 그대 무덤 위로
> 싸리꽃 피었다 지고
> 그대 무덤 다시 찾은
> 먼지 자욱한 신발끈 위로
> 손가락으로 헤아려 세 번
> 가을이 오고 있다
>
> _〈동지와 가을〉 중에서

유고집이 정리되는 대로 함께 일했던 우리 지역의 해직 교사 모두 다 정영상의 묘소를 찾아갈 예정이다. 다시 한번 그의 명복을 빈다.

*이 글은 정영상 선생의 유고 시집 《물인듯 불인듯 바람인듯》 중에서 도종환 시인의 해설 부분을 발췌 수록하였습니다.

물처럼 불처럼 살다 간
정영상 선생님

이주영 정영상 선생 추모 특집 좌담을 위해서 모여주신 동지들과 자리
를 만들어주신 충북지부에 감사드립니다. 먼저 충북지부 이수
미 부지부장님이 정영상 선생님의 해직에 대한 진술서를 읽어
주시기 바랍니다. 해직교사들이 쓴 진술서는 찾기 어려웠는데
자필 진술서로는 처음 찾은 귀한 자료고, 무엇보다 진술서에 담
긴 내용이 당시 노태우 정부가 저지른 교육대학살의 부당성과
온 가족의 생명을 걸고 투쟁해야 하는 해직 교사들의 마음을
대변하기 때문에 좀 길긴 하지만 추모하는 마음으로 읽어주시
기 바랍니다. (이수미 부지부장이 진술서 낭독.)

이수미 진술서를 읽어보니 이런 자리에 함께할 수 있다는 것만으로도
굉장히 영광스럽다는 생각을 하게 됐습니다. 1989년도에는 제
가 고등학생이었는데, 정말 대선배님들이시지요. 정영상 선생님
간담회 한다는 이야기를 들었을 때 제 머릿속에 떠오른 것은
사무실 컴퓨터 바탕 화면에 깔아놓은 김병우 선생님이 신문에
쓰신 글이었습니다. 누가 우연히 스캔을 받아서 담아둔 모양이
더라고요. 제목이 〈동지의 무덤가로 낫을 들고 나서야 하리〉라

는 시였거든요. 정영상 동지를 그리면서 쓰신 글이에요. 낮 하면 저는 어릴 때 시골에서 자란 탓인지 굉장히 선연한 조선낫이 떠올라서, '낫'이라는 시어에서 왠지 결기가 느껴졌어요. 그랬는데 오늘 장문의 진술서를 읽다 보니까 시에서 왜 그런 결기가 느껴질 수밖에 없었나를 이해하게 되었습니다. 정영상 선생님 삶을 자세히 들여다보지는 못했는데, 오늘 진술서를 읽어보면서 그분의 삶이 와닿았습니다. 선생님이 고민하셨던 시절이나 지금이나 이름만 문교부에서 교육부로 바뀌었지 당시 지적하셨던 여러 가지 문제 대부분이 여전히 해결되지 않고 숙제로 남아있다는 데 가슴이 답답해지기도 하고, 기분이 울컥해지기도 하고 그래요. 얼굴도 잘 모르는 분이지만 묵념을 하는데 눈물이 조금 나더라고요. 다시 한번 이런 자리에 제가 참석할 수 있다는 것만으로도 영광스럽게 생각합니다.

이주영 그 시는 정영상 선생이 배주영 선생을 추모하며 쓴 시 〈동지의 무덤에 풀을 베며〉(《물인 듯 불인 듯 바람인 듯》에 수록)를 김병우 선생이 인용한 것이지요. 2014년 충북교육감 선거 때 이 시를 가지고 반대쪽에서 폭력적이라고 문제 삼기도 했다고 들었습니다. 시가 무엇인지도 모르는 무식한 자들이지요. 김병우 선생이 교육감으로 나서게 된 마음에 힘을 준 시라고도 할 수 있겠다 싶습니다. 김병우 교육감처럼 각자 마음에 품어 오신 정영상 선생에 관한 이야기를 자유롭게 풀어놓아 보시죠.

이승범 저는 1989년, 정영상 선생님이 해직된 자리에 들어갔던 이승범입니다. 경북 안동 복주여중으로 발령받았는데, 신규발령을 받은 겁니다. 복주여중에 있다가 15년 만에 고향 충북으로 왔는데, 안동에서 15년 동안 많은 것을 배우고 와서 지금도 열심히 활동하고 있습니다. 정영상 선생님을 개인적으로 제가 만나게 된 것이 1989년입니다. 정영상 선생님은 해직되시고도 방문 투쟁을 하시느라 자주 학교에 왔다 갔다 하셨거든요. 정 선생님 책상을 제가 쓰게 되었는데, 책상 속에 두고 가신 물건이 여러 가지 있었습니다. 그게 유품이 될 줄을 몰랐어요. 그랬으면 챙겨놨을 텐데…. 서랍에 당시 보충수업 같은 것이 굉장히 불합리하다는 내용을 서류로 정리해놓으신 게 있었어요. 시도 쓰신 게 있었는데 돌려드린 기억이 나고…. 술도 좋아하시기 때문에 술도 몇 번 마셨던 기억이 납니다. 그리고 안동중학교 앞에 그분이 살던 하숙집에도 자주 갔습니다. 좋은 기억도 있고 슬픈 기억도 있고 그렇습니다. 그러면서 영상이처럼 살지 말라는 선배들 조언도 많이 들었어요. 그러다가 93년 4월 15일에 돌아가셨습니다. 장례 치르는 데 영구차가 단양에서 안동으로 넘어와 복주여중에 들어가서 노제를 하려고 하는데 학교에서 문도 안 열어줬어요. 그래서 제가 숙직실에 가서 열쇠를 탈취해서 교문을 땄습니다. 많이 슬픈 날이었죠.

서유나 저는 90년부터 충북 단양 매포중학교에 있었어요. 김수열 선생이랑 같이. 89년에 경기도에 있다가 1년 만에 제 고향으로 내려왔는데, 매포중학교로 발령을 받았습니다. 김수열 선생님이 해직된 학교지요. 김수열 선생님과 정영상 선생님이 같이 신문도 돌리고, 우리교육이나 전교조 출판국에서 나온 참교육 물품과 교육운동 관련 책도 팔러 오셨습니다. 당시 교장 선생들이 다 그랬고, 구교대라고 해서 체육 교사들을 앞세워서 선생님들이 책조차도 못 팔게 했는데, 그런 수모를 겪으시면서도 학교에 오셔서 선생님을 만나 신문도 나눠주셨습니다. 그 상황에서 제가 힘도 안 세서 잘 막아주지 못해 마음이 아팠습니다.

당시 저도 매우 힘들었어요. 경기도에 있을 때 명동성당에 가서 농성도 했는데, 저를 감시하던 노처녀 체육 교사가 자취방에 갑자기 와서 제가 담배 피우는 것을 들켰거든요. 학교와 동네에 처녀 여교사가 담배를 피운다고 소문을 내서 전교조 활동을 하지만 제가 떳떳하게 앞장서서 할 수는 없는 상황이었어요. 그런 갈등을 겪으면서 충북으로 내려왔는데, 91년에, 지금 앞에 앉아있는 당시 해직 교사인 강성호 교사와 결혼을 했어요. 정영상 선생이 제가 해직 교사가 아니니까 인간적인 면에서 해직교사 아내의 심정, 아내의 어려움을 되게 인간적으로 따뜻하게 많이 위로해주셨습니다. 제가 단양지회 사무실에 가면 함께 식사도 하면서 저한테 특히 그런 말씀을 많이 해주셨습니다.

제가 기억하는 정영상 선생님은 순수한 열정으로 가득 찬 사람이었어요. 그때가 언제였는지 모르겠지만 사무실에 갇혀있으면서 자기 뜻을 펼치지 못해서 되게 갑갑해 한 것 같아요. 우리 교육이 나아갈 길이나 바라는 점이라든가 이런 글들을 거의 만장처럼 거침없는 글씨로 써서 사무실 여기저기에 많이 붙여놓았습니다. 그런 글을 보면서 '많이 힘드시구나' 그런 생각을 했죠. 그리고 돌아가셨다는 얘기를 들었을 때 '울분 같은 것들을 너무나 참을 수 없어서, 너무나 순수한 영혼이라서 그렇게 되셨구나' 생각했습니다.

김명희 저는 경북지부 안동지회에서 정영상 선생하고 같이 활동했습니다. 학교는 작년 2월에 정년 퇴임을 했습니다. 아직은 싱싱한 퇴직 조합원입니다. 명예 조합원이죠. 자청해서 매달 만 원씩 낼 테니까 조합원하게 해 달라했더니 경북지부에서 명예 조합원으로 해주겠다고 했습니다.

저는 1988년 하반기에 안동 길원여고에서 가장 행복한 교사로 살고 있었습니다. "교사들에게 노조가 뭐가 필요하냐?"고 오히려 항변했습니다. "내가 부정한 일 안 하고, 우리 학교가 부정한 일 없고, 이렇게 행복한데 노조가 왜 필요하냐?"라고 할 정도로 노조의 필요성을 못 느끼니까 민주교육추진 교협이든 평교협이든 그 당시 민주교육을 추진하던 교사들하고 아무 상관이 없었어요. 교내에서 교협이 생기고 단위 학교마다 회장을 뽑는다고 해요. 그런데 그 많던 불순분자, 불평분자들이 다 회장을 안 하겠다는 거예요. 날마다 국가 욕하고, 매일 교장 욕하고, 교육예산을 잘못 쓰면 안 된다고 하던 사람이 전부다 회장 하기 싫다 하기에, "그러면 제가 하겠습니다" 한 거예요. 가장 행복한 교사가 평교협 회장이 되면서 바로 교협 사무실로 갔죠. 교협 사무실이 있는 안동 마리스타회관에 가니까 007 가방을 들고 다니는 장병직 선생을 비롯해 모두가 "회장님, 회장님" 이러면서 떠받들어요. 처음에는 뭐 이런 조폭들이 다 있나 싶었어요.

학교마다 대표들이 나와 회의하는데, 각 학교에서 쏟아내는 문제점에 관한 이야기를 들으면서 충격을 받았어요. 저는 사립학교였기 때문에 이렇게 선생님들이 모여서 교육에 관해 고민하고 있다는 것 자체가 충격이었습니다. 우물 안 개구리여서 나만 잘하면 되려니 나만 행복하면 되는 줄 알았는데, 교협 회의를 보면서 그 당시 학교별로 굉장히 여러 가지 뜨거운 사건이 있어서 싸운다는 걸 알았어요. 그때 알게 된 선생님들이 이후 죽 일관된 활동을 하셨는데, 정영상 선생님은 그 회의 때에는 꼬박꼬박 모범적으로 나오지는 않고 가끔 긴 다리에 긴 얼굴로 나타나서 횡 하니 떠나가곤 했어요. 나갔다가는 다시 술 마시고 들어오고. 그래서 저런 사람도 다 있구나 했어요. 그러면서 자동으로 전교조로 넘어가게 되면서 별 갈등 없이 해직되었습니다. 너무나 당연한 것을 가지고 당시 문교부 장관이 어느 날 어느 시까지 탈퇴각서를 쓰지 않으면 다 쫓아낸다고 하는 걸 보고 '웃기고 앉았네. 왜 남을 간섭하고 야단이야.'라는 생각이 들었거든요.

가장 행복했던 교사가 해직되면서 바로 실업자가 되어서 집에 들어앉는 줄 알았는데, 그날부터 새벽 2시 퇴근이었어요. 해직 교사 정영상, 배용환, 큰 김명희, 작은 김명희, 김병찬, 장혜옥 이렇게 여섯 명이 주르륵 모여서 활동하다 새벽 2시에 퇴근을 하게 되었어요. 그때도 정영상 선생님은 회의도 꼬박꼬박 나오지 않고 바로 단양으로 가셨어요. 그러니까 89년 8월에 우리가 해직되었는데 9월부터 단양지회로 옮긴 것 같아요. 사모님 계신 곳으로. 정영상 선생님 건강이 안 좋았어요. 그래서 단양지회에서 혼자 상근하면서도 가끔 자녀 열림이를 데리고 안동지회로 놀러 오셨어요.

김수열 저도 단양지회에서 같이 상근했는데요?

김명희 두 분인데 왜 그렇게 외로워하셨지? (웃음) 우리가 올 때마다 한 분은 밖에 나가시고 한 분은 전화 받고 그러셨나 봐요. 가끔 안동지회 놀러 오셔도 우리가 괜히 얼마나 바빠요. 무시로 걸려오는 전화를 받아대고…, 열림이는 앉아있고…, 그러면 정영상 선생님이 옆에서 보다가 "전교조 사무실이 이래야 하는데 우리 단양지회는 종일 있어도 전화 한 통이 안 온다." 그러면서 부러

운 듯이, 바쁜 우리가 부러운 듯 보면서 그래요. 그것이 외로워 보였고, 싸우고 싶어서 죽겠는 것처럼도 보였어요. 그러다가 단양으로 가시곤 했어요. 그러다가 1월에 배주영 선생님이 연탄가스 사고로 돌아가셨다는 소식을 듣고는 단양지회에서 달려오셔서 조시를 써야 하는데 얼굴이 떠오르지 않는다는 거예요. 배주영 선생님은 청송지회에서 해직이 됐잖아요. 그런데 안동지회가 큰집이기 때문에 모든 행사를 안동에서 했어요. 전교조 본부와 경북지부가 다 안동으로 와서 전교조 처음으로 전교조장으로 치르는데 정영상 선생님이 오셔서는 조시를 써야 하는데 배주영 선생님 얼굴이 떠오르지 않는다 하시더니 바로 빈소에 가서 영정을 보고는 대번에 아는 거예요. 얼굴이 발그작작해 가지고 배낭에다 전교조 신문이랑 참교육 물품을 들고 허구한 날 청송 산골 골짝을 다니면서 물품을 팔았고, 교무실에서 돌리다가 쫓겨나기도 하고 들려 나오기도 하면서 한참을 얘기하고, 또 한참을 걸어 다음 골짜기 학교로 가고 이런 모습이 고대로 얼굴에 나타났다는 거예요. 그러시면서 정영상 선생님은 영정 앞바닥에 꿇어앉아 울면서 긴 조시를 완성했어요. 그랬던 정영상 선생님이 3년 뒤에 가셨죠. 그 정영상 선생님 영정을 보고는 누가 조시를 썼는지 모르겠어요.

김수열 90년에 정영상 선생님이 단양에 왔는데 단양에서 만난 게 노란 티 때문이에요. 우리가 89년 7월 26일부터 8월 5일까지 명동성당에서 단식 농성할 때 노란 티 입고 했잖아요. 그런데 단양에서 어떤 사람이 노란 티를 입고 다닌다고 하기에 누군가 해서 찾아가 만났더니 정영상 선생님이에요. 술 먹으면 위장이 안 좋아서 힘들었대요. 안동지회에 있다 보니까 술을 많이 먹어서 사모님 따라서 와야겠다고 해서 오신 거지요. 사모님이 단양공고에 계셨거든요. 그러니까 처음에 정식으로 안동지회에서 단양지회로 이동한 게 아니라 아프니까 집에 와 쉬고 있다가 만난 거지요. 89년 가을에 만나서 90년 1월부터 정식으로 단양지회에 와서 저와 둘이 상근한 거죠. 그 전에는 병원에 계셨어요. 병원에 문병 간 기억이 있습니다.

어쨌건 그래서 같이 상근하게 됐는데, 정영상 선생님하고 저하고는 사실 성격이 다르잖아요. 그래서 제가 계속 맞춰주었지요. 정영상 선생도 나한테 맞추느라 힘들었겠지만요. 시를 쓰니까 그런지 성격이 독특했어요. 날카로운 게 있어요. 사무실에 있다가 천불이 나면 아까 서유나 선생님이 말씀한 것처럼 격문 막 쓰는 거예요. '민자당 해체하라. 노태우 정권 물러가라.' 정영상 선생님이 단양지회 오면서 첫 번째 변화가 뭐냐면 단양지회 신문을 만들어낸 거예요. 4호인가 5호까지 단양지회 신문을 만들어냈어요. 당시 컴퓨터가 없을 때니까 워드프로세서를 사서 정영상 선생님이 편집했어요. 아마 전국에서 지회 신문을 낸 데가 많지는 않았을 텐데, 그렇게 지회 신문을 만들어냈어요. 그리고 당시 완전히 동토나 다름없는 단양 읍내에 격문을 써 붙였지요. '전교조 합법화하라. 민자당 해체하라.' 써 붙이면 바로 떼어내고, 떼어내면 또 붙이고, 또 붙이고… 그래서 단양에서 전교조가 활발히 활동하게 되었어요. 단양지회에 그때 조합원이 열다섯 명 정도 있었는데 김경오 선생님이 저와 동갑이고, 김경오 선생님이 현장에 남아있는 교사를 대표해서 지회 모임이 참 잘됐어요. 지회 일지도 계속해서 썼는데 지금도 지회 사무실 어딘가에 있을 거예요. 정영상 선생님이 돌아가시기 전날까지 쓴 게 있어요.

본부에서 한 달에 두 번인가 신문이 내려오잖아요. 단양역에서 신문을 받으면 정영상 선생님과 저하고 둘이서 학교에 다니면서 신문을 배포했죠. 그때 학교에서 배포하는 게 얼마나 힘들어요. 못 들어오게 막으니까요. 그래도 선생님들이 몰래 들여보내주고, 전교조 신문도 몰래 돌려보고 했지요. 하여튼 신문 배포하는 게 보통 힘든 게 아니었어요.

전교조 신문을 배포하는 과정에서 많이 상했어요. 정영상 선생님이 외롭다고 표현한 게 안동에서는 자기와 호흡을 맞췄던 동지들이 있는데, 단양지회에서는 자기가 나이가 제일 많고 또 후배들하고 호흡이 안 맞는 경우도 있었으니까요. 안동지회처럼 같이 활동한 동지들이 아니니까 갈등이 상당히 있었던 것 같아요.

어쨌건 정영상 선생님하고 학교 현장 투쟁을 참 많이 했어요. 한번은 매포중학교에 갔을 때예요. 제가 해직된 학교지요. 지회 사무실에서 둘이 가만히 앉아 있다가 불현듯 정영상 선생님이 "김수열 선생님, 김수열 선생님 학교 구경 한번 갑시다. 빈손으로 갈 수는 없고 책 좀 가지고 갑시다." 그래서 책을 가지고 갔는데, 그때 교장 선생님이 김현규 교장이라고 6·25 참전용사예요. 김현규 교장이 빨갱이들 왔다고 소리를 고래고래 지르며 구교대라고 하는 체육 선생 두 명이 우리를 마구 쫓아냈어요. 매포중학교 조합원 선생님들은 이러지도 저러지도 못하고, 우리 둘이 책도 못 팔고 쫓겨나왔죠. 쫓겨나와서 학교 뒤 밭으로 가 담배를 피웠는데, 그 양반은 피우지도 않는 담배를 피우며 엄청 나게 울었던 생각이 나요.

지부에 연락했더니, 현재 김병우 교육감, 정태상 선생을 비롯 한 일고여덟 명이 봉고차를 타고 왔어요. 봉고차가 오니까 바 로 경찰에 연락해서 몇 분 안 돼 경찰이 떠가지고 고등학교 로 왔더라고요. 선생님들한테 책 팔면서 교장, 교감하고 대치하 고 있는데, 체육 선생님 둘이 광분해서 달려들면서 죽여버린다 고 끌고 학교 끝으로 가니까 대책이 없더라고요. 김병우 선생님 은 "그래 죽여라." 하면서 가니까 교감이 가서 끌고 오더라고 요. 얼마나 미안해요, 우리 때문에 와서 그런 수모를 당하니까. 정영상 선생하고 그다음에 또 같이 갔는데 그것을 학교에서 또 고발했어요. 무단침입에 폭력으로 경찰에 고발한 거지요. 그래 서 벌금 30만 원 물었어요. 그렇게 학교 현장 방문 투쟁을 정영 상 선생님하고 많이 했죠.

그때는 학교 교무실에서 선생님들이 밖으로 전화하기 어려 웠어요. 전화기가 교무실 교감 책상에 하나밖에 없으니까 지회 사무실에 전화를 할 수가 없는 거지요. 그리고 우리가 전화해 서 "제가 김수열입니다. 정영상입니다." 하면서 어떤 선생님을 바꿔 달라고 하면 안 바꿔주고, 《태백산맥》에 나오는 '김대치' 이름을 빌려서 제가 "김대치라고 합니다." 그러면 바꿔줬어요.

모 두 (웃음) 하대치 아니에요?

김수열 몰라, 하여튼 그렇게 다른 이름으로 전화를 해야 했어요. 정영 상 선생님은 정 누구였지? 아 정화상이라고 했어요. 그러면 조합원 선생님들이 알고 적절히 대응해서 전화를 받았어요. 교장, 교감은 《태백산맥》을 안 읽어봤으니까 모르죠. 정영상 선생과 일상 투쟁을 그렇게 했어요.

　　정영상 선생이 술을 엄청 좋아했잖아요. 술 먹으면 폭음을 해서 위장이 안 좋았어요. 그게 내가 보니까 경북에서 술을 잘못 가르쳤던 거 같아요.

이주영　학교 다닐 때부터 그랬답니다. 공주사대 다닐 때부터. 경북지부 잘못 아니에요. 하하.

김수열　그런가? 허허. 돌아가실 때는 심장마비로 돌아가셨어요. 우리는 술을 많이 드시면 심장이 망가지는 걸 모르고 위장만 생각했는데…. 그러니까 돌아가시기 전날도 매포중학교에서 분회 모임을 한다고 해서 정영상 선생님하고 나하고 둘이 가서 분회 모임 끝나고 동네에서 뒤풀이하고 10시쯤에 헤어졌나. 단양에 와서 내일 아침에 봅시다 하고 10시쯤에 헤어졌어요. 그때가 93년 4월 14일이에요. 그런데 4월 15일 새벽에 돌아가셨어요. 돌아가실 때 홍창식이라고 우리 도와주던 성신양회 노동조합 하시던 분이 계셨는데 그분이 둘러업고 병원에 갔는데, 내가 연락을 받고 병원에 갔더니 정영상 선생님이 누워있더라고요. 돌아가실 때 아마 애들 생각을 했는지 눈두덩이에 눈물이 잔뜩 고여있었어요. 돌아가신 지 얼마 안 된 상태였어요. 새벽 5시쯤인가. 그렇게 돌아가셨죠.

김명희　우리 안동지회에서는 사망 소식을 듣고 상근자들이 다 모여서 단양으로 가면서 차에서 한 얘기가 있어요. 참 정영상답게 죽었다. 심장마비. 어디 정영상이 노환으로 죽겠냐. 노환으로 죽을 사람이 아니다. 심장마비가 너무 정영상답다. 심장마비 아니면 어떻게 죽었겠냐. 자해, 본인도 모르는 자해 있잖아요. 자해로 돌아가셨을 거예요.

그때 안동 우리 집에도 제2의 안동지회처럼 많이 모였어요. 어느 날 발가락에 붕대를 감고 나타났어요. 발가락을 왜 다쳤냐 했더니, 전날 술을 마셨는데 너무 화가 나서 들고 있던 칼로 자른 모양이에요. 아침에 일어났더니 발가락이 덜렁덜렁하더래요. 병원에 가서 붕대를 감고 치료를 했던 거예요. 그런 식의 상처, 끔찍한 상처가 참 많았어요. 원래 희로애락을 순수하게 표현했기 때문이지요. 기쁠 때는 너무 기뻐하고 슬플 때는 너무 슬퍼하고 감탄할 때는 너무 감탄하고 막 그래요. 화날 때는 엄청 화를 내고 칭찬할 때는 너무 많이 칭찬해요. 그래서 그 주변에 있는 사람은 심심하고 소외되고 그럴 정도로 한 사람만 보고 그렇게 칭찬하고 감탄하거든요. 그 순수한 감정 때문에 분노가 일면 그 자리에서 일어나서 자기도 모르게 발가락을 자해한 거겠지요. 그래서 저렇게 죽지 않으면 심장마비로 죽겠다 싶어서 뭐 그다지 놀라지 않았었어요.

이주영 정말 불같은 사람이었군요. 기록을 보면 해직 교사 원상복직 상경 투쟁 때 경찰서에 지문 찍으라니까 자기 손가락을 이빨로 물어뜯어 지문을 못 찍게 했다잖아요.

강성호 서대문경찰서로 다 끌려갔을 때가 민자당 쳐들어갔을 때니까 91년 즈음이었을 거예요. 그때 제가 있었습니다. 다시 정부종합청사 앞으로 가서 시위하다가 다 서대문경찰서로 끌려갔어요. 서대문경찰서에 인원이 많으니까 형사1과 형사2과 다 흩트려서 놨는데 제가 들어간 장소에 정영상 선생님이 계셨고, 다른 선생님 네 분이 계셨는데 거기서 어느 분이 그랬는지 모르겠지만 우리를 왜 끌고 왔느냐고 항의를 했어요. 그때 누군가가 양쪽에 있는 캐비닛에 달라붙어 다 두들기기 시작했어요. 캐비닛이 다 닥다닥 하니까 얼마나 시끄러워요. 형사들이 달려드니까 저는 그냥 끌려 나왔는데 그때 정영상 선생님이 그렇게 하신 거로 알고 있어요.

이주영 그때 본부 투쟁 지침이 신원확인 거부였어요. 부당연행에 대한 항의 표시로 이름과 소속을 말하지 않기로 한 거지요. 그러니까 제가 끌려갔던 성북경찰서에서도 한 사람씩 떼어다가 강제로 얼굴 사진을 찍거나 형사들이 붙잡고 지문을 찍으려고 해서 싸우다 여선생님들이 다쳤지요. 그래서 싸움이 크게 났고, 경찰서 강당을 점거하고 싸웠던 기억이 납니다. 혼자 남겨지니까 형사들이 달려들어서 강제로 지문을 찍으려고 했을 겁니다. 그러니 정영상 선생이 엄지손가락을 물어뜯으면서 항거하셨겠지요.

강성호 저는 그 당시 서유나 선생님과 결혼해서 제천지회에서 근무했고, 정영상 선생님은 단양지회에 근무하니까 가끔 만났어요. 청주에서 집회할 때 같이 제천에서 기차를 타고 오는데, 당시 해직 교사 원직복직추진위에서 해직 마지막 인사위원회를 열 때 저희가 다 모여서 항의집회를 했었죠. 그때 박종선 선생님 해임 결정이 내려지고 김수열 선생님하고 저하고 김병우 선생님 네 분이 허탈한 심정으로 오근장역에서 단양 가는 기차를 기다리고 있었어요. 그때 제가 아이를 안고 있었거든요. 그때 그게 생활이기 때문에 아기 엄마한테는 간다는 얘기도 안 하고 갔어요. 시에 나오는 것처럼 오근장역에서 비행기가 확 뜨고 그럴 때 아이를 안고 있었는데 정영상 선생님이 저를 쳐다봤던 것 같아요. 기차를 타고 가면서 뭘 끼적이는 거예요. 아마 그 시를 썼던 것 같아요.

이주영 이 시인데 본인을 놓고 쓴 시니 강 선생이 한번 읽어보세요. (강 성호 선생이 시를 읽으려다 눈물을 흘리며 못 읽으니까 김명희 선 생이 대신 읽음)

강성호 그때 안고 다니던 아이가 예슬이죠. 지금 대학원 졸업했는데요. 정영상 선생님이 쓴 책을 보면 돌아가신 안수정 선생님, 박화영 선생님, 김수열 선생님을 비롯해 주위에 함께하셨던 선생님들 이야기를 쓰셨어요. 본인들은 느끼지 못했지만 따뜻한 시선으 로 쓰신 걸 보면서 정영상 선생님이 마음이 따뜻한 천생 시인이 다 싶습니다.

아마 91년 가을에 상선암에서 가졌던 모임일 겁니다. 그때 모임 분위기는 해직 기간이 길어지고 다들 우울해했어요. 그런 데 밤을 새워 이런저런 이야기를 하다 아침에 보니까 정영상 선생님 혼자서 훌쩍 나가시더라고요. 저도 잠이 없기도 하고 어디 가시나 궁금해서 뒤따라갔는데, 한두 시간 꼼짝도 하지 않고 상선암 흐르는 개울가 물을 쳐다보더라고요. 그야말로 마 치 돌처럼 비석처럼 가만히 쳐다보고 계시는 게 지금도 기억이 납니다.

또 한 가지는 "우리 선생님들 특히 현장에 있는 선생님들이 얼마나 힘드실까."라는 얘기를 많이 하셨어요. 충북지역이 되게 열악하지 않습니까. 안동 얘기도 하셨습니다만 본인도 많이 답 답해했어요. 간판 얘기하셨는데 당시에 노동부에서 교원노동조 합, 노동조합을 빼라는 공문을 내려보냈거든요. 그 당시 충주 노동사무소에서 언제까지 빼지 않으면 사무실을 폐쇄하겠다고 이야기했어요. 제천하고 단양, 여기는 두 명밖에 없지 않습니까. 제천지회 같은 경우도 만약에 오면 문을 어떻게 잠그고, 쳐들어 오면 어디서 뛰어내리고, 아주 비감한 분위기였거든요. 단양지 회도 마찬가지였을 거예요. 그때 정영상 선생이 "노동조합인데 노동을 빼라고 하면 내가 여기서 죽겠다"고 하시는 거예요.

김명희 당연히 그러셨을 거예요. 그런 탄압에 맞서다 너무 분노해서 결국 심장마비로 돌아가신 거지요.

김조영 저는 김수열 선생님하고 전교협 시절부터 단양에 같이 있었고, 탈퇴각서를 내서 해직은 안 됐어요. 탈퇴각서를 낸 것도 교장실 에 불러서 가보니까 조치원에 사시던 아버지가 농약병을 갖고 오셔서 마시고 죽겠다고 하셨어요. 교장이 전화해서 부른 거지 요. 교장 전화를 새벽에 받은 아버지가 그날 모를 심으려고 일 꾼들을 다 맞춰놨는데, 전화가 온 거예요. 전화 내용도 짐작이 돼요. '당신 아들이 빨갱이 불온한 단체에 들어가려 하니까 해 직된다. 막아라.' 우리 아버지가 보니까 애 고집은 내가 아니고 는 못 꺾는다 생각하시고 만사 제쳐놓고 오신 거죠. 농약병을 딱 꺼내놓으시는 바람에 그 자리에서 두말할 것 없이 바로 "제 가 쓸게요. 걱정하지 마세요." 하고 썼죠. 그다음에도 활동은 계속했어요.

　　정영상 선생님을 처음 봤을 때는 완전히 연약, 물론 위장병이 있어서 그런지 몰라도 풀처럼, 사슴처럼 연약해 보였어요. 눈도 그렇고. 그런데 그분하고 생활해보니까 순도 100%였어요. 순수 하지 않은 것에 견딜 수 없는 분노 같은 것을 가지고 있는, 마 음에 가슴에 용암 덩어리를 가지고 있는 그런 분으로 느꼈어 요. 그래서 우리 단양에 있으면서도 당신의 뜻과 같지 않은 일이 벌어질 때마다 견딜 수 없는 불길을, 위장이 좋지 않은데도 자해하는 심정으로 술을 들이부으면서 해소하려고 하지 않았나 생각이 들고요. 저녁때는 거의 출근하다시피 조합원 선생님들이 지회 사무실에 오곤 했지만 낮에는 선생님 혼자 얼마나 외로웠을 것인가. 지금 얘기를 듣다 보니 가까운 곳에 있는 우리가 왜 거기 계시는 선생님들을 찾아가 보지 못했나 하는 회한이 듭니다.

김수열　단양에서 안동이 얼마나 길었는지, 나하고 술을 자주 먹었는데 술을 먹다 보면 없어져요. 술을 먹다 단양에서 안동으로 기차 타고 간 거야. 그러면 나중에 짜증이 확 나는 거죠. 한두 번이 아니야.

김영희　그 한두 번이 아닌 일을 안동 사람들한테도 자주 했어요. 한밤 중에 쳐들어와서 앞에 앉은 사람하고 술을 마시면서 눕지를 못하게 해요. 그대로 앉아있어야 해요. 절대로 비스듬히 앉거나 누우면 안 되고 가려고 하면 잡고. 그래서 여럿이 있으면 몰래 일어나서 화장실 가는 척하고 밖으로 나가죠. 그러면 찾으러 나와요. 그때 간사가 있었어요. 그 간사는 자동차 뒤에 숨어있었어요. 들킬까 봐. 들키면 술 못 해도 앞에 앉아있어야 하거든요. 그러니까 안동에서 정영상 떴다 하면 전부 다 자거나 자는 척하거나 불을 껐어요. 그런데 차영민하고 김헌태 선생님은 그렇게 못 해요. 그냥 그 자리에 있죠. 새벽까지 있다가 단양 가요. 술 빼고는 일단 정영상을 이야기할 수 없죠.

김수열　정 선생님이 쓴 마지막 시는 매포중학교 가기 전에 쓴 건데 돌을 보고 쓰신 거예요. 그 돌은 석부작이라고, 난초 같은 것을 붙여서 꾸며놓고 보려고 가져다 놓은 수석이었어요. 이 양반이 얼마 전에 아들내미를 보았어요. 건강 상태도 안 좋았는데 신기하게 자식을 낳았고, 아들 얘기를 참 많이 했어요. 아이들 이름이 열림이 하고 몽길이지요, 아마? 이 아이들이 앞으로 어떻게 살아갈까 암담하게 생각했을 때지요. 그날도 우리가 오전 9~10시쯤 출근해서 갔는데 그 돌을 가져다 놓고 빤히 보다가 시를 막 쓰더라고요. 마지막 행이 '돌에 머리를 찧고 싶다'였어요. 내가 정 선생은 뭐 이렇게 무섭게 쓰느냐 그랬더니 씩 웃고 말았는데 그게 마지막 시가 되었어요. 그거 쓰고 매포중학교 갔다가 그다음 날 돌아가신 거예요. 그런데 그 시를 가만 보면 그야말로 무슨 절명시 같기도 하고 영혼이 죽음을 예감해서 썼는지 모르겠네요.

이주영 여러 가지 이야기를 들으면서 당시 전교조 투쟁의 속살을 그대로 보는 느낌입니다. 참으로 힘들고 어렵고 그러면서도 생명이 고동치는 때였지요. 정영상 동지는 그런 용광로 같은 시기를 가장 치열하게 살다 갔다는 생각이 듭니다. 30여 년이 지난 지금 우리가 왜 다시 그런 역사를 되돌아봐야 하는지, 또 정영상을 기억하고 부활시켜야 하는지 각자 자기 생각을 말씀해주세요.

김명희 저는 같은 사무실에 근무한 적이 없는데도 살아오면서 간절하게 그리울 때가 있습니다. 학교에 있을 때는 '벌떡교사가 있으면 좋겠다' 하는 순간, 타협할 때 "이게 아니다"라고 말해줄 사람, 최순실 국정농단 사건처럼 국가가 굉장히 어려운 처지에 있을 때 정영상 선생님이 계시면 뭐라고 하실까, 어떤 행동을 하실까. 교단의 고비마다 안 좋은 일이 있을 때마다 안동의 옛 동지들은 이때 정영상이 있었다면 어떻게 했을까 하는 말을 참 자주 해요. 그러면서 "그 인간 그냥 자폭했을 거야, 폭탄을 안고 갔을 거야, 청와대도 몇 번 갔을 거야." 이렇게 얘기해요.

　　어느 날은 열림이를 데리고 와서는 "하! 서정시가 쓰고 싶어요, 김 선생. 서정시를 쓰고 싶은데 쓸 수 없잖아요 지금." 탄식하듯이 그렇게 말했어요. 참여시를 써야 했죠 그 당시에는. 여기저기에서 사람들이 죽어가고, 특히 91, 92년에 젊은이들이 많이 죽었잖아요. 그런데 "서정시가 쓰고 싶다." 이러는 거예요. 저는 그게 굶은 사람들이 배고프다 밥 먹고 싶다는 것과 똑같이 보였어요. 얼마나 가슴이 아프던지 서정시를 쓰고 싶은 마음이 많은데 한 줄 참여시를 써야 한다는 모습을 오랫동안 잊을 수가 없었어요. 한 인간으로서 서정시를 쓰고 싶지만 살아 있는 동안에 자기가 존재하는 그 자리에서 해야만 하는 일들, 순수 100%가 안 되면 자기 스스로 분노하는, 그러니까 모든 감정이 순도 100% 희로애락이죠. 모든 감정 하나하나에 다른 것이 전혀 섞이지 않은 순도 100%라고요. 발가락을 자르는 것도 순도 100%라서, 서정시를 쓰고 싶다는 그 욕구도 순도 100%라서, 사람이 많이 있는데도 딱 한 사람만 계속 칭찬하고 감탄해서 다른 사람은 소외되었다고 느끼게 하는 것도 순도 100%라서 그런 거죠. 그래서 우리가 흔히 타협하거나 조금 물러나는 사이사이 고비마다 아닌데 이거 제대로 해야 하는데 할 때 정영상 선생님의 순도 100%가 몹시 그리워요. 특히 슬프거나 속상하거나 억울할 때.

김수열　정영상 선생님 돌아가신 다음에 단양지회에서 정영상 추모연극을 했어요. 전원예식장이라고 해직되기 전 학부모님이 경영하던 곳인데, 그분이 예식장을 빌려줘서 거기서 돌아가신 분의 추모연극을 했어요. 끝나고 난 다음에 그 학부모님이 그러시더라고요. "새 인생을 살아가는 예식을 하는 예식장에서 죽은 사람 추모제 한다고 해서 정말 안 빌려주고 싶었는데 선생님 때문에 할 수 없이 빌려드렸습니다만 앞으로 걱정되네요." 했는데, 망했어요. 망하고 식당을 하더라고요. 그것도 나중에 알았는데 마음이 아프죠. 그다음에 예식 손님이 안 온 거지요. 그때 몇몇 선생님이 정영상 선생님 추모하고 관은 아니지만 관 같은 것을 들고나오는 행위극도 했으니까요. 그때 우리는 생각 못 했지만 그 학부모님이 얼마나 고민했을까. 그런 걸 생각도 못 하고 빌렸는데…. 그 생각만 하면 미안하죠. 나중에 알았어요.

이승범 아까 제가 해직된 자리에 혼자 들어갔다고 말씀드렸잖아요. 그때 저는 바로 전교조 가입은 안 했는데, 그런 서류, 시들을 보면서 자발적으로 선생님들과 함께 보충수업관리위원회를 만들고 역할을 하고…. 참교육을 실천하려고 젊은 선생님들이 많이 움직였어요. 저도 정영상 선생님이 근무했던 학교에서 근무하니까 학교가 가지고 있는 한계점이 눈에 띄었고, 저도 전교조에 가입하게 됐죠. 그때는 굉장히 좋아하셨어요. 쫓겨난 자리는 편안한 놈이 올 줄 알았는데 (웃음) 그래도 조그만 빚은, 죄송한 마음을 항상 가지고 있었어요…. 제가 굉장히 불편했어요. 정영상 선생님이 해직된 자리라고 그러니까.

김명희 아마 해직 교사의 빈자리에 들어온 선생님들이 다 힘들었을 텐데, 이승범 선생님이 안동지회로 찾아온 그 용기는 대단해요. 안동지회 선생님들은 처음에 저 선생님이 누군지 몰랐어요. 큰 체구에 뒤에 앉아서 그냥 관찰만 했기 때문에 당연히 교육청에서 나온 사람이거나 교장이거나 교감일 거다, 형사다 하면서 굉장히 경계했어요. 뒤에만 앉아 있었고 거의 말을 하지 않았으니까요. 지금보다 그때 덩치가 더 좋았거든요. 얼굴도 하얗고. 그래서 굉장히 경계했는데 서서히 존재와 정체를 드러냈고 점점 적극적으로 되셨어요. 용기가 굉장히 필요한 일이었기 때문에 아마 그런 경우는 전국에 그다지 많지 않을 거라고 봅니다. 그러다가 다른 지역으로 가서 서운했어요.

김수열 지금 빠진 게 있는데 92년 10월 대선이 있었잖아요. 김대중, 김영삼이 붙었을 때 김대중은 대선에 당선되면 합법화하겠다고 공약을 했어요. 그래서 김대중 선거운동을 우리 전교조가 열심히 했어요. 10씩 운동이라고 해서 열 명이 열 명씩, 운동 열심히 했는데 결국은 졌잖아요. 개표 끝나고 지회 사무실에서 정영상 선생님하고 저하고 몇몇 분하고 술을 얼마나 펐는지, 울면서 광분하다시피 했죠. 그때 정영상 선생이 김대중 사진을 앞에 놓고 "나는 당신을 대통령으로 인정합니다." 했어요. 우리는 별로 기대를 안 했는데, 인수위인가 어디서 해직 교사 복직 얘기가 나왔어요. 그래서 제가 김영삼 당선되자마자 한겨레에 투고했어요. 저는 당신을 지지하지 않았지만 우리 해직 교사들 복직을 부탁한다는 요지로 투고했더니 제법 크게 나왔어요. 그래서 계속 복직 얘기가 나오는데, 둘이 앉아서 맨날 그 얘기를 하는 거예요. 나는 그렇게 급한 건 아닌데 정영상 선생님은 시골의 빈농에, 삼 남매의 둘째예요. 대학 나온 양반이 정영상 혼자예요.

시골에서는 대학을 졸업시켰으니까 기대가 얼마나 컸겠어요. 그런데 해직되고, 포항 영일이니 동네는 얼마나 보수적이었겠어요. 동네 사람은 당신 아들 빨갱이라느니, 아버지 어머니에게도 빨갱이라는 얘기를 했겠죠. 이 양반은 책임감이 크고, 부모님에게 잘해 드리고 싶은데 돈이 없었어요. 그냥 뒤에 앉아서 복직하면 우리 뭘 하자 뭘 하자 그런 얘기를 많이 했어요. 우리가 94년 3월에 복직했는데, 복직이 아니라 특별채용이지만. 이분이 93년 4월에 돌아가셨잖아요. 그때 생각하면 마음이 아파요. 복직돼서 첫 월급이라도 타고 갔으면 좋았을 텐데, 지금 생각해도 아쉬워요.

그래서 돌아가신 다음에 장례를 치르러 고향에 갔는데 선산이 있더라고요. 선산으로 모시고 가는데 아버지, 어머니에게 그때까지 숨겼던 거예요. 돌아가셨다는 말을 차마 못 하고. 부모님들이 연로하셨어요. 상여를 보면 돌아가신다고 해서 상여를 동네 저쪽으로 돌려서 뺑뺑 돌아서 갔어요. 그런데 모를 수가 있나. 선산에다 모시고 왔죠. 그 해에 제가 우리 식구들하고 남해안 가면서 그 집을 들렀어요. 아버지가 조그만 덩치지만 양반이었어요. 어머니는 완전히 여장부 같고. 정영상 선생이 외모는 아버지 닮고 성격은 어머니 닮은 것 같아요. 시골집에 두 노인네가 어두컴컴한 곳에 계셔서 인사만 드리려 했는데 밥 먹고 가라고 붙잡으시더라고요. 그래서 저녁을 먹고 가는 데 노인네가 막 우시는 거야. 다음 해 아버님이 돌아가셨어요. 아버님 돌아가신 걸 연락을 안 해 몰랐어요. 몇 년 뒤에 어머니가 돌아가셨는데, 그때는 연락을 받아서 문상 가서 큰아들이 장례 치르는 거 보고 왔어요. 돌아가신 후 몇 년 사이에 부모님이 다 돌아가셨어요. 에휴 그 옛날 생각하면 마음이 아프네.

김명희 상여 올라갈 때 빙 돌아서 갔잖아요. 집은 저쪽에 있고 어머니가 상여를 못 보시게 하려고 문도 잠갔는데 요만한 창이 있어요. 이미 눈치를 채셨는지 그쪽을 향해 문이 안 열리는데도 "영상아!" 하고 부르는 소리가 우리 일행에게 다 들렸어요. 막 울부짖는 소리, 나오지 못하게 했으니 갇혀서 그랬던 기억이 나요. 큰아들이 막아서 못 나왔는데 어머니가 아시는 거죠. 그 절규, 귀에 쟁쟁했어요. 영덕을 지나서 갈 때는 빨간 복숭아꽃이, 영덕 복숭아 유명하잖아요. 빨간 복숭아꽃이 바람에 죽 날리며 떨어지는 게 마치 상여에 뿌리는 것 같더라고요.

김수열 돌아가실 때 단양지회에서 고생을 많이 했어요. 평일에 장례를 치르니까 학교에서 교장들이 현직 선생님을 못 가게 하는 거예요. 그때 선생님들이 장례식에 참여하기 위해 학교에서 엄청난 투쟁을 하고 나왔어요. 무단결근하면 징계하겠다는데도 단양 조합원들이 장례식에 다 왔어요. 3일 동안을 꼬박 철야하고. 장례를 치를 때 정영상 선생님이 단양에 연고가 없잖아요. 그런데 단양 천주교회에서 아주머니들이 대거 와서 요리하면서 일 다 해줬어요. 3일 동안 그 많은 손님을 단양성당 성모회에서 와서 다 받아줘서 나중에 형님이 단양에 한번 고맙다고 인사 오신 적이 있어요. 지역 형님들, 성당 사람들. 어쨌건 아픈 일이지만 마지막은 아름답게 마무리했어요.

강성호 정영상 선생을 통해서 우리 지금 현재 현실에서 새겨들을 메시지는 뭘까. 사람들에 대한 따뜻한 마음이라고 저는 생각합니다. 지금 우리가 이렇게 많은 활동을 하고 있고 세상의 변화를 많이 이끌어나가고 있습니다만 어떨 때는 우리에게 가장 소중한 존재가 뭘까. 옆에 있는 동료 교사이고 활동하는 국민이라고 생각하는데 그런 부분이 간과될 때도 좀 있고 때로는 많이 당해서 서로가 소원해지는 사례가 왕왕 있지 않았습니까. 우리가 24년이란 세월이 지난 현시점에서 정영상 선생님을 떠올렸을 때 정말 옆에 있는 선생님에 대한 따뜻한 마음, 아무 이야기하지 않으면서도 몰래 와서 손잡아주는 그런 마음. 당시 매포중학교 근무할 때 서유나 선생이 미안했다고 하지 않았습니까? 학교 방문할 때 큰 힘이 되어주지 못했다고. 그런데 정영상 선생님은 그런 마음마저 챙기시면서 해직 교사의 아내라 얼마나 힘들었을까 하는 마음. 본인은 얼마나 힘들었겠어요. 그럼에도 불구하고 주위 분들을 챙기는 따뜻한 마음이 우리에게 더욱더 필요한 게 아닌가 합니다.

서유나 정영상 선생님 돌아가시고 남편이 해직 교사니까 저는 아기 키우면서 학교에 나가야 해서 선생님 마지막 가시는 장례 일정에 참여하지 못했는데 이런 기회를 통해 개인적으로 다시 치열했던 그때의 상황에서 열심히 살았던 선배 선생님을 생각할 수 있어서 나름대로 의미가 있었던 것 같아요. 남편이 얘기한 거와 마찬가지예요. 저한테는 따뜻한 기억이 많이 있어서 우리 전교조 선생님들이 옛날 선생님들이 시작했듯이 따뜻하게 동지애로서 서로를 안아줄 수 있었으면 해요. 그런 것들을 정영상 선생님도 많이 바라실 테고 우리한테 필요하지 않나 그런 생각이 들어요.

이주영 짧은 시간에 많은 말씀을 해주셨습니다. 잘 정리해보겠습니다. 사모님이 보내주신 사진과 선생님들이 갖고 온 사진을 설명하는 글을 사진 뒤에 써주세요. 잘 갈무리해 두었다가 전교조에 자료실이나 기념관이 만들어지면 넘기도록 하겠습니다. 고맙습니다.

때_ 대한민국 99년, 2017년 4월 11일
곳_ 전교조 충북지부 사무실
참석자_ 김수열, 서유나, 김조영, 김명희, 강성호, 이승범, 이수미, 김은영
사회·정리_ 이주영

● 정영상 약력

1956년 2월 12일 경북 영일군 대송면 출생
1964년 남성국민학교 입학
1970년 영일중학교 입학
1973년 포항고등학교 입학
1977년 충남 공주사범대학 미술교육과 입학
1981년 학내 민주화 투쟁 단식농성에 결합
1983년 공주사대 미술교육과 졸업
1983년 경북 안동 안동중학교 전보 발령, 근무
1984년 〈귀가일기·1〉 외 4편으로 작품 활동 시작
1986년 경북 안동 복주여중 근무
1987년 전교협 안동 교협 부회장 역임
1989년 첫 시집《행복은 성적순이 아니다》발간
1989년 8월 전교조 결성으로 안동 복주여중에서 해임
1990년 11월 두 번째 시집《슬픈눈》발간
1993년 4월 14일 단양중, 매포중, 단양국민학교 현장 방문하고
        단양지회 모임 후 늦게 귀가하여 자던 중
        새벽 4시경 자택에서 심장마비로 돌아가심
1993년 정영상선생님추모사업회 결성, 유고 산문집《성냥개비에 관한 추억》발간

정영상 진술서

1. 나는 왜 교직원노조에
가입할 수밖에 없었는가?

본인은 현재 교단에 선 지 만 6년 2개월이 됩니다. 어릴 때의 꿈도 선생님이 되는 것이었으며, 그 소박한 꿈을 이루고 청운의 뜻을 품은 채 교단에 섰습니다. 진리와 정의, 자유에 대한 목마름과 그것을 탐구하고 후학들에게 가르치는 보람이야말로 사람이 살아가는 최대의 가치라 믿고 교단을 선택했던 것입니다.

본인은 1983년 10월 12일에 안동중학교에 초임 발령을 받았으며 순수한 열정으로 아이들을 가르치며 1년을 보냈습니다. 그런데 그 1년 이후 점차 교육 현실에 눈을 뜨게 되니 교육 현장은 본인에게 크나큰 낙심과 좌절 그리고 분노를 안겨주었습니다. 본인이 경험한 학교 현장은 교육하는 곳이 아니라 지식만을 훈련시키는 군대 같았다는 표현이 적절하다고 할 수 있을 만큼 열악했습니다.

예컨대 학교장이 어린 중학생들에게 공부하지 않는다는 이유로 복도에서, 교실에서 또는 교장실에서 아이들을 구타하지 않나, 월요일마다 있는 애국 조회 때나 전체 집회가 있는 날이면 매일 성적 이야기였으며, 심지어 50~60명의 교사가 도열한 자리에서 아이들을 단상에 불러 뺨을 사정없이 내리치는 것을 보고 이것이 교육인가, 이것이 애국조례 훈화인가 하고 심한 회의가 일어났으며, 현장 교육에 대한 세찬 반발심이 일어났습니다. 이러한 부조리한 학교운영에 대해 올바른 소리를 한다 하여 본인은 강제 전보내신되어 타 학교(안동복주여중)로 나가게 되었으며 이 학교에서도 모순구조는 대동소이했습니다. 전인교육은 허울 좋은 형식, 빛좋은 개살구 신세고 학교는 그야말로 성적 노예화, 성적 기계화 그 자체였으며 아이들은 그 부품이고 교사는 그것을 움직이는 자동차에 불과했습니다.

주초고사·월례고사·중간고사·학기말고사·모의고사·북부지역학력고사·시학력고사·도학력고사 등 무수한 시험에다가 아침 자율학습, 오후 자율학습, 보충수업 등 정규수업 외의 변칙수업이 2~4시간 이상이었고 심야 자율학습까지 강요하여 교사는 어느 때나 선생이라기보다 간수처럼 아이들을 감독하는 위치로 전락하여 교사, 학생 모두 정신적으로, 육체적으로 황폐화해갔습니다. 그뿐입니까? 시험 때면 (도학력고사·시학력고사) 정규 수업 시간표는 오간 데 없고 국·영·수 체제로 시간표가 짜여졌고 타과목 선생은 들러리 구실로 떨어졌으니 이 어찌 교육의 장인 학교라 하겠습니까? 이러한 사실에 대해 항변하거나 바로잡고자 노력하면 교육악법(예컨대 "교사는 교장의 명에 의하여 교육한다")으로 문제 교사시하여 처벌하고 피해를 주니 진정한 민주적 소신과 양심을 가진 교사들은 소외되어가기만 했던 것입니다.

그것은 또한 한두 사람의 교장이나 교감, 말단 교육 행정관료 등의 잘못만이 아니며 그것은 거대한 사회구조적 모순이었으며 교육의 중립성이 말살된 교육의 정부 종속화에 따르는 현상이었습니다.

본인은 생각했습니다. 이 인간 파괴의 교육, 도덕과 윤리의 파괴 교육, 개인주의와 기능주의, 이기주의의 벼랑으로 내모는 이 교육 현장을 어찌할 것인가? 밤낮으로 교육자적 양심으로 고민해왔습니다. 그래서 본인은 이 척박한 교육 현장을 개선하고 개혁하려면, 우리 교사와 학생들이 주체적으로, 자율적으로 설 수 있으려면 우리 삼십만 교사들이 힘을 모아 단결할 수밖에 없다고 생각하기에 이르렀습니다. 그러한 시기에 이러한 개혁의지를 큰 기치로 내건 순수한 단체인 전교협, 전교조가 건설되었고 본인은 이 나라 교육의 부활이 이루어지자면 여기에 가입하여 전교조가 표방하고 있는 민족·민주·인간화교육에 앞장 설 수밖에 없다고 판단되었고 기꺼이 가입하게 이르렀던 것입니다.

지금까지의 내용이 산만할지도 모른다고 생각하여 본인은 본인이 전교조에 가입할 수밖에 없었던 이유를 다시 명백하게 다음 몇 가지로 요약해 보겠습니다.

첫째, 현재 꺼질 줄 모르는 화염처럼 번져가는 입시 위주의 교육과 맹목적인 경쟁교육 체제는 건강하게 자라나야 할 아이들을 점수 벌레로 만들면서 수많은 가출소년과 청소년 범죄를 낳는 중대한 원인이 되었으며 1년에 수십 명의 어린 생명들을 자살로까지 몰아갔습니다. 본인은 이러한 현실을 그냥 묵과할 수 없었기에 전교조에 가입했습니다.

둘째, 존경과 대우를 받으면서 교육에의 권한과 책임을 다해야 할 교사들이 문교부와 교육위원회 심지어는 경찰의 지시에까지 무조건 복종해야 하는 권력의 말단 하수인으로 전락하기에 이르렀으며, 과밀학급, 초과근무, 과다한 잡무, 건국 이래 타 직종에 비해 최대의 박봉에 허덕일 뿐만 아니라 교권은 부정되고 인권마저 박탈당하고 있는 현실을 그냥 묵과할 수 없었기 때문입니다.

셋째, 학부모들은 세계에서 유례없는 엄청난 교육비를 부담하고, 교육세까지 내면서 열악한 교육환경 속에 자녀들을 내맡긴 채 (조개탄을 피우는 학교, 선풍기 하나 없는 교실, 하루 1~2시간씩 피우는 난로 등) 왜곡된 현실에 내몰려 오로지 경쟁에 탈락하지 않기 위해 좋은 학군을 찾아 나서야 하고 스스로 비밀과외의 범법자가 되어가는 것을 수수방관할 수 없었기 때문입니다.

넷째, 교육은 그 자주성을 생명으로 해야 함에도 불구하고 이를 보장하고 있는 헌법 규정을 침해하고 있는 각종 교육악법과 비민주적 관료체제에 대한 올바른 비판을 가하기 위해 본인 전교조에 가입했습니다. (작금의 민 자당의 홍보물이 각급 학교에 선전되고 있는 것이 문제가 되고 있는데 이것만 보아도 교육이 지금까지 얼마나 집권 정치세력의 편의를 위한 역할을 하였는 지 알 수 있을 것입니다.)

2. 나는 왜
교원노조를 탈퇴할 수 없는가?

우선 그간의 교직원노조 결성 과정 그 이후의 본인에 대한 무수한 탄압에 대해서 진술하는 것으로 말머리를 시작하고자 합니다. 지난해 5월 28일 이전의 이틀과 6월 11일 경북지부 결성 전의 이틀 동안 사복경찰, 동사무소 직원, 시청 직원 등이 본인의 방을 지켜 가택연금한 상태였으며, 교장·교감·학생주임 등은 본인을 위한다는 명목으로 본인의 방에까지 들어와서 본인의 자유로운 거동마저 제한하고 감시하였으니 현행범도 아닌 사람에게 이와 같은 행위는 명백한 실정법 위반이라 보여집니다. 더군다나 본인은 그후 1년간의 위장병으로 고생하던 중 6월 26~7월 17일까지 병가를 내고 본인의 자택이 있는 충북 단양에 와서 요양 중이었는데 그 기간에도 수차례 학교장의 탈퇴 종용 전화는 물론, 7월 6일엔 교감 학생주임이 다녀가고, 7월 10일엔 교감이 본인의 장인을 동행하고 와서 탈퇴를 강요, 7월 13일엔 교육청 장학사 한 명, 서무계장, 교감 등이 함께 와서 문답서를 요구하고 탈퇴를 종용, 7월 20일엔 학교장실에서 교육청 중등계장, 장학사 한 명이 징계위 출석통지서 수령인을 받아가면서 또다시 탈퇴를 종용, 7월 22일 방학하는 날까지 중등계장, 장학사 한 명이 학교로 방문하여 탈퇴를 종용, 7월 28일 방학기간 중 장학사 한 명, 교감, 교무주임 등 세 명이 와서 2차

출석요구서를 전해주며 다시 탈퇴를 종용 등 본인이 신경성 질환이 야기될 만큼 끈질긴 탄압과 탈퇴 종용한 것은 개인의 의사를 철저히 유린하는 것이 아니고 무엇입니까?

도대체 누가 잘못입니까? 무엇이 불법이란 말입니까? 유신은 독재였고, 5공화국은 부정부패한 정권이라고 말하는 것이 잘못이란 말입니까? 콩을 콩이라 말하고 팥을 팥이라고 말하지 못한다 말입니까? 입시 경쟁 속에서 찌들어가는 아이들 편에 서서 보다 더 인간적이고 전인적인 교육을 해보 겠다고 일어선 것이 불법이란 말입니까? 획일주의, 지시 전달, 상명하복의 권위주의가 팽배한 교육계는 진실로 반성해야 한다고 호소하는 것이 잘못 이란 말입니까? 이러한 교사들을 거리로 수백 명씩 내쫓아야 한다는 말입 니까?

문교당국은 교원이 노동자가 아니라 성직이라고 하면서 노동조합의 결 성은 스승을 공경하는 미풍양속에 손상을 준다고 반대하고 교원은 전문 직이므로 교직단체인 대한교련만 유일한 교원단체여야 한다고 주장합니다. 그러나 교원의 법적 지위가 전문직 노동자라고 하는 사실은 이미 전세계적 으로 확인되고 우리나라 법제에서도 명백한 것이며 거의 모든 외국에서도 이미 수십 년 전부터 자유롭게 교원노조가 결성되어 교육 문제 해결에 결 정적인 기여를 해왔음은 주지의 사실입니다.

또한 현재 언론노조, 연구소노조, 시간강사노조, 병원노조에서 보듯이 전문직 또한 노동자임을 한 나라 안에서도 증명하고 있습니다. 스승에 대 한 공경을 말하고 있는 문교부는 부끄럽지도 않은지 모르겠습니다. 그동안 교권을 침해하고, 스승의 명예를 실추시키고, 교원의 지위를 추락시킨 장본 인이 누구입니까? 스승에 대한 대우가 이 몇 년간 얼마나 열악했는가는 문 교부 스스로 더 잘 알 것입니다. 그리고 교사를 개 끌듯 끌고 잡아가는 현 실을 TV 화면에서 생생히 본 학부모들이 웃을 일입니다. 공경받는 스승이 되기 위해서도 전교조는 역설적으로 필요불가결한 단체인 것입니다.

문교당국은 또한 교사들의 노조활동이 수업결손 등으로 학생의 학습권을 침해한다고 주장합니다. 그러나 현재의 교원노조는 정부 당국과의 교섭을 통한 교육자치의 실현과 교육개선을 주목적으로 하고 있으며, 수업결손을 초래하지 않을 것임을 명백히 선언하고 있습니다. 오히려 학습권을 침해한 것은 수많은 관변 행사, 스포츠 행사, 관제 데모 등에 학생들을 동원했던 문교부입니다. 교원노조는 학생들의 참된 학습권을 실현하기 위해 결성되는 것이며 문교부의 그와 같은 장기적인 학습권 침해를 막아줄 필수적인 것입니다. 결코 교원노조는 처우개선이나 월급 몇푼 더 올려 받기 위한 것이 참 목적이 아닌 것입니다.

　따라서 본인은 4·19 이후 28년 만에 부활한 시대적 요청인 교원노조를 교육 양심의 마지막 보루라 생각하고, 교사들의 정당한 권리라 생각했기 때문에 탈퇴를 거부했습니다. 사실 그 무자비한 사형선고나 다름없는 파면, 해임, 직위해제 등이 아니고 문교부에서 교원노조에 가입할 사람은 가입하고 교사가 노동자일 수 없으니 현 대한교련에 남을 사람은 남으라고 했다면 이 나라 교사의 5분의 4가 모두 교원노조에 가입했을 것입니다. 그만큼 교육 현실은 열악하고, 문교부는 번연히 알면서 울며 겨자 먹기로 정부의 지시에 따랐을 것임은 불을 보듯 뻔합니다.

　교사들은 적어도 모두 대학교육까지 받은 지식인이요 지성인인데 옳고 그름을 판단하지 못하지는 않을 것입니다. 그만큼 판단력과 도덕적 능력을 갖춘 사람들입니다. 수업결손 초래는 있을 수 없습니다. 만약 교원노조가 잘못된 것이라면 교사들 스스로가 외면할 것이요 자멸할 것인데 굳이 군대 동원만 빼고 정부 능력을 총동원하여 전교조를 탄압하는 것은 그만큼 전교조가 정당한 것임을 증명하는 셈이요 두려워한다는 뜻일 것입니다.

　88년 1년 동안은 물론 전교조 결성 전까지 전심 노력을 다해 고치고자 한 교육관계법, 4당합의로 국회에서조차 통과한 노동관계법에 공무원의 단결권, 단체교섭권마저 대통령의 거부권 행사로 유보되었습니다. 이런 체제

수호 차원의 악법인 실정법의 이름으로 본인을 포함한 수많은 양심적 교사들을 교단에서 추방하고자 하는 것이 어찌 하늘 아래 떳떳한 일이라 할 수 있겠습니까?

이러한 정부의 법 집행 태도는 형평의 원칙에 크게 어긋나는 처사로 '맹목적 실정법 광신주의'라고 볼 수밖에 없습니다. 악법인 실정법은 이미 법의 권위를 상실한 것으로 국민의 자발적 기대를 할 수 없다는 것은 자명한 사실이며, 헌법에 보장한 집회 결사의 자유에 중대한 위헌인 것입니다. 따라서 본인은 본인의 해임을 승복할 수 없으며 문교부는 조속히 (지금이라도) 전교조와 대화하여 어렵게 살면서 양심에 못 이겨 쫓겨난 수많은 민주교사들을 원직에 복직시켜야 할 것입니다.

백보 양보하여 (양자 간) 노동2권은 인정하고 전교조를 합법화하는 차원에서라도 문교부는 하루 빨리 대화에 임해야 할 것입니다.

끝으로 본인에 대한 해임은 이후 역사의 법이, 진리의 법이 다시 판정해 줄 것임을 굳게 믿으며, 그리하여 떳떳이 사랑하는 나의 제자들이 기다리는 학교로 돌아갈 날도 멀지 않았다는 것을 또한 굳게 믿으며 간절한 심정으로 이 서면 진술을 하는 바입니다.

1990년 2월 14일
진술인 정영상

아이들이 다 돌아간 후

아이들이 다 돌아간 후
교무실 책상 앞에 와서
우두커니 서면
지금은 몇 시인가
책상을 짚고 창 밖을 본다
하지를 앞둔
일년 중 가장 긴 해가 저물고
일곱 시를 치는 괘종시계 종소리
플라타너스 벌레 먹은 얼룩잎이
우리반 특구 청소 구역에 떨어지는 것을 보며
솟아오르는 눈물을 참는다
날마다 하루에 아홉 시간씩 공부시키면서
쉬는 시간에 복도가 시끄럽다고
아이들 입에다 자갈을 물리자던 교감이여
손아귀에 핏줄이 모아졌다가
힘없이 풀리는 나날들 앞에
혜영이 일기장은
다시 한번 나를 죄많은 선생으로
가슴에 낙인을 찍는다

시험 점수나 등수 때문에
자신이 바보라는 걸 깨닫게 된 건
정말 처음이라던 혜영이
아아 어두워지는 교실에서
마지막 책 걸상을 정돈하는
주변 아이들마저 돌려보내고
쓰라린 가슴으로 창밖을 보면
행복은 성적순이 아니다
피맺힌 유서 남겨 놓고 목숨 끊은
어린 열다섯 여학생의 얼굴이 떠오르고
이 나라 푸른 하늘 보기가
그만 소름 끼치도록 무서워진다

님은 스물 일곱이었습니다

-고 배주영 선생님 영전에 삼가 바칩니다

님은 스물 일곱이었습니다
님은 스물 일곱 샛별 같은 선생님이었습니다.
님은 전교조의 새벽이었습니다.
1990년대의 문을 여는
전교조의 첫 새벽, 스물 일곱이었습니다.
1990년 2월 19일 새벽,
마침내 새벽을 온몸으로 열어 놓고
그 새벽을 안고 눈을 감다니
아닙니다 정녕 아닙니다
님은 눈을 감지 않았습니다
우리는 믿을 수 없습니다
님의 눈동자는 청노루 눈망울처럼 반짝이는데
어깨에 책보따리며 전교조신문 보따리를 둘러메고
생글생글 웃으며
막차 시간 맞추어
안동에서 청송으로 지금도 저기 저렇게 꿋꿋히 고개마루 넘고 있는데
님이 우리 곁을 떠나다니
믿을 수 없습니다
도리질을 합니다

도리질을 하며 오열합니다
초임 발령 때부터 경북에서 가장 오지인
산간벽촌 봉화에서 순수한 정열을 불태우다가
청송군 진보면 벽지에서
살을 깎는 아픔으로 아이들을 가르치다가
지난 해 5, 6, 7, 8월
그 질기고 잔인한 더위와 탄압의 칼날에도
무릎 꿇지 않았던 선생님
바닥으로 내려가면 갈수록
더욱 무릎 꿇지 않는다며
끝끝내 굽히지 않았던 님이여
아이들의 울음바다 속에서
아이들의 내일을 위하여

오근장역에서

-캥거루 해직 교사 강성호 선생님을 생각하며

종일 도교육청 현관 시멘트 바닥에서
징계항의 농성을 하고 돌아와
6시 59분 통일호 열차를 기다린다
아스라이 철길 저 끝으로 민들레빛 저녁노을이 깔리고
강 선생은 역 한 귀퉁이 잔디밭에서
안고 다니는 젖먹이에게 우유를 빨린다
시집은 진주, 친정은 청주에 있건만
아무도 손자 하나 키워줄 형편이 못되어
20만 원이 넘는 육아비를 벌어보려고
남자가 캥거루처럼 어디를 가더라도
젖먹이를 안고 다니며 벌써 일곱 달째
아이를 키우는 강 선생
우유병을 들고
기저귀를 들고
아기가 울 때 입에 물리는 인조 젖꼭지를
화장지에 곱게 싸서 주머니에 넣고 다니며
아기를 키우는 해직 교사 강 선생
애 엄마는
화장실에 가면

애기 생각에 오줌도 잴금잴금거린다는데
남편에게 애 맡겨놓고
오늘도 직장에서 가슴이 얼마나 찢어질까
설상가상으로
오근장엔 군용비행장이 있어
오늘도 동족과 싸우기 위해 훈련을 하는지
전투기는 오근장역 하늘을
십 분 간격으로 새파랗게 찢고
강 선생은 까무라치는 그 어린 것의 귀를 막는다

김수열과 포니 투

우리는 김수열 선생님의 포니 투를 똥차라 부른다
서울의 동서가 버리다시피 한 것을 얻어온 차
걸핏하면 뒷바퀴 바람이 빠지고
오른쪽 뒷문 손잡이는 떨어져버려 안에서 열어줘야 하고
문 잠그는 장치는 고장나서 열쇠가 필요 없는 차
한번은 용케 청주까지 갔다 오는 길에
괴산 어디선가 그만 시동이 꺼져버려 오도가도 못해서
진땀뺐다는 차
그러나 이 똥차의 위력을 보라
남의 일이라면 제 몸 아끼지 않는 주인을 닮아
젊은 선생님들 많은 단양 땅에는
한살배기 두살배기 어린 것들 많아
한밤중에 열이 펄펄 끓고 눈동자가 가물가물 넘어갈 때는
앰블란스처럼 달려와 제천 서울병원까지 실어다 준다
해직 교사 최윤화 선생님 해산날 앞두고
상시로 비상대기하고 있다가 진통 있단 소식 듣고
가곡에서 제천까지 안전하게 실어날라 아들 낳았다는 소식 전해준다
상선암이나 중선암에서 조합연수가 있는 날이면
코펠이며 가스렌지 김치 막걸리 한 말 부식들 실어나르고

단양역에 조합신문 내려오면 신문 실어오고
어디 반가운 손님이라도 오시면
단양팔경 구경시키고
명절 땐 슬빈이 유빈이 사민이 어린 것들 태워서
고향 가는 작은 행복도 실어주는 차
김수열이 똥차인가 똥차가 김수열인가
이 아름다운 사람과 차의 동행을 보라
구세주 같은 동행을 보라.

바닥

나는
정말 스스로 바닥에 떨어졌을까
길바닥의 잡초처럼
사정없이 짓밟힐 각오가 되었을까
떳떳이 바닥에 떨어져
온몸에 피를 흘리며 뭉개질 각오가 되었을까
스스로 바닥이 되어
평생 바닥으로 함께 살며
다시는 바닥에서 올라오지 않을 각오가 되었을까
화염병처럼 깨지는
바닥의 형제들을 배반하지 않고
피투성이가 되어
평생을 신음 속에 살며
아아 그래도 바닥이 좋아
이렇게 말하며
죽어도 좋다는 각오가 되었을까
나는.

정영상

author 조재도(시인)

여우비처럼
슬핏슬핏 날리는 겨울 저녁나절의 눈발처럼
살다 간 사람

경북 영일군 고향에서
아버지가 물려준 가난의 테두리에서
한 발짝도 벗어나지 못하던 사람

술과 시에는
사금파리같은 자부심 반짝이면서도
텅빈 항아리처럼
외로워하던 사람

정 영 상
서른여덟 짧은 삶을 위장병으로 살은 사람
안동 복주여중 교정의 과꽃을 그리며
복직에의 꿈을 키우던 사람

대선 실패 후였던가

조재훈 선생님과 이은봉 형에게 전화 걸어
깊은 절망 울음으로 게워냈었다지

먼길 가는 새처럼
남은 생애 어딘가를 가고 있을 사람

지금 한 시대의 스승들이
죽어가고 있습니다

도종환(시인, 국회의원)

지금 한 시대의 스승들이 죽어가고 있습니다
산꼴짜기 요양원 구석진 방에서
삶의 한 부분을 때어낸 채 쓸쓸히
이 시대의 선생님들이 죽어가고 있습니다
병든 몸으로 창 밖의 댓바람소리를 듣다가
두고 온 학교의 수돗물 떨어지는 소리 들리는 듯하여
뒤척이며 돌아눕는 선생님이 있습니다
너무도 어이없어 눈동자 속에 눈물을 밀어넣고
나무뿌리보다 질긴 병마와 싸우는 선생님이 있습니다
그들의 고통 그들의 진실을 몇 개의
푸석푸석한 약봉지에 맡겨둔 채
이땅에 사는 사람 그 누구도
편안히 잠들 자격이 없습니다
그들이 쓰러지는 것을 그냥 버려둔 채
이땅에 양심 아직 살아있다 할 수 없습니다
그들 중에 단 한사람이라도 그대로 죽어가게 두고는
이땅에 아직 썩지 않은 사람 있다 할 수 없습니다
지금 한 시대의 양심들이 죽어가고 있습니다
그들을 거리로 내쫓는 자들 중에

아직 다 썩지 않은 사람 있다면

그들의 아직 남아있는 목숨 앞에 무릎 꿇어야 합니다

아직 인간으로서의 손톱만한 양심이 남았다면

그들을 살려내야 합니다

칼이라도 빼어들 것 같은 우리들의 분노 앞에 말고

굶주림과 외로움이 병이 되고

아이들에 대한 사랑 거짓 교육에 대한 울분이

병이 되어 쓰러진 선생님들 앞에

돌아와 함께 그들을 살려내야 합니다

지금도 그들에게 밤을 새워 긴 편지를 쓰는

제자들이 있습니다

지금도 선생님 사랑해요 외치다

소리보다 눈물이 먼저 쏟아지는 아이들이 있습니다

그 아이들 곁으로 떳떳이 돌아가기 전에

그들이 이렇게 억울하게 쓰러져가게 할 수는 없습니다

그들이 목숨을 던져서까지 무엇을 지키려 했는지 알고 있다면

그들을 살려내야 합니다

그들이 쓰러지고 난 뒤 이땅에 그들의 눈빛 앞에서

자유로울 수 있는 자 없습니다

누구도 단 한 사람도 없습니다

이광웅

유족 보관 사진

교사 시절 전교조 활동들

교사 시절 전교조 활동들

오송회 사건과 묘지

1주기 추모의 밤 초대장과 자료집

이광웅 선생의 시집

상. 악보 / 석사 논문 / 회보
하. 이광웅 선생 육필

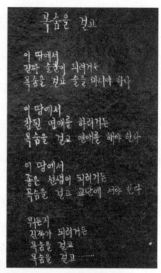

목숨을 걸고

이 땅에서
진짜 술꾼이 되려거든
목숨을 걸고 술을 마셔야 한다

이 땅에서
참된 연애를 하려거든
목숨을 걸고 연애를 해야 한다

이 땅에서
좋은 선생이 되려거든
목숨을 걸고 교단에 서야 한다

무엇이든지
진짜가 되려거든
목숨을 걸고
목숨을 걸고 ……

금강 하구의 이광웅 시비

연못가에 촛불을 하나 켜두고

박태건(시인, 원광대 교수)

비극의 시작

모든 것은 1982년 11월 밤에 시작했다. 늦은 저녁 군산경찰서로 다급한 전화가 왔다. 버스를 탔던 승객 중에 누군가 불온 유인물을 놓고 내렸다는 것이다. 버스 안내양은 '인민의 힘으로 되는 새 나라' 같은 구절을 보고 신고를 한 것. 반공이 국시였던 시절. 비극의 시작이었다.

군산경찰서 내사 결과, 군산제일고 출신 졸업생이 오장환의 시집《병든 서울》의 필사본을 깜박 두고 내렸다는 것이고 이 필사본을 전북대 철학과 교수에게 자문한 결과 '지식인 고정간첩이 복사해 뿌린 것'으로 진단받았다. 문학 작품을 몰라본 교수나 나중에 문학 작품임을 알고도 모른 체한 경찰이나 모두 한통속이었다. (《병든 서울》은 몇 년 후 해금되었다.)

당시 경찰은 서울의 '학림'과 '무림', 부산의 '부림', 광주의 '횃불회', 대전의 '한울회', 공주의 '금강회' 등 용공 사건을 조작해서 민주화 세력을 탄압하는 구실로 삼았다. 이들 용공 사건에는 독서 모임을 통한 '반국가 단체의 조직', '이적 표현물 학습'과 '반국가 단체 찬양 및 고무'가 죄명으로 적시됐다. 전북지역에도 '한 건' 엮을 구실이 필요했던 공안당국이 펼쳐놓은 거미줄에 걸린 나비처럼, 이광웅의 체포는 우연이었지만 어쩌면 시대적 필연이었다.

빈 벌판에 이삭 줍던 소년

이광웅은 전북 익산시 주현동에서 5남매 중 셋째로 태어났다. 감수성이 유별났던 소년 이광웅은 중학생 때부터 교지에 단편 소설과 시를 발표하며, 각종 백일장 대회에서 장원을 차지하는 등 문학에 자질을 보였다. 곧 익산 시내에서 소년 문사로 유명해졌다. 남성고 재학 시절에는 3개 국어를 구사할 정도로 어학에 소질을 보여 외국 고전을 원서로 읽을 정도였다.

한국외국어대 불어과와 전북대 국문과에 연이어 입학했으나 1학기만에 그만두었다. 1965년 3월 10일 원광대에 편입했다. 그러나 역시 경제적 이유로 학교는 다니지 못한 명목상 재적생이었다. 이 시기 이광웅은 발레리와 횔덜린의 작품을 읽으며 간간이 들어오는 교정일로 용돈을 벌었다. 고교 후배인 송하춘은 "버젓하게 대학을 다녔어야 할 나이인데도 맨날 우리하고만 어울리는 것이 이상했다"고 회고한다.

이광웅의 가계는 부친의 부재로 어머니가 생계를 이끌고 있었다. 어린 광웅이 '벌판에 나가 이삭 줍던' 시절도 있었다. 그는 "왜 이다지도 빚은 늘어만 가는가. 왜 이다지도 이자물이에 허리띠 더욱 졸라매야 하는가"라고 어려웠던 유년 시절을 회고했다. 그는 언제고 '잃어버린 유년을 더듬어' 쓰겠다고 마음먹고 있었으나 기회가 오지 않았다.

> "어머니는 자식의 피로를 알아채고 자식은 어머니의 근심을
> 측량하는 밥 먹는 저녁, 수업료 재촉과 이삭줍기와… 애국 조회
> 와 버섯 따기와… 아버지의 제삿날 삼베 값이 금값이던 전란 때

슬프고 초라하던 망인의 장의 행렬 가까워진 망인의 잃어버린
제삿날…"

_〈유치한 저녁상〉 중에서

등단, 취업, 결혼

1967년 정초부터 이광웅의 삶에 훈풍이 불기 시작한다. 2월 《현대문학》에 〈가을의 햇살〉을 발표하게 된 것이다. 시인 유치환은 "그것은 지나치게 손끝의 잔재주만을 익히며 그것만이 크게 유통하고 도는 요즘 시의 경향에 비추어 볼 때 이광웅은 진작부터 대범한 기틀을 절로 가지고 있다. 마치 정원사가 아무렇게나 굴려다 놓은 돌덩이 하나하나가 그대로 전체의 구조에 있어 어쩔 수 없는 제자리를 찾아 앉는 그런 솜씨를 벌써 보는 것 같다"고 추천 평을 썼다.

《현대문학》지로의 등단은 이광웅에게 행운이었다. 4년간 수업료 전액을 면제받은 것. 신입생보다 아홉 살이나 많은 이광웅은 1학년과 같이 다니게 되었다. 유례가 없는 장학금 수혜 절차는 등단작과 〈원광대학교 국문과 소개 특집〉이 같이 실렸기에 가능했다.

이광웅은 1971년 2월 원광대학교 국문과를 졸업하고 원광여종고 교사로 취직된다. 그리고 교사가 된 지 얼마 안 되어 소설가 이제하의 소개로 만난 미술 교사 김문자와 결혼한다. 김문자는 '익산에 가면 이광웅을 만나보라'는 이제하의 말을 듣고 첫 만남에서 사랑에 빠졌다고 했다. 이광웅에게는 오랜 가난과 방황의 시간이 끝나고 처음 맞이하는 행복이 찾아왔다.

"지금 나는 내 삶이 신기함을 느낍니다. 현직도 가질 수 있게
되었고 무슨 즉흥극 같은 신명 나는 결혼식도 치렀고 한 사람 선

량한 시민으로서 소득세도 꼬박꼬박 떼고 있으며 통지서를 받고
위력을 느끼고 쇼윈도우에서 쓸쓸히 늘어져 있는 쇠고기 몇 근
무게밖에 안 되어 보일 체중 미달의 체중을 이끌고… 빚 무거운
살림살이, 이런 어려움들을 견뎌 내지 못하고 초조해지고 또 시
를 쓰려는 안간힘과 시를 안 쓸 수 없는 슬픔과 건조함을 포함한
초라한 생활….”

_당선 소감 〈참 오랜 참음과 기다림 끝에〉 중에서

1973년 11월에는 잡지 《풀과 별》에 신석정의 추천으로 〈물새〉가 천료
된다. 당시 등단제도는 두 번 이상 추천받아야 등단으로 인정되었는데,
유치환에 의해 초천된 지 5년 만에 시인이 된 것이다.

화실에서 만난 수배자

누구에게나 삶의 전환점은 찾아온다. 전환점에서 주저앉기도 하고
극적인 변화를 겪기도 한다. 이광웅에게는 1980년 여름이 그때였다. 우
연한 만남이었다. 화가인 아내와 방문한 화실에서 광주민주화운동으
로 도피 중이었던 윤한봉을 만난 것이다. 윤한봉으로부터 80년 광주의
진실을 들은 이광웅은 충격을 받았다. 그리고 무언가 해야 한다고 다
짐했다.

군산으로 돌아온 이광웅은 동료 교사들과 독서회를 조직했다. 문규
현 신부를 찾아가 천주교에 입교한 것도 현실을 제대로 알기 위해서였
다. 그해 겨울, 문신부로부터 파울루 프레이리의 《페다고지》와 김지하의
《불귀》, 《부산 미문화원 사건의 진상》 등을 빌려 읽으며 사회에 눈을
뜨기 시작한다. 이듬해 이광웅은 독서회 교사들과 4·19 추도식을 조
촐하게 열었다. 사회 현실에 눈을 뜬 지식인의 작은 실천이었다. 그런데

이 독서회 조직이 '오송회 사건'의 빌미가 되었다.

오송회 사건은 80년 광주민주화운동의 열기를 잠재우려는 80년대 전두환 정권의 대표적인 공안 사건이었다. 1982년 11월 25일 아침 군산 제일고 교사 다섯 명이 영장도 없이 경찰서에 체포되었다. 경찰은 교사들이 독서모임을 조직했고, 5·18 희생자를 위한 위령제를 지냈다는 이유로 신군부의 정권 안정화를 위해 '교사 고정간첩단'으로 사건을 조작했다.

경찰은 사건 초기에 교사 다섯 명이 모두 남성고등학교 출신인 줄 알고 오성회로 명명했으나, 그중 한 명의 출신 고등학교가 다르자, 부랴부랴 '교사 다섯 명이 소나무 숲에서 모였다'고 해서 '오송회'로 이름으로 바꿨다. 이후 고문에 못 이긴 교사들에게서 다른 이름들이 차례로 나왔고, 최종적으로 아홉 명이 구속되었다. 교사가 다섯 명이어서 붙여진 오송회라는 이름은 이미 바꿀 수 없는 상태. 경찰은 '소나무 다섯 그루 밑에서 모임을 가졌다'는 것으로 오송회의 작명을 마무리한다. 이들의 목적은 북한의 김일성에서 광주민주화운동 수배자 윤한봉을 거쳐 이광웅으로 이어지는 조직 계보도가 필요했던 것이다.

> 겨울이 두려운 나는
> 저장해두고 싶다고 생각하며
> 죽어버린 칸나 옆에서
> 마지막 가을 햇살을 맞는다.
>
> _〈가을의 햇살〉 중에서

전두환 군사정권은 자신의 정치적 입지를 강화하고 사회의 비판을 억누르기 위해 '오송회 사건'을 본보기로 삼고자 했다. 오송회 사건에 대한 정치권의 관심과 더불어 언론 보도의 규모도 커졌다. 처음엔 '고교 교사 불온서클 적발'로 보도되었으나, 나중에는 '간첩단 일망타진'으로 확대되었다.

제자한테 스승을 고발하게 한 검찰

이광웅이 강제 연행된 40여 일간 동료 교사와 제자 70여 명이 '지옥' 속으로 줄줄이 잡혀 들어갔다. 이광웅은 어린 제자들이 대공분실로 끌려가 조사를 받고, 재판정에서 검찰 쪽 증인으로 스승을 고발하게 한 것을 가장 힘들어했다. 제자들에 대한 서운함 때문이 아니었다. 어린 나이에 법정에 서서, 자신의 뜻에 반하는 진술을 해야 하는 것에 대한 미안함 때문이다. 이때 경찰이 공소장에 제시한 불법 서적으로는 오장환의 《병든 서울》, 리영희의 《전환 시대의 논리》 등이다. 또 '북한의 교육제도'와 '순수한 우리말 보존'을 평가한 것을 '고무 찬양죄'로 기소했다. 어둡고 추운 시절이었다.

> "제발 나를 괴롭히지 마시오…/고문을 중단하시오. 비행기고문, 물고문, 통닭구이고문, 전기고문…/지겨운 고문./고문을 중단 못 할 바에야/어서 나를 총살시키시오./원양어업이란 말보다 먼 바다 고기잡이가 더 좋은 것이 사실 아니오?/개인이 사대주의를 하면 머저리가 되고 인민이 사대주의를 하면 나라가 망한다는 말이 뭐가 나쁘오?"/형사가 이를 갈았다./"내 이런 악질은 처음 보겠군. 이 새끼가 드디어 발길질을 시작했군."
>
> ─〈그때 그 순간 악마가…〉 중에서

경찰은 전북 도경 대공분실에서 자신들이 만들어낸 오송회 계보도를 이광웅에게 주입시켰다. 강제 연행된 교사들이 모진 고문을 받았다. "처음에는 살려달라고 애원했으나 나중에는 차라리 죽여달라고 매달렸다"고 할 정도였다. 처음에 다섯 명에서 시작한 '혐의자'는 아홉 명으로 늘었다. 검찰 조사 때도 고문한 경찰이 배석하여 시인을 강요했고, 진술 내용이 마음에 들지 않으면 다시 지하실로 끌고 갔다.

청와대에서 뒤집힌 판결

이광웅을 비롯한 피해자들은 재판 과정에서 고문 사실을 폭로했다. 그러나 1983년 5월 1심 재판부는 이광웅(징역 4년), 박정석(징역 3년), 전성원(징역 1년) 세 명에게 실형을, 나머지 여섯 명은 선고유예로 석방했다. 이 판결에 변호인과 검찰 측 모두 반발한다. 당시 국가보안법 사건에서 관련자의 과반수가 풀려나는 것은 보기 드물었다. 대법원장 유태흥은 전주지법원장과 담당 판사를 서울로 호출하여 '판사 옷을 벗기려'고까지 했다.

대통령 전두환은 '오송회 사건' 1심 재판이 끝나고 대법원장과 판사들을 청와대 만찬장으로 불렀다. 그리고 '오송회 사건'을 직접 거론하면서 '빨갱이를 무죄판결'한 것에 대해 질책했다. 청와대 만찬 3주 후, '오송회 사건' 항소심이 광주고등법원에서 열렸다. 1심 재판에서 풀려난 오송회 연루자 여섯 명이 모두 법정 구속되었다. 형량도 늘어나서 수괴로 지목된 이광웅에게는 가장 많은 징역 7년이 선고되었다. 판결 후 재판정은 가족들의 비명 소리로 '아비규환'이 되었다. 1983년 12월 대법원은 고등법원의 판결을 그대로 확정했다.

사건 발생 16년이 지난 2008년 11월 25일 광주고등법원은 오송회 사건에 대한 재심에서 관련자들 전원 무죄를 선고한다. 재판부는 "사법부에 대한 원망, 억울한 옥살이로 인한 심적 고통에 대해 법원을 대신해

머리 숙여 사죄드린다"고 했다. 그러나 오송회 사건 피해자 중에서 이광웅은 이 사죄를 듣지 못했다. 그리고 2011년 11월 오송회 사건 피해자와 가족에 대한 국가배상 사건에서 대법원은 150억 원의 배상액을 확정했다. 이광웅이 고문 후유증으로 세상을 떠난 지 19년 만이고, 비극이 시작된 겨울에서 29년이 지난 일이다.

못을 갈아 우유곽에 쓴 시

지옥 같은 시기를 거치면서 이광웅은 독실한 천주교 신자에서 무신론자가 된다. 삶에 대한 가치, 인간의 신념, 분단민족의 아픔에 보다 절실한 의식을 갖게 된 것이다. 감옥에서 만난 시인 김남주 영향이 컸다. 김남주는 이광웅에게 '전사가 되어야 전사를 노래할 수 있다'고 말했지만 이광웅은 언제나 수줍게 웃고 있었다고 했다. 이광웅은 목소리를 높이진 않았을 뿐 '시와 정치'의 관계에 대해 자기 나름의 대응방식을 고민했고 그것을 시로 옮겼다.

김남주에 따르면 수감 중의 이광웅은 '일체의 저항을 포기한 살아남은 자의 슬픈 자화상'을 가졌다. 심성이 여리고 착했던 이광웅은 '감방학교'를 거치며 민중 시인으로 진화한다. 이광웅에게 급선무는 소시민적 지식인의 나약함을 극복하는 일이었다. "옛 벌판에 이삭 줍던 나의 소년을/고요히 살해하고 … 억울한 면도의 날을 세운다 … 나의 손에 마지막까지 남아서 / 빛을 발하는 이기를, 손바닥에 긁히는/초라한 지성을 뉘우친다."(〈면도의 날〉) 이광웅은 어둠에 비껴서 있던 자신의 나약함에 대해 반성했다.

이광웅은 운동하며 주워온 못을 갈아 우유 곽에 시를 썼고 책표지를 뜯어 붙여놓는 방법으로 시편들의 생명을 지켰다. 그렇게 해서 빛을 본 것이 〈바깥의 노래〉, 〈바람의 손길〉, 〈햇빛 한참〉 등이다. 이광웅의 맑은 심성을 품은 시집 《목숨을 걸고》는 이렇게 세상에 나왔다.

감옥에서 못 잊을 사건

오송회 사건에 관련된 사람들 인생이 모두 바뀌었다. 이광웅은 "자신의 수첩에 이름과 전화번호가 적혀있다는 이유만으로 아무 죄도 없이 경찰에 불려가 허위자백을 강요받았던 많은 사람에 대해 태산처럼 무거운 죄책감을 갖게 되었다"고 고백한다. 버스에 《병든 서울》을 두고 내렸던 제자들 삶도 마찬가지였다. 관련된 제자들 대부분 민주화 운동에 투신했고 그중 세 명은 "교도소에서 선생님들을 만나 빨래라도 해 드려야겠다"는 각오를 다지며 차례차례 감옥에 들어갔다.

수감 시절 이광웅은 인생의 세 가지 일을 겪게 된다. 첫 번째는 1985년 첫 시집 《대밭》을 풀빛출판사에서 출간한 것이다. 당시 풀빛출판사는 김지하의 시집 《황토》를 시작으로 김준태, 신경림, 문병란, 김정환 등 정치적 목소리가 반영된 시집을 출간하고 있었다. 그 유명한 박노해의 《노동의 새벽》도 출간된 지 얼마 안 되던 때. 풀빛편집부가 이광웅 시집을 출간하기로 한 것은 당시의 용공 사건을 환기하려는 의도였다. 이 시집에 실린 작품은 이광웅 여동생이 보관하고 있던 시작 노트 중 가려 뽑았다.

두 번째는 개인적인 불행이 겹친 것이다. 수감 중인 그를 면회하러 오던 중에 교통사고가 나서 아들이 눈을 다치게 된 것. 이에 대한 죄책감은 두 번째 시집인 《목숨을 걸고》에서 〈눈 다친 아이〉, 〈심연〉, 〈아들 생각〉 3부작을 통해 '사형선고보다 더 한 어두운 마음'으로 표현된다.

마지막은 '분단 민족으로서의 비애를 껴안은' 김남주와 비전향 장기수들을 감방 동료로 만난 것이다. 김남주가 이광웅보다 여섯 살 아래였지만 둘 사이는 동지적 연대 이상이었다. 이광웅은 김남주를 '민중에 대한 깊은 신뢰를 가진 사랑의 시인'으로, 김남주는 이광웅을 '산노루처럼 긴 모가지를 들고 먼 데를 바라보기만 하던 노루의 눈'을 가진 시인으로 회고한다.

출감 1년 만에 복직, 복직 1년 만에 해직

1987년 민주화 투쟁의 결과, 이광웅은 '형 집행 정지'로 출감한다. 형 집행 정지는 민주화 투쟁의 또 다른 시작이었다. 광주와 전주교도소에서 4년 8개월을 보내며 이광웅은 하나의 상징이 되었다. 출감 후 1988년《창작과비평》여름호에〈바깥의 노래〉를 시작으로 작품 발표가 활발해졌다. "감옥에서 나온 후 가슴으로 끓어오르는 수많은 언어들이 주체할 수 없을 정도로 쏟아지곤 했다"고 술회할 정도였다. 이윽고 두 번째 시집인《목숨을 걸고》를 출간한다. 그즈음 결성된 전북민족문학인협의회의 운영위원이 되면서 대외 활동도 이어졌다. 무엇보다 꿈에도 그리던 복직을 하게 되었다. 출감한 지 1년 만이었고, 학교를 떠난 지는 6년 만이었다.

1988년 9월 군산시 서흥중학교로 복직된 이광웅은 1년 만인 1989년 8월 또다시 학교에서 해직되었다. 전교조 가입이 해직 이유였다. 그해 12월 이광웅은 해직 교사들이 주축이 된 교육문예창작회를 결성하고 초대 회장직을 맡는다. 이후 1991년까지 3년간 이광웅은 거리의 시인이 되었다.

교육문예창작회 대표 이광웅은 도종환, 안도현 등과 '글쓰기 강좌', '문학 교실', '출판사업'을 기획했다. '참교육 실현을 위한 시와 노래의 밤'을 전국 투어 형식으로 추진할 계획도 세웠다. 이 시기에 가장 많은 작품을 발표했으며, 학원 강사로 생활 전선에 뛰어들었다. 그러나 선천적으로 병약한 체질에다 고문 후유증으로 약해진 그의 몸은 무리한 대외 활동을 이겨내지 못하고 1991년 말 급성 위암을 진단받는다.

수선화 시인과의 만남

이광웅이 전주시청 근처의 한샘학원 강사로 '돈 벌고' 있을 때, 나는 그를 처음 만났다. 학원 근처 커피숍에서였다. 첫인상이 수선화를 닮았다. 철없는 질문을 몇 개 했던 기억이 난다. 그는 수줍게 웃으면서 내 질문을 가만가만 짚어주었다. 마치 "이봐 젊은 친구! 나는 말로 옮기지 못할 일을 겪었어, 어떤 과거는 잃어버린 필통처럼 쉽게 잊을 수 있는 건 아니야"라고 말해주는 것 같았다. 짧은 만남 후 그는 다시 학원 강의 시간이 되었다면서 자리에서 일어났다.

그를 다시 만난 것은 1992년 이른 겨울이었다. 세 번째 시집 《수선화》의 출판기념회였다. 장소는 전주시청 근처 식당이었다. 지인들이 추렴해서 마련한 조촐한 자리였는데 이광웅은 몸이 아파서 참석이 어렵다고 했다. 그런데 자리를 파할 때쯤 그가 나타났다. 병색이 완연했다. 잠시 머물다 떠나면서 그는 사람들의 손을 일일이 잡아주었다. 그날 진눈깨비가 첫눈으로 왔다. 그리고 한 달쯤 뒤에 부고가 왔다.

이광웅은 1년 남짓한 투병 생활을 했다. 고문의 후유증과 해직의 시련에 몹쓸 병에 걸렸다고 했다. '민족문학작가회의' 이사직에 이름을 올렸으나, 가끔 얼굴을 비치는 정도였다. 1992년 봄부터는 서울에서 투병에 전념했다. 그러나 너무 늦게 발견한 병은 차도가 없었다. 그는 시나브로 시들어갔다. 어렸을 적부터 그를 '작은 거인'이라 부르며 따랐던 여동생 집에서 이광웅은 사망했다. 12월 22일 오후 4시경이었다.

이광웅 장례식은 민족문학작가회의와 전국교직원노조 합동장으로 치러졌다. 장지는 군산교도소 인근 공동묘지로 정했다. 발인하는 날은 몹시 추웠다. 전국에서 모인 동료 문인, 교사들이 눈보라를 맞으며 이광웅을 마지막으로 배웅했다. 1992년 추운 겨울날, 군산교도소 옆 빈터에 쌓았던 이광웅 묘는 지금 없다. 부인 김문자 선생이 사망하자 화장하여 두 분을 같이 납골당에 모셨기 때문이다.

연못에 촛불 하나 켜두고

이광웅은 문학청년 시절에 "연못을 들여다보며 내가 조용히 눈물 뿌리는 것은/고풍한 사원에/촛불 켜지듯이 살고 싶었기 때문입니다."(《연못》)라고 썼다. 그는 촛불처럼 삶의 간절함을 간직하고 싶었을 뿐, 거리의 시인을 꿈꾼 것은 아니었다. 그러나 세상의 연못에 켜둔 촛불처럼 이광웅은 스스로의 나약함과 부끄러움을 붙잡기 위해 촛불의 그림자 같은 불안감을 연못가에 묶어 두고 살았다.

금강 하구둑 앞에는 이광웅 시비가 있다. 제자와 지인들이 십시일반으로 마음을 모아 이 시비를 세우던 날, 모두 취했다. 누군가 이광웅에게 배운 노래를 불렀고, 목청껏 따라 부르다가 모두가 눈시울이 붉어졌다. 어떤 이는 갑자기 일어나 춤을 추었다. 저문 강의 물결과 절친했던 문우들의 모습을 시비는 묵묵히 지켜보았다. 시비에는 시 〈목숨을 걸고〉가 시인의 글씨로 음각되어있다. 시인 이광웅은 참된 술꾼, 참된 선생이 되는 일을 삶의 목표로 삼았다. 그는 순수하고 맑은 시인이었고 자유로운 삶을 꿈꾸었던 사람이었다. 어둠을 밝히려는 촛불을 든 사람들의 마음처럼, 진짜가 되려고 노력했다.

우리 마음속의 촛불,
이광웅 선생님

이주영   안녕하세요? 오늘 김영진 지회장과 제자 여러분이 이렇게 좌담
회를 여는 데 도움을 주셔서 고맙습니다. 저는 초등교사로 근
무하면서 YMCA 초등교육자협의회, 민주교육추진 전교협, 전교
조에서 활동하다 암으로 2011년에 명퇴를 했어요. 다행히 치료
가 잘 돼서 살아났는데, 살아나서 국정 교과서 싸움을 보면서
역사란 무엇인가 다시 생각하게 되더라고요. 역사란 기억입니
다. 누가 무엇을 어떻게 기억하느냐에 따라서 역사가 달라지는
데, 우리 전교조는 참교육 역사를 제대로 기억하고 있느냐는 생
각이 들었어요. 제가 전교조 출판국장으로 있을 때《한국교육
운동백서》를 발간했고, 그 뒤로도 전교조에서《참교육 한길로》,
《참교육, 교육노동운동으로 꽃피다》를 내긴 했는데, 이게 다 자
료집이나 통사 성격이잖아요. 운동에 참여한 개인사는 없는 거
죠. 뼈대는 간추렸는데 그 사이사이 피와 살과 신경은 채우지
못하고 있는 거예요. 그래서 제가 할 수 있는 작은 일이라도 해
보자는 마음으로 먼저 간 동지들에 대한 기억과 기록을 정리해
보고 싶었어요. 사실 이 취재를 기회로 자료를 모으고 싶은 거

예요. 모아놨다가 나중에 전교조에서 교육민주화기념관이나 전교조 역사자료관이라도 만들면 넘겨주려고요. 오늘 조인호 선생님이 제일고 분회와 군옥지회 자료들을 많이 가져오셨는데, 이런 자료들을 스캔이라도 받아서 모아두어야겠다 싶어요. 초기 활동가들이 퇴임하거나 이사를 하면서 자료가 버려지고 있고, 돌아가시면 유족들이 다 폐기해버리니 지금 시점에서 꼭 필요하다 싶습니다.

저는 그동안 '이광웅' 하면 오송회만 떠올랐어요. 그런데 이번에 취재하면서 생각보다 많은 제자와 연결이 됐고, 제자들 얘기를 들으면서 깜짝 놀랐어요. 정말 이분이 제자들한테 많은 믿음을 주셨구나. 제자들 사랑을 받고 계셨구나. 몇십 년이 지난 지금에도 제자들이 그분을 마음에 담고 사시는구나. 그런 얘기를 많은 제자한테 들은 거예요. 제자들이 한결같이 정말 참다

운 교사였다고 하는 겁니다. 그래서 오늘은 시인이나 오송회보다는 교사로서의 이광웅, 제자들이 보는 이광웅 선생님에 관한 이야기를 듣고 싶습니다. 먼저 오늘 자리를 마련해주신 전교조 군산지회 김영진 지회장님께 인사 겸 말씀을 부탁드리겠습니다.

김영진 날씨가 이렇게 더운데 와주셔서 고맙습니다. 실제로 오늘 제가 있을 자리가 세 군데였습니다. 하나는 지평선중고등학교 재단이 엉망인데, 거기에 문제를 제기했던 조합원을 학교 쪽에서 오히려 명예훼손으로 걸어서 전북지부에서 교육청 기자회견을 지금 하고 있거든요. 또 다른 사건들도 있고. 이 자리도 중요한 거라 제가 맡고, 다른 자리는 지회 식구들이 나눠서 참여하고 있습니다. 전교조 전북지부 윤성호 지부장님도 이광웅 선생님 제자이신데 지평선중고등학교에 대한 기자회견이 있어서 못 오셨습니다. 이런 작업이 누군가는 해야 할 작업이었던 것 같아요. 저도 이주영 선생님 전화를 받고 이런 유의미한 작업들이 전교조 차원에서 이루어져야 할 일이라고 생각했고, 더구나 이광웅 선생님은 우리 지역 선생님이시니 우리가 나서서 힘을 모아야겠다는 생각으로 여러분께 연락을 드렸습니다. 바쁘신데 시간을 내주셔서 고맙고요. 오늘 점심은 지회에서 간단히 마련하기로 했습니다. 더운 날 힘드시더라도 많이 도와주시기 바랍니다. 고맙습니다. (박수)

이주영 다른 분들도 돌아가면서 인사 말씀 간단히 해주세요. 첫인상을 같이 이야기해주셔도 됩니다.

전재승 현재 광주 동일여고에서 국어를 가르치고 있습니다. 반갑습니다. 저는 국어하고 한문을 이광웅 선생님께 배웠고요. 옆자리에 계신 조은호 은사님께서는 3학년 때 담임 선생님이셨고, 역사를 가르치셨어요. 제가 제일고에 들어가 보니까 닮고 싶은 선생님이 여러분 계셨습니다. 이광웅 선생님 같은 분은 잘 눈에 안 띄시는 분이죠. 원체 말수도 없으시고 점잖고 자기주장을 남에게 피력하기보다는 듣는 입장이었고 수용하는 그런 입장이셨습니다. 처음에는 아닌 것 같은데 나중에는 인간적인 매력을 느끼게 된 선생님이셨죠.

기억에 남는 건 수업 시간에 칠판에 판서하는데 그 글씨체가 등사를 밀어도 될 정도로, 글씨 자체가 본받고 싶고 따라서 쓰고 싶은 필체였습니다. 또 강요하는 수업이 아니고 자상하게 낮은 목소리로 수업하셨어요. 학생들이 복도를 지나다 질문을 하면 귀찮아한다거나 "너는 이것도 모르느냐"는 식으로 핀잔을 주는 게 아니라 아주 자상하게 알려주시던 모습이 생각납니다. 옷은 코르덴으로 된 남방을 사철 입으셨어요. 베이지색이나 벽지 같은 색 있죠. 약간 흰색을 벗어난. 여름에는 얇은 것, 겨울에는 좀 두꺼운 것. 보면 소매가 항상 때에 절어있거나 달아있는, 넥타이나 이런 거 하고는 거리가 먼 분이셨고. 머리도 타고나신 모발이겠지만 드라이를 사용하거나 헤어젤을 사용하지 않고 그냥 나풀대는 곱슬머리예요. 그러니까 얼른 보기에도 예술가같이 보였죠.

한번은 학교 방송에서 내일 KBS 방송을 들으면 여러분들 국어를 가르치는 이광웅 선생의 수필이 나올 거라고 안내했어요. 매일 아침 한 차례씩 15일간인가 연속해서 나왔을 거예요. 그때 조성룡 과장님하고 인연도 있어서 가능할 수도 있지만 그냥 학교에서 수업만 하는 선생님인 줄 알았는데 그런 작품 활동이 공영방송 전파를 타니까 다르게 보이는 면이 있었죠.

나병식   저는 선생님과 성당도 같이 다녔고 돌아가시고 난 다음 노제 지
낼 때도 제가 영정사진 들고 그랬습니다. 그리고 특별히 댁에도
놀러 갔습니다. 어떻게 보면 이광웅 선생님이 여성스럽고 김문
자 선생님이 좀 남성스럽습니다. 반대로 돼있어요. 김문자 선생
님은 그때에도 담배도 피우시고, 활달하시고. 예술을 하셔서 그
러신지 몰라도 저희하고 허심탄회하게 얘기도 잘하시고, 같이
맥주도 한잔 하시고, 그 정도로 친하게 지냈었어요. 김문자 선
생님도 지금은 돌아가셨다고 들었습니다.

구재준   한문 첫 시간에 선생님을 뵈었습니다. 첫인상은 작고 몸이 약해
보이신다는 것이었습니다. 다른 한편으론 곱슬머리를 약간 기르
시고 얼굴이 희시었다는 것도 기억에 남아있습니다. 전반적으
로 아주 묘한 분위기를 느꼈던 듯합니다. 다른 선생님들과는 다
르다는 느낌도 받았었고 우수 어린 눈매 속에서 품어져 나오는
매력이 있으신 분이었습니다.

    체구와 다르게 열정적으로 강의하셨고 제가 집중할 수밖에
없는 어떤 힘을 가지고 계셨습니다. 덕분에 한문 시간이 즐거
웠고 제가 한문 공부를 열심히 하는 계기가 되었습니다. 다만,
수업 시간에 간혹 창밖을 바라보시면서 어디론가 시선을 향하
곤 하시던 기억들이 있습니다. 그 시선이 왠지 모르게 슬퍼 보
이기도 했고 무거운 느낌으로 저에게 다가오곤 했던 기억이 있
습니다.

김응수   요즘 텔레비전 연속극 '학교'에서 교장을 맡고 있는데, 촬영하면
서 이광웅, 박정석 선생님을 많이 생각하게 됩니다. 교육자의 중
요성에 대해 생각해보게 됩니다. 이광웅 선생님은 실력, 인격,
품성이 참 좋으신 선생님이셨죠. 아이들한테 매질 한번 안 하시

고, '이놈아' 한번 못 하시는 분이시잖아요. 배우로 살면서 안좋은 유혹을 받을 때 '선생님이라면 어떻게 하셨을까?'라고 생각합니다. 제 삶의 척도가 되어주십니다. 대학로 연극배우 후배들한테도 많이 이야기합니다. 선생님 생각하면서 촛불 집회 때도 나가 보았고, 후배들한테도 당연히 나가야 한다고 이야기했습니다.

함운경 제가 1985년 미문화원 점거 사건으로 첫 번째 감옥 갈 때 마음으로는 감옥에 가서 선생님들 양말이라도 빨아드리려고 했는데 같은 감옥이 아니라서 못 했어요. 하하. 1988년 두 번째 징역을 살 때 굉장히 힘들었어요. 그런 내용을 제가 선생님께 편지를 써서 보냈어요. 선생님이 저한테 시를 하나 써주셨어요. 부제가 '옥중의 함운경', 《수선화》에 있죠. 그걸 보고 많은 힘이 됐는데, 그때 선생님은 막심 고리키의 《어머니》를 읽고 있었다고 하더라고요. 거기 구절을 읽다가 네가 생각이 나서 시를 썼다고 편지에 쓰셨어요. 그렇게 제가 힘들 때 위로도 해주시고 그랬어요.

박두술 저는 1학년 때 국어는 박정석 선생님이 가르치셨고 이광웅 선생님은 국어를 가르치신 게 아니라 독일어를 가르치셨어요. 2학년 때에는 한문을 가르치셨어요. 3학년 때 국어를 배웠고요. 이광웅 선생님은 수줍음이 굉장히 많으신 분이셨어요. 첫 시간이 기억나는 게 꺼벙하고 굉장히 부끄러움이 많은 모습으로 나오셔서 그냥 수업을 하는데 무슨 철학 강의 같았어요. 독일어를 하는데. 한 단어로 시작하면 키르케고르부터 사르트르를 거쳐 온갖 철학자들 이야기가 다 나오고. 고독한 존재인 인간의 근원적 문제까지 풀어내셨어요. 정말 웃기는 선생님이었어요. 선생님 때문에 사연이 너무 많습니다.

이주영 사연이 많다고요? 무슨 사연이 많으셨나요?

박두술 그 당시 제일고가 학교 재단이 바뀌면서 재단에서 의욕적으로 투자했어요. 당시 선생님들도 우수한 선생님들을 찾아서 모셔 오고, 학생들도 스카우트해왔어요. 전라도 인근과 충청도를 비롯해서 멀리에서까지 데려왔어요. 그러니 한 반 아이들이 굉장히 이질적이기도 하고 애들끼리 내부 경쟁도 심하고 그랬거든요. 다 좋은 대학 가려고 왔을 거고. 뭐 해보려고 왔을 텐데 그런 분위기에 맞지 않는 상당히 특이한 선생님이셨죠. 그 인상이 가장 인상적이에요. 학교 안에 갇히지 않고 세상과 인생을 가르치셨으니까요.

우리 때만 하더라도 일단 공부를 잘하면 문과를 갔어요. 특히 문과 쪽에 계시는 이광웅 선생님하고 박정석 선생님 영향이 굉장히 컸어요. 우리는 대학교에 들어가서 읽어야 할 책을 고등학교 때 다 읽었어요. 《전환시대의 논리》, 《들어라 양키들아》 이런 책을 선생님들한테 빌려서 읽었어요. 사실 이광웅 선생님은 무슨 정치적 문제라든가 이런 데 관심을 많이 두고 계셨던 분이 아니었어요. 그때까지만 하더라도 정치나 시국 문제는 말씀을 안 하셨던 기억이 나요. 시를 굉장히 사랑하셨고, 강의 시간에 말씀하시면 시가 줄줄 나왔어요. 자기 시만이 아니라 다른 시인들 시를 엄청 많이 외우고 계시더라고요. 지옥과 같은 입시 경쟁 교육인데, 선생님 모습이 그랬어요. 요새 같으면 교실 무너졌다고 해서 수업을 안 듣는데, 선생님 강의는 1등부터 꼴등까지 다 좋아했어요. 엄청났어요. 특히 문학 강의 같은 것은 굉장했어요.

이주영 참, 앞에서 독일어를 가르치셨다고 하는데, 전공은 국어잖아요.

그런데 어떻게 독일어를 가르치셨나요?

박두술 선생님은 3개 국어를 하신다고 들었어요. 독일어를 가르치실 때 '들장미'를 독일어로 불러주시던 노랫소리가 지금도 귓가에 쟁쟁해요. 수업 시간에는 그렇게 독일어로 시를 암송해주시고 노래를 불러주셨지만 사실 우리 선생님이 정말 부끄러움이 많으셨어요. 선생님은 어디에 마이크 들고 서시고 그런 걸 정말 싫어하셨어요. 부끄러워서 못 하신 거예요. 이성대(1979년 졸업생)가 장가를 가는데 주례를 이광웅 선생님께 부탁한 거예요. 그리고 제가 이쪽에 내려와 상담소를 하고 있을 때라서 나보고 모셔오라고 해요. 알겠다. 그래서 말씀을 드렸어요. 펄펄 뛰시는 거예요. 그런데 성대니까 가긴 가야 한다는 거예요. 그랬는데 성대는 계속 부탁을 했고, 오신다고 하니 주례를 서실 줄 알았던 거예요. 그런데 식장까지는 제가 모시고 갔는데, 결혼식을 시작하려고 아무리 불러도 주례석으로 안 나오셔요. 결혼식장까지는 갔는데 죽어도 못 나간다고 하시는 거예요. 그래서 손님으로 오셨던 다른 분이 졸지에 대타로 나가서 주례를 서셨어요. 성대가 삐쳐서 지금까지도 얘기 안 해요. (안 할 만 하네.) 저는 죄 없어요. 모시고 가는 것까지 제 역할이에요.

강태호 이광웅 선생님이 계실 때 자주 술을 마신 기억이 납니다. 선생님과 술을 마시면서 성적을 논한 게 아니고 인생을 논했습니다. 첫인상은 가녀리죠. 키도 작고 조그맣고, 칠판 글씨를 쓸 때 또박또박 정성스럽게 쓰셨다는 게 기억이 납니다. 애들이 자거나 떠들거나 나가거나 상관없이 정확히 수업만 하시는 분이셨습니다.

사실 제가 어릴 때 너무 일찍 술을 배웠어요. 중학교 때 본격적으로 술을 마시기 시작해서 고등학교 2학년 정도 됐을 때는 거의 뭐 어떤 반열에 오를 정도로 먹었어요. 이광웅 선생님께 한문을 배웠고 박정석 선생님께 국어를 배웠는데, 두 분이 오송회 사건으로 감옥에 가셨잖아요. 이광웅 선생이 7년 받으시고 박정석 선생이 5년 받으셨는데 4년 8개월 만에 나오셨으니까 박 선생님은 거의 만기를 채우시고 이광웅 선생은 2년 정도 감형을 받으시고 나오셨지요. 하여튼 학교에서 두 분이 늘 같이 책을 옆에 끼고 다니시는 모습이 참 좋았어요. 그런 모습이 제게 큰 감명을 줬어요. 아 그래서 술은 술이고 책을 읽어야겠다고 생각하게 되었어요. 그때부터 독서를 시작했습니다. 제 인생의 사표가 됐습니다.

이주영 그때 선생님 영향을 받아서 읽었던 책으로 기억에 남는 책 한 권을 고르라면?

강태호 《난장이가 쏘아올린 작은 공》이지요. 조세희가 쓴 그 책이 떠오릅니다. 두 분이 늘 문학을 논하고 늘 같이 다니면서 책을 끼고 걷던 뒷모습이 뇌리에 선해요. 그 뒷모습을 보면서 저분들처럼 살아야겠다고 생각했어요.

이주영 그분들처럼 살겠다는 생각대로 살고 있나요?

강태호 예, 저는 그렇게 살고 있어요. (웃음) 술의 삶에서 독서의 삶으로 바꾸어서 살고 있으니까요. 저는 그때 당시에 군옥청년회라는 시민단체 들어가서 활동했어요. 1989년 청년회와 전교조가 사무실을 같이 쓰게 됐어요. 청년회가 발전적 해체를 하면서 시민연대가 됐죠. 처음부터 끝까지 전교조와 시민연대가 같이 온 거예요. 저도 거기 같이 있었고. 이광웅 선생님이 전교조 결성으로 다시 해직된 이후에 전주에 있는 학원으로 출강하셨어요. 학원으로 갈 때 제가 가서 짐을 옮겨드리고, 이사하면 제가 가서 이삿짐 옮겨드리고, 그런 기억이 나요.

함경권 저는 농민입니다. 선생님과 같이 지낸 것들이 즐거웠죠. 박두술, 저 친구 따라서 선생님 집에 많이 갔어요. 토요일 소주 대두병 한 개를 메고 선생님 댁에 가서 밤새 술 마시며 이야기를 나누었어요. 어느 날 수업 시간에 그런 말씀도 하시더라고요. "야, 이번에 창비에 뭐 나왔어. 괜찮어." 이런 식이에요. "야 뭐해라. 뭐 읽어라." 이런 게 아니라. "야 창비에 뭐 나왔어. 괜찮어." 이런 투로 말씀하시니까 우리한테는 전혀 다른 세계였죠. 강요가 아니잖아요. 제 인격을 존중해주시는 거잖아요.

　　사실 저는 당시 갈등이 많았어요. 공부를 해야 하는데 선생님도 좋고, 토요일마다 이 친구(박두술) 따라가서 술 먹고 오고. 우리가 돈이 있나요? 시작은 한 병 사 들고 가면 그다음부터는 선생님이 책임지시는 거죠. 그래서 참 많은 말씀을 들었어요. 제가 대학 다닐 때 교직 이수를 안 했어요. 그때는 교직과목 이수하기가 참 쉬웠는데도 '저런 양반들처럼 될 수가 없는데 내가 선생을 하면 안 되겠다'고 생각해서 교직 이수를 안 했어요. 지금 생각해도 잘한 거 같아요.

이주영 존경하는 선생님을 따라서 선생이 되었다는 이야기는 많이 들었지만 존경하는 선생님들처럼 제자들을 사랑할 수 없을 것 같아서 선생이 안 되었다는 이야기는 처음 듣는 것 같습니다.

나병식 저는 이광웅 선생님께 한문과 고문을 배웠어요. 근데 이광웅 선생님 머리가 휘날리듯이 독특해서 누가 봐도, 저 멀리 누가 봐도 이광웅 선생님이다 할 정도로 독특했어요. 제가 어렸을 때 느꼈을 때는 딱 시인, 예술가 스타일로 사셨어요. 시국에 대한 강성 발언을 하시는 적도 없었고, 시와 문학을 정말 사랑하셨죠. 이광웅 선생이나 박 선생님, 이런 분들이 간첩이란 기사를 보는 순간 "이것은 완전히 조작이다."라고 생각했죠. 그때 당시에. 오송회라는 이름도 검찰에서 지어준 이름이지 그분들이 모여서 오송회라고 조직을 했다는 말도 듣지 못했어요. 그렇게 터놓고 많은 이야기를 나누었는데요. 저희 친구들 모두 '그것은 전혀 있을 수 없는 일이다. 조작이다.'라고 생각했죠. 그때 학생들도 간첩으로 조작한 사건이라는 걸 다 알고 있었죠.

전재승 제가 졸업을 하고 1년 뒤 일일 겁니다. 작은할아버지가 돌아가셔서 상을 치르러 갔는데 조간신문이 배달되어있었어요. 장례식장이 아니고 그때만 해도 차양을 치고 겨울이니까 땅바닥이 질척질척하죠. 멍석 위에서 어설프게 앉아서 장례 치르고 그러는데 새벽에 조간신문을 가지고 와서 펼치는 사람이 있었는데 저는 이렇게 어깨너머로 이렇게 신문을 곁눈질했는데요. '교단에 스며든 붉은 무리'라고 봤더니 제가 존경하던 선생님들 이야기예요. 꼭 내가 영화나 드라마의 주인공은 아니지만 등장인물 같은 생각이 들었어요. 고문을 했겠지만 이렇게까지도 사건을 만들 수 있는가?

　　초상집에 모였던 다른 문상객들이나 저희 친척들이 놀라면서 "이런 일이 있을 수 있나"고 하는데, 저는 항변하고 싶었어요. 이분들은 휴전선에 데려다 놓고 등을 떠밀어도 안 갈 분들이라고요. 거기에서부터 저희는 세상을 보는 시각을 달리하게 된 거죠. 그게 이 자리에 계신 선배님들이나 저희 동기생들이나 배웠던 제자들 다 저하고 같은 생각일 겁니다.

구재준 고교에 다닐 때, 저는 이광웅 선생님이나 박정석 선생님과 개인적으로 이야기를 나누어보거나 뚜렷이 가까이 지내거나 하지는 않았었습니다. 제 소심함 때문이었을 겁니다. 하지만 학교에 다닐 때나, 졸업 이후에도 두 분은 저에게 가장 기억 깊숙한 곳에 자리 잡고 계신 선생님들이었습니다. 다른 선생님들로부터는 느끼거나 받지 못한 것이었죠. 오송회 사건을 언론을 통해 알았을 때 두 분 모두 체력이 약하신데 큰일 났다는 생각이 가장 먼저 들었습니다.

두 분처럼 '맑고 순수한 분들에게 교사간첩단 사건의 올가미를 씌우다니.'라는 생각이 들면서 깊은 한숨이 터져 나왔습니다. 그 폭압적인 현실에 절망과 분노가 치밀어 올랐습니다. 그리곤 내가 할 수 있는 일이 없다는 사실에 자책이 밀려들었습니다.

이주영 조인호 선생님은 당시 동료 교사셨고, 나중에 제일고 교장 선생님으로 퇴직하셨는데요. 당시 동료 교사로서 보신 이광웅 선생님 이야기를 해주세요.

조인호 저는 1978년부터 군산제일고등학교에 근무했습니다. 이광웅 선생보다 2년 늦게 와서 이광웅 선생이 구속될 때까지 같이 근무했고, 2011년에 교장으로 퇴직했습니다. 오송회 사건을 처음부터 옆에서 보았지요. 같은 교무실에 있었으니까요. 몽골군이 공녀 약탈한 거나 일제강점기 때 일본군 강제위안부 끌어갔던 것보다 더 무참하게 국가가 학교를 짓밟은 거지요. 그래놓고 법원에서 오송회 사건이 무죄로 판결 났는데도 국가에서는 학교에 사과 한마디 없어요. 대통령이 사과해야 마땅한 사건입니다. 그렇게 짓밟혔는데도 전라북도에서 처음으로 군산제일고등학교가 분회를 만들었어요. 1988년 12월 17일 야간고에서 만들었지요.

곧 군산 옥구를 합쳐서 군옥지회를 만들었고, 제가 초대 지회장을 맡게 되었습니다. 이광웅 선생님이 회원으로 가입한 명부도 여기 있습니다. (명부 확인)

제자들하고 이광웅 선생 집에 가서 술을 마셨다고 하는데 저는 잘 몰랐어요. 학교에서도 잘 몰랐을 겁니다. 선생님 집에서 마시는 거니까요. 제가 이광웅 선생님을 옆에서 보고 느낀 것은 선생님이 학생을 통제하고 학생 지도를 훈육으로 많이 할 때인데 정말로 자율적으로 하신다는 것이었어요. 그 당시는 교련 사열 같은 것도 심했어요. 집합이라든가 훈련이라든가 그런 거와는 영 별개의 선생이에요. 그 풍기는 냄새는 교사보다는 지성인에 가깝다. 시인. 제 눈에는 많은 것을 알고 있는, 진리나 진실이나 문학이나 모든 것을 정말로 많이 통달한 그런 인물로 비쳤어요. 교무실 안에서 회의를 하나 뭐를 하나 발표를 하고 뭐를 해도 그런데 깊이 관여를 하지 않았어요. 어찌 됐든 간에 이광웅 선생님은 학생을 철저히 사랑하고 수업을 성실히 했던 것, 사리사욕 같은 것을 취하지 않았어요. 넥타이를 매고 다니는 그런 일은 한 번도 없고 항상 잠바에다 조그만 시집을 꼭 끼고 다녔어요. 매를 들지 않고 호소와 설득을 잘하셨죠. 학생들하고 술 먹는데 알려지기도 하죠. 물론 교칙에 위배가 되는데, 선생님하고 같이 술을 마신 학생들이 크게 무슨 싸움질이나 사고 같은 게 없이 잘 넘어가고 하니까 생활지도부에 걸려들거나 논의된 적은 없어요.

박두술 그래도 걸리지 왜 안 걸리겠어요. 저도 술 먹고 걸리고…. 그때 교장 선생님이 김재규라는 분이셨어요. 문교부에서 과장하시던 분을 재단에서 모셔왔는데, 이분이 인품이 좋으셨어요. 전국에서 좋은 선생님들을 잘 모셔왔고, 교사들 개성을 존중하는 분이었어요. 선생님들을 정말 사랑하셨고 인정하셨어요. 학생들한테도 그렇게 대해주셨고요. 제가 고등학교 다닐 때는 교련 사열을 굉장히 중요하게 생각했잖습니까. 그런데 그게 하기 싫어서 애들 몇을 데리고 수덕사로 놀러 가버렸어요. 그러니 학교가 발칵 뒤집혔지요. 생활지도부에서 죽이네 살리네 했어요. 교장 선생님이 그때 고민을 많이 하셨을 겁니다. 그 정도면 정학을 내려야 하는데, 그때 저희가 정학을 안 받았어요. 나중에 교장 선생님을 뵈었더니 "야, 젊어서 그럴 수 있어." 하시며 웃으시더라고요. 교장 선생님이 많이 열린 분이셨어요.

이주영   그러게요. 1978년 무렵이면 유신독재가 막바지로 치달을 때라서 그 정도면 정학이 아니라 퇴학시킬 수도 있는 사안이지요. 혼자 간 것도 아니고 친구들까지 데리고 도망갔으니까요. 《군산제일고 100년사》 제8절에 '어처구니없는 비극, 오송회 사건'을 보니 김재규 교장 선생님도 파면되셨는데 재단을 상대로 파면 무효 소송을 내서 1심에서 승소했는데, 재단에서 항소하지 않더라고요. 그걸 보면 재단 고판남 이사장도 좋은 사람이었다는 생각이 들어요. 재단 이사장이 협조하지 않으면 승소는 물론 소송 자체가 어려웠을 테니까요. 조인호 선생님이 제일고등학교 소개도 조금 해주시죠. 어떤 학교였는지요.

조인호   제일고등학교 역사를 보면 그 전신이 영명학교인데, 1903년에 전킨 선교사가 세운 학교예요. 민족정신을 깨우쳤던 학교였지요. 3·1운동 때도 가장 앞섰던 학교예요. 호남 3·1운동의 첫 번째 발상지가 영명학교예요. 그런데 1975년께 학교가 경영이 부실해지니까 고판남 회장이 학교를 인수해서 제일중고등학교로 바꿨어요. 박두술 졸업생은 그때 스카우트되어 온 학생이에요. 각 학교에서 1등들을 스카우트해서 장학금을 주었지요. 이렇게 재단에서 학교에 투자하고 장학생을 모으고 기숙사를 짓고

했지요. 당시 재단에서 그렇게 지원한 사립학교가 없을 겁니다. 서울대학에 가면 4년에서 6년간 전액 등록금을 지원하기까지 했어요. 그때 서울대에 40명이 갔어요. 그런 사립학교가 없잖아요.

그런데 1982년 오송회 사건이 일어난 거예요. 경찰이 와서 캐비닛을 뒤지고 서랍을 뒤지고 학생들을 데려다 취조를 해요. 2학년 3학년 학생을 데려가요. 선생 오라 하면 끌려가고, 학생 오라 하면 끌려가고, 교장, 교감은 파면시켜버리고, 그런데 학교가 아무런 저항을 할 수가 없어요. 국가 권력이 학교를 짓밟은 거지요. 그 다음에 오송회 사건이 조작으로 판명되고, 무죄가 되고, 피해자들한테 국가에서 배상해야 한다는 판결이 났어요. 그러나 학교에 대해서는 국가에서 아직 한마디 사과조차 없어요. 당시 학생들한테도. 대통령이 사과해야 할 일인데요.

정인섭 저는 교육운동을 같이했습니다. 이광웅 선생님 부인이 교사였는데 군산동고에서 저하고 같이 근무했어요. 그래서 이광웅 선생님에 대해서 많이 들었어요. 그때 이광웅 선생님이 감옥에 계시니까 살림을 김문자 선생님이 하시는데 학교에 아이를 데리고

다녔어요. 여행도 같이 다니고. 이광웅 선생님이 감옥에 나오셔서 조금 쉬시다가 서흥중학교로 복직했을 때입니다. 그때 저랑 전교협과 전교조 활동을 같이했는데, 큰 활동은 안 하셨어요. 김문자 선생님이 오히려 많이 하셨죠. 저는 오송회 사건으로 감옥에 갔다 온 선생님들이 가까이 오면 좀 마음이 무거워서 피했어요. 조작인 줄 알지만 자꾸 빨갱이로 몰아가는 때라서 마음에 부담이 되었어요. 그러다 언제 한번 이광웅 선생님이 집에 왔어요. 맥주를 한잔 먹으면서 얘기를 했는데, 정말 그렇게 여성스럽고 조용하고 영혼이 맑은 분인 줄 몰랐어요. '이런 분을 어떻게 간첩으로 만들었을까. 형사 그도 사람일 텐데, 검사 판사 이들도 인간인데, 이런 맑은 영혼을 어떻게 간첩으로 만들었을까. 나쁜 놈들이다. 정말.' 그런 생각을 했어요. 그분을 대하면서. 이런 분들 방패막이라도 되어주고 싶다고 생각했어요. 집회는 쪽수잖아요. 그래서 '나는 파월 참전용사니까 지들이 못 건들겠지.'라는 생각으로 집회에 자주 나갔어요. 참교육운동에 뛰어드신 좋은 선생님들 방패막이라도 되어드리고 싶어서요.

고석재 저는 한문 선생님으로 만났는데 사실 그때는 틀에 갇힌 교육문화였기 때문에 그런 것을 벗어난 이광웅 선생님의 특이한 교육 방법을 수용하는 학생도 있었지만 처음에는 수용하지 못하는 사람들도 많았거든요. 그런데 2학년 3학년이 되니까 수용하고 공감하는 학생들이 많이 생기더라고요. 주입식이 아니라 자연스럽게 서술적이고 논리적인 방법으로 교육한 것이지요. 또 아주 순했어요. 예를 들면 수업 시간에 아이들이 졸거나 자거나 해도 다른 선생님과는 다르게 그냥 두세요. 방치라면 방치이지만 그 아이가 쉴 수 있게 마음을 읽어준 것 같아요. 입시생으로 학교 생활하는데 얼마나 힘들겠는가 이해해주시는 거죠. 제가 수업 시간에 하도 많이 자서 알아요. (웃음)

이주영 그렇게 잤을 때 이광웅 선생님이 마음을 이해해주었다고 하는데, 어떻게 학생에 대한 방치가 아니라 학생을 이해해주시는 거라고 알 수 있었나요?

고석재 이광웅 선생님은 보통 그런 경우가 생기면 일어나라고 야단치거나 특별히 흔들어 깨우거나 하지 않아요. 자고 있으면 옆에 와서 그냥 왔다 갔다 하시면서 수업을 하세요. 그럼 자는 학생도 미안해서 일어나잖아요. 그럼 "피곤하냐? 어젯밤에 뭐했어?" 이런 식으로 말하세요. 작은 소리로. 야단치는 게 아니라 이해를 해주시는 거죠. 그래도 안 일어나고 자면 안쓰러운 표정, 몸짓에서 그런 선생님 마음이 묻어나잖아요. 그런 손길로 어깨를 살며시 쓰다듬어주시기도 해요. 아이들이 그런 선생님 마음을 다 느끼죠. 시험 볼 때 감독으로 오시면 책을 갖고 와서 읽고 계세요. 이광웅 선생님이 감독으로 들어오시면 아이들이 제일 좋아하지요. (웃음)

이주영 오랫동안 좋은 말씀 고맙습니다. 인간 이광웅, 참교사 이광웅 모습을 살펴보는 데 많은 도움이 되었습니다. 끝으로 이광웅은 내 삶에서 어떤 사람인지, 이광웅을 기억해야 하는 까닭을 한마디씩 해주시면 고맙겠습니다.

강태호 앞에서는 선생님하고 가깝게 술 먹은 얘기만 했지만 그럼에도 불구하고 공부를 열심히 했어요. 선생님과 술 마시는 시간 외에는 공부만 했으니까. 대학 갈 힘을 주신 것 같아요. 그분하고 사회에 나와서 감옥에서 나와서 개인적으로 만날 일이 많이 있었어요. 그러면 꼭 종이 한 장에다 끄적거려서 갖고 오셔요. 막걸리 먹으면서 선생님이 "시를 하나 썼는데 한번 들어볼래?" 이러시는 거예요. 그때 〈수선화〉도 저한테 들려주신 것 같고, 옆에 있는 박두술 부인이 노동조합에서 일하셨던 분인데, 회유가 들어왔어요. 그래도 둘은 이겨내고 현장에서 결혼까지 했어요. 노동 현장에서. 그 이야기를 이광웅 선생님이 들었던 모양이에요. 그것을 시로 써서 읽어주기도 했어요. 이렇게 가까이서 들어주시는 분이고, 들려주시는 분이세요. 세상을 바라보는 눈이 따뜻하다, 그게 저에게 굉장히 감명을 주었어요. 제가 예전에는 굉장히 투쟁적이었다면 지금은 온화해진 그 영향이 선생님의 따뜻한 시선이 아니었을까 그런 생각을 하고 있습니다. 과격함보다는 따뜻함으로 경쟁하자. 그렇게 살아보자.

박두술 선생님들을 만나서 가장 큰 이득이라면 '공부는 스스로 알아서 하는 거야. 그게 자존심이야'일 겁니다. 그게 아마 그분들 지성의 힘이었던 것 같아요. 저도 서울사대를 나왔어요. 사대를 선택하게 된 결정적인 계기는 그분들을 만났기 때문이지요. 고등학교 2학년 때 그분들을 보면서 결정했어요. '야, 선생님이 되는 건 참 굉장한 일이구나. 굉장히 중요한 일이구나'라는 생각이 들어서 사대를 간 겁니다. 저도 나중에 애들도 가르쳐봤는데 학생을 그렇게 존중해서 받아들이고 교사가 마음을 열 수 있는 건 아무나 할 수 없는 용기라고 생각해요. 그 용기를 가지셨던 분이라고 생각합니다.

대학 3학년 말에 오송회 사건이 일어났는데, 저는 더 이상 학교에 있고 싶지 않았어요. 그때 학교도 떠났어요. 노동 현장으로 직접 갔지요. 오송회 사건이 저한테도 굉장히 큰 전환점이었던 거지요. '그게 조작이냐 아니냐, 그 사람이 간첩이냐 아니냐'

그건 있을 수 없는 얘기에요. 그러실 수 없는 분들이었어요. 저
는 차라리 그때 진짜 간첩이셨다면 더 나았겠다 싶습니다.

이주영 차라리 진짜 간첩이었다면 억울하지는 않았겠지요. 인간적인 모
욕감과 자괴감도 덜했겠지요.

나병식 자유로운 영혼을 가진 시인이셨다고 생각해요. 만일 제가 그 입
장이 된다면 정말 억울해서라도 못 살 거 같더라고요. 솔직히.
그런데 나중에 복역하고 나오셔서 생활하는 것을 보니 똑같은,
표시 안 나게 사시는 모습을 보면서 그렇게 느꼈어요. 저 같은
경우는 혀를 깨물고 죽고 싶을 만큼 억울할 거 같은데 가실 때
까지 참 자유롭게 사시다 가시지 않았나. 내부적으로 어떤 고
통이 있으셨나 모르겠지만 정말 우리는 감히 따라 할 수 없는
영혼을 가지신 분이라 생각합니다.

함경권 박두술 친구가 얘기를 많이 했는데 학생들에게 다가갔던 그것
들이 절대로 아무나 못 하는 일이에요. 지나놓고 나니까 진짜
하해와 같은 은혜라는 걸 알겠어요. 살면서 보니까 그래요. 그
때는 몰랐는데.

전재승 어제저녁에 자료를 좀 찾아봤습니다. 선생님 시집에 실려있는
작품인데, 첫 시집 《대밭에서》에 실려 있는 〈보충수업 10년〉이
란 시가 있고, 유고시집이자 세 번째 시집인 《수선화》에 실려있
는 〈학교의 죽음〉이란 시를 관심 있게 보면서 생각을 해봤습니
다. 부끄러운 고백입니다만 선생님께서 〈보충수업 10년〉이란 시
에서 정말로 자율적인 교육이 아니고 그야말로 담배 두세 갑이
보수로 주어지는 보충수업을 강압적으로 하는 고뇌랄까, 학교
는 이미 학교가 아니라는 것을 지금이 아니라 30여 년 전에 그
런 인식을 하셨다고 하는 것이 참 시대를 앞서간 고뇌를 하고

계시지 않았나 하는 생각이 듭니다.

구재준 얼마 전 금강하굿둑에 있는 이광웅 선생님 시비에 소주 한 병 들고 혼자 찾아뵙고 소주잔을 기울이며 그저 멍한 시선으로 흘러가는 강물을 바라보다 온 적이 있었습니다. 이광웅 선생님이 출소한 후에 왜 찾아뵙지 않았을까 하는 자책, 맑고 순수한 분을 죽음으로 내몬 자들에 대한 치밀어 오르는 분노, 저의 비겁함과 용렬함에 대한 회한과 자책 등 많은 감정이 교차했습니다. 소주 한 병을 비우는 동안이 상당히 힘들고 긴 시간이었습니다.

강웅순 선생님은 자신의 신념을 온몸으로 실천한 시인이었습니다. 선생님이 목숨을 걸고 지키려 했던 참된 가치와 이상은 참스승의 모습으로 지금도 살아있습니다. 순수한 한 영혼이 거대한 역사의 모순과 부딪쳐 몸부림칠 때 섬광과도 같은 빛을 발하는 양심적인 지식인의 목소리였습니다. 선생님은 민족혼이 깃든 모국어를 사랑하셨고, 가슴이 푸른 제자들을 유난히 사랑했습니다. 선생님은 또한 풀잎 같은 순수의 시도 사랑하셨지만 사회적 윤리감과 삶의 진정성이 드러난 시를 목숨을 걸고 사랑했습니다. 나이가 들수록 우리 가슴속에 진정한 선생님을 기리는 마음이 남아있다면, 그 삶은 행복하다고 말할 수 있지 않겠습니까? '너'와 '내'가 만나서 '우리'가 되듯이, 우리를 진정으로 사랑하고 아꼈던 영혼이 맑은 이광웅 선생님을 영원히 잊지 않도록 합시다.

이주영 김영진 지회장님이 지금까지 쭉 들으셨잖아요. 이광웅 선생님을 잘 알지 못하셨잖아요? 직접 관계는 없으셨고요. 군산지회장님으로서 오늘 좌담회를 마무리하는 말씀을 한마디 해주세요.

김영진 저도 한마디 해야 하나요? 91년에 교사 발령을 받았으니까 초기에 교집합이 있으면 있었을 거란 생각이 드는데요. 전교조 활동을 하면서 이광웅 선생님 얘기를 간헐적으로 듣기는 했는데 같이 삶을 공유하거나 공감대를 형성할 기회는 없었습니다. 지금 제자들과 선생님들 말씀 들어보니까 지금 우리한테 이런 교사상이 필요하겠다는 생각을 합니다. 요즘 교단에 서 있으면서도 넉넉한 마음 쓰기가, 느리게 살기가 힘든데 그게 시대적으로 굉장히 어둡고 짓눌린 상태에서도 느리면서도 인간미를 아이들에게 그대로 보여줄 수 있었던 그런 교사의 삶을 사셨다는 걸 들으면서 끄떡끄떡해집니다. 저도 아직 남은 교직 생활을 그런 넉넉한 마음으로, 아이들을 품는 자세로 살아야 하지 않겠냐는 반성을 해봤습니다.《목숨을 걸고》라는 시집에 술을 마셔도 목숨을 걸고 마셔야 한다는 구절을 괜히 쓴 게 아니구나. (웃음) 제자들의 얘기 속에서도. 이런 귀한 선생님들이 전교조 역사 속에서 살아 숨 쉬고 있었다는 것, 그 작업을 소중하게 기록하자고 해주셨던 이주영 선생님께 고마운 마음이고요. 기록하지 않는 것은 기억되지 않는 법인데 왜 이런 기록을 해야 한다는 생각을 못 했을까 하는 생각이 들고, 전교조 본부가 해야 할 귀한 작업이라는 걸 오늘 이 현장에서 느꼈습니다. 고맙습니다.

이주영 제가 이렇게 다니면서 취재하는 게 일곱 번째라고 했잖아요? 다니면서 정말 어려운, 아무리 무서운 통제사회라 하더라도 교사들의 참된 정신을 막을 수는 없었구나 하는 생각이 드는 거예요. 아이들을 위한 참교육 투쟁을 피눈물로 일궈낸 역사가 전국 곳곳에 쌓여있는 거예요. 전국 구석구석에 이처럼 대단한 분들이 수천 명이 계셨다는 거죠. 돌아가신 분도 있지만 살아남으신 분들의 아픔 또한 참 크고 많아요. 곁에 살아남은 동료 교사 중에는 아직도 이름조차 꺼내는 걸 두려워하고 아파하는 분이 많습니다. 이번에도 서흥중에서 같이 근무하셨던 선생님이 자기는 이광웅 선생님 이름만 들어도 마음에 상처가 돋아나서 못 하겠다고 하시더라고요. 이런 분들 심리치료를 지금이라도 해드려야 할 것 같습니다. 이렇게 살아오신 분들 이야기를 앞으로 10년 안에 정리를 안 하면 우리 전교조 역사가 뼈대만 남고 살은 없어지겠다는 생각이 들어요. 그런데 역사가 역사답게 되려면 뼈만 세우면 되는 게 아니라 피와 살과 신경도 살려내야 하잖아요. 자잘한 한 사람의 살아간 이야기들, 그 이야기들을 되살려 내야 온전한 역사, 살아있는 역사, 따스한 역사가 되는 거지요. 이광웅 선생님 삶이 전교조 참교육 투쟁 역사를 살려내는 피와 살이 되어 내일을 여는 전교조 참교육운동에 나서는 조합원 동지들한테 조금이라도 보탬이 될 수 있기를 바랄 뿐입니다.

때_ 2017년 7월 25일 10시~12시
곳_ 전교조 군산지회 사무실
참석자_ 강태호, 박두술, 함경권(1979년 졸업 제자), 전재승, 나병식, 고석재, 함운경, 강웅순(1982년 졸업 제자), 김영진(전교조 군산지회장), 조인호(군산제일고 동료 교사, 군산옥구지회 초대 지회장), 정인섭(전교협, 전교조 동료 교사), 김응수, 구재준(1980년 졸업 제자), 강웅순, 구재준, 김응수는 보내온 글을 적당한 자리에 넣었습니다.
사회·정리_ 이주영

● 이광웅 약력

1940년	전북 이리 출생. 5남매 중 셋째
1956년	남성중 졸업
	(중 2학년, 남성문학상에 소설 〈김노인〉 장원. 시 〈둥근하늘〉 입선)
1959년	남성고 졸업(고 1학년 남성문학상에 수필 〈달밤〉 당선, 시 〈나〉 입선)
	한국외국어대 불문과에 입학했으나 한 학기 만에 자퇴
1965년	전북대 국문과에 입학했으나 한 학기만에 자퇴
	원광대 국문과에 편입했으나 수업료가 없어서 재적생 신분만 유지
1967년	2월 〈가을의 햇살〉로 《현대문학》 초회 추천
1967년	3월 원광대 국문과 주임교수인 박항식의 인연으로 문예장학생 혜택을 받음
1971년	원광대 국문과 졸업. 원광여종고 교사로 부임
1973년	11월 〈물새〉로 《풀과 별》 천료, 당선소감 〈참 오랜 참음과 기다림 끝에〉
1976년	군산 제일고 교사로 부임
1979년	원광대 석사 졸업. 학위논문 〈시와 죽음-김수영 시의 출발과 그 기조〉 발표
1980년	광주민주화운동 수배자 윤한봉을 우연히 만나 광주의 실상을 듣고
	군산 제일고 교사를 중심으로 독서회를 조직함
1982년	2월 군산시 팔마성당 주임신부인 문규현에게 찾아가 천주교 세례를 받음
	11월 '오송회 사건'으로 42일간 고문을 받은 후 투옥
1983년	12월 '오송회 사건' 대법원 판결
	주동자로 지목되어 가장 많은 징역 7년 선고
1985년	2월 《대밭》 출간(풀빛)
	3월 〈최후진술〉 외 5편의 시 발표(《자유의 문학 실천의 문학》 2집)
1986년	6월 전주교도소로 이감
1987년	6월 6·29특사로 석방(4년 8개월 복역)
	독실한 천주교 신자에서 무신론자로 전환
	산문 〈내가 아는 김남주〉를 시집 《나의 칼 나의 피》 발문으로 발표
1988년	9월 군산 서흥중 복직
	7월 전북민족문학인협의회 결성(운영위원)
1989년	3월 《목숨을 걸고》 출간(창작과비평사)
	8월 전교조 가입을 이유로 군산 서흥중 해직
	12월 교육문예창작회 초대 회장
1990년	교육문예창작회 명의로 시집 《교사는 노동자다》를 1월 출간
	'참교육 실현을 위한 시와 노래의 밤'을 전북대에서 5월 개최
1992년	민족문학작가회의 이사
	11월 《수선화》 출간(두리)
	12월 22일 돌아가심
2008년	11월 26일 '오송회 사건' 재심 결과 전원 무죄 선고
2011년	11월 '오송회 사건' 국가 배상액 확정 판결

수선화

내 생애에서의 영원이란

그해 봄

내게 머나먼 압록의 강물같이나 바라뵈던 복직이

명절같이나 찾아와

떠나야 했던 교직에 또 몸담아 살면서

귀여운 소년 소녀들에게 평화로이 우리 국어를 가르치던

그 학교

그 교정

그 화단 가운데

수선화 피인

갠 날이다.

수선화같이

혀끝으로 봄을 핥으려는

꼭이나 수선화의 생리를 지니인 사람을 흠모하기 비롯한

그해 봄

그 갠 날이다.

내 생애에서의 영원이란

달리 마련이나 있을 것이 아니어서….

빈 운동장 끝
그해 봄
바람 많아 섧게도 꽃대 흔들려쌓는
한결 감옥에서 그리울, 한결 지옥에서 새로울….

수선화 피인 갠 날이다.

마음이 넓은 사람
-옥중의 함운경

마음이 넓은 사람이어야 한다고 했다.

스물네 시간 하루내내
벽그늘 드리워진 나의 그리움 속에서만 맞는
하루하루씩 파리해져 갈 수밖에 없었던 너의 그 언제라도
이윽한 눈길….

우리의 사랑은
철창 너머서라도
3·8 장벽 너머서라도
산이나
별처럼
아아라히
바라며 그리는 것….
믿어
부르면 금시라도
문을 밀칠 듯 지척에서
바라며 그리는 것….

… 이렇게 철창이 나를 가두어
가까이 있지 않아도
마음이 넓은 사람이 되어
스물네 시간 하루내내 너를 보고
너를 이야기하며 너를 노래하며
너의 앞에 있어 나는 너와
마주하고 살고 있다.

그때 그 순간 악마가…

형사가 나를 고문했을 때

"네놈은 김일성주의자! 그랬을 적에 네놈에겐 반드시 배후가 있다. 배후

내놔라" 하고 드디어 고문이 막바지를

무지막지한 구둣발로 성큼 딛고 올라섰을 때

내 오장육부는 문드러진 채 일제히

소리치고 있었다.

지옥의 망령처럼 기진의 단애에서, 최후의 젖 먹던 힘

발악하고 있었다.

"내가 과연 김일성주의자인가?

그렇다 하더라도

내가 자유대한민국에 사는 한

김일성주의자면 어떻고

호치민주의자면 어떻단 말이오?

내가 모르는 소리를

당신들은 들이대지만

자신을 속이는 국가관을 들먹이면서

나를 괴롭히는 것이 정당하다고 생각하지만

나를 아무리 고문해봤자

나에겐 배후인물이 없고 당신들은 아무런 정보도 캐낼 수 없소.

그러니 약질의 가까 간첩을 괴롭히지 말고

진짜 간첩 거물을 좀 잡아보시오.

아무 배후인물 없는 미물을 갖고 놀지 마시오.

제발 나를 괴롭히지 마시오.

고문을 중단하시오.

비행기고문, 물고문, 통닭구이고문, 전기고문…

지겨운 고문,

고문을 중단 못 할 바에야

어서 나를 총살시키시오.

원양어업이란 말보다 먼바다 고기잡이가 더 좋은 것이 사실 아니오?

개인이 사대주의를 하면 머저리가 되고 인민이 사대주의를 하면 나라가

망한다는 말이 뭐가 나쁘오?"

형사가 이를 갈았다.

"내 이런 악질은 처음 보겠군. 이 새끼가 드디어 발길질을 시작했군."

그때 그 순간 악마가 와서

심장이 든 내 가슴을 악마가 와서 난도질을 했다. 그러나

매와 고문과 그 견딜 수 없는 치욕에도

나는 살았다.

내가 까무러침에서 깨어났을 때

나는 알았다. 내가 살아남았다는 것을…

노동계급답게

노동계급의

삶의

뿌리의

그

향기답게

살아남았다는 것을
나는 알았다.

보충수업 10년

교사의 길이란
구절양장보다 어려운 밤길
여우한테 홀려 가는
보충수업의 길이다.

보충수업의 길 가기 싫다.
목이 쉬어 가는 밤길 발목 아프다.

하루에도 열번이나 작파하고 싶은 마음—
난작 인간 식자인의 길이 아닌
노력에 따른 성과 없이
입시제도의 개혁 없이
여우한테 홀려서 평생이 걸려있는 이 길,
10년 동안 형광등 불빛 받아
눈비같이 자욱한 백묵가루 날린다.

강의 한 시간에 담배 두 갑 값 줍기 위해
구절양장보다 어려운 밤길
걷고 걷는다. 제자리 걸음이다.

보충수업비는 불지 않고
머리 위에 수부룩히 백묵가루 쌓인다.

소년들의 성장을 위해 가르친다는 기쁨
교직자의 사명감
다 잃어버렸다.
애초부터 부여받지 않았다.
백묵가루 날리는 형광등 불빛 아래
꽃 한 송이 피어날 마음 한 조각 없다.
새 한 마리 지저귈 마음 한 조각 없다.
모두 다 태엽을 감아놓은 기계와 같고
심중에 남겨놓은 말 한마디 없다.

태엽이 닳아지면 될 것이 무엇일까?
소년들의 성장을 위해 물려줄 수 없는 이 길,
생명한테 죄지으며 여우한테 홀려서
목이 쉬어 가는 밤길 가슴 얼어붙는다.

대밭

대밭에 살가지 쪽제비 시글시글 댓가지를 분질러놓으며 댓잎사귀 짓이
겨놓으며 바스락 소리 밤새 끊어지지 않는 밤이 깊었다. 새암 두덕에 두룸
박 소리 긁히고 부딪히고 쌀 씻는 소리랑 큰동세 작은동세 주고받는 목소
리 뒤세뒤세할 때까지 한쪽 귀퉁이 이불귀를 끌어 잡아댕겨가며 대밭을
떠내 밀며 잠을 설쳤다.

사랑채에서 올려오는 할아버지의 기침소리가 무섭고 선보러 오는 사람
네의 수다스런 언변 뒤에 감추어 둔 비밀스런 험상들이 무서워서 얼굴에
껌정을 칠하고 대밭을 빠져나가 북산으로 달아나간 큰고모의 안부가 걱정
돼서 할머니는 새벽부터 물레질이 잦았다. 새떼가 지나며는 실자새의 윙윙
소리는 퍼지고 퍼져서는 장지문을 다 흔든 후에 벽장문을 다 흔든 후에 부
엌에까지 들어가서 새로 회삼물한 부뚜막을 흔들었다.

용수를 박고 막 떠온 전내기를 좋아하는 만주 아저씨가 오는 날은 우리
동네에는 있지도 않은 유태인 무서운 이야기는 끓는 라디오의 군부대신 연
설처럼 열기가 올라오고 멀고 먼 옛날 절의사진(絶意仕進)에 잠적불출(潛
跡不出)하셨다는 할아버지네 할아버지네 지하수처럼 흘러간 애사에 가슴
아파하는 날은 밀밥을 먹으면서 타국 가서 왼 식구가 세한에도 이불 없이
웅숭거리고 뼈 마디마디 곱았다는 사랑방에 들어 어느새이 괭이처럼 코를

고는 오직 아저씨를 위하여서 어머니는 나를 불러 대밭에 가서 술국 끓일 명아주 잎을 따게 했다. 지는 햇빛 속에 바람 소리 속에 섞여 인생의 의미를 생각하는 대밭은 나의 상아탑이었다.

해방 직후 팔봉 지서장을 살은 육촌 제종형이 인공 때 대밭을 빠져나가 남쪽 어딘가로 도망치던 구름 낀 밤이 있었고 해방되기 전부터 공산당을 해온 오상리 아저씨가 수복 때 대밭을 빠져나가 북쪽 어딘가로 도망치던 추적추적 비 내리던 밤. 다음 날이면 언제 그랬냐고 말짱허니 갠 하늘이 되어 눈부시게 해가 빛났다. 땅거미 진 저녁이 내리면 어느새이 대밭에 자러 들온 참새떼가 쩍재그르쩍재그르 떨어지는 햇빛 받고 시냇물 흐르듯이 끝없이 울어대고 까막까치가 또 끝없이 짖어대고 불먹은 부엉이의 울음소리도 보태어 자동차의 이 소란은 극한 대낮의 홍수만큼 시끄러운 것이었다. 지금은 없는 그 새 나라의 대밭이 그립다.

내 마음 속의 담임 선생님

김의겸 (전 한겨레신문 기자)

이광웅 선생님으로부터 직접 수업을 들은 적은 없습니다. 하지만 교실 밖에서는 언제나 제 마음의 담임 선생님이셨습니다.

돌이켜 보니 첫 인연은 책이었습니다. 언젠가 보니 몇몇 친구들이 이상한 책을 돌려보는 것이었습니다. 조세희의 《난장이가 쏘아올린 작은 공》, 황석영의 《객지》, 김수영과 신동엽의 시집 같은 것들이었습니다. 당시는 판금이었던 김지하의 《불귀》도 있었습니다. 호기심에 저도 빌려보았는데 망치로 머리를 한 대 맞은 듯한 충격을 받았습니다. 나중에 알고 보니 조숙한 몇몇 친구들이 이광웅 선생님에게서 빌려오거나 추천을 받아 서점에서 산 것들이었습니다.

그렇게 조숙한 친구들의 손에 이끌려 선생님 집에까지 찾아가게 됐습니다. 말씀을 많이 하시는 편은 아니지만 몇몇 말씀은 제 삶을 뒤흔들었습니다. 버지니아 울프의 〈자기만의 방〉을 얘기하시면서 "사람의 자유는 자기만의 방을 갖는 데서 출발한다. 공간적으로 경제적으로 스스로 독립할 수 있는 자기만의 방을 가져야 비로소 한 인간으로 자유가 시작된다." 전라도는 우리나라의 내부 식민지라는 말씀도 하셨습니다. "박정희 정부가 싼값에 노동자들을 부려먹으려다 보니, 쌀값을 낮춰야 하고 그건 전라도 농민들의 희생을 강요한 것이다."

분위기가 무르익으면 막걸리도 한 잔씩 권해주셨는데, 거품이 나오는 걸 막는다며 막걸리 통 마개 부분을 잡고 뱅뱅 돌리시던 게 기억이 납니다.

그러다 오송회 사건이 터졌습니다. 제가 대학 1학년 때인 1982년입니다. 선생님들이 굴비 엮이듯 끌려 들어가 길고도 긴 감옥 생활을 하셨습니다. 저도 나중에 데모를 하고 징역을 갔는데 그때 심정이 "감옥에서 선생님들을 만나 양말이라도 빨아드려야겠다"는 심정이었습니다. 하지만 같은 교도소에서 만나는 행운은 오지 않았고 이광웅 선생님을 다시 뵐 수 있게 된 건 1988년 제가 출소한 이후였습니다. 전주에서 선생님과 다시 만난 어느 날 밤 선생님은 감옥에서 배운 노래를 여러 곡 들려주시며 재회의 기쁨을 표현해주셨습니다.

1989년 늦봄의 어느 날은 이광웅 선생님으로부터 연락이 왔습니다. 전교조 창립 대회를 보고 싶어 서울에 올라가니 앞장을 좀 서달라는 말씀이었습니다. 대회가 열린다던 한양대는 경찰이 겹겹이 에워싸고 교사들을 마구잡이로 연행하고 있었습니다. 선생님과 함께 경찰의 눈을 피해 물어물어 찾아간 곳은 건국대. 참교육이라는 똑같은 열망을 품은 교사 수천 명을 목격하자 선생님은 "심장이 쿵쾅거려 서 있질 못하겠다"며 털썩 주저앉으셨습니다. 곧이어 연세대에서 전교조 집행부가 구성됐다는 소식이 전달되자, 이미 주름이 깊게 팬 이 선생님의 눈가에는 소리 없이 눈물이 번지기 시작했습니다.

선생님은 들풀처럼 약해 보이시는 분입니다. 하지만 그 풀줄기 안에는 쇠심이 박혀있어 누구도 꺾을 수 없는 강인한 정신을 가지신 분입니다. 선생님을 닮고자 애썼습니다. 특히 시집《목숨을 걸고》는 제 가슴 한쪽에 영원히 새겨있습니다. 제가 기자로서 최순실 게이트를 밝혀내는 데 나름 성과를 낼 수 있었던 건 선생님의 이 가르침 덕이라고 생각합니다. "이 땅에서 진짜 술꾼이 되려거든 목숨을 걸고 술을 마셔야 한다. 이 땅에서 참된 연애를 하려거든 목숨을 걸고 연애를 해야 한다. 이 땅에서 좋은 선생이 되려거든 목숨을 걸고 교단에 서야 한다. 뭐든지 진짜가 되려거든 목숨을 걸고 목숨을 걸고…."

이광웅 선생님을 생각하며

이성대(전 전교조 서울지부 대외협력실장)

군산제일고 학생이던 1978년 고3 때 이광웅 선생님을 만났다. 국어 선생님으로, 한문 시간을 맡으셨다. 작고 아담한 모습에 눈이 참 맑으신, 시인 선생님…. 대학입시에 바늘 끝만큼의 여유도 없던 시절에 선생님과 만나는 시간은 샘물을 마시고 잠깐 한숨 돌리는 시간이었다고나 할까? 이백과 두보의 시를 또박또박 판서하시고 막힘없이 설명을 해주셨다. 수업을 하시던 중에 '도회지의 가로등 불빛을 보면 돼지우리의 밥 구시에 먹다 남은 채 붙어있는 밥찌꺼기를 보는 거 같다'고 하셨던 말씀이 잊혀지지 않는다. 암울했던 박정희 군사독재가 절정으로 내달리던 시절, 모두가 출세와 성공을 위해 서울로 향하던 시절, 서울대에 합격하는 것 외에는 다른 생각이 없던 내 메마른 영혼에 던진 충격의 한마디였다고 할 수 있다.

선생님은 참 술을 좋아하셨다. 나중에 '오송회 사건'으로 같이 고생을 하시는 박정석 선생님과 특히 단짝이셨다. 같이 국어 선생님이신 데다가 탈속한 이미지 하며 친하게 지내실 만하였다. 학교가 끝나면 학교 가까운 곳에서 술잔을 기울이곤 하셨다 한다.

그러던 어느 날, 9월 정도나 되었을 때인가에 학교에 큰 사건이 터졌다. 기숙사생들과 축구부 학생들 사이에 패싸움이 벌어져 기숙사 운동장을 비롯해 온 학교가 난장판이 되는 사건이 터진 것이다. 발단은 3학년이 많은 기숙사생 가운데 누군가가 축구부원에게 "넌 왜 선배를 보고 인사도 안 하냐?"에 "뭔 소리냐? 내가 꿇어서 그렇지 너보다 더 선배다." 이렇게 시비가 붙은 거다. 학교 식당에서 저녁 식사를 마치고 돌아가다가 싸움이 벌어져 얼추 100여 명이 넘는 학생들이 패싸움을 벌이니 난리도 보통 난리가 아니었다. 당직 선생님이 나서서 말리다 안 되어 교장 선생님께 연락이 갔다. 달려오신 교장 선생님께서는 다급하게 빨리 이광웅, 박정석 선생님 모시고 오라고 소리쳤다. 잠시 후 거나하게 취하신 두 분 선생님께서 나타나셨다. 작은 몸매의 이광웅 선생님, 키는 조금 크셨으나 역시 단아한 박정석 선생님은 평소대로 학교 가까운 곳에서 술을 들고 계시다가 급히 오신 거였다. 양복 차림의 두 선생님은 약간 비틀거리기까지 하시면서도, 마주치는 제자들을 아무나 붙잡고 "이러지들 마, 응. 그만하자." 하면서 우셨다. 순식간에 그 아수라장 판은 눈물바다가 되어버렸고 싸움은 금방 멈추었다. 고달픈 입시 전선의 제자들이 억누를 길 없는 스트레스를 엉뚱하게 폭발시키고 있는 것에 눈물이 나신 것이었다.

졸업이 가까워지면서 제자들과의 술 약속이 줄을 이었다. 쉬는 시간 선생님께 몰려가 "선생님 저희도 술 한잔 사주세요." 하면 수첩을 꺼내 빈 날짜에 '아무개 몇 명' 이렇게 써넣으시곤 하셨는데 거의 빈 날짜가 없다시피 하였다. 나는 전라남도 영광 법성포에 있는 법성상고를 다니다 그해에 3학년으로 편입하여 온 터인데다 워낙 입시에 전념하느라 여유도 없었고 선생님과 술 약속을 할 정도로 친해질 겨를이 없었지만 부럽기는 하였다.

학교를 졸업하고 재수까지 한 끝에 1980년에 대학생이 되었으나 '서울의 봄'이니 뭐니 하다가, 5월 광주가 터졌다. 5월 18일 새벽, 학교 기숙사에 있다가 학교를 점령한 공수부대원들에게 아무 이유도 없이 흠씬 얻어맞고 쫓겨나 내려온 고향 마을에는 광주 소식이 여과 없이 들려왔다. 그 뒤로 나는 운동권 학생이 되었다. 그렇게 선생님들의 고뇌에 가까워져 가던 시기에 안타까운 소식이 들려왔다. 선생님께서 이른바, '오송회 사건'으로 끔찍한 고문을 당하시고 옥살이를 하시게 되었다는 것이다. 그 사슴같이 여린 분들께서 어떻게 그런 힘든 형벌을 감당하실 수 있었을까? 끔찍한 옥살이를 마치고 6월 항쟁으로 민주화가 되면서 풀려나신 선생님들은 공립학교로 복직이 되셨다.

내가 다시 이광웅 선생님을 뵙게 된 것은 1989년 전교조가 창립되고 나서 바로 이어진 '명동성당 단식농성장'에서였다. 7월 26일부터 8월 5일까지 폭염 속에 전국에서 모여든 600여 명의 교사가 전개한 단식농성, 투쟁의 현장에 선생님께서 오신 것이었다. 나는 3년 차 새내기 교사로서 전교조 정책실원으로 일을 하고 있었다. 반가움도 잠시, 연로하신 선생님께서, 더욱이 옥고를 치르시느라 많이 쇠약해지신 선생님께서 단식농성을 하시는 것을 보는 것은 참 괴로운 일이었다. 그때 선생님께서 "이 싸움은 질레야 질 수 없는 싸움입니다. 제자들을 참되게 가르치겠다고 일어선 우리 선생님들이 꼭 이깁니다." 이런 말씀을 하신 것이 기억에 남는다. 시인의 언어, '질레야 질 수 없는 싸움' 이 말씀은 내가 전교조를 하면서 문득문득 떠올리는 선생님의 육성이다.

전교조 결성에 참여했다고 해직이 되어 출판사에서 생활비를 벌던 1992년, 선생님께서 위암으로 백병원에 입원해 계시다는 연락을 받고 찾아뵌 것이 선생님과의 마지막 만남이다. 가혹한 고문과 옥고의 후유증으로 결국에는 52세를 일기로 이 세상을 하직하신 선생님, 장례식을 치르던 날 선생님의 관 위에 삽으로 흙을 떠 부으며 '다시 이런 분을 만 날 수 있을까?' 큰 슬픔을 삼켰다.

선생님께서 옥중에서 쓰셨던 시, 〈목숨을 걸고〉에서 하신 말씀,

'이 땅에서 진짜 술꾼이 되려거든 목숨을 걸고 술을 마셔야 한다.
이 땅에서 참된 연애를 하려거든 목숨을 걸고 연애를 해야 한다.
이 땅에서 좋은 선생이 되려거든 목숨을 걸고 교단에 서야 한다.
뭐든지 진짜가 되려거든 목숨을 걸고 목숨을 걸고…'

나는 지금 '진짜가 되려고' 하는가? 선생님보다 더 나이를 먹다 보니 선생님이 더 그립다.

군산 동무
-이광웅 선생님

동무
하고 부르면
우리 사이 20년도 분단 극복될 것 같은
얼핏 생김새로 보면 다 쓰러져가는 빈집 같은
사람도 없는 그 집에 가득 찬
바람 같고 풀냄새 같은
군산 해망동 새벽 바지락조개 국물 같은
째보선창에서 준치회 한 접시하고 마시는 소주 같은
너는 아직도 멀었다. 멀었다
내 등줄기를 때리는 서해 파도 소리 같은
깊은 밤 슬픈 성경의 한 구절 같은
백석의 시처럼 가난하고 외롭고 높고 쓸쓸한
한 편의 서정시 같은
어깨 맞대고 도란도란 길을 가는 봄날
민들레꽃 같은
소년 같은

무죄 판결 이유

이번 선고는 오랜 시간을 기다려온 피고인들의 바람이 실현되는 계기가 될 것이다. 이광웅 피고인은 사건 당시 암울한 현실에서 저항문학과 비판 서적을 탐독해왔고 북한방송과 러시아 한국어방송을 비교하려는 욕망에서 청취한 점이 인정된다. 그 당시 오장환의 〈병든 서울〉, 김지하의 〈오적〉이 수록된 《불귀》 시집은 용공 불온도서로 분류되었는데 이광웅 등 일부 피고인들이 이를 읽고 소지한 점이 인정된다. 암울했던 우리 국가 정치 현실과 경제의 열학한 현황을 그것에 대비해 서로 술집 등에서 토론했고 산에 올라 금지된 4·19 행사를 하며 자조적 비판과 정의롭게 꿋꿋하게 살 것을 다짐한 점이 인정된다.

피고인들의 생각은 북을 이롭게 할 목적이 아니라 현실의 모순점을 비판했던 것이다. 특히 오송회라는 이적단체를 구성했는지 살펴보면, 가끔 현실 비판 책을 읽고 모여 의견 교환을 했으나 오송회라는 이적단체를 구성했다고 인정할 수 없다. 공소사실, 고무찬양에 대하여 살펴보면, 경찰은 대공분실로 불법 연행하여 '전기 통닭구이' 등 이름도 희한한 갖은 고문으로 공소사실과 같은 진술서를 수차례 작성해 외우게 해서 허위 자백 심문조서를 작성하고, 검찰에서도 이를 부인하면 잠도 제대로 안 재우고 계속 수사하겠다는 공포 분위기를 조성하고 경찰 수사관을 불러 위협된 상태에서 갖은 수단으로 진술서를 강요해 경찰과 같은 내용으로 허위자백 조서가 작성됐다.

피고인들은 1심법정 진술에서 공소사실은 고문에 의한 것으로 증거 능력이 없다고 주장했으나, 그럼에도 1, 2심은 "지성인이 몇 대 맞았다고 허위진술할 수는 없다"며 진술의 신빙성을 인정해 피고인들을 유죄 처벌했다. 검찰 측 증거물은 경찰이 압수영장 없이 불법적으로 수집한 것이어서 증거 능력이 없다. 피고인들이 관심 있는 책을 읽고 토론한 것이 이적행위로 될 수 없다. 피고인들은 반공법과 국가보안법 죄를 저지른 사실이 없다. 재판부는 1심을 파기하고 피고인 모두에게 무죄를 선고한다. 재판부 내 3인의 법관은 한 치의 이견 없이 확신을 갖고 무죄를 선고한다.

　법원에 가면 진실이 밝혀지겠지 하는 사법부에 대한 기대가 무너졌을 때 피고인들이 느꼈을 좌절감과 사법부에 대한 원망, 억울한 옥살이로 인한 심적 고통 등에 대해 많은 고민을 했다. 그동안의 고통에 대해 법원을 대신해 이 자리를 빌려 머리 숙여 사죄드린다.

　이번 사건을 계기로 재판부는 앞으로도 사회의 다양한 의견을 존중하고 이것을 통합 조정해 좌로도, 우로도 흐르지 않는 보편적인 정의를 추구할 것을 다짐한다. 어떠한 정치권력이나 이익단체로부터도 간섭받지 않고 독립해, 법과 양심에 따라 재판할 것을 다짐한다. 재판부는 내부적으로 관료화되지 않도록 노력할 것이며, 개인 안위가 아니라 국민의 자유와 재산 보호 책무에 충실해야 함을 이 사건을 통해 깨달았다. 법대에서 그 누구, 그 무엇도 두려워하지 말고 오로지 정의의 실현에 매진할 것을 스스로 다짐하는 계기가 되었다.

　다시 한번 피고인들과 가족들의 고통에 대해 사죄하며 사법부의 사명을 새기며 판사직에 임할 것을 다짐한다.

2008년 11월 25일 오송회 사건 재심

존경하는 국어 선생님께

이지영(제자)

안녕하세요. 저는 선생님을 존경하는 제자 지영이에요.

그동안 저를 잊으셨나 하는 생각이 들어요. 소식이 뜸했죠. 죄송해요.

선생님께서 교단을 떠나신 후 정말 속상하고 서운했어요.

선생님 집 근처를 지나가면 '집에 계실까' 하는 생각, 스승의 날 아니 항상 머릿속에 떠오르는 선생님이 늘 보고 싶고 그리웠답니다.

요즘 읽고 있는 책《죽은 시인의 사회》에 나오는 '키팅 선생님'은 꼭 선생님같이 인자하시고 편하신 분이라고 친구들에게 자랑해요.

참 저는 영광여고에 입학하게 되었어요. 선생님께서 잘 가르쳐준 덕택으로…. 저도 이제 어엿한 고등학생이라는 게 믿어지세요. 지금은 키도 크고 그런데…. 대성학원을 그만두시고 뭘 하실까 하는 생각이 들어 궁금했는데 명문학원에 다니신다니 궁금한 것이 풀려 좋아요. TV에서 전주명문학원이 소개되었어요. (국어-이광웅)이라고. 지금 무얼 하실까 하는 생각을 해봐요. 빈집에 홀로 남아 청소를 하고 계실까. 이런 생각 속에서 안타까운 마음을 금할 길이 없답니다.

선생님 다시 한번 불러보고 싶은 선생님이란 단어가 정답고 인자하게 느껴질 뿐입니다. 지금 선생님께 하고 싶은 말이 너무 많지만 꼭 전하고 싶은 말이 있어요. "존경합니다." 저뿐 아니라 선생님을 알고 있는 모든 사람이 선생님께 전하고 싶은 말일 거예요. 왜냐구요. 항상 기뻐하시고 성실하시고. 참다운 가장이시고 참다운 시인이시고 참다운 교사이시잖아요. 이 작

고 조그만 종이에 저의 마음을 표현한다고 했는데… 너무 부족하죠? 그럼
이만 줄일게요. 마지막으로 선생님의 건강과 가정에 축복을 예수님께 기
도드립니다. 그리고 새해에는 뜻하는 모든 일이 이루어지시고 다시 교단에
서시길 기도드리며.

1992년 1월 27일

제자 이지영 올림

숲속에서 두 갈래의 길을 만났다.
그리고 나는 사람들의 왕래가 적은 길을 택했다….
_로버트 프루스트

김덕일

어린 시절 가족과 함께

교육대학교 졸업식에 어머니와 함께

가족과 함께

가족과 함께

아이들과 함께

故 김덕일 선생님
참교육의 꿈 안고서 고이 가소서

김덕일 선생 장례식

김덕일 선생 추모 활동

김덕일이 살아온 길

김광철(전 김덕일추모사업회 회장)

김덕일은 1954년생이다. 그는 그해 11월 26일 강원도 고성군 토성면 천진리 27번지에서 부 김정록(1923년 생)과 모 김금녀(1934년생) 사이에서 태어났다. 부친은 함경남도 문천군이 고향인 실향민이었다. 북에서 피난을 와서 자리를 잡은 강원도 고성은 속초 가까이에 있다. 그 당시 고성이나 속초는 북에서 넘어온 피난민들이 삶의 터를 잡은 대표적인 곳이다. 속초 청호동을 그 지역 사람들은 아바이마을이라고 부른다. 아바이마을은 1·4후퇴 때 국군을 따라 남하한 이북사람들 중에서도 특히, 함경도 지역 피란민들이 모여서 움막같은 집을 짓고 거주하기 시작하면서 형성되었다. 이들은 대부분 함경도 출신이 많았고 나이든 남자 노인들이 많아서, 이 지역 사투리인 '아바이'를 따서 아바이마을로 부르기 시작했다. 김덕일 아버지 김정록도 남한 땅에 맨 몸으로 피신해왔는데, 고향인 함경남도 문천군 문천면에서 아주 큰 배를 운항하는 선주였던 김이철金利鐵의 외동아들이었다. 김덕일 할아버지 김이철이 운영하는 배는 교과서에도 나올 정도로 크고 유명한 배였다. 그는 부모와 누이들을 두고 혈혈단신으로 월남했기 때문에 자나 깨나 이북에 계신 연로하신 부모와 누이 생각만 했다. 또 자신이 대를 이어야 한다는 생각도 했다.

이 당시 피난민들은 아무것도 가진 것 없고 더구나 인척관계가 전혀 없는 낯선 땅에서 남자들은 대부분 고깃배 타고 나가서 어부로 일하고, 여자들은 포구로 돌아온 고깃배 그물을 손질하거나 생선을 다듬어 판매하는 일을 하며 어렵게 생계를 이어갔다. 일거리를 찾아 몰려드는 피난민들 때문에 아주 작은 어촌마을에 불과하던 속초는 인구가 많아져서 속초항이 되는 계기가 되었다. 김정록은 유복한 가정에서 태어나 고등교육을 받았기 때문에 피난을 온 고성에서도 공직생활을 할 수 있었다. 20대 젊은이였던 그는 그 동네 토박이 처녀 김금녀와 혼인을 하였다. 김금녀는 아버지가 혼자 월북해서 선산을 지키며 계모와 단둘이 고성에서 생활하고 있었다. 이렇듯 김덕일 부모는 서로 다른 남북이산가족이었던 것이다. 이처럼 김덕일 가족사는 한국전쟁이라는 민족의 비극을 고스란히 담고 있었다.

이러한 가정사는 후에 김덕일이 남북통일 문제에 관심을 갖는 계기가 되었다고 할 수 있다. 그는 젊은 시절부터 통일문제연구소장인 백기완을 스승으로 마음에 모셨다. 백기완이 1979년에 계엄법을 위반했다는 이유로 구속되어 징역형을 선고받아 복역하고 출소 후 가택연금 시절, 백기완의 집에 당시에는 귀한 수박을 가슴에다 감추고 들어가서 전해주었다는 이야기를 무용담처럼 하고는 했다. 또 백기완이 1992년 제14대 대한민국 대통령 선거에 출마했을 때, 김덕일은 백기완 후보를 물심양면으로 도왔다.

김정록과 김금녀 사이에서 장남 덕일, 장녀 덕희, 차남 덕만, 차녀 덕자, 막내 덕남이 태어났다. 이들 3남 2녀, 5남매는 모두 고성에서 태어났지만 초등학교를 입학할 즈음에는 고성보다는 도시인 속초로 이사하

였다. 김덕일이 어린 시절 인근 지역에
서는 넉넉한 편에 속했다. 아버지가 공
직생활을 하시고 어머니는 고무신을 파
는 가게를 하셨기 때문이다. 그래서 어
릴 적부터 동네에서 김덕일 별칭이 '고
무신 가게 아들'이었다고 한다. 당시엔
흔하지 않은 텔레비전이 집에 있었다
고 한다. 텔레비전이 있는 집이 많지 않
아서 밤이면 일과를 끝낸 마을 사람들

아버지와 함께(속초고등학교)

이 앞마당에 옹기종기 모여들어 모깃불을 피워두고 텔레비전을 보았다
고 한다. 또 학교 운동장에서나 볼 수 있던 철봉이 집에도 있었다. 몸이
약한 아들을 위해서 아버지가 마련해주신 것이었다. 철봉 운동을 좋아
하게 된 그는 다른 운동도 좋아하게 되어서 합기도나, 태권도 유단자가
되는 바탕이 되었다. 결혼 후 그가 내발산동에 신혼집을 마련했을 때
도 인근 태권도장 사범과 친구처럼 지냈다. 그 친구가 이민을 가면서 태
권도장을 인수하라고 했을 때, 하고 싶었지만, 그 사범 밑에서 일하던
동생처럼 여기던 나이 어린 사범이 있었다. 그가 도장을 인수하고 싶어
하자, 그는 통 크게 양보하였다. 그 뒤로도 친구가 떠난 도장이지만 새
로 인수한 나이 어린 사범하고도 서로 형제처럼 지냈다. 강서구 내발산
동에는 그 사범이 지금도 금메달태권도장을 운영하고 있다.

　김덕일이 고등학생 시절에 아버지 김정록이 극장 운영 사업을 시작
하였다가 실패하면서 가세가 급격하게 기울기 시작하였다. 집안 사정을
모른 김덕일은 법관 지망을 꿈꾸고 있었다. 고3이 되어 대학 진학을 할
즈음, 아버지가 갑자기 강릉교대 입학 서류를 사들고 와서 교대에 진학
하라는 청천벽력 같은 말을 하였다고 한다. 김덕일은 그 시절이 자신이

가장 방황하던 시기라고 말한 적이 있다.

그러나 방황할 겨를도 없이, 부친 김정록이 빚쟁이를 피하여 집을 나갔다. 가장이 없는 상황이 되었다. 김덕일은 강릉교대에 진학하였지만 머물 곳이 없었고, 속초에 있는 집안 생계 걱정까지 하지 않으면 안 될 형편이었다. 그는 대학생이지만 공부는 뒷전이었다. 문고판이나 전집을 들고 다니며 파는 책 외판원을 하거나 막노동판을 전전하였다. 후에 아내와 설악산 안에 있는 한국 콘도에 머물게 되었는데, 자기가 이 콘도를 짓기 위해서 벽돌을 나르고 외벽 공사일을 했다고 하면서 그 당시 이야기를 했다고 한다. 그는 온갖 일을 마다하지 않고 생계를 위해서 일을 했다. 그 후 부친이 집에 돌아와서는 백수로 일거리 없이 지낸 시기가 이어졌다. 그동안 그는 자신은 물론이고 집안 생계를 책임진 가장으로 생활했다. 그 시절은 어머니가 가진 유일한 목걸이, 반지를 팔았고, 집안 재봉틀까지 팔아야 했다. 그러다 보니, 한참 공부해야 할 동생들도 중도에 학업을 포기하고 덕희는 간호보조사로, 덕만이는 운전을 하면서 가정의 생계를 도왔다. 그리고 어머니는 보험사원으로 일을 하였다.

교대를 졸업한 후에도 김덕일은 성적이 좋지 않아 2년 동안 발령이 나지 않았다. 그 시기에 그는 중학교 강사를 하거나 대한항공에 고졸 사원으로 입사하여 일을 하였다. 대한항공에 근무할 때 갑자기 발령이 났다. 당시 초등 미발령 교사가 12,000명이었는데, 이를 해소하기 위해서 일시에 4000여 명을 임용하였고, 지방 교대를 나왔더라도 서울에서 고등학교를 나왔거나 서울에 주소가 있는 미발령자들을 서울로 냈다. 1977년 3월 7일, 그는 서울양동초등학교로 첫 발령을 받았다. 경제적인 안정을 찾자 그동안 틈틈이 해오던 사법고시 공부를 다시 시작하였다. 학교 일과가 끝나 모두 퇴근한 빈 학교 교실에 들어앉아 고시공부를 밤새도록 하였다. 그는 일요일까지 밤낮을 가리지 않고 학교에서 살다시피 하였다. 끼니를 때우고 옷을 갈아입기 위해서 집에 잠깐 들르는 게 전부였다. 밥해주러 속초에서 올라와 단칸 셋방에서 함께 지내는 여동생 덕자를 배려하는 마음도 있었을 것이다.

결혼할 무렵에는 혼자 자취를 했는데, 아내 될 유금자가 그 자취방에 갔을 때, 자취방 한쪽 벽면에 시커먼 자국이 유난히 눈에 띄었다고 한다. 벽면에 검은 자국은 그가 오랜 시간 공부하는 책상을 앞에 두고 등을 대고 지낸 세월의 흔적이었다. 사법고시 공부는 결혼 후 2년까지 계속되었으나 시험은 1차 합격에 그치고 말았다. 갑자기 어머니가 깊은 병에 들면서 병수발로 꿈을 접어야 했기 때문이다. 김덕일의 어머니에 대한 애정은 남달랐다. 가출한 아버지 대신 다섯 아이를 혼자서 보살핀 강인한 어머니였다. 그가 가진 여인상은 자신의 어머니 같은 여자였다. 그는 이렇게 평생 꿈을 접을 정도로 자신에게 닥친 어려운 가정 형편 속에서도 교육운동에 참여하였다.

그가 사회문제를 인식하고 인간에 대한 애정을 갖게 된 것은 그의 고통스러운 삶에서 온 것이기도 하지만, 어릴 적부터 책읽기를 좋아하고 운동을 좋아하고 남과 다르게 생각이 깊었던 때문이다. 동생 덕자는 오라버니 덕일을 이렇게 기억한다. "오빠는 늘 책을 옆구리에 끼고 다녔어요. 그리고 시간이 나면 설악산 등산을 하였어요. 설악산 구석구석 오빠가 발을 딛지 않은 땅이 없을 것입니다." 그래서 그 어머니는 아들이 행여 산에 가서 잘못 될까 봐, 등산용 밧줄이나 등산화를 몰래 버리거나 감추었다. 그래도 설악산 오르기를 포기하지 않고 다시 고물상에서 밧줄이나 등산화를 구입하고는 했다. 어느 날 어머니가 그가 가져온 등산용 배낭을 빨려다가 뱀이 나와서 놀랐다. 사연인즉, 그가 산에서 다

친 뱀을 자신의 배낭 안에 넣고 등반하고 내려와서 잊어버린 탓이었다. 아내 유금자는 그가 들려준 강원도 탄광촌 광부들의 비참한 이야기가 생생하다고 했다. 그리고 폐결핵을 앓고 요양 차 속초에 와 있던 선정주 목사를 위해서 늦가을 들판에 남아있던 버려진 배추를 리어카에다 싣고 갖다 준 이야기 등은 당시 보통 집에서 자란 아내한테는 매우 놀라운 이야기였다고 한다. 그래서 동료였던 아내에게 김덕일은 다른 젊은 교사와는 다른 점이 뚜렷했던 좀 특별한 존재였던 것이다.

첫 발령지인 양동국민학교에서 있던 일이다. 같이 근무했던 아내 유금자 기억에 의하면 아이들과 수업 중이었는데 1979년 10월 26일 김재규가 박정희를 총으로 쏜 사건이 쉬쉬하면서 학교에 퍼졌다. 그날 김덕일은 학교 안에서 뜻을 같이하던 몇몇 선생님을 모아 놓고 이제 유신헌법은 학생들에게 가르칠 필요가 없다고 말했다. 당시 국민학교 5, 6학년 사회 과목의 내용을 지적하며, 이제 유신체제는 막을 내릴 거라고도 말하면서 교과서에서 유신 내용을 가르치지 말자는 주장을 했다. 그의 주장대로 당시 동학년이었던 5학년의 교과서에 실린 유신헌법 내용을 빼고 수업을 하게 되었다. 이밖에도 김덕일은 뜻을 같이하는 강서 지역 초등교사들과 자주 모여서 사회와 학교에서 벌어지는 일에 관심을 갖고 부당한 일에 항의하는 일을 하기도 하였다. 때로는 교사 중에서 교장 편에 서서 부당한 일을 앞장서서 하는 교사를 불러내서 겁을 주거나 패주는 일도 마다하지 않았다.

오곡국민학교에 근무할 때는 그 지역 환경오염 문제를 이슈화하였다. 당시에는 환경 문제, 즉 공해문제에 관심을 갖고 있는 사람은 그다지 많지 않았다. 서울 오곡국민학교는 김포공항 인근에 있어서 김포공항에서 출발한 비행기가 지나는 길이었다. 소음과 비행기 오물이 그 지역 주민들에게는 골치 아픈 환경 문제였다. 공해추방운동을 했던 그는 주민대표들과 주민들의 삶의 터전에 오염물을 버리는 일에 대해서 보상하도록 요구하였다. 지하수에 든 여러 가지 오염물을 자신의 여동생, 덕희의 남편 안규승에게 부탁하여 성분을 분석하였다. 이러한 결과 공항 근처 학교에는 김포공항에서 일정 정도의 학교 난방비 지원을 받는 계기가 되었다.

신월국민학교에 근무할 즈음, 그 학교 교사들의 육아문제를 거들고자 학교 안에 놀이방을 만들고 그 학교에 근무하는 교사들이 안심하고 교육활동을 하도록 하였다. 그리고 학교 예산을 교사들에게 공개하도록 하는 등, 그가 학교를 변화시키고자 노력한 일들은 지금 생각하면 너무도 당연한 일이었지만, 당시 주변 학교 교장들에게 김덕일은 골치 아픈 존재였다. 당시는 교무실 안에다 조개탄으로 난로를 피우던 시절이었다. 인사철도 아닌 겨울인데, 그 학교 교장이 난로가에서 하는 말이 "내 년에 김덕일이 뜬다는데, 우리 학교에 못 오게 하자"면서, 그 학교 이동해야 할 교사를 유임시키겠다고 하더란 말을 전해준 친구가 있었다고 아내는 전한다. 그래도 일반적으로 동료 교사들은 자신을 대신해서 할 말을 해주는 사람, 굳은 일을 마다하지 않고 해주는 동료, 자신의 이익보다는 상대방을 배려하는 사람으로 기억하고 있다. 김덕일이 죽고 난 뒤. 막내 동생인 덕남이 처가 아들 태훈이가 새학기가 되어 담임을 뵈러갔는데, 큰 아주버님이 김덕일이라고 말하자, 김덕일을 기억하던 담임교사가 벌떡 일어나 공손하게 인사를 했다고 한다.

'강서참' 활동에 앞장서다 교협으로 전환하는 데 앞장선 김덕일

김덕일은 87년 6월 항쟁과 노동자 대투쟁 이후 전교조가 결성되기 전 전국적으로 각 지역과 학교 등에서 교협 활동이 활발하게 일어날 때 강서 지역에 있는 초등학교에 근무하는 이영욱, 황영한, 이동훈, 박영길 등의 교사들이 중심이 되어 조직한 '강서참' 활동을 통하여 조직적인 교육운동에 첫발을 내디뎠다. 대략 30명 정도가 모여서 학교민주화를 위한 노력을 했던 것이다.

당시 민주교육추진 전교협이 활발하게 조직되고 있었고, 서울에서도 이규삼, 이건, 이주영, 박춘근 등이 나서서 민주교육추진 전국초등교사협의회를 열심히 준비하고 있었던 시기였다. 이런 전국적인 운동이 일어나고 있을 때, 김광철, 송용운, 이영자, 최복남, 김민석, 홍선기, 김정석, 김홍기, 원병희 등이 중심이 되어 남부와 강서 지역의 초등교사들을 모아서 '강서남부초등교사협의회'를 준비하고 있었다.

강서남부초등교사협의회 추진위를 띄우고 사람들을 모아나가는 과정에서 '강서참' 내부에서는 강서참의 진로와 관련하여 많은 내부 논의가 있었다고 한다. 김덕일, 황영한 등은 '전국적인 교협 활동에 결합하여 나가자'는 주장을 하였지만 이동훈 등 나머지 대부분은 전국적인 교협 활동과 무관하게 강서참을 계속 유지시켜 나가자는 의견으로 나뉘었다. 강서참을 이끌고 있던 이영욱 선생은 중립적 태도를 보였다고 한다.

이런 의견 대립이 있을 때 황영한과 김덕일 등은 이영욱 선생을 설득하여 강서참에서 뛰쳐나와 강서남부초등교사협의회 준비위활동에 결합하였다. 강서남부초등교사협의회를 정식으로 결성할 때 이영욱 선생은 협의회장을 맡았고, 김광철은 사무국장을 맡아서 출범하고 강서남부교사협의회 활동에 적극적으로 나서게 된다.

강서남부초등교사협의회가 창립되어 각 학교에서의 인사위원회 싸움, 교무회의 싸움, 학교 예산 공개 등 학내 민주화투쟁을 해나갈 때, 그 이전 전국 Y교협에 앞장섰던 교사들을 중심으로 '교사협의회'운동을 '교원노조'운동으로 전환하자는 주장과 논의들이 광주와 서울 등을 중심으로 진행이 되기 시작하였다.

당시 강서남부초등교사협의회를 비롯하여 전국 대부분의 초등교사협의회들은 초등이 노조로 전환하기에는 준비도 안 되어있을 뿐만 아니라 여러 가지 면에서 시기상조라는 분위기가 대세였다. 이때 김광철이나 김덕일도 그런 입장에 뜻을 같이하고 있었다.

그렇지만 서울 교협을 중심으로 '교원노조'에 대한 치열한 논의가 있을 때, 강서남부지역에서도 송용운, 이영자, 최복남 등을 중심으로 몇 사람들이 교원노조를 지지하는 입장이었다. 그러는 과정에서 교원노조 준비위가 만들어지면서 강서남부초등교사협의회 차원에서 조직적인 결정을 하지 못하고 각자 자신의 판단에 맡겨지게 된다. 그렇게 되면서 강서남부초등교사협의회는 무기력해지고, 이영욱 선생 같은 분은 아예 활동을 접었다. 그렇지만 김덕일, 황영한 등은 조직을 떠나지는 않았고 관망하는 정도의 참여를 하고 있었지만, 김덕일은 조직적 결단을 하면 따르겠다는 분위기였다.

그러는 과정에서 송용운, 최봉남, 이영자 등 일부 교사들은 교원노조 추진위와 준비위활동에 적극 가담하게 되고, 각자 형편에 맞게 전교조 분회를 결성하여 정권의 탄압에 전면으로 맞선다. 이 과정에서 일부 교사들은 뒤로 빠지거나 소극적으로 참여를 하였고, 일부 교사들은 분회 결성 등 전면적으로 나서서 결국은 조합원 명단공개 전술에 적극 가담하여 송용운, 이영자, 복영선, 최봉남, 최길순, 정혜진 등의 교사들은 해직의 길을 가게 된다. 그러고 나서 제2차 명단공개 투쟁 때에 어용, 원병희 교사 등이 해직의 길을 가게 된다.

이러한 복잡한 과정을 거치고 나서 해직 교사들과 현장에 남아있는 교사들 간의 조직적 결합을 해내기 위하여 현장에 남아있는 조합원들은 조합원들대로 활동을 하면서 해직과 현장이 연계된 활동은 지속되게 된다.

그러는 과정 속에 해직 교사들 중에 이주영이라든가 송용운 등은 전교조 본부에서 일을 맡아서 하게 되고, 광주 정해직, 인천의 이청연 등은 해직 조합원으로서 지역 조직을 챙기는 일을 해오다가 정해직, 조희주, 이청연, 최봉남, 백현기 등이 나서서 초등조직 건설의 필요성을 공감하고 전교조 본부 내에 '초등위원회'를 만들고, 서울부터 나서서 각 지역에서는 초등지회 건설을 기치로 내걸고 전교조 초등운동은 새로운 국면을 맞이한다.

초등위원회가 조직적으로 움직인 것은 전국 각 지역에 초등지회를 건설하는 것이었다. 서울에서는 해직된 조희주 선생이 지회장이 되고, 김광철을 부지회장으로 하여 초등지회가 건설되게 된다. 이때 김덕일은 강서 지역 초등지구장을 맡아 활동하였다.

1991년 명지대생 강경대가 시위도중 경찰의 곤봉에 맞아 숨지는 사건이 발생하고, 이에 항의하는 전국적인 투쟁이 쉼없이 진행되고 있었다. 이때 몇몇 젊은이의 분신 투쟁이 이어지기도 하였다. 전교조는 현직 교사들을 중심으로 '노태우 정권 퇴진' 시국 선언 투쟁을 벌였다. 전국 6400여 명의 현장 교사 시국 선언 명단공개가 있었고, 서울 중등 6개 지회와 초등, 사립지회 등에서 현장 지회장이나 부지회장 등이 시국 선언 대표가 되어 강경대 빈소가 마련되어있는 연세대에서 기자회견을 열기도 하고 동아일보, 조선일보 등에 김광철과 김호정 등은 인터뷰를 하는 등 시국 선언을 주도하다가 결국은 해직의 길로 가게 되었다.

김덕일은 전교조 현장 활동가로서 학교에서도 공개적으로 활동을 하였다. 자신이 전교조 조합원이라는 것을 조종례 때도 공개적으로 알리면서 활동을 지속했다. 자신의 큰딸인 평이는 자신이 근무하는 학교로 데리고 다녔다. 그런 평이를 시켜 각 교실로 전교조 신문을 돌리기도 하고, 조합원을 모으고, 후원회원들을 적극적으로 조직하여 현장 활동가로서 모범적인 투쟁을 이어가고 있었다.

그런가 하면 강서 지역의 지역 운동단체들과 연대하는 시민모임에 앞장서서 활동을 하였다. 강서 지역의 민족민주운동에 적극 가담하여서, 어린이날 행사 등 각종 행사가 있을 때는 이분들이 와서 풍물 연주를 하는 등의 매개 역할을 열심히 하였다.

지회장 공개 투쟁에 앞장섰다가 감봉 처분을 받음

1992년 전교조의 선거는 크게 양대 진영으로 나뉘어 선거운동에 들어갔다. 소위 '대중 투쟁 노선'과 '선도 투쟁 노선'이 그것이다.

'대중 투쟁 노선'은 1500여 명이 전교조 결성으로 해직되었는데, 더 이상 해직 교사들을 양산해서는 조직의 근간이 무너질 수 있고, 해직은 이것으로 족하다. 현장을 공고히 해야 한다. 현장 분회를 강화하고, 전교조의 다양한 활동들을 통해서 전교조의 근간을 튼튼하게 해야 한다.

이런 노선을 가지고 전교조 위원장 선거에는 경북의 이영희 선생이 후보로 나섰고, '선도 투쟁 노선'은 정권 차원에서 전교조는 다 와해되고 현장에는 전교조가 없다는 것을 무너뜨리고 다시 한번 분회장 공개로 정권의 탄압을 끌어내어 사회적 이슈로 만들어가는 강력한 투쟁을 하여야 한다는 주장이었다. 이런 노선을 가지고 전교조 위원장 후보로 나선 분은 부산의 박순보 선생이었다.

이때 기존 안(1번 안) 쪽 사람들은 분회를 공고히 하고 전교조의 일상활동을 열심히 하자는 입장이었기 때문에 각종 참실사업에 중심을 두면서 '전교조 합법화'를 목표로 하는 투쟁을 전개하여야 된다는 입장이었다. 그런데 비판 안(2번 안) 쪽 사람들은 선도 투쟁을 통하여 계속 사회적 이슈를 만들면서 전교조 합법화를 이루어야 한다는 입장으로, 참실사업에는 크게 관심을 갖지 않았다.

이런 와중에 양 안을 절충하는 제3의 안이 나왔다. 일부 강고한 조합원들을 중심으로 조직 공개를 하는데, 분회장이 아닌 지회장 공개투쟁 전술을 들고 나왔다.

제3안은 서울 강서중등의 여운모, 조정묵, 이순철, 구자옥 등이 들고 나왔는데, 이때 김덕일 선생도 초등에서는 제3안 사람들과 만나면서 뜻을 같이하였다. 이 안은 결국 제1안 '대중 투쟁 노선'과 절충을 거쳐, 이영희 위원장 선대본에서 수용을 하면서 제1안과 제3안이 결합을 하여 선거국면에 접어든다. 3번 입장에 있던 김덕일은 지회장 공개 투쟁 때 서울 초등지회장 후보로 자신의 명단을 공개하여 싸우는 과정에서 감봉 처분을 받기도 한다. 최인섭이 지회장을 하고 나서 다시 비판 안 입장으로 지회장 후보로 나오자 김덕일은 서울 초등지회장 기존 안 후보로 등록을 하여 최인섭과 경선을 벌이게 된다. 이 선거에서 김덕일이 지회장에 당선된다.

이 선거에서 김덕일이 지회장으로 당선이 되자 최인섭을 지지했던 초등 활동가들은 김덕일 집행부에 대하여 굉장히 비협조적인 태도로 일관했다. 그러다 1994년 대선에서 김영삼이 정권을 잡으면서 전교조 합법화의 길은 멀다고 생각하고, 당시 김영삼 정부에서는 전교조 해직 교사들이 전교조를 안 하겠다는 각서를 쓰고 복직할 수 있다는 방침을 결정하자 전교조 본부에서 해직 교사들은 극소수의 조직 운영에 필요한 인력만 남고 전원 복직한다는 원칙을 정했다. 이런 전교조 방침에 최인섭, 김호정, 안상은 등이 반발하면서 김덕일이 맡고 있던 서울 초등지회가 어려움에 처한다. 이런 와중에 기존 안에서 핵심 정책통인 유상덕, 김진경 등이 전교조 합법화를 포기하고 자주적 교원단체 안을 들고 나오는 일이 벌어진다. 이 안은 전교조 비판안 쪽에 서 있는 사람들이 전교조 결성 당시에 교원노조를 반대하고 '자주적 교원단체'(노조는 아니면서 교총과 비슷하지만 자주적인 교사 결사체를 주장했던 조직 형태이다)를 들고 나오자, 서울 초등을 중심으로 강력하게 반발하면서 이런 제안을 저지하는데 나섰는데, 그 과정에서 김광철과 김덕일, 정기훈 등이 앞장서서 전교조 내부에서 전교조 사수 내부 투쟁을 함께 벌이기도 한다. 결국 '자주적 교원단체' 안은 물밑으로 사라지게 된다.

전교조 본부의 초등위원장을 맡아 활동하다 지병이 악화되어

이 당시 전교조 본부 초등위원장은 정해직 선생에 이어서 이청연 선생이 맡고, 김광철은 전교조 본부 초등위원회 부위원장을 맡아 활동하고 있었는데, 이청연 선생이 본부 초등위원장을 그만두면서 김덕일이 전교조 본부 초등위원장을 맡았다.

김덕일은 전교조 합법화와 함께 참실운동을 적극 추진하였다. 강서 지역에서 어린이날 행사를 지역 시민단체들과 힘을 모아서 5차까지 이끌어오고, 지회장이 된 후에도 서울교대 총학생회와 연대하여 힘있게 치러내는 노력을 열심히 하였다.

그런 과정 속에서 서울환경교육동호회 활동과 초등 역사 모임 활동 등에 김덕일은 열심히 참여하였고, 서울 초등지회 차원에서 여름 캠프를 힘있게 조직하는 활동도 함께 계속해올 수 있었다. 김덕일은 지병이

도져서 학교를 휴직하고 속초로 요양하러 내려갈 때도 생태공부를 하겠다고 하면서 식물도감을 사 들고 내려갈 정도로 전교조의 참교육 실천 활동에 앞장섰었다.

김덕일은 조직에서 책임 있는 직책을 맡기면 주저함이 없었다. 전교조가 해직교사 탈퇴각서 쓰고 복직을 하면서 많이 떨어져 나가고 신규 조합원들이 잘 들어오지 않을 때에도 전교조에 대한 애정을 접거나 흔들림이 추호도 없었고, 남들이 힘들어 하는 초등지회장 경선, 전교조 본부 초등위원장 등의 직책을 거리낌 없이 맡아서 열심히 사업을 진행시켜온 적극적인 조직 활동가였다.

어떤 면에서는 전교조의 각종 직책을 맡는 것을 영광으로 여기고, 그런 직책을 맡기 위하여 남다른 애착을 보이고 노력을 했다. 그런 그의 집념은 강서지구장은 물론이고 서울 초등지회장과 전교조 본부 초등위원장으로까지 확대되었으며, 지방자치라든가 정치권의 동향에도 예의주시하면서 관심을 갖고, 지역운동에도 매진하였다. 그러다가 교육자치가 도입이 되자 현직 교사로서 교육위원에 출마하기도 한다.

김덕일은 조합원들을 잘 챙겼다. 해직 조합원 모씨가 부인이 학원을 차린다고 하여 돈이 필요하다고 김덕일 등 몇몇 사람한테 빌리거나 보증을 서줄 것을 부탁을 했는데, 김덕일은 자신은 넉넉하지 않으면서도 이렇게 동지들의 부탁은 거절하지 않았다. 그 돈을 받지 못하는 상황에 처해도 기꺼이 감수하였다. 교육관료들에게는 엄청나게 저항하며 비타협적이지만 동지들한테는 지극히 너그러운 성품을 갖고 있는 활동가였다.

딸들에게는 무한한 지원을 아끼지 않았던 넉넉한 사람

같은 학교에서 8년을 지낸 아내 유금자가 학교에서 본 김덕일 모습은 이러하다. '복장은 늘 단일복장이었고, 옷이나 양말에 구멍이 난 것은 오히려 자연스러웠다. 반 아이들이 "선생님 옷에 구멍이 났어요."라고 말하면, 그는 "그거 선생님이 몸에 바람 들어가라고 일부러 찢었어." 하며 농담처럼 넘기곤 하였다. 바지 길이가 짧아도 아랑곳하지 않았고, 철지난 옷도 감지덕지였다. 외모에 대한 관심이 전혀 없었다. 이렇게 무신경하고 남의 눈치 안 보는 거침없는 행동은 다른 사람들에게는 기인처럼 보일 정도였다. 그리고 쉽게 화내지 않는 여유로움, 늘 다른 시각으로 바라보고 생각하게 하는 자유로운 사고가 나중에는 그의 매력이 되어버렸다. 학교에서 아이들에게 김덕일 선생님은 체육을 잘하는 선생님이었고, 자신들이 잘못을 해도 나무라지 않고 격려해주는 선생님, 늘 넉넉하게 대해주는 교육방식으로 친근한 아버지나 삼촌 같은 사람으로 학부모나 아이들 모두가 친근하게 좋아하는 교사였다.

첫 발령지인 양동국민학교에 있을 때 소년한국일보에 그에 대한 기사가 났다. 반 학생 중에 가정 형편이 어려운 아이가 있었는데 그 아이에게 끼니를 해결해주거나 자신의 양말을 주거나 하여 아이를 자식처럼 돌봐준 이야기가 미담으로 알려졌기 때문이다. 그러나 그가 근무한 학교에서 모든 동료와 잘 지낸 것만은 아니다. 그 당시 많은 학생 수와 열악한 교육환경 때문인지, 교사 편의적 수업이 이루지기 일쑤였다. 한 반의 학생수가 60명을 넘어서, 오전에 한 타임을 끝내고 오후에 다시 한 타임을 운영하는 방식으로, 하루 종일 학교가 학년을 나누어서 2부제로 하거나 심하면 3부제 수업까지 이루어지던 시기였다. 그 당시에는 깜지나 빽빽이가 있었다. 깜지나 빽빽이는 모든 학생이 가장 싫어하는 학습방식인데, 일부 교사들은 자신이 편한 방식으로 학생들에게 흰 종이가 검게 되도록 쓰게 하는 깜지나 종이의 빈 공간이 보이지 않도록 쓰는 바짝 붙여서 쓰게 하는 빽빽이를 시키는 일이 있었다. 당시 2학년

인 큰딸 평이가 밤늦게까지 빽빽이를 쓰면서 힘들어하면, 그는 그 숙제를 하지 말라며 아이와 실랑이를 자주 벌였다. 평소 아빠로서 평이, 평우에게 하는 말은 "모든 시험은 50점만 맞으면 된다"였다. 그리고 두 딸은 다른 부모들처럼 "공부해라"라는 말을 거의 들은 적이 없었다. 그대신, "아빠랑 놀자"라는 말을 많이 했다. 그래서 어느 날 수학 빽빽이를 하던 평이를 보고는, 그 다음날 학교에 출근하여 2학년 평이 담임에게 항의를 하였다. 그런데 그 항의가 있던 다음부터 담임이 평이 숙제는 아예 걷지 않았다고 한다. 그래서 자신이 교실에서 지내기 힘든 상황이 되었다고 평이는 그 당시를 회상하기도 했다. 그래도 평이는 학교가 끝나면 아빠 교실에 가서 전단지나 회의 자료를 전교조 선생님들 교실로 전달하는 일을 거의 도맡아 하다시피 하였다며 선생님들이 "너 김덕일 딸이구나." 하면서 친절하게 대해주는 일이 많았다고 한다. 그래서 평이, 평우 기억 속에 아빠는 자신들의 무제한적인 후원자였다고 한다.

김덕일은 그가 근무하던 내발산국민학교 숙직실에서 쓰러져 응급차로 병원에 실려갔다. 그 당시 아버지를 따라 학교 다니던 둘째딸 평우는 아빠가 숙직실에 자주 누워있던 모습이 생각난다고 했다. 그러다가 교육위원선거에 출마하면서 그의 건강이 급격하게 나빠졌다. 병원에서 간경화 진단을 받고, 휴직계를 내고 병원생활을 시작했다. 그때 나이 44세였다. 그는 병원과 집을 오가며 투병생활을 했다. 때로는 속초에 내려가기도 하였는데 상황이 안 좋아서 비행기에 실려오기도 하였다. 그를 아는 많은 지인이 병원을 드나들며 안타까워했고 전교조 조합원들이 성금을 모아서 병원비를 보태기도 하였다.

　김덕일이 사망하던 해 추석에 아내 유금자가 친정식구하고 병원을 찾았는데, 나이 드신 장모를 붙들고 펑펑 울던 남편 모습이 지금도 생생하다고 말했다. 처음으로 그가 소리 내서 우는 모습을 보았는데, 그의 생에 남은 모든 슬픔을 다 쏟아내는 것 같았다고 한다. 추석이 지나고 이틀 후인 1999년 10월 8일 그가 운명을 했다. 1984년 10월 7일 결혼했으니, 12주년 결혼기념일에 하루를 더 산 날이었다.

　김덕일 장례는 전교조장으로 치렀다. 당시 전교조 초등위원장이었던 정기훈이 적극 추진한 덕분이다. 김덕일은 동지들 눈물 속에 경기도 고양시 덕양구 대자동 산 178번지-1, 서울시립공원묘지 납골당 3구역에 안치되었다.

　김덕일은 전교조 합법화와 조직 확대, 강화를 위하여 온몸을 던져 활동하다가 과로로 인하여 지병이 악화되어 그렇게 열망했던 '전교조 합법화'의 시절을 함께하지 못하고 유명을 달리하여 많은 전교조 동지를 애통하게 하였다. 전교조 참교육운동사에서 현장 조합원으로 가장 치열하게, 온몸을 던져 투쟁하였던, 마음 따스하였던 김덕일이 이 세상을 떠난 다음 해, 1주기를 맞이하면서 김덕일추모사업회가 조직되었다.

2001년 4월 30일, 1차 회의에서 김광철이 회장을 맡았고, 이용환이 부회장, 김도균이 사무장을 맡았고, 40명이 넘는 사람들이 해마다 돌아가신 날 모여서 추모 행사를 했다. 추모사업으로 김덕일 장학회를 운영하였다. 학생운동을 하는 어려운 대학생이나 노동운동 하는 노동자 자녀 중에서도 투쟁하다가 실직한 집안을 중심으로 대학생 한 명과 고등학생 두 명을 선정하여 해마다 200만 원을 지원하였다. 대학생은 100만 원, 고등학생은 50만 원을 장학금으로 지급한 것이다. 장학회 운영과 더불어 추모 행사는 10년간 이어졌다. 지금도 해마다 기일이 되면 추모제를 지내는데, 그때는 김덕일을 추모하기 위하여 전 전교조 위원장이었던 이부영, 이수호, 김귀식 선생들과 중등활동가 김민곤, 이용관 선생, 초등 김광철, 정기훈, 김은미, 강규희, 김두림, 이영주, 이용환, 정애순, 김도균, 이준범, 박명숙을 비롯해 후배들도 참석하여 추모한다.

호탕하고, 푸근하고, 따스한
김덕일 선생님

이주영 안녕하세요? 오늘 김덕일 선생님 추모 모임에서 추모 좌담을 할
        수 있게 해주셔서 고맙습니다. 먼저 각자 돌아가면서 김덕일 선
        생님을 언제 처음 만났고, 첫 만남에서 느낌이 어떠했는지, 또
        는 함께 일하시면서 들었던 생각에 대한 말씀으로 이야기를 시
        작하겠습니다. 이 가운데서 김덕일 선생님을 맨 처음 만난 분이
        누구신가요?

이영주 저인 거 같아요. 제가 1989년 첫 발령을 받고 전교조를 찾아갔
        는데 강서지구였어요. 그때는 지회가 초등지회 하나였고 지역
        별로 초등지구 모임이 있었거든요. 강서지구모임에 갔을 때 김
        덕일 선생님, 황영한 선생님, 박광현 선생님, 고은경 선생님 같
        은 분들이 계셨어요. 그때 처음 뵈었는데 정확한 날짜는 기억
        안 나요.

이주영 첫 발령을 받고 바로 전교조에 스스로 찾아가서 가입하셨군요.
        용기가 대단하셨네요. 정기훈 선생님도 강서지구셨지요?

정기훈 나는 1992년에 복직해서 강서지구에서 전교조 활동을 시작했
        어. 1989년 전교조 결성으로 1500여 명이 해직되었는데, 내가

전교조 들어와서 보니까 마음에 부담감 때문인지 뭔지 몰라도 궂은일 작은 일 험한 일들을 부둥켜안고 하는 현직 교사들이 있는데, 나는 그중에 대표적인 사람이 김덕일이었다고 생각해. 엄청나게 자질구레하고 힘든 일을 다 웃으면서, 어떤 때는 해학으로 넘기면서 후배들 이끌어나가던 김덕일이 그렇게 고생하다 죽었는데 전교조장을 생각도 안 하는 거야. 그래서 화가 났었어. 그래서 위원장한테 얘기해 가지고 전교조장으로 보내드렸지.

이영주 저는 첫 학교가 신월이고 서울에 아는 사람들이 없어서 찾아가서도 낯설었는데, 그래도 찾아갔을 때 김덕일 선생님을 처음 뵈었어요. 황영한 선생님은 점잖으시고 조용하신데 김덕일 선생님은 호탕하신 면이 있잖아요. 아주 호탕하게 반가워하셨어요. 그 뒤로도 가끔 스스로 찾아와서 가입한 자랑스러운 조합원이라고 말씀하시면서 예뻐해주시고요. 그때는 오곡국민학교에서 근무하셨는데 1991년에 제가 근무하던 신월국민학교로 오셔서 같은 학교에 근무하게 된 거예요. 그때 전교조 초등위에서 학교

에 교직원 자녀를 대상으로 하는 놀이방을 만들어야 한다는 이야기들이 나왔었는데, 김덕일 선생님이 오셔서 앞장서서 하신 일이 신월초 교직원 자녀들을 위한 놀이방 만들기였어요. 그때 놀이방을 만들고 따님인 평우를 데리고 출근하시던 모습이 기억나요. 솔직히 학교에서 저하고 같이 근무하면서는 많이 부딪쳤어요. 제가 많이 투덜거렸었는데 이런 얘기해도 되나요?

이주영 하하, 물론이지요. 모든 걸 솔직하게 이야기 나누어야 진짜 추모 좌담이지요. 주로 어떤 걸로 투덜거렸어요?

이영주 일단 그때는 전교조가 비합법 때였고, 전교조 서울지부 초등지회 강서지구모임 조합원이 최대로 많았을 때가 21명이었을 때였어요. 강서지구 초등 전체 숫자가 그랬어요. 그중에서 우리 학교에 저하고 김덕일 선생님 두 명이나 있는 거잖아요. 그런데 학교 업무나 담임으로서 해야 될 업무가 있는데 그걸 안 하시고 전교조 문건만 쓰고 계시는 거예요. (다들 웃음) 학교 업무를 주관하시는 담당 선생님이나 동학년 선생님은 그런 것에 대한 불만도 계셨거든요. 시간 맞춰서 내야 할 문서들이 있잖아요. 그런 거 늦게 내시면 저는 가서 빨리 그거 해서 내라고 했어요.

김두림 애들 성적 내는 거, 출석부나 일람표 같은 거, 회람 공책이 수시로 돌았어요…. 이런저런 잡무가 많았지요. 동학년에서 누가 늦게 내면 부서 담당자나 동학년 부장이 싫어하니까, 이영주 선생이 김덕일 선생님에게 가서 빨리해서 내라고 챙겨드린 거군요.

강규희 블랙홀인 거죠. 우리가 흔히 말하는. 어느 반에 가면 회람이 멈춘다라든가 이런 거, 김덕일 선생님 반이 그랬겠네요. 그 무렵 전교조에서 수업 중 회람 도는 거는 수업권 침해고, 아이들 수업 방해하는 거니까 "수업 중에 회람 돌리지 말아라. 회람 오면 막아라." 같은 이야기들 할 때잖아요.

이주영 민주교육추진 전교협 때부터 그런 지침을 만들었던 기억이 납니다. 수업 중에 교감이나 교장이 벌컥 벌컥 들어오는 것도 수업권 침해하니까 막으라고 했었어요. 요즘은 수업 중 그렇게 무식하게 들어오는 교감이나 교장 없지요? 수업 중에 아이들 시켜서 회람을 돌리거나. 하긴 요즘은 수업 중이건 아니건 컴퓨터로 전달하는 게 수업 공해겠지요.

이영주 어떨 때 급해서 교실로 쫓아가면 전교조 문건, 그때는 컴퓨터 이런 것도 없을 때니까 다 손으로 쓸 때잖아요. 온 정신을 다해서 전교조 문건 쓰고 계시던 모습 생각나요. 그래도 놀이방을 만드는 데 앞장서주셨고, 남자 선생님이 애기를 데리고 다니는 모범을 보여주셔서 애기를 둔 교사들한테는 고마운 일이었지요.

유금자 아 그때가 신월국민학교였네요. 우리 평우를 아줌마한테 맡겨서 봐주고 있었는데, 학교에 놀이방 만들어야 된다고 애를 갑자기 데리고 다녔어요. 그래서 아줌마 일자리가 없어진 거지요.

정기훈 평우 맡기려고 놀이방을 만들었구나. 교육운동이 아니고.

김두림 (여러 여선생들이 동시에) 아니죠. 애기 있는 교사들을 위해 학교에 놀이방을 만들려고 평우를 데려왔지. 반대예요. 반대.

정기훈 사람은 자기 이해에 따라서 사는 거야. 맞아.

이주영 전교협 때 처음 내가 그런 발의를 했었어요. 교사들이 다른 집 아이들은 가르치면서 정작 자기 집 애기들은 못 기르고 다른 사람한테 맡겨야 한다. 그 시기에 부모가 가까이서 돌본다는 건 중요하다. 그러니 학교마다 교직원 자녀를 위한 어린이방을 마련해야 한다. 그런데 실제로 그게 된 학교는 많지 않았어요.

그런 제안을 하고도 정작 내가 근무하는 학교에는 못 만들었거든요. 그런데 강서 지역에서 어느 학교가 실제로 어린이놀이방을 처음 만들었다고 해서 놀랐어요. 나중에 보니 김덕일 선생님이 가장 선도 투쟁을 했더라구요. 그 다음에도 실제로 학교에 교직원 자녀를 돌볼 수 있는 어린이놀이방을 만든 학교는 거의 없었어요. 쉽지 않은 거였지요. 김덕일 선생님은 자기 딸까지 집에서 빼내서 전교조 사업에 동참시킨 거네요.

유금자 그렇게 남편이 앞장서서 주장했던 "학교 예산 공개하라" 같은 것도 5년쯤 지나니까 일반화되더라구요. 그러니까 그리 멀지도 않은 5년 정도 앞선 일을 하면서 그렇게 핍박을 받았던 거지요. 대부분 처음 주장할 때는 사람들이 굉장히 말도 안 되는 일이라고 하는데, 내가 따져보니까 한 5년, 6년 후에는 그 일들이 너무 자연스럽게 자리를 잡는 것 같아요.

이주영 신월국민학교 91년에 가셨으니까 이영주 선생님하고는 2년 같이 있었던 거네요. 같이 근무하면서 보니까 학교 일보다 전교조 일을 우선으로 하시더라, 그래서 많이 투덜거리셨는데, 그런 투덜거림에 대한 김덕일 선생님 반응은 어떠셨는지요?

이영주 그때 제가 학교에서도 투덜거렸지만 지구 모임에 가서도 김덕일 선생님한테 그런 불만을 막 얘기하면, 선배들이 제가 막내였으니까 제 편을 들어주었어요. 그래도 김덕일 선생님은 화를 내시지 않았던 것 같아요. 그러니까 어린 후배인 제가 그렇게 얘기를 하면 그냥 허허허 웃으면서 "에이, 그냥 넘겨." 이런 식으로 넘어가셨죠. 그때 강서지구장을 하실 때인데 제가 볼 때는 뭐 딱 부러지게 해결하고 갔으면 좋겠다 싶은 일도 그렇게 웃으면서 넘어가시니까 답답해서 막 대든 거지요. 지금 생각하면 제가 참 버릇없는 후배였구나 싶어요.

김도균 제가 보면 초등지회 회의가 난상토론이 되었을 때도 짜증 한번 낸 적이 없어요.

정기훈 나도 화 안 냈는데? 화내면 후배들이 "나, 안 해요." 하고 조합 탈퇴할까 봐. 나는 그래서 화 안 낸 거야. 김덕일 선생도 그랬겠지. 화냈다가 후배들이 탈퇴하면 어떻게 해.

김도균 그게 달라요. 김덕일 선생님은. 김광철 선배와 정기훈 선배와 하여튼. (다들 웃음) 그게 달라요. 얼굴을 찡그리지도 않았어요.

이주영 그러니까 정기훈 선생님은 후배들이 탈퇴할까 화를 안 낸 거고, 김덕일 선생님은 저런 후배들이 얼마나 예뻐, 저렇게 하는 게, 내가 잘해야지. 그랬던 거 아닌가? 김두림 선생은 김덕일 선생님을 어떻게 기억해요.

김두림 저는 93년 지회장 공개 투쟁, 그러니까 지회장을 공개 선거하자는 주장이 있었던, 그때 만났죠. 그 전에는 제가 전교조 문화국 일을 주로 하고 있었기 때문에 선생님을 만날 일이 거의 없었죠. 그런데 김덕일 선생님이 초등지회장으로 출마하겠다 하면서 그때 만나게 되었어요. 그때 전교조 서울 초등지회장 출마를 하는데 그 출마를 공개하느냐, 공개하지 않느냐. 현장 지회장을 세우되 이름과 학교를 공개하자 말자. 이걸 가지고 엄청나게 치열하게 싸우면서 지회가 갈라져요.

이주영 그게 뭐라고 그때 그렇게 싸웠는지.

김두림 그때는 비합법일 때니까 지회장 출마를 공개하면 사실은 해직을 각오해야 하는 상황인데 그걸 자꾸 공개해서 하자는 쪽이 있고, 우리 쪽은 비공개로 하자고 해서 서로 갈린 거죠.

정기훈 서울 초등지회장을 94, 95년을 김덕일 선생이 했고, 96년을 내가 했어요. 그러니까 93년도 겨울에 경선이 붙은 거야. 김덕일 선생이 92년에 '교육대개혁과 해직 교사 원상회복 추진위원회 서울 추진위원장'이었잖아. 그래서였는지 지회장 경선해서 이겼지.

김두림 그해 겨울에 김덕일 선거대책본부를 만들었는데, 이렇게 저렇게 모인 게 김은미, 이영주, 한민호…. 여러 명이 같이 움직이게 됐어요. 선거대책본부에서 처음 뵈었을 때는 별로였어요. 전교조 활동을 했어도 나는 본부에서 문화국 일만 했으니까 눈에 잘 띄지도 않았던 분이 용감하게 나섰다. 무모한 거 아닌가? 그런 생각이 들었죠.

김도균 저도 처음 본 인상은 무모하다였어요.

김두림 무모하고 느닷없다는 생각이 들었지요. 걱정을 하면서도 열심히 선거운동을 했어요. 그러다 보니 당선되고 나서 초등지회 집행부 중심이 되었고요. 그 선거를 하는데 서울에 있는 초등 조합원 400여 명 중에서 남성 조합원들은 거의 다 상대방 쪽이었어요. 이 연약한 여자들 몇 명이 (웃음) 선거를 했는데 뒤집은 거잖아요.

이영주 연약하지는 않았죠. (다들 웃음)

김두림 신당동 사무실에 앉아서 개표를 하는데 표가 딱 굳혀지는 순간에 상대방 쪽을 지지했던 남자 조합원이 "씨발" 하면서 개표가 덜 끝났는데 모두 일어나 가버렸어요. (김도균 그때 저도 있었어요. 유세할 때도 있었고) 개표 뒷마무리를 하고, 뒤풀이를 하려고 호프집을 들어서는데, 그때 저는 이 세상에 태어나서 지금까지 들어보지 못했던 욕을 다 들었어요. (김도균 저도 그 욕을 들었어요. 무서웠어요.)

이주영 욕?

김두림 호프집 문을 열고 들어갔는데, 내가 맨 앞에 있었나… 그런데 아까 그 남자 선배가 앞에서 들어가다 말고 돌아서서 "씨*년들!" 이러고 이를 갈면서 욕을 하는데 정말! 온몸에서 소름이 돋던 느낌이 아직도 나네요. 그러더니 뒤에 오는 사람들 보고 "맹종주의자들!" 이러는 거예요. (여러 명 그 말은 기억난다. 기억 나. 별걸 다 기억하고 있어. 욕은 정확히 기억이 안 나는데 맹종주의자는 기억난다.) (웃음) 그리고 집행부가 시작했는데, 앞 집행부에서 조합원 명부도 안 줘, 뭐도 안 줘, 아무것도 주지 않았어요. (그때 인수인계 하나도 하지 않았어요.) 그냥 나가버렸어요. '서초연'이라는 걸 만들어서 서울교대 앞에 사무실을 내고는 조합원들을 확 끌고 나가버렸어요. 그래서 그때 김덕일 지회장님과 같이 조합원들 일일이 찾아다니고, 후원회원 찾아다니면서 복구했어요. 저는 조직국, 은미 언니가 사무국, 도균이도 동작지구로 나가야 하는데 남부에서 일할 사람이 없어서 남부로 파견 가서 일하고, 그때 김덕일 선생님하고 같이했던 초등지회 선생님들 고생 많이 했어요. 한민호 선생님이 되게 많이 의지가 됐었지요. 이거 좀 슬픈 얘기다.

이주영 나는 그때 전교조 본부에서 홍보출판국장 하다가 나와서 어린이도서연구회, 공동육아협동조합, 남북어린이어깨동무 조직사업 하느라고 정신없을 때라서 초등위원회나 서울 초등지회 일에는 거의 관여 안 한 터라 그런 속사정은 잘 몰랐어요. 간간히 전해 듣기는 했지만. 김도균 선생은 어떻게 만났어요?

김도균 저는 93년에 조합에 가입했거든요. 그때 저는 두림 선배를 처음 찾아가서 조합에 가입했었죠. 그런데 두림 선배가 얼마 안 돼서 같이 갈 데가 있다고, 제 손을 끌고 간 데가 초등지회장 선거 유세장이었어요. 신당동. 그 유세 때부터 싸움판이었어요. 난 아직도 이종탁 선생님이 맨 뒤에 앉아있다 일어나서 "이게 뭐하는 거냐!"고 소리 질렀던 게 기억이 나요. 이종탁 선생님은 어느 쪽도 아니었죠. 그리고 그 호프집도 기억이 나요. 저는 김덕일 선생님이 누군지도 몰랐고, 이름도 몰랐어요. 원래는 최** 선생님(직전 지회장)이 그대로 지회장 나오는 걸로 알고 있었는데 갑자기 김덕일 선생님이 나왔어요. 갑자기. 저쪽에서도 예상 못 했을 거예요. 그런데 두림 선배가 김덕일 선생님을 지지해야 한다고 했어요. 김덕일 선생님 얼굴 포스터 그리는 것도 돕고 그랬던 것 같아요. 그때는 사진을 안 찍고 손으로 그렸는데 저도 그린 기억이 나요. (*현장 지회장 후보를 공개적으로 노출할 수 없어서 그림을 그려서 선거 공보에 넣었다. 황정화 선생이 그림을 맡았다.) 바닥에서. 왜 해야 하는지 정말 궁금한데, 두림 선배가 하자고 해서 따라갔을 때였어요. 맹종할 때였어요. (일동 웃으면서, 김도균 맹종주의자 맞네.) 아니, 나는 두림 선배 찾아가서 조합 가입한 거니까 선거 때도 두림 선배 따라 간 거죠. (웃음)

김두림 그 맹종주의자라는 말, 그쪽 사람들이 말한 맹종이 뭐냐면, 당시 정해숙 위원장이 특별복직을 추진했잖아요. 우리 쪽이 그걸 지지하는 것 가지고 그런 말을 한 거예요.

이주영 그때 특별복직을 왜 정해숙 위원장이 추진했느냐면, 길옥화 선생님 추모 특집에 보면 자세히 나와 있어요. 길옥화 선생님이 그때 복직 추진 와중에 자살하셨기 때문이에요. 그런데 김도균 선생은 김덕일 선생님 처음 만났을 때 어떤 생각이 들었어요?

김도균 처음 만났을 때는 얘기도 못했어요. 곁에서 보기만 했지요. 선거 끝났을 때도 보기만 했고, 호프집에서도 두림 선배나 한민호 선생님 그런 분들과 얘기했었지요. 그 다음에 95년이에요. 갑자기 김덕일 선생님이 보자고 하더니 부탁이 있다고, 남부가 사고 지구가 됐다고, 원래는 제일 큰 지구였는데 사고 지구가 됐다고 맡아달라고 하셨어요. 그래서 지구장을 맡으면서 집행부에 나가면서 만나게 되었어요. 집행부 회의하면서 보면 난상 토론이 돼도 짜증 한번 안 냈죠. 호탕하셨어요.

정기훈 내가 김덕일 선생 만난 거는 조금 달라가지고, 위치나 이런 게…. 나는 83년도에 학교를 나갔었어. 그랬다가 92년도 11월 1일날 강서 송정국민학교로 발령장을 받아서 갔더니 조합원은 황영한 선배 한 명 있는데, 가자마자 다음날 아크로폴리스에서 집회가 있었으니까 같이 거기를 갔지. 나한테는 그 활동이 노동운동 차원에서 그대로 이어지던 거니까. 그때 지구 모임에 가서 김덕일 선생을 본 거야. 그런데 조합원들이 나에 대해서는 경계를 했어. 그때 조합원들이 나를 대하는 느낌이 '저 사람이 나이도 저렇게 되고, 뭐 했는데 제 발로 전교조에 들어와? 프락치 아닌가?' 그런 생각을 했는지 모르겠지만.

이영주 솔직히 그랬는데요. 저 나이 드신 분이 왜 오셨을까? 프락치 아닐까?

이주영 솔직히 프락치 같았어? (웃음)

정기훈 아마 전교조 조합원으로 들어오는 과정이 나 같은 사례는 유일무이할 거야. 바로 그날 다음부터 내가 신문 돌리고 후원회비

걸고⋯. 그때 바로 지구 모임에서 김덕일 선생을 만난거야. 동년배지. 얘기를 듣는데, 나는 솔직히 말을 하자면 겉으로 표현은 안 했는데 속으로는 좀 웃었어. 요만한 수준의 것을 가지고 굉장히 심각하게 얘기하고 이러는 거야. 명단공개니 뭐 이런 거. 그건 당연히 하고 나가고 그러는 거지. 그걸 가지고. 아무튼 그런 식으로. 94년에 김덕일 선생이 지회장을 하고, 그때 지회장 임기가 1년이었어요. 그런데 95년에 나올 지회장이 없는 거야. 다음 지회장을 세워야 하는데, 95년도에 아무도 나오려고 하는 사람이 없지, 그 시기에. 김덕일 선생이 날 찾아왔어. 내가 강서에 있다가 내신 내서 관악동작으로 가서 관악동작지구장을 했는데, 나더러 지회장을 맡아달라는 거야. 그때는 아무도 나오는 사람이 없으니까 나가면 되는 건데 그래서 아예 젊은 활동가들이 하라고, 난 어머니가 노환으로 치매기가 있어 안 된다고 했는데, 그럼에도 불구하고 김덕일 선생이 세 번을 나한테 같이 술 한잔 하면서 부탁을 하는 거야. 그때 나한테 지회장을 맡아달라고 할 때 분위기가 참 심각했어. 누가 활동하기도 힘든 때고, 집회도 어렵고⋯. 그러던 기억이 나요. 그래서 내가 서울 초등지회장을 맡고, 김덕일 선생은 전국초등위원장으로 간 거야.

이주영 김덕일 선생님하고 의견 충돌 같은 것은 없었어요?

정기훈 의견 충돌은 뭐, 내가 전초위 운영위에 참석을 해서 보면 김덕일 선생은 의견 충돌을 만드는 타입이 아니야. 해결을 하는 타입이지. A안 B안 있으면 그것을 절충을 해서 C안을 만드는 거야. 그러면 충돌을 하는 싸움을 일으키는 사람은 누구냐. 김광철 같은 타입은 싸움을 일으키는 타입인 거야. 나는 기획안을 내놓는 타입이지. 그러니까 김덕일 선생은 아까 이영주 선생이

애기한 대로 성품이 온화해. 온화하지만 맨 마지막에 결정을 내릴 때는 단호하게 결정을 내려. 그리고 제일 기억에 남는 거는 김덕일 선생이 한 손에 식칼 든 모습이 제일 기억에 남는데, 자기는 조합비 내는 사람이 제일 예쁘다는 거야. 조합원은 조합비를 내야 한다는 거지. 그게 맞는 말이야. 김덕일 선생이 그 말을 하면서 "한 손에는 칼, 한 손에는 조합비" 이래야 조직이 산다고 우스개처럼, 그러나 진실하게 말하는 거야.

김도균 그래서 그때 지회 회의 안건이 어떻게 하면 조합비를 낼 것인가 이런 거였어요. 밀린 조합비 받아내는 거였어요.

정기훈 그때 조합비 내는 사람들 수를 내가 기억을 해. 87명이었어. 서울 초등지회 조합원이 278명인가 되었어. 그중에 조합비 내는 사람은 87명 정도였던 거야. 그리고 후원회비를 내는 교사가 500명 조금 넘고. 그런데 그 회의 때 김덕일 선생이 조합원은 조합비를 내야 한다고 그러면서 식칼을 들고 웃으면서 "한 손에는 칼, 한 손에는 조합비" 한 거지. 상당히 유머가 있어요. 유머가 있으면서 핵심적인 말을 그렇게 찔러서 하는 거야.

이주영 김덕일 선생님이 강서지구장, 서울 초등지회장, 전국초등위원장을 하면서 적극 추진했던 핵심 사업이라면 어떤 게 있을까요?

이영주 저희 지역에서 지역 연대로 해서 어린이날에 어린이한마당을 여성민우회를 비롯한 여러 단체들과 함께했어요. 사실 그때 조합원, 진짜 나와서 활동할 수 있는 조합원이 몇 명 없었어요. 그런데 김덕일 선생님이 그 어려운 상황에서도 우리는 이래서 안 되고 저래서 안 되고 하는데도 무조건 밀어붙였는데 결국 그게 됐어요. 그때 어린이한마당 사업 추진하셨는데 저는 가슴 아픈 것 하나가 있어요. 선생님이 자전거 타고 홍보물을 찾아오셨는데, 그때 몸이 좀 안 좋으셨어요. 사무실에서 저하고 둘이 만나서 그 일을 어린이날 행사 전날 작업하기로 했는데 안 오시는 거예요. 혼자 기다리고 있는데, 왜 이렇게 안 오시나 했어요. 나중에 시간이 한참 지나서 올라오셨는데, 너무 숨이 차가지고 힘드셨대요. 사무실이 2층이었는데, 밑에 놀이터가 있거든요. 놀이터에서 몸이 진정이 될 때까지 한참을 앉아있다가 올라오신 거예요.

정기훈 교대에서 '머리가 하늘까지 닿겠네' 할 때인가?

김두림 교대에서 어린이한마당은 91년에 처음 시작했어요. 94년 김덕일 지회 집행부에서 '머리가 하늘까지 닿겠네'라고 이름을 붙였고, 그 이후에 'ㅇㅇ지역 어린이한마당, 머리가 하늘까지 닿겠네'라고 지역 마당을 펼치게 됐어요.

이영주 돈이 없으니까 후원자를 찾아다니면서 그 사업을 했는데, 사실 활동할 사람이 몇 명 없었어요. 사실 김덕일 선생님, 저, 김권형 이렇게 서너 명 밖에 활동할 인원이 없는데도 해야 된다고 해서 했어요. 그때 그게 너무나 속상해요. 생각하면.

정기훈 숨이 찼다고? 그때 벌써 건강이 나빴던 거야.

이영주 그때부터 안 좋으셨던 것 같아요. 놀이터에 앉아서 한참을 쉬다 왔는데 저는 그것도 모르고 약속 시간보다 늦게 오시기에 왜 이제 오시냐 했더니 실은 아팠다고 하시는데 그 말 듣는 순간, 너무 속상한 거예요. 이거 도대체 왜 하냐고. 이렇게 힘든데 이런 걸 하냐고 했던 기억이 나요.

김도균 제가 보기에는 김덕일 선생님이 서울 초등지회장이 되면서 어린이날 행사도 그렇고 여름숲속학교로 전교조 초등지회 문화가 바뀐 것 같아요. 그 전에는 그런 거에 대해서 관심이 없었거든요. 전교조 지회가. 그런 쪽에 관심을 갖게 된 계기가, 서울에서는 김덕일 선생님 때문이에요.

이주영 그때 숲속학교는 어떻게 했는지 이야기해보세요. 이제는 기억하는 사람들이 별로 없을 텐데, 이렇게라도 기록으로 남기죠.

김도균 여름에 숲속학교라고 이름은 정하고 갔는데, 처음에 갔을 때가 94년이에요. 가평으로 갔는데, 정말 끔찍한 일들이 있었어요. 창고에서 재웠거든요. 그때 평우가 애기 때였는데 왔어요. 그런데 쥐벼룩에 얼굴 물리고 그랬어요. 우리가 처음 시작하느라고 꼼꼼하게 준비하지 못했던 거지요. 그래도 인기가 많았어요. 그때 참가 학생들을 모집했는데, 꽤 많이 왔어요.

김두림 스카우트나 아람단하고는 다른 캠프를 하자고 했어요. 아이들 데리고 자연 속에서 놀아보자였지요. 93년 가을에 환경 모임하고 역사 모임이 생겼어요. 환경 모임이 주동이 되어서 한 거였어요. 자연놀이 중심이고 노동의 가치도 들어가고, 애들이 뭘 만들고 그랬지요.

김도균 예. 그렇습니다. 은미 선배가 치약을 못 쓰게 했어요. 환경을 파괴한다고 소금으로 이를 닦게 했어요. 지나쳤어요. (너무 지나쳤다. 다들 웃음) 비누 못 쓰게 하고, 밤중에 옷 다 벗고 개울에 들어가게 하고, 폐가에 귀신 보러 가고, 별 관찰하고, 대나무 물총 만들기도 있었고, 물고기 조사하고, 숲속 식물 조사하고…. 그런 자연캠프로는 우리나라에서 최초 모델이 아니었나 생각해요. 나중에는 교대 총학에서도 참여하고, 참교육학부모회에서도 오고, 98년까지 하다가 전교조가 합법화되고 나서는 각 초등지회에서 했어요. 이용환 선배가 할 때가 나뉠 때였어요. 그래서 제가 강남지회로 조언하러 갔어요. 강남지회 숲속학교를 영월에서 했는데, 제가 따라갔던 기억이 나요. 그 다음에 김덕일 선생님 했을 때 교과전담 이야기가 나왔어요. 저학년자격증, 고학년자격증, 교과자격증, 담임자격증을 삼등분하는 얘기가 나왔어. 호주처럼.

강규희 그때 교과전담으로 시작했던 것이 아니라 수업시수 경감 투쟁이었어요. 처음에는 수경투라고, 수업시수 경감으로 시작했고 그 다음부터는 예체능 교과의 질적인 담보를 위해서 교과전담 확보 투쟁을 했지요.

이영주 나하고 같이 신월에 계실 때 동아일보에 실린 통일 관련 기사를 도덕 수업에 활용했다는 이유로 징계위에 회부되어서 견책도 받으셨어요. 그 다음에 6개월인가 감봉도 받으셔서 제가 진정서를 썼던 기억이 나요. 강경대 열사가 경찰에 맞아 죽은 사건 때도 시국 선언 참여했다고 장학사가 학교 찾아와서 기다렸는데, 그날 체험학습 갔다가 늦게 학교에 왔어요. 도착해서 교장실에 갔는데 장학사가 막 야단을 쳐요. 그날 김덕일 선생님이 바깥에서 계속 기다리고 계셨던 거예요. 나 나오면 위로해주신다고. 어린 것이 교장실 들어가 장학사한테 혼날 걸 뻔히 아니까. 교장실에서 장학사한테 야단맞고 울면서 나오는데 5시가 넘었는데도 퇴근 안 하고 기다리고 계시더라고요. 술도 한잔 사주셨죠.

김두림 야, 너 굉장히 복 받은 거다. 우리는 학교에서 나홀로 조합원이었잖아.

강규희 영주는 김덕일 선배가 예뻐해. 그 다음에는 광철 선배가 예뻐
해. 거의 총애 순위 1위였지. (다들 웃음) 물론 제일 막내이긴
했지만 총애 순위 1위.

이주영 유금자 선생님은 어떻게 만나서 결혼하게 되셨는지 풀어놔 보
시죠.

유금자 내가 77년 첫 발령지가 양동국민학교예요. 남편도 첫 발령으로
왔어요. 그다음 학교가 발산초인데 또 둘이 간 거예요. 둘이 덜
렁 왔는데 동학년을 하게 된 거예요. 발산초 마지막 되는 해, 8
년 같이 얼굴 보다가 결혼하게 되었죠. 내가 공부 잘하는 사람
좋아하는 데 옆에서 보니까 맨날 영어책을 보는 거예요. 실력이
있는지 없는지 모르지만 노상 두꺼운 책을 끼고 다니고 뭘 하
는 척을 한 거죠. 그래서 가까이서 얘기를 해보니 사회를 인식
하는 수준이 남다르거든요. 세상을 보는 거나 사람에 대한 애
정이 되게 각별해요. 좀 독특하고 기인이다 할 정도예요.

정기훈 김덕일 선생이 유 선생님을 끔찍히 좋아했어. 김덕일 선생 18번
이 있어. 한 손에 칼 들고 부르는 노래가 있는데 그 노래가 뭐
냐 하면 '내사랑 내곁에'야. 음정 박자도 잘 안 맞거든. 그런데
도 감정을 실어 구구절절한 거야. 유 선생을 그렇게 사랑했다고
생각해. 서울교대에서 어린이날 행사로 '머리가 하늘까지 닿겠
네' 할 때도 온 가족을 데리고 왔잖아. 난 그때 평이, 평우 처음
만났어. 김덕일 선생이 집을 이야기할 때 꼭 아방궁이라고 했
어. 아방궁 안주인은 왕비야 왕비. (웃음) 유 선생님이 왕비야.
평이와 평우가 공주고.

김평이 아빠가 생일이라고 놀이동산 이런 데 절대 안 가는데 그런 행사

에는 잘 데리고 가셨어요. 아빠 생각이 많이 나는 게, 저희는 한 방에서 같이 잤거든요. 잘 때 옛날얘기 많이 해줬어요. 정치 얘기, 역사 얘기, 사회 얘기…. 그런 얘기 많이 들었던 기억이 나요.

김도균 평이, 평우 이름 얘기도 들어가야 하는 거 아니에요?

유금자 애들 낳으려 하는데 애 이름을 어떻게 짓냐 하니 소평으로 진다고 하는 거예요 자꾸. 등소평! 아 안된다. 더군다나 여자인데 어떻게 소평이라고. 그러니까 내가 돈을 좋아한다고 돈평이로 하자. 그러다 평이, 평우로 지었어요. 이 사람이 등소평을 생각하고 그렇게 지은 거 같아요.

김평우 저는 아버지가 특별한 어떤 사람이란 생각을 해본 적이 없어요. 집에 오셨을 때 가끔 술냄새가 나셨고 그리고 어쨌든가 되게 많이 안으려고 하셨어요. 볼을 부비면 수염이 따가워서 너무 싫었던 기억이 나요.

이영주 저는 아방궁이라고 해서 집이 클 줄 알았는데… 가보니 연립이에요. 음식은 선생님이 많이 차려주셨어요.

유금자 그렇게 작은 집인데, 더 웃기는 게 문간방에 유미영 선생님 데리고 살았잖아요. 조합원인데 혼자 어렵게 사니까 우리 집 방을 빌려준 거예요. 그때 부엌도 따로 없는 한 부엌인데, 사이좋게 같이 살았어요. 가진 게 많아서 넉넉하게 생각한 게 아니에요. 성격이 그래요 원래.

이주영 시간이 너무 많이 지났네요. 정리해야 해요. 김덕일 선생님에게 마지막 한마디씩 하고 마치지요.

김두림 저는 편찮으실 때 되게 미안했어요. 문병 한 번 더 갈걸. 그 미안함에 운구도 내가 하겠다고 했어요.

이영주 후배들이 많이 아쉽고 많이 속상하게 할 때 김덕일 선생님을 생각해요. 아프실 때 좀 더 적극적으로 쉬시라고 말하지 못한 게 아쉬워요.

강규희 저는 발령 나서 6개월 만에 해직이 됐는데, 제가 대단한 신념이 있어서 한 것도 아니었고 그냥 같이 있던 후배들, 또 선배들을 두고서 저 혼자 있는 게 뭐해서 어쩔 수 없어서 활동을 했어요. 그래도 전교조 하면서 제가 제일 좋았던 건 나이와 상관없이 성별과 상관없이 어떤 것에 대해서 같이 동등하게 이야기를 나눌 수 있는 분위기가 좋았어요. 그 중에서도 김덕일 선배는 조금 더 따뜻하고 정감이 많이 갔던 사람인 것 같아요. 제가 한 번은 아주 싼 옷, 옷이 너무 편해서 6000원짜리를 사서 여름에 입고 다녔어요. 김덕일 선생님이 되게 예쁘다면서 어떻게 그런 옷을 입으려고 했느냐 그러셨어요. 이렇게 격의 없이 그냥 사람 자체에 대해서 관심을 많이 가지고 그것들을 또 표현할 줄 아는 선배였던 것 같아요. 다른 선배들은 그런 개인감정, 표현보다는 일에 대한 얘기를 많이 했는데 김덕일 선배는 뭐 하나를 보더라도 상대한테서 조금 좋은 점 내지는 따뜻하게 뭐 달라진 게 있나 변화를 빨리 알아차리고 얘기해요.

이준범 저는 전교조를 늦게 시작했어요. 82년에 발령받았는데, 98년에 정애순 선생과 같이 근무하면서 전교조에 가입하고 그 다음해에 김덕일 선생님이 돌아가셔서 전교조장이니까 다 가야 되나보다 하고 간 것이 인연이 되었지요. 사실 전교조가 제일 어려울 때 저는 비켜서 있었잖아요. 그래서 그때까지 고생하신 선생님들한테 늘 빚진 마음이 있어요. 어떻게 보면 김덕일 선생님 추모제에 늘 오는 것도 빚을 갚는 마음으로 오는 것일 수도 있어요.

이주영 이준범 선생이 빚진 마음을 이야기하시니 숙연해집니다. 내가 이 일을 시작한 마음도 마
찬가지예요. 암에 걸려서
죽을 고비를 넘기고, 어느
날 내 삶을 돌아보니 많은
동지가 먼저 갔더라고요.
나는 1977년 발령을 받아
서 1978년 이오덕 선생님
을 만나면서부터 교육민주

화운동을 시작해서 서울양서협동조합 교사 소모임, 1983년 한
국글쓰기교육연구회와 서울YMCA 초등교육자협의회, 1987년
민주교육추진 전교협, 1989년 전교조에서 지금까지 다 거쳐왔
거든요. 1987년 이순덕 선생을 시작으로 수많은 교사가 투쟁
속에 죽어갔지요. 2년 전 전교조 본부에서 전교조활동을 하다
돌아가셨다고 인정한 명단이 57명이었어요. 실제로 전교조운동
을 하다 돌아가셨지만 그 통계에 들어오지 못한 분도 많을 거
라고 생각해요. 취재하면서 아직도 몸과 마음을 다쳐 고통받는
분들을 만나고요. 나는 전교조 조합원들이 그분들 아픔과 죽
음을 잊지 않기를 바랍니다. 지금 어떻게 할 수는 없더라도 빚
진 마음은 가져야 하지 않을까, 그 빚을 갚는 마음으로 이 시대
교육을 바로 잡는 데 한걸음 더 앞서기를 바랄 뿐입니다. 김덕
일 선생님과 함께.

때_ 2017. 10. 9.(한글날)
곳_ 광탄리 공원묘지
참석자_ 유금자(퇴직, 아내), 김평이(딸), 김평우(딸) 강규희(신계초), 김도균(원효초), 김두림(월천
　　　초), 이영주(신월초), 이준범(월천초), 정기훈(퇴직, 전 초등위원장), 탁장헌(강규희 남편)
사회·정리_ 이주영

● 김덕일 약력

1954년	11월 26일 강원도 고성군 토성면 천진리에서 출생
1966년	속초 중앙국민학교 졸업
1969년	속초중학교 졸업
1972년	속초고등학교 졸업(18회)
1974년	강릉교육대학교 졸업
1977년	3월 서울 양동국민학교 첫 발령
1981년	3월 서울 발산국민학교 근무
1984년	3월 서울 화곡국민학교 근무
1984년	10월 7일 결혼
1985년	6월 11일 큰딸 평이 태어남
1989년	3월 서울 오곡국민학교 근무
1989년	11월 1일 둘째딸 평우 태어남
1990년	~1991년 서울 초등지회 강서지구장
1991년	3월 서울 신월국민학교 근무
1992년	교육대개혁과해직교사원상회복추진위원회 서울 추진위원장
1993년	2월 22일 동아일보의 통일 관련 기사를 도덕 수업에 활용했다는 이유로 견책에 처해짐
1994년	~1995년 전교조 서울 초등지회장
1995년	3월 서울 내발산국민학교 근무
1995년	8월 4일 올바른 교육개혁을 위한 서울교사 100인 선언
1995년	8월 26일 서울교사 100인 선언 건으로 3개월 감봉에 처해짐
1996년	~1997년 전교조 전국 초등위원장
1996년	6월 11일 대통령령에 의거 견책 사면
1998년	새교육공동체 강서양천 대표
1998년	3월 13일 대통령령에 의거 감봉·사면
1998년	서울시 교육위원 출마
1999년	3월 서울 등서초등학교 발령(병중이라 근무하지 못함)
1999년	10월 8일 한상성심병원에서 간경화로 돌아가심(교육경력 총 22년 8개월)

학교를 희망의 교육공동체로!

안녕하십니까?

민족의 대이동 추석 명절을 잘 보내셨는지요? 서늘해지는 날씨를 느끼게 되니 지난 여름 무덥던 기억이 되살아납니다. 방학 중 각종 연수장의 더위도 "자라나는 아이들에게 무한한 영광을" 베풀려는 우리의 의지를 꺾을 수는 없었습니다. 땀 흘린 자만이 걷을 게 있다는 평범한 진리를 생각하며 지난 여름 우리 흘린 땀만큼 학교 현장에 참교육이 실천되리라 자부심을 느껴봅니다.

바로 이러한 자존심이 우리를 교사답게, 교사이게 하는 것 같습니다.

그러나 우리의 자부심, 자존심을 인정하지 않는 교육계 밖의 눈초리도 따갑습니다.

서울 강남 지역 아무개 교사의 촌지사건! 학원 폭력이 극성해도 개선이 안 되는 학교 현실! 입시지옥에 허덕이는 중고등학생들의 삶! …이게 어찌 교사들의 잘못만이라고 할 수 있겠습니까?

특히 초등교사의 자존심이 걸린 문제를 생각하면 분노가 치밉니다. 수년 전부터 한목소리로 외쳐왔던 초등교사 기준 수업시수 19시간 법제화운동! 똑같이 같은 대학을 졸업하고 호봉도 같은데 수당의 차이와 기준 수업시수의 차이는 어떻게 해명이 될 수 있겠습니까?

올해도 교육부의 대답은 마찬가지입니다.

'고충은 이해하나 예산이 없다. 총무처, 재경원에 가면 다 삭제되어버린다.'

교육부는 무엇하는 곳인지, 필요한 부서인지? 새싹을 가꾸지 않아 병들게 만들어놓고 무슨 나무로 만들 것이며, 무슨 재목이 될 것으로 예상하는지?

더욱이 교사의 자존심을 무가치한 것으로 여기는 현대 정보화사회, 탈산업사회의 행태들….

하루하루가 다르게 정보의 양이 늘어나고 모든 것이 정보로 축적되고, 이 정보를 이용하지 않고서는 한시도 살 수 없는, 점점 기계화되고 비인간화되어가는 현실!

교육의 근본을 완전히 뒤바꿔버릴지도 모릅니다.

가르치고 배우는 것이 아니고 각종 정보 축적 장치로부터 꺼내서 쓰고 이용료를 내고….

교사는 전통적 의미의 교사가 아니라 정보처리 방법을 안내해주는… 그것도 사람이 아니라 기계가 대신할 수 있는 그런 시대가 곧 도래할 것입니다. 학교는 교육정보의 백화점이고 교사는 그 정보를 파는 점원이라는 극심한 비유를 하시는 분도 계십니다.

선생님!

교사인 우리는 이런 비뚤어진 현실에 대해 침묵만 해야 할까요?

교사인 우리는 이런 비인간화되어가는 사회를 방관만 해야 할까요? 교사인 우리는 이렇게 공동체가 파괴되어가는 교육 현장을 남에게 맡기기만 해야 할까요?

이제 선생님이란 단어가 없어지고 교사라는 직업이 없다고 가정해봅시다. 사회가 존속될 수 있을까요? 교사가 존재해야 할 당위성, 필요성, 근거를 자문해봅시다.

전교조는 교사 아동 간의 인간관계(심리적인 교통관계)를 중시하는 인간화교육에 더욱 노력할 것이고, 학교를 공동체감정(WE-FEELING)을 지니는 교육공동체로 만들어 나아갈 것입니다. 우리 모두 학교를 누구나 오고 싶어 하고 누구에게나 즐거운 곳으로 만듭시다.

아이들을 가르쳐야 할 대상으로만 생각하지 말고 아이들도 자기 삶의 주체임을 인정해주고, 스스로 인정할 수 있는 깨달음을 얻도록 합시다. 옆의 친구가 겪는 어려움을 같이 힘 모아 해결할 수 있는 학교로 만듭시다. 학원 폭력병, 성적비관 아이, 욕구불만 아이, 비행 청소년… 이들 모두가 21세기를 같이 살아가야 할 우리 아이들입니다.

학교를 희망의 교육공동체로 만듭시다!

학교를 희망의 교육공동체로 만드는 일은 우리의 의무이기도 하지만 교사인 우리의 권리입니다.

보다 더 좋은 학교, 보다 더 좋은 선생님이 되기를 다짐하며….

1997. 10.

굶어 죽어가는 북한 어린이를 살립시다

(   ) 선생님께

굶어 죽어가는 북한 어린이를 살립시다.

선생님! 안녕하십니까?

정말 안녕하십니까?

정말, 정말로….

언론에 연일 보도되고 있습니다.

지금 이대로라면 올 7월까지 300만 명이

굶어 죽는다고 합니다.

선생님!

정치인 비리, 국가를 뒤흔드는 한보사태!

이 사태로 몇 명이 죽었습니까?

몇 명이 고통을 당하고 있습니까?

전 세계의 이목이 집중되고 있습니다.

85년 아프리카 난민들의 상태보다 더욱 심각하답니다.

아이들이 흙 파먹다 소화불량, 그보다 심한

항문이 막혀 죽었다고 합니다.

저도 굶어봤습니다.
그러나 견딜 수 있었던 것은 곧 먹을 것이 생길 수 있다는
희망이 있었기 때문입니다.

북녘의 아이들에겐
외국의 원조, 구호식량 이외엔 기댈 것이 없다는 것입니다.

95년 수해로 입은 피해…
1290mm 경이적인 강수량!
농경지가 파묻혀 원래 땅으로
복구시키는 데 몇 백 년이 걸린답니다.
불도저, 기계를 돌리기에 필요한 기름 사정
역시 좋지 않기 때문이라고 합니다.

먼 훗날 우리 자식, 손자들이 물을 때
이런 엄청난 사건이 생긴 97년!
아버지, 할아버지 당신은 어떻게 하고 있었습니까?
당당히 답하도록 합시다. 당당히 얘기해줍시다.

*모금한 돈은 의견을 모아 입금처를 결정하겠습니다.
*어제 교감 선생님과 협의한 바 전체 아동들의 모금은 주임회의에서 결정하시겠다고
 하셨습니다.
*북한 실정에 관한 자료는 연수실에 있습니다. 필요하신 분 참고하십시오.

1997. 4. 15
교사 연수실에서 김덕일 씀

참교육 실천의 열정을 가지고
98년을 준비합시다

안녕하십니까?

창 밖의 겨울바람 소리가 스산하게 들려옵니다.

모든 것이 꽁꽁 얼어붙고 있으나 대선후보들의 대권 경쟁은 열기를 점점 더해가고 있습니다.

모든 후보들이 다 교육계의 발전을 위해 노력하겠다는 공약을 제시하고 있지만, 결국 교권을 확립하고 참교육을 실천하는 일은 우리 교사들의 몫이 아니겠습니까?

꽁꽁 언 강물에 배를 띄워보니… 배가 움직이지 않습니다.

꽁꽁 언 우리들의 마음이라면 참교육이 실천될 리 없습니다.

보다 나은 교육활동을 위해 우리들의 가슴을 활짝 열고, 기나긴 겨울방학을 참교육 실천의 열정으로 살아야 하겠습니다.

전교조 초등위원회는 97년 올해 교권확립과 참교육 실천을 위해 부단한 노력을 해왔습니다.

전국의 7만명 어린이들과 함께했던 어린이날 행사와 각 학교 우유통 설치 운동을 교육부에 건의하여 긍정적인 답변을 얻어냈으며, 초등교사 기준 수업시수 19시간 법제화를 위해 장관 면담을 신청하여 지역 대표 선생님들과 함께 우리의 요구를 전달했고, 국회, 재경원, 교육부에 엽서 보내기운동

을 전개했습니다. 여름방학엔 그 무더위를 이기고 전국초등교사 참교육 실천 연수를 시행했습니다.

나름대로 성과가 있어 자부심을 느끼지만 아직도 미흡한 점이 많습니다.

더욱이 11월 국회 교육상임위에서 개악적인 지자체 법안 중 교육감 선거 법안이 상정되자 법안 수정을 요구하며 여러 방법으로 애를 썼지만 무력함만 느끼고 말았습니다.

선생님!

'권리 위에 잠자고 있는 자는 보호할 필요가 없다'는 말처럼 우리가 우리 자리를 확보하지 못하면 그 자리에 탄압, 부정, 비리가 대신 자리할 것임은 당연한 일입니다.

춥습니다. 추워집니다. 이 긴 겨울!

참교육 실천의 열정을 가지고 98년을 준비합시다.

그간 전교조 합법화를 위해 분투 노력하신 조합원 여러분!

진심으로 성원해주신 여러 선생님께 다시 한번 머리 숙여 감사드립니다.

1997. 12. 초등위원장 김덕일 드림

참교사 김덕일 동지를 보내며

이부영(전 전교조 위원장)

김덕일 동지, 며칠 전까지도 병세가 좋아지고 있다고 하시더니 참으로 허망하게 떠나십니다. 병원생활이 답답해서 사람들이 보고 싶다던 그 말은 마지막 작별을 나누자던 속셈이었나 봅니다. 몸은 야위었어도 그 맑고 평온하던 모습은 남은 사람들을 위안시키려던 마지막 인사였나 봅니다.

김덕일 동지, 동지의 부음을 듣고서 믿기지 않는 마음에 한참이나 지난 후에야 흩어져 있던 당신에 대한 추억들을 더듬어봅니다. 지금 돌아보면 우리의 열악한 초등교육을 위해 초등위원장을 맡아 뛰시던 일이 결국에는 당신의 생명을 이렇게 갉아먹었다는 생각에 안타깝고 죄스러운 따름입니다.

그 많은 회의와 토론의 시간에 과묵하게 자리를 지키고 있던 사람, 밤늦게까지 사무실에 남아 초등사업에 열정을 다 바치던 사람, 당신은 언제나 동지들을 편안하게 감싸주던 넉넉한 사람이었습니다.

김덕일 동지, 손오공 여의봉 다루듯 시범을 보이던 그 봉술체조는 언제 다시 보여줄 텐가. 조직이 혼란스러울 때 일침을 가하던 그 흑묘, 백묘의 탁월한 논리를 언제 다시 보여줄 텐가. 기리를 거스르지 않고 탐구하듯 몰두하던 그 바둑 솜씨를 언제 다시 또 보여줄 텐가. 우리는 아직 당신을 보낼 준비가 덜 되어있는데 이렇게 많은 미덕과 재능을 훌쩍 벗어버리고 어찌 떠나시는가.

김덕일 동지, '이제 합법화를 보았으니 여한이 없다'던 당신의 모든 삶을

불살라 사랑했던 전교조는 지금 새로운 투쟁을 시작하고 있습니다. 처음으로 시작하는 단체교섭 투쟁에서 싸우지 않고는 하나도 얻을 수 없다는 지난날의 교훈을 다시금 확인하고 있습니다. 우리는 다시 동지와 함께 만들어왔던 전교조 불패의 신화들을 만들어나갈 것입니다.

참교사 김덕일 선생, 전교조의 영원한 투사 김덕일 동지! 남은 일들일랑 우리에게 맡기시고 이제 무거웠던 육신 편히 쉬시오. 먼저 가신 동지들 만나 합법화의 기쁜 소식 전해주시오. 자랑스런 전교조와 함께 참교육 세상 기필코 이루겠다는 우리의 다짐도 전해주시구려, 김덕일 동지!

1999년 10월 10일

故 김덕일 선생님 전국교직원노동조합 葬 장례위원회 위원장 이부영

사랑을 잇는 징검다리
-김덕일 형을 추모하며

이중현(당시 전교조 경기지부장)

그저께 덤불 무성한 어둠을 지나 신새벽에 이르기까지
동지들 모여 그 날처럼 우리 꿈을 매만졌습니다
우리 온몸을 태워 말리는 젖은 꿈들
마침내 여문 꿈으로 총총 별이 되어 하늘 오르는 동안
덕일형,
꿈이며 희망이며 사랑이란 빛나는 이름 뒷자리엔
얼마나 캄캄한 목숨들이 무성했던가요
머리 맞대던 수많은 밤의 시간과
함께 걸었던 수많은 낮의 시간
징검다리가 되던 덕일형 어깨와 목숨을 누른
세상의 무게는 또 얼마나 숨이 찼는지요
아침햇살이 결 고르게 나뭇잎 하나, 잔돌 모서리
세상의 모퉁이를 어루만집니다
덕일형의 순한 웃음으로, 따뜻한 체온으로 살아 어루만집니다
밤의 언덕을 넘어온 훈훈한 아침바람이 붑니다
덕일형의 훈훈한 사랑으로 골목을 지나 거리를 지나
역사를 넘어 바람이 불어갑니다

떠난 것은 선생님이 아니었군요
-김덕일 선생님을 그리며

김도균 (서울원효초 교사, 당시 전교조 초등위원회 사무국장)

작년 마지막으로
선생님을 보내면서도 울지 않았습니다
삶은 그렇게 한순간에 스러지는 것
무수한 눈물 속에 내 부끄러운 눈물 더할 수 없었지요
그리움이 남은 자의 몫이려니 했더니
잊혀짐은 망자의 몫이었습니다
애절한 그리움도 못다한 회한도
유해와 함께 시간의 강물 속에 뿌려지는 것
1년이 지나 추모집 원고 추스르니
선생님 다시 건너 오십니다.
어둠 속에서 서서히 형체가 드러나듯
눈망울 큰 목소리 잿빛 점퍼와 함께 떠오릅니다.
왜 이렇게 눈물 주체할 수 없는지요
떠난 것은 선생님이 아니었군요
언제나처럼 선생님 거기 계셨군요
보이지 않는다고 볼 수 없는 것이 아니듯
뒤돌아보지 않아도 선생님 어디 가시지 않고
뒤에 떡 버티고 서 계셨군요
부끄러운 내 그림자 다 지켜보고 계셨군요

회의 때마다 고집스럽게 쏟아내시던 제안들

그때마다 할 수 없다는 말 너무 쉬웠지요

어리석게 산다 하셨지요

가시던 즈음처럼 소주 반 잔 받아 아껴아껴 드시는군요

이 생의 아픔 가져도 못다 한 염원은 가시지 않는 것

산 자의 길은 망자가 정해주는 건가요

어리석게 살아라

어리석게 살아라

부끄러워 너무 부끄러워

외면할 수 없는 다 못 간 그 길에

선생님 다시 살아오십니다

주체할 길 없는 눈물 대신 맑은 술 한 말 받아

오시는 선생님 다시 뵙렵니다

친척

2000년 4월 5일

김평우 동시

우리 모두
친척 모두
다 모이면요

재미있는
광필 오빠
유머 들어요

우리 모두
친척 모두
다 모이면요

아빠를 잊었나 봐요

우리 언니
착한 언니
얘기도 해요

우리 모두

친척 모두
다 모이면요

우리 아빠
이야기도
하였으면
좋겠어요

김종만

01_의정부고등학교 재학 시절(1976)
02_의정부고등학교 재학 시절 수학 여행(1976)
03_인천교육대학 재학 시절(1979)
04_인천교육대학 졸업식(1980. 2)

01_첫 발령교 운담국민학교 근무 시절(1980)
02, 03, 04_배영국민학교 근무 시절(1988)
05_아이들과 함께
06_선단초등학교 근무 시절(1999)

우리 교사들은 어디까지나 가장 약한 아이들 편에 서야 합니다.

01, 02 _ 한국글쓰기교육연구회
총무이사 역임 시절
(1980년대)

03 _ 한국글쓰기교육연구회
겨울연수(1990년대)

04 _ 한국글쓰기교육연구회
여름연수(2008)

01, 02, 03_전교조 동지들과 함께(1980년대)

04_경기 교협 광주 5월
   영령 순례 전남대 출정식(1988. 5. 22)

05_부천교협 창립대회(1988. 9. 6)

01, 02, 03, 04_
북녘 아이들 놀이 취재차 연변 방문(1992. 11)

05_지방자치 경기도의원 선거 출마 촬영 사진(1991. 5~6)

06_한글문화연구회 〈겨레얼 가꾸기〉 우리말 교재 편찬 작업

가족과 함께

01_성골 이웃들과 떠난 여행(2010, 겨울)

02, 03, 04_선생님의 생전 모습

05_장례식(2013.9)

01, 02, 03_
《잘 놀아야 철이 들지》,
《아이들 민속놀이 백가지》,
《북녘 아이들 민속놀이 백가지》
출간기념회(2007, 수락산채)

04_수락산채에서의 생활

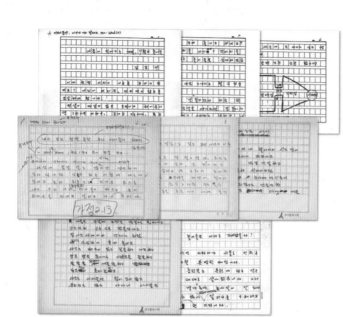

친필 원고, 서각 작품, 저서

짧지만 치열한 삶을 산
교사 김종만

이성인(전 초등학교 교사)

김종만은 1957년 음력 8월 전라남도 여천군에서 아버지 김진찬과 어머니 공순덕의 둘째 아들로 태어났다. 위로는 형과 누나가 한 분씩 있었고 몇 해 뒤 여동생이 태어났다. 1960년에 온 가족이 경기도 의정부로 옮겨오면서 국민학교부터 고등학교까지 의정부에서 다녔다. 의정부는 오랫동안 미군부대가 주둔한 도시였다. 훗날 김종만은 의정부에서 살던 어린 시절 이야기를 《사격장 아이들》(보리, 2010)에 쓰기도 했다.

1978년 3월 김종만은 인천교육대학에 입학하였다. 대학 시절에는 술과 담배는 입에도 대지 않는 독실한 기독교인이었다. 보수성이 강한 기독학생회에서 총무를 맡아 활동하면서 한국대학생선교회CCC 활동에도 적극 참여했다. 수업 시간이 아닐 때면 늘 학교도서관에서 책을 읽었고 가끔 음악실에서 가곡을 부르곤 했다.

유신 시대 말기, 학교 분위기는 조용했다. 초등 교사를 양성하는 교육대

《사격장 아이들》(보리, 2010) 중에서

학 교과과정에는 철학도, 교육철학도 없었다. 오로지 국정 교과서에 있는 내용을 그대로 학생들에게 전달하는 '기능인' 교사를 양성하기 위한 교과 말고는 가르치지 않았다. 김종만이 속한 윤리교육과는 그나마 철학개론과 윤리학 같은 과목이 개설되어있었으나, 수업은 교수가 교재를 읽으면서 밑줄을 그으라고 하면 학생들은 지시대로 밑줄을 긋는 방식으로 진행되었을 뿐 토론은커녕 제대로 된 설명도 없었다. 그나마 그 교수는 성실한 편이었다. 교수들 중에는 강의 시간 내내 잡담으로 일관하는 사람도 있었다.

그런 속에서도 김종만은 책읽기에 열중했다. 수업이 없는 시간에는 늘 학교도서관에서 지내면서 신앙 서적부터 교육, 역사, 철학 따위 닥치는 대로 읽었다. 책을 통해 신학자 하비 콕스와 무교회주의자 김교신, 함석헌 선생을 만났다.

1980년 3월, 경기도 포천에 있는 운담국민학교로 발령을 받은 김종만은 그해 5월 광주에서 있었던 학살사건을 광주가 고향인 같은 학교 동기한테 듣고 마음속에 끓어오르는 분노를 가라앉힐 수가 없었다. 그렇지만 아직은 뿌리 깊은 보수 신앙에서 쉽게 벗어나지 못하고 일요일에는 한국대학생선교회 예배에 참석하는 한편, 한국 교회 현실을 비판하는 김형석 교수의 신앙 강좌에도 귀를 기울였다.

이 무렵 김종만은 파울루 프레이리의 《교육과 의식화》, 에버레트 라이머의 《학교는 죽었다》, 이반 일리치의 《탈학교의 사회》, 《의식의 축제》, 이오덕의 《이 아이들을 어찌할 것인가》, 《삶과 믿음의 교실》, 《일하는 아이들》을 읽으며 의식을 일깨웠다. 서머힐을 설립한 알렉산더 닐과 그의 스승 호머 레인 그리고 정신분석학자 빌헬름 라이히를 읽은 것도 이 무렵이었다. "아이들에게 자유를 주면 아이들은 저절로 행복하게 자란다"는 닐의 교육사상은 김종만의 교육관과 교육 방식에 큰 영향을 끼쳤다.

　1983년 9월, 교사 소모임에서 함께 책을 읽으면서 현실의 학교가 너무나 잘못되어 있음을 깨닫고 고민하던 김종만은 그동안 책을 읽고 존경하던 이오덕 선생님에게 편지를 보냈다가 한국글쓰기교육연구회[1] 가입을 권유하는 답장을 받고 주저 없이 가입하였다. 그리고 함께 공부하던 교사 모임 회원들을 모아서 1984년 봄에 경기 글쓰기교육연구회라는 지역 모임을 만들었다.

　이 해에 시흥으로 학교를 옮긴 김종만은 대학 때 벗이었던 진양숙과 혼인을 하고 안양에 신혼집을 마련했다. 김종만은 신혼집에서 경기글쓰기 회원 몇 사람과 함께 달마다 밤을 새워 타자를 쳐 만든 〈경기글쓰기교육〉 회보를 전국에 있는 글쓰기 회원들에게 보냈다. 반 아이들과 함께 학급문집도 만들었다.

　독실한 기독교인이었던 김종만은 이런저런 모임에 참여하면서 술을

---

1. 이오덕이 실천한 '삶을 가꾸는 글쓰기 교육'을 연구하고 실천하기 위해서 1983년 8월 19일 결성한 단체로 참교육운동에 큰 줄기를 이루어왔고, 이오덕 교육사상을 연구하고 실천하는 일을 하고 있다. 한국글쓰기교육연구회 누리집에 1983년부터 발행한 회보에 회원들이 쓴 글을 모두 올려놓았고, '김종만'을 검색하면 김종만 생전 회보에 실렸던 글을 모두 볼 수 있다.

입에 대기 시작했다. 처음에는 술을 별로 마시지 못했으나 해가 갈수록 늘어 나중에는 시간 가는 줄 몰랐다. 또 언제부턴가는 모임 뒤풀이 자리에서 흥이 오르면 창을 부르거나 덩실덩실 춤을 추어 분위기를 돋우곤 했다.

1985년 첫 딸 누리가 태어났다. 김종만은 기쁨을 누릴 겨를도 없이 이른바 '민중교육지 사건'에 연루되어 해직의 위기를 맞게 되었다. 글쓰기회 회원인 임길택 선생의 학급문집 〈물또래〉에 대한 감상문이 교육 관련 부정기잡지[2] 《민중교육》 창간호에 실렸는데 교육운동을 탄압하려는 전두환 독재정권은 교육운동의 싹을 짓밟기 위해 이 잡지에 글을 낸 교사들을 좌경용공 세력으로 몰아 모두 구속시키거나 해직시키고 말았다. 초등 교사로 유일하게 연루된 김종만은 해임 다음으로 중징계인 3개월 감봉 처분을 받고 그나마 교직에 남을 수는 있었다.

그렇지만 그런 일을 겪고도 전혀 위축되거나 주눅 들지 않고 1985년 부천 Y교사 모임을 조직하고, 1986년에는 한국글쓰기교육연구회 총무를 맡아 더 열심히 활동했으며 민중교육지 사건 관련 해직 교사들이 만든 민주교육실천협의회에도 적극 참여했다.

1987년 박종철 고문치사 사건이 도화선이 된 6월 항쟁에 적극 참여했던 교사들은 9월 27일 민주교육추진 전교협을 창립했다. 초등 교사들은 8월 22일 전국초등교육자협의회를 먼저 결성하였다가 전교협에 합류했다. 김종만은 글쓰기회 총무 일로 바쁜 가운데도 바로 경기 교협 조직에 앞장섰으며, 사무국장을 맡아 열심히 뛰어다녔다. 처음 결성 당

---

2. 교육에 대한 발표 지면이 없던 당시에 젊은 현직 교사들이 앞장서서 교육 잡지를 내려고 했으나 정기간행물 등록 허가를 내 주지 않아서 부정기 잡지를 내기로 하였다. 같은 시기에 《민중교육》과 《교육 현장》 두 가지가 나왔는데, 광주 시민 학살에 대한 진실이 밝혀지면서 저항이 강해지자 대학생들이 주장하던 삼민투(민주, 민족, 민중)를 좌경용공으로 몰아서 탄압하면서 교육운동을 좌경용공으로 몰아서 탄압하기 위해 《민중교육》에 글을 실은 교사들을 탄압한 공안몰이 필화 사건이다.

시에 50여 명에 지나지 않았던 경기 교협 회원들은 1988년 하반기에는 1000명이 넘었고 시군 교협도 속속 결성되었다. 이 무렵 전교협은 임의 단체로서 한계를 뛰어넘어 단일조직인 노동조합을 결성하기 위해 준비 작업에 박차를 가하고 있었다.

1989년 5월 28일 전교조가 창립되었다. 노태우 정부는 1527명의 전교조 교사들을 파면, 해임시켰고 검찰은 전교조와 지부 집행부를 구속시켜 전교조를 와해시키려 했다. 김종만은 의정부지회장으로 선출되자마자 직위해제를 당하고 징계위원회에 회부되어 7월에 파면되었다.

해직 이후 김종만은 교육운동에서 출판운동으로 방향을 바꾸었다. 동화작가 권정생 선생의 선집을 펴내려고 직접 안동 빌뱅이 언덕 흙집으로 권 선생님을 찾아가기도 했으나 투자를 약속했던 동업자가 약속을 어긴 탓에 중도에 그만둘 수밖에 없었다. 그렇지만 출판운동의 뜻을 접지는 않았다. 쟁기출판사를 만들어 운영하였고 그동안 써왔던 교육 평론을 모아 《아이들을 매질하는 어른들의 나라》(온누리, 1991)를 펴냈다.

1991년 2월, 둘째 딸 소리가 태어났다. 이 해에 5·16군사 쿠데타로 폐지되었던 지방자치가 다시 시행되면서 지방의회 의원 선거가 실시되었다. 의정부 지역의 진보 사회단체에서는 김종만을 경기도 광역의원 후보로 추천하였다. 처음에는 고사했으나 거듭된 출마 권유에 선거에 출마한 김종만은 하루 한 시간도 자지 않고 열심히 뛰어다니며 선거운동을 펼쳤으나 무소속 후보의 한계를 극복하지 못했다.

지방의회 선거 이후 김종만은 다시 출판계로 돌아와 진보 문화예술 잡지 《예감》의 편집장이 되었다. 《예감》은 마야코프스키, 브레히트, 파

블로 네루다를 비롯하여 김수영, 윤이상, 김순남 같은 시인, 예술가를 소개하여 진보 문화예술 애호가들에게 큰 호응을 얻었으나 안타깝게도 창간 6개월 만에 재정난으로 폐간되었다.

김종만은 글쓰기에 몰두하여 잡지에 동화를 연재하였고 1992년 6월에는 월간《말》논픽션 공모에〈몸부림치는 교단〉이 당선되기도 했다. 이런 와중에도 글쓰기 교육뿐 아니라 아이들 놀이의 수집과 연구에도 관심을 기울여, 교사 시절 틈틈이 전국 각지를 돌아다니며 수집했던 놀이 자료를 정리하는 한편, 1992년에는 연변 지역을 여행하면서 수집한 북녘 아이들 놀이 자료를 정리하여《아이들 민속놀이 백 가지》(우리교육, 1993)와《북녘 아이들 놀이 백 가지》(우리교육, 1993)를 펴냈다.

김종만이 해직된 기간에 함께 모시고 살던 아버지가 교통사고로 반신불수가 되셨다. 간병하던 어머니는 고질병을 얻어 먼저 돌아가셨고 아버지도 네 해 남짓 고생하다가 돌아가셨다. 김종만은 자기 때문에 부모님이 고생만 하시다가 돌아가셨다고 한탄하곤 했다. 하지만 다시 기운을 차려 이 일 저 일 벌이며 열심히 뛰어다녔다.

1994년 3월, 4년 8개월 만에 포천에 있는 국민학교에 복직한 뒤로는 뜻이 맞는 전교조 지회 조합원들과 농사를 짓기도 하고 아이들을 위한 여러 가지 교육 행사도 마련하였다. 어린 시절부터 자연 생태에 관심이 많고 아는 것도 많은데다가 신명이 많아서 평소에도 늘 뜻을 같이하는 사람들이 함께 일하며 어울려 사는 나눔의 공동체를 꿈꾸곤 했다. 포천지회 조합원들과 함께 농사도 짓고 포천 지역 어린이들을 위한 어린이날 행사도 열고 대안학교를 세우기 위한 계획도 추진하던 그때가 김종만에게는 가장 행복했던 시절이었다.

2003년 8월, 이오덕 선생님이 돌아가신 뒤 한국글쓰기교육연구회는 회원들 사이의 갈등으로 모임이 분열하는 어려움을 겪고 있었다. 김종만은 그 어려운 시기에 사무총장을 맡아서 갈등을 수습하려고 애를 썼으나 뜻을 이루지 못하고 공황장애라는 병을 얻어 몇 해 동안 고생하였다.

2005년에는 의정부 지역에서 여러 운동 단체가 함께 쓸 요량으로 수락산 자락 살림집 옆에 회관을 짓기로 했다. 김종만은 1988년에 살림집을 지을 때에도 지하실 공간 전체를 큰 방으로 꾸며 몇 차례 교사 단체 연수 모임을 열기도 했으나 물이 들고 습기가 차서 쓸 수 없게 되었다. 새로 짓는 모임집은 전교조 지회뿐 아니라 지역 여러 단체 사람들과 힘을 모아 짓기로 했으나 시작할 때의 열기가 차츰 식으면서 온전히 혼자 감당할 수밖에 없었다.

우여곡절 끝에 지은 이층 건물은 '수락산채'라 이름 지었다. 수락산채는 평일에는 '꿈틀학교'라는 대안학교에서 쓰고 주말에는 의정부 지역 사람들이 모임 장소로 이용했다. 수락산채는 교사 모임뿐 아니라 의정부 지역의 진보운동 회원들도 모여서 지역운동의 구심점이 되었다.

김종만은 전교조 지회 활동을 하는 동안에도 농사 공동체, 한문 공부모임, 대금 연주 모임, 목각 공예 모임 같은 여러 가지 활동을 하였다. 집 지하실 공간에는 '성골예목공방'을 차려 지역에서 목각 공예를 하는 사람들을 위한 작업 공간을 제공하기도 했다.

이렇게 바쁘게 생활하는 동안에도 틈틈이 글을 쓰고, 예전에 쓴 책을 다시 고쳐 써서 어린이가 읽는 농사 이야기 《열두 달 우리 농사》(온누리, 2006), 《아이들 민속놀이 100가지》(바보새, 2007)와 《북녘 아이들 놀이 100가지》(바보새, 2007) 고침판,《잘 놀아야 철이 들지》(바보새, 2007)를 잇달아 펴냈다.

2008년에는 새로운 학교운동과 혁신학교 운동 연수를 찾아다니며 새로운 교육의 길을 모색하는 한편, 마을공동체를 복원하는 지역운동에도 관심을 두고 활동하였다.

이 무렵 김종만의 몸은 그동안 지나치게 혹사한 탓에 한계에 도달한 듯하다. 특히 수락산채를 손수 짓는 과정에서 몸뿐 아니라 마음도 무척 힘들었다고 한다. 결국 2009년 3월 병원에서 대장암 진단을 받고 수술을 받았다. 대장을 15cm나 절제하는 큰 수술이었다. 의사는 항암 치료를 꼭 받아야 한다고 했으나 마다하고 자연 치료를 선택했다. 설사 죽음이 찾아오더라도 몸에 못할 짓을 하면서 구차하게 목숨을 이어가고 싶지 않다고 했다. 죽음에 관한 선택도 스스로 하고 싶다고 했다.

김종만은 항암치료 대신 화내지 않기, 고기 안 먹기, 침과 뜸, 운동, 온열 요법을 하면서 한 해 동안 건강하게 지냈기에 스스로 암이 완치되었다고 믿었다. 그러나 방심했던 것인지, 2010년 12월에 암이 재발하여 폐로 전이되고 말았다. 2011년에는 학교에 휴직계를 내고 강원도로, 제주도로 다니면서 요양 생활을 했으나 암은 폐에서 뇌까지 전이가 되었다. 김종만은 대장암 수술받은 것을 후회하고 병원 치료를 거부했으나 주위 사람들의 권유에 못 이겨 결국 병원 치료를 받기로 했다. 서울대병원에서 감마나이프 시술로 뇌종양을 치료하고 항암치료를 받았다. 2012년에는 휴직 연장이 되지 않아서 다시 학교에 나가면서 항암 치료 기간에는 병원에 입원하여 치료를 받는 생활을 반복했다.

십여 년 전 김종만은 전교조 교사들과 함께 대안학교를 설립하기로 하고 포천 금주리에 터를 마련하고 건물을 지으려고 자재까지 사놓았으나 문제가 생겨서 뜻을 이루지 못한 일이 있었다. 투병 기간에 김종만은 페이스북에 자신의 대안고등학교 구상을 글로 써서 올렸다. 학교 이름은 '메뚜기 학교'라고 짓고 싶어 했다. 어디로 튈지 모르는 아이들 특성을 두고 지은 이름이었다. 교육 목표에는 공동체 가치, 소통, 개성, 자유, 자율, 감성, 소양 같은 개념을 담으려고 했다. 정치이념이나 성향,

종교, 철학 신념 같은 것들은 배제하자고 했다. 백 명쯤 되는 학생들을 모아서 인문 소양, 직업 기능, 예술 소양과 기능의 세 분야로 교육과정을 편성한다. 아이들이 학교를 졸업하면 지역에서 일하며 함께 어울려 살아가는 공동체학교를 구상하였다. 비록 몸은 암세포와 싸우느라, 항암 치료에 시달리느라 고통스럽고 힘겨웠지만 대안학교를 생각하는 것만으로도 김종만은 즐거웠다.

그러나 몸은 점점 힘들어지는데 휴직도 더 이상 할 수 없게 되자 학교를 그만두기로 하고 명예퇴직을 신청했으나 받아들여지지 않았다. 몇 해 전에 민주노동당에 후원금을 낸 것 때문에 공무원법 위반으로 기소된 재판이 계속 미루어진 탓이었다. 하는 수 없이 2013년 2월말에 일반 퇴직을 하였다. 해직 기간을 포함하여 만 33년의 교직 생활이었다.

김종만의 퇴직을 안타까워 한 전교조 의정부지회와 포천지회 조합원들이 중심이 되어 2013년 3월 23일 의정부 성골마을에서 퇴직 행사를 마련했다. 수락산채에 발 디딜 틈이 없을 만큼 많은 사람이 모여 김종만의 퇴직을 아쉬워하고 빠른 회복을 기원했다.

퇴직 이후에는 건강을 추스르면서 그동안 구상했던 대안학교를 추진할 계획이었다. 그러나 어처구니없는 일이 일어났다. 느닷없이 교육청에서 일반 퇴직조차 안 된다는 연락이 온 것이다. 병휴직을 연장하려 했을 때에도 복직하지 않으면 면직 처리하겠다고 하고, 명예퇴직 신청도 거부하고 일반 퇴직으로 처리하더니, 이미 그만둔 사람한테 이제 와서 기소 중이라서 일반 퇴직조차 안 된다니, 참고 참았던 분노가 폭발하고 말았다. 이후 그의 건강은 급격히 악화되었다.

2013년 9월 7일 오전 8시 53분, 김종만은 향년 57세로 눈을 감았다. 이루지 못한 꿈은 남은 사람들의 몫으로 남긴 채.

흙내 김종만, 어떤 사람들은 그를 놀이운동가로, 시인으로, 동화작가로, 교육운동가로, 지역운동가로 기억할지 모르나, 그는 '사람 농사'를 농사 중에 가장 귀한 농사로 여긴 천생 교사였다. 그는 아이들을 사랑했고 사람들을 좋아했고 자기가 자란 지역을 사랑했다. 사람 모이는 것을 좋아해서 늘 모일 자리를 마련하고 행사를 꾸리고 사람들을 위한 잔치 마당을 여느라 동분서주했고, 무대에서는 스스로 광대가 되어 춤추고 노래하기를 좋아했다. 술자리에서는 남의 술값까지 내주고, 돈이 필요하다는 사람한테는 돈이 없으면 빚보증이라도 서주었으며, 자신에게 손해를 끼친 사람도 미워할 줄 몰랐다. 어떤 사람은 그런 그를 두고, 하고 싶은 일은 다해 본 사람이라고 하고, 어떤 사람은 한량이라고도 했다. 물론 그는 놀이운동가답게 놀기도 좋아했지만 누구보다도 열심히 일하고 열심히 사랑하고 열심히 살았다. 비록 남보다 짧은 삶을 살았으되 백 년을 산 사람보다 치열하게 살면서 수많은 일을 벌이고 감당했으면서도, 정작 자신을 '게으른 선생'이라고 여긴 사람.

"어린이 시대는 놀이 시대입니다. 이때 말하는 놀이란 성장기에서 성년기로 상승 발전하는 과도기 생존 방식이라고 할 수 있습니다. 사람은 놀면서 철이 듭니다. 아이들은 놀아야 그 생명이 살아나고, 생명이 자라면서 철이 들지요. 우리 어른들, 무엇보다 아이들을 사랑하는 부모들, 아이들을 살리는 참된 교육을 하고 싶은 교사들이 가장 먼저 해야 할 일은 우리 아이들에게 놀 시간과 놀 마당을 내주고, 그들의 생존 방식인 놀이를 권하고 북돋는 일이라고 감히 단언합니다."[3]

김종만이 이런 마음으로 그동안 냈던 놀이 관련 책들을 다시 모아 정리해서 《보리 어린이 놀이도감》(보리, 2017)으로 펴냈다. 이 책은 그가 사랑했던 이 땅의 아이들에게 놀이를 권하고 북돋우려는 이들한테 소중한 길잡이가 될 것이다.

3. 월간 《개똥이네 집》 2013년 3월호.

우리 겨레 놀이를 살려낸
김종만 선생

이주영 추운 날 바쁘신데도 김종만 추모 특집을 위해서 이렇게 함께해
주셔서 고맙습니다. 오늘 추모 좌담에 앞서 몇 분이 김종만 선
생이 잠들어있는 도성사에 가서 보고 왔는데, 환하게 웃으면서
오늘 좌담을 반겨주었습니다. 돌아가면서 '나는 김종만을 맨 처
음 언제 어디서 어떻게 만났다'를 이야기해 주세요. 서로 인사
겸해서요. 두 번째로 내가 같이 활동했던 일과 그때 마음이나
생각을 이야기해주세요. 세 번째는 지금 우리가 왜 다시 김종
만을 생각해야 되는지, 젊은 교사들한테 김종만 선생에 대한 이
야기를 들려줘야 하는 이유를 말씀해주세요.

임옥희 저는 의정부 예술의 전당에서 새로 대금 동아리를 만든다고 해
서 가서 처음 만났어요. 제가 갔더니 여러 방면에서 일했던 사
람이 모였어요. 그래서 어색하잖아요. 그런데 김종만 선생님이
구심점이 되어주셨어요. 성격이 좋으시잖아요. 그래서 저희가
뭉치게 된 거였죠. 조선 땅에 태어나서 조선 악기 하나는 해야
겠다 싶어서 갔는데, 저는 손가락이 짧아서 대금 구멍도 잘 못
막겠는 거예요. 그래서 '아, 이건 아니다. 나는 잘못 선택했구나'

했어요. 그런데 김종만 선생님이 저한테 격려 말씀을 많이 해주셔서 할 수 있었지요. 그래서 어울리다 보니까 발을 못 빼고 지금까지 대금을 잘 불지는 못하지만 안고는 살아요. 제 가슴에 대금이 살아있는 한, 그 젓대 소리가 살아있는 한, 그분은 영원한 저희의 도반이었다고 말할 수가 있어요. 감히. (박수)

육기엽 저는 1999년도에 대학 졸업하고 발령 난 3월 초에 전교조에 가입했어요. 그랬더니 전교조 회의가 있다고 연락이 와서 갔거든요. 그때 포천이 열악해서 사무실이 없었어요. 컨테이너였어요. 갔더니 참교육 깃발이 있고. 거기서 처음 만났죠. 김종만 선생님은 선산초에 계셨을 때인데, 그때 거의 매주 모였어요. 매주 막걸리 놓고 술 먹고 이런저런 얘기하고, 진도아리랑도 부르시고. 참 잘하시잖아요. 제가 신규인데도 저한테 꼭 높임말을 썼어요. 한참 후배인데도. 끝나면 샘이깊은물이라는 맥줏집에 2차로 갔어요. 거기서 술 엄청 마셨어요. 그렇게 지내다가 의정부로 가서서 그때부터는 가끔 뵈었지요. 저한테는 전교조 정신을 몸으로 가르쳐주신 분입니다.

이주영 육기엽 선생님은 어떻게 3월에 오자마자 전교조에 가입했어요? 그때도 학교 현장에서는 교장, 교감이나 부장들이 전교조 가입하지 못하게 방해 공작을 할 때인데요.

육기엽 제가 찾아보니까 3월 8일에 가입했더라구요. 99년 3월 8일. 저는 교원대 나왔는데요. 교원대 다닐 때 전교조 충북지부에 다녔어요. 사무실에 가면 도종환 선생님도 계셨죠. 그렇게 전교조 충북지부에 드나들었기 때문에 전교조 가입은 너무 당연한 거였어요. 그래서 발령을 받자마자 제가 먼저 가입원서를 써서 낸 거예요. 그래서 귀여움을 많이 받았죠.

주한경   저는 2002년 9월 발령이에요. 2003년에 한국글쓰기교육연구회에 가입했고, 지역모임인 서울경기글쓰기회 모임에서 글쓰기 공부하면서 김종만 선생님을 만났죠. 그때 서울경기글쓰기회에 김익승, 이주영, 이성인, 김종만 선생님이 계셨죠. 그해 여름 대구가톨릭대학교에서 글쓰기회 여름연수를 했을 거예요. 그때 김종만 선생님이 가셔서 글쓰기회에 대한 이야기를 하셨는데, 제가 펑펑 울었어요. 이번 겨울연수에서 글쓰기 교육 사례 발표한 제정인 선생님도 그때 저처럼 처음 참가했는데, 그 선생님도 펑펑 울었어요. 지난 겨울연수 뒤풀이 술자리에서 그때 얘기 잠깐 나눴었어요. 제정인 선생님은 그때 생각 많이 하시더라구요. 그렇게 호되게 꾸짖을 때도 있지만 그 외에는 장난꾸러기 같은 느낌이지요.

심우근   장난꾸러기라, 하하하. 훤칠한 키에 바람처럼 획획 날리는 그런 사람이었죠. (모두 웃음) 저는 1987년도에 의정부 경민여중으로 왔어요. 그다음 해 1988년 예비군훈련 받으러 갔다가 거기서 만났어요. 같은 경민여중 이석규 교사가 저 사람이 김종만 선생이라고 해서 그 자리에서 만났죠. 그때 전교협에서 의정부 교협도 만들고, 학교마다 평교사회도 만들 때라 의정부에서는 이미 김종만 이름이 널리 알려져 있을 때예요. 여름이라 윗도리를 헐렁한 걸 입었던 거 같은데, 휘휘 하고 바람처럼 휘날리더라고요. 그리고 곧 1989년에 해직이 됐지요. 그때 전교조 사무실을 의정부 중랑천 변에 있는 민간인 집을 빌려서 쓸 때인데, 김종만 선생은 얼마 있다가 쟁기출판사한다고 나가서 자주 못 만났지요. 나중에 포천지회에서 다시 만나서 자주 만났지요.

정낙묵   저는 1992년도인가 그럴 거예요. 제가 출판사에서 일을 했거든

요. 장백출판사라고. 그때 김종만 선생님을 인사동 술자리에서 뵈었는데, 누런 봉투 들어있는 시 원고를 검토해보라고 건네줬어요. 그런데 그걸 잃어버렸어요. 제가 잃어버린 건 아니에요. 편집장이 받아서 술 마시다 잃어버린 거예요. 시라는 건 복원이 힘든 거잖아요. 정말 안타깝죠.

이주영 그때 시집이 나왔다면 참 좋았을 텐데 아깝네요. 그렇게 한번 기회를 놓치면 그 다음에 다시 열정을 되살리기가 쉽지 않거든요.

이성인 그때 인사동에 시인학교라는 술집이 있었어요. 김종만이 시인학교 교감이었어요. 술집 주인이 교장이에요. 문인들과 문인 지망생이 많이 오는데, 교감일 정도면 얼마나 자주 갔겠어요.

정낙묵 얘기하다 보니까 교사래요. 겉으로 보기에는 교사 같지가 않아요. 말 그대로 술집에 제일 인기가 있는 사람이 누군지 알아요?

술 잘 마시고, 돈도 잘 내고, 쑥대머리같은 노래도 잘 부르고…. 인기 좋았지요.

이주영 　주소를 보니 육기엽 선생하고 김민경 선생하고 주소가 같네요?

김민경 　네. 주소가 같죠. 저는 2001년도에 선단초등학교에 신규 발령을 받았어요. 그런데 그 학교에 김종만 선생님이 계셨어요. 포천이 전교조가 약한데 김종만, 강기훈 선생님 두 분이 계셔서 조합원이 많았던 학교에 제가 발령을 받은 거예요. 그래서 학교 분위기 자체가 전교조에 많이 신경 썼어요. 발령 초부터 교감, 연구부장 선생님이 신규들 학급에 와서 "교총 가입할래요? 전교조 가입할래요?" 물어보는 거예요. 그때 대부분 학교는 교감이나 부장이 신규 발령 교사들을 교총에 강제로 가입시킬 때거든요. 그래서 냉큼 "아, 그러면 전교조요." 해서 제가 전교조에 가입을 하게 됐거든요. 3월 5일이에요. 강기훈 선생님이 "어? 말도 안 했는데 가입을 한 애가 있어."라면서 포천지회 사무실로 데리고 가셨어요.

　　그때 김종만 선생님께서 금주리에 집을 짓자고 하셨어요. 우리 사무실도 없는데, 컨테이너 사무실 옆에다 집을 지어서 학교도 세우겠다는 거지요. 조합원들도 같이 쓰는 그런 건물을 짓자고 말씀하시면서 같이 일을 하러 가자 그래서 금주리에 갔어요. 집 재목인 소나무 껍질 벗기러 가서 처음 뵈었어요. 그날 육기엽 선생님이 열성으로 일하다가 손을 베었어요. 너무 무서웠죠. 피가 엄청 많이 났었거든요. 그걸 김종만 선생님이 담배가루를 붙이고 묶어두는 거예요. 병원에 가지도 않고. 진짜 너무 놀랐어요. 신선한 충격이기도 했고요. 어쨌든 그렇게 해서 육기엽 선생하고 결혼했고, 지금까지 집주소가 같아요.

하나 더, 그때가 네이스 반대 투쟁으로 연가투쟁할 때예요. 교감은 조퇴사유에다 개인 사정이라고 적으라고 그래요. 그런데 전교조 지침이 '집회 참가'라고 적으라고 와있었거든요. 제가 대학교 졸업한 지 얼마 안 돼 가지고 원칙이 되게 중요했던 시절이라 집회 참가라고 꼭 적어야겠다고 말씀을 드렸어요. 조근조근 말씀드리자 교감 선생님이 "내가 김종만부터 전교조에 학을 뗀다"고 해요. "전교조가 내 인생의 적"이라나? 그러면서 김종만 나갔는데 조그만 게 와가지고 또 저런다고, 자기를 괴롭히려고 전교조가 있다고 말씀하시면서 저를 엄청 괴롭히셨죠.

이주영　금주리 이야기 좀 더 자세히 하고 넘어가지요. 금주리에서 손을 베어서 결혼까지 할 수 있게 된 육 선생이 할 말이 많을 것 같은데요?

육기엽　지금 여기 수락산채에 있는 꿈틀학교 같은 포천 지역 자유학교를 금주리에 세우자고 하신 거지요. 그 꿈에 포천지회 전교조 조합원들이 함께한 거고요. 제가 2002년, 2003년에 전교조 포천지회장을 했었는데 그때 가서 나무를 깎았거든요. 동네 분들이랑 같이 낫 가지고. 그때 전교조 조합원만 아니라 포천 지역 주민들과 포천교육청에서도 굉장히 관심이 많았어요. 지역에서 학교를 세우기 위한 모금도 했어요. 포천교육청 장학사들도 와서 저한테 학교가 만들어진다는데 어떻게 되는 거냐 물어보고 그랬거든요. 건물을 짓기 위해 나무를 많이 쌓아두었다가 껍질을 깎아서 말렸어요. 그런데 땅 문제로 못 짓게 돼서 무척 안타까웠습니다.

진양숙　땅을 1200평 샀는데, 1.2미터가 길이 없는 거예요. 원래는 그 1.2미터 땅 주인이 길을 내주기로 하고 산 거예요. 그런데 이혼을

하면서 집을 팔아버렸는데, 다른 주인이 오면서 안 해주겠다고 하는 바람에 길을 못 내서 자유학교를 못 세운거지요. 말도 안 되게 너무 비싸게 부르니까 살 수가 없었던 거지요.

육선엽 제가 계속 포천에 근무하면서, 그게 제일 안타깝더라고요. 그쪽에 지었으면 제 아이들도 다니고 그랬을 텐데. 그때 저는 혼자 있었으니까 전화하면 가서 나무 깎기를 했어요. 그러다 낮에 다친 거지요. 지금도 여기 자국이 있거든요.

배 숙 저는 흥사단 기러기 모임을 통해서 김종만, 이성인 선생님을 만났어요. 기러기 공부모임은 저한테 충격이었죠. 교육 이야기를 하자고 교사들이 모인다는 것도 충격이고, 제가 교사로서 너무 무지하다는 것도 충격이었지요. 저는 교과서에 있는 글을 가르치는 게 전부라고 생각하고 있던 때였거든요. 고등학교 때까지 배웠던 역사와는 다른 학습을 하는데 제가 어떻게 되는 줄 알았어요. 동학혁명이란 말만 들어도 저는 가슴이 막 뛰고 그랬으니까. 나중에 보니 그 책들이 다 금서였더라구요. 학교에 발령 나고서는 김종만, 이성인 선배님 따라 글쓰기회에 가입했지요. 그때 양주 지역 글쓰기회를 김종만 선생님 집에서 했어요.

이주영 그 다음 진양숙 선생님은 어떻게 김종만 선생님을 만나서 결혼하셨는지요.

진양숙 저는 인천교대 다닐 때 만났어요. 저하고 김종만, 이성인 선생님하고 같은 반이었어요. 셋이. 1학년 5반이었지요. 처음 만났을 때 무서웠어요. 얼굴에 상처도 있고, 눈도 약간 찢어지고 그래서 너무 무서웠어요. 코에 어릴 때 상처가 났었대요. 상처가 되게 깊어요. 그때 피가 엄청 많이 났다고 그러더라구요. 저는 무서워서 근처에 가서 말도 못 붙였는데 같이 전철을 타고 다니게 되었어요. 저는 대방동이고 이성인 선생님은 영등포고, 김종만 선생님은 합정동이고. 그래서 늘 같이 다닌 거예요. 전철을 타야 되니까. 2년 내내 늘 붙어 다니고 같이 밥 먹고 그랬어요. 그래서 나중에 내가 결혼했다고 하면 친구들이 "누구랑 결혼했는데? 안경 낀 사람이야? 키 큰 사람이야?"하고 물어봐요. (웃음)

사귄 거는 발령 나서부터예요. 이 사람은 운담국민학교, 저는 지현국민학교에 발령이 났어요. 그 사람은 근처에서 하숙을 하고 저는 학교 사택에서 살았어요. 그래서 월요일 아침이면 버스를 같이 탈 수가 있었어요. 저는 서울에서 타고 가는데, 6시 몇 분 되면 의정부 터미널을 지나가요. 그러면 거기 딱 지키고 서 있어요. 만나지 말자고 해도 학교로 전화도 하고, 여름밤에 20리 길을 걸어서 오기도 하고, 그러다 결혼하게 되었지요.

이주영 　김종만 선생이 바람처럼 휙휙 돌아다니면서 이런 일 저런 일 많이 하였는데, 각자 감종만 선생하고 같이 일하면서 겪은 일도 풀어놔보세요.

육기엽 　포천지회에서 같이 일할 때 막걸리를 많이 팔았어요. 전국교사대회에 가면 막걸리를 버스 안에다 잔뜩 실어가지고 가서 팔았지요. 돈 벌어야 되니까. 그때 해직되신 분들이 돈 벌러 많이 다니셨잖아요. 지회 운영비를 버느라고요. 막걸리를 몇 박스를 싣고 가서 팔다 보면 나중에는 가격이 막 올라가요. 해직 선생님들이 같이 막걸리 팔았던 기억이 나요. 전국교사대회 가면 전국 팔도 특산물이 다 와 있었어요. 영광지회에서는 영광굴비를 지회에서 주문받아다가 각 학교로 배달했던 기억도 나고요.

진양숙 　저는 김밥을 많이 쌌어요. 지회 행사나 의정부 지역 시민단체들 행사가 있으면 김밥도 많이 싸 달라고 해서 갖고 가요. 200줄 싼 적도 있어요. 저보고 김밥 잘 싼다고 하면서. 그러면 동네 아주머니들까지 동원해서 싸서 보냈어요.

육기엽 　그때는 지회 단위로 행사가 많았어요. 전국교사대회나 잠실대회나 집회 투쟁이 많았잖아요. 그러면 포천지회에서 버스를 대절해서 갔어요. 그때만 해도 시골에서는 김밥 파는 곳이 없었고, 새벽 일찍 출발하니까 어디 가다가 살만한 데도 없었지요. 30~40명이 같이 다녀와야 하니 김밥도 많이 필요했어요. 한번은 안양 청계 톨게이트 나가자마자 버스 안에서 불이 났어요. 버스를 타고 가다 뒤에서 냄새가 난다고 해서 잽싸게 다 내렸는데, 내리자마자 불이 확 붙어 올라가면서 전소했어요. 참 놀랐지요.

　　　　김종만 선생님이 포천으로 다시 오셨을 때, 늘 지회와 조합원 행사에 오셨어요. 조합원 총회하면 꼭 오시고, 잠실대회 때도 꼭 오셔서 후배들한테, 이젠 내가 아파서 같이 일하지는 못해도 부르면 꼭 오겠다고 하셨지요.

김민경　총회 때 암이 완치됐다고 술 드셔도 된다고 하셔서 '아, 술 드셔도 되는구나' 하고 뒤풀이 가서 같이 술 마시고 했던 게 마음에 걸려요. 그리고 김종만 선생님이 "내가 암에 걸린 건 이명박, 박근혜 얘네가 나를 너무 힘들게 해서 암에 걸린 거고, 그 전 독재정권 때부터 나를 너무 힘들게 해서 내가 암에 걸린 것이다. 그러니 이거는 사회적 문제로 같이 풀어야 될 문제이지 내 개인의 병은 아니다. 공동체 문제로 봐야 한다." 그렇게 말씀하셨는데, 저는 그 말에 되게 공감했어요. 사회가 어려워지면 정말 스트레스도 많이 받고 힘든 사람이 많이 생기잖아요. 다른 질병도 실제로 많이 발생하고. 그래서 저도 같이 이 병에 대해서 고민을 해야겠다. 이러면서 암 공부를 좀 했었어요. 암을 고치는 것에 대해서. 제가 공부한 것을 말씀드리기도 했고요.

심우근　금주리에서 학교 만든다고 바쁠 때가 전교조에서 성과급 반납 투쟁을 할 때예요. 김종만 선생이 바람을 잡았죠. 학교 세우는 데 돈이 필요하니까 성과급 이거 딱 좋다. 그래서 성과급을 모아 가지고 학교 세우는 데 쓰자. 그래서 모금을 하기로 했는데 여섯 명인가 모았어요. 400만 원 정도. 지금도 제가 그 돈을 가지고 있어요. 나한테 맡긴다고 해서 제가 가지고 있는데, 이걸 어떻게 해야 좋을지…. 김종만 선생이 꿈꾸던 자유학교는 아직도 그냥 꿈인 상태로만 있는 상황이에요.

배 숙　양주 글쓰기회를 할 때 제가 손글씨로 써서 만든 회보를 부치곤 했는데, 그 주소록이 어디론가 유출이 된 거예요. 회보를 받아보던 저보다도 경력이 짧은 선생님들이 학교에서 교장, 교감한테 엄청 당한 거예요. 민중교육지 사건으로 김종만 선생님이 감옥에 가고 그럴 때잖아요. 회원 교사들한테 얼마나 겁을 주었는지 한참 동안은 여기다 글 쓰는 것도 회피하고 회보 받아 보는 것도 피하고들 그랬지요. 그런 와중에 민주교육추진 전교협이 결성되었지요. 흩어진 글쓰기 회원들이 교협으로 모이기 시작했는데, 저도 그때 김종만, 이성인 선배같은 분들이 가는 길이라면 갈 수 있겠다, 가야 한다는 믿음이 생겼어요. 교육 악법 철폐 서명에도 참여하고요. 교사들이 연극을 한다고 해서 흥사단에 갔는데, 사복경찰들이 쫙 깔려서 지키고 있어도 들어갔지요. 무슨 내용인지 잘 생각은 안 나는데, 교사들이 모여서 교사들이 겪는 문제를 연극으로 한다는 것도 충격이었지요. 용기도 얻었고요.

이주영　그 연극에서 내가 교장을 했는데요. 서울녹번국민학교 어린이회 담당교사였던 이치석 선생이 해직되었던 사건을 연극으로 만든 거였어요. 학교 급식 시범학교였는데, 급식에서 벌레나 이물질이 나오니 그런 거 안 들어가게 해 달라고 어린이회의 때 건의했는데, 그걸 회의

록에 써서 결재 받으러 갔다가 교장이 그런 걸 잘 지도하지는 못할망정 회의록에까지 써서 갖고 왔냐고 화를 냈는데, 이치석 교사가 그에 맞서 항의했어요. Y교협에 알려서 사회문제가 되었어요. 교장이 경찰에 사상이 불온한 교사라고 고발했고, 결

국 해직까지 되었던 사건이에요. 그 나쁜 교장 역을 제가 해서 호평을 받았지요.

진양숙 저는 초임 때 뭐했냐면 공부는 하나도 안 가르치고 공문만 썼어요. (웃음) 공문이 하루에 여덟 가지씩 오니까, 업무를 열 몇 개씩 맡고 있으니까요. 봉급부터 별거 별거 다 맡았어요. 행정실도 없었으니까 교사가 다 해야 했어요.

배 숙 그때는 참 그렇게 말도 안 되는 일이 많았지요. 저도 학교에서 반공교육 쪽 업무를 맡았는데, 안 했어도 했다고 거짓으로 공문을 만들어 보내야 했어요. 그런데 그걸 제때 못 내보낸 거예요. 교감이 수업 시간에 저를 교무실로 불러서 빨리하라고 야단치는 거예요. 그때 신규인 저한테 그러더라고요. "교사가 교실에서 수업을 안 해도 누가 뭐라 그러지 않지만 업무를 안 하

면 무능하다는 소리를 듣는다"며 야단치시는 거예요. 그런 소리를 하시는 그분이 한국교총, 그때는 대한교련에서 주최하는 연구대회 상에서도 최고인 푸른기장을 따신 분이에요. 나중에 지역 교육장까지 했어요. 그런 사람이. 저는 신규라 그런 말을 듣고도 아무 말도 못했죠. 그런데 속으로는 부글부글 끓었어요. 이건 아닌데. 어떻게 이런 말을 할 수가 있나. 그러니까 교육적이라고 하는 것마다 비교육적인 행위를 하죠. 제가 깨우쳐가야겠다는 생각이 들었죠. 김종만 선생님 공부 모임에서 그런 기회를 얻은 거죠. 정말 큰 힘이 되어주셨어요. 배움마당에서도 많이 배웠고요.

심우근 배움마당은 의정부 신용협동조합에서 우리 지회에다 방학 중 캠프를 부탁했어요. 초등은 김종만, 배숙 선생이 놀이를 중심으로 하는 공동체 교육 프로그램을 했어요. 나는 중등부를 도왔고요. 아이들 데리고 답사도 많이 갔지요. 그때도 주로 아이들이 계획을 세우게 하고 교사들은 도와주는 방식이었지요. 초등은 김종만 선생이 쓴 놀이책에 나오는 그런 놀이들을 했고요.

배 숙 신협 공동체 학교 아이디어는 처음에 김종만 선생님이 내셨는데 정말 자율적으로 돌아갔어요. 처음에는 배움마당이었지만 나중에는 숲속학교라 했고, 교사들이 교장도 돌아가면서 맡아서 했어요. 그때는 교실에서 아이들이 스스로 주도하는, 몸으로 하는 체험교육, 놀이 학습을 하기가 되게 어려우니까 해보고 싶었던 거예요. 놀이, 관찰, 체험을 스스로 찾아서 하는 자유학교였지요.

예산도 아이들한테 나눠주면 아이들이 모둠별로 스스로 계획을 세워요. 멀 공부할 건지, 뭘 하고 놀 건지, 뭘 관찰할 건지,

뭘 해 먹을 건지, 자기들끼리 일을 맡아서 다 해요. 자연스럽게 큰 애들이 작은 애들을 돌보기도 하고, 같이 공동체를 이루는 모습이 신기했어요. 같은 아이들이고, 지도교사도 같은데 학교 교실과는 다른 모습이니까요.

이주영 공립학교에서 아이들을 가르칠 때와 방학에도 불구하고 와서 숲속학교를 할 때, 교사는 물론 아이들도 달라진다는 거잖아요. 저는 우리 공교육이 어떤 문제가 있는지를 보여주는 게 바로 그 지점이라고 봐요. 믿음과 자율이 존재하느냐 하지 않느냐에 따라 교육과 배움에 대한 참여도와 성취도, 교사와 학생 사이 관계가 달라지는 거잖아요. 1980년대, 1990년대, 2000년대…. 경기도에서 혁신교육이라는 이름으로 공립학교로 도입하기까지 참 많은 곳에서 교사들이 이런 자유학교, 공동체 학교를 여러 가지 형태로 했었지요. 그런 기록이 안 남아있어서 아쉬워요. 배움마당, 숲속학교라도 그런 기록을 잘 정리해서 남기면 좋겠다 싶어요.

심우근 다음 카페에 배움마당이라고 있거든요. 거기 옛날 기록들이 다 있어요.

육기엽 놀이와 관련해서 어린이날 행사도 그런 거 같아요. 제가 신규 때 엄청 열심히 했거든요. 포천지회에서. 그 행사도 종만이 형 영향을 많이 받은 거지요. 민속놀이를 많이 했어요. 가족사진 찍어주기도 했고, 버드나무 잘라서 꼬드기도 불고, 풀피리도 만들어 불고, 버리는 현수막을 잘라서 머리 따듯이 따서 줄넘기를 만들고, 한지로 제기도 만들어 차고, 굴렁쇠도 굴리고…. 다 뛰어노는 거였어요. 나중에는 학교 운동회도 그런 식으로 많이 바뀌었어요. 포천에서는 초중고 아이들과 지역주민들이 즐겁게 참여하는 전교조 대표 행사였는데, 이제는 시청에서 다 가져가 버렸어요. 2010년인가부터. 그런데 업체에다 맡기니까 상업적인 행사가 되어버렸어요. 아이들은 주체가 아니라 대상이 되어버렸고요. 시청 과장한테 아무리 이야기해도 그 차이를 모르더라구요. 그게 가장 마음 아팠어요.

정낙묵   저는 출판사를 하는데《봄 여름 가을 겨울》(고인돌, 2011)이라는 책이 주는 의미가 크다고 보거든요. 이오덕 선생님이 어린 시절 이야기를 쓰라고 했는데, 김종만 선생님 책이 그 뜻에 아주 잘 맞는다고 봐요. 이오덕 선생님이 말씀하신 '일하는 거하고 배우는 거하고 놀이가 하나 되는 그런 삶이 참 삶'이라고요. 그런 삶의 바탕이 김종만 선생님 책에 다 실려있다는 생각이 들거든요. 이 책이 어린이문학사에 있어서는 대단히 중요한 책이라는 말씀을 드리고 싶습니다.

이주영   이성인 선생은 교대도 같이 다니고, 졸업하고 초원봉사회도 같이 하고, 서울 YMCA도 같이하고, 글쓰기회도 같이하고, 부천 YMCA도 같이 만들고, 전교조도 같이했으니 평생을 같이 걸어온 동지, 가장 든든한 그러면서 가장 쓴 소리 잘하던 동지라고 생각합니다. 생애사를 가장 잘 써줄 수 있는 동지라고 생각해서 부탁했는데, 선뜻 맡아주어서 고맙습니다. 안타까웠거나 나쁜 추억이 있으면 한마디 해주세요. 또 다른 분들도 김종만 선생으로부터 받은 영향이랄까? 왜 우리가 김종만 선생을 기억해야 하고, 불러내서 이야기해야 한다고 생각하는지 말씀해주세요.

이성인   해직되고 출판사 한다고 할 때 저는 반대했어요. 후배하고 같이하겠다는데 그 후배를 믿을 수 없어서였지요. 결국 출판사를 동업하기로 한 후배가 약속을 어기는 바람에 손해를 많이 보았지요. 그래서 감골기획사에 취직해서 다니는데 의정부 지역 시민단체에서 1991년 지방선거에서 광역의회에 출마해 달라고 부탁했어요. 그래서 감골기획을 6개월 휴직하고 출마했다가 떨어지고 다시 갔는데, 그 후배가 이미 그 자리에 와서 있는 거예요. 그래서 복직을 못하고 예감 편집장으로 갔지요. 그 후배 때문에 마음에 상처도 많이 받고 손해도 많이 보았어요.

그것보다 김종만 선생이 끼친 영향을 이야기하고 싶어요. 김종만 선생이 모임 만드는 것을 좋아했어요. 취미가 어떻게든 엮어서 모임 만드는 거. 성경 모임이 됐건 책읽는 모임이 됐건 글쓰기 모임이 됐건 모임 만드는 걸 좋아해서 여기저기 모임을 만들었는데 그래서 경기도 같은 경우에는 나중에 교협을 만들 때 보니까 다 그렇게 만든 모임이더라고요. 경기도가 그러니 포천하고 의정부에서는 김종만 선생 영향이 더 컸을 거예요.

심우근 경기 북부지역 전교조 운동이나 교사운동에 큰 줄기가 된 거죠. 뿌리라고 할까. 그 전에는 없었으니까. 김종만 선생이 의정부와 포천을 왔다갔다하면서 큰 지휘를 한 거지요. 그 영향을 받은 사람이 김민경 선생님이나 육기엽 선생님 같은 경우가 대표 사례인데.

임옥희 저는 교사가 아니잖아요. 매스컴이나 이런 걸 보고 전교조를 알잖아요. 제가 체험하지 않고 그러니까 빨갱이란 소릴 듣죠. 그러니까 탄압이 들어갈 거 같아요. 가만히 엎어져 있어야 하는데 반기를 드는 거잖아요. 그런데 김종만 선생님을 만나고, 이렇게 학교 안 이야기를 들어보니 왜 전교조 선생님들이 그렇게 고생하면서, 큰 피해를 입으면서도 하시는지 알 수 있게 되었어요.

김민경   김종만 선생님이 포천 애들 왜 강남 애들처럼 키우냐고, 포천 애들답게 키우라는 말을 들었을 때 크게 반성이 됐어요. 지금도 문득문득 생각이 나요. 애들한테 과하게 뭔가 해주려 할 때, 제가 욕심을 부릴 때 자연스럽게 아이들이 자라게 두라는 말씀이셨지요. 저희 아이들 키울 때도 그렇고, 학교 애들 만날 때도 그 말씀이 생각나요.

육기엽   제가 포천에 20년째 근무하고 있는데요. 아쉬운 게, 어른들이 없어요 포천에. 종만 형님이 그런 어른 역할을 해주셨던거지요. 존재만으로도 위안을 주는 그런 게 있잖아요.

배 숙   제 교직 경력이 36년인데, 마음도 약하고 낯가림도 심하고 그래요. 저를 전교조 조합원으로만 아는 사람은 약간 으스스한 사람으로 알지 모르겠지만요. 김종만 선생님과 글쓰기회가 없었다면 제가 전교조라는 걸 알 수도 없었을 거예요. 그래서 제가 부끄럽지 않은 교직 생활을 하면서 그야말로 떳떳하게 설 수 있게 해주셨어요.

심우근   제가 2002년도에 포천에서 의정부로 왔어요. 그때 누리가 고등학교 2학년이었지. 의정부여고에 와봤더니 규정들이 어마어마한 거예요. 정말 너무한 거야. 그 당시 국가인권위원회가 막 생겨서 업무를 막 시작해요. 그래서 학교 규칙을 인권위에 진정

을 내보았어요. 그랬더니 국가인권위원회에서 당사자가 아니라 안 된다고 기각하는 거예요. 그래서 김종만 선생한테 고민을 얘기했더니 김종만 선생이 뭐라고 했는지 알아요? "누리 있잖아." (웃음) 누리가 의정부여고 2학년 재학생이잖아요. 그래서 김누리를 당사자로 하고 나는 지도교사로 해서 올렸어요. 그래서 국가인권위원회에서 경기도교육청으로 학생들에게 과도한 규정은 인권을 침해하는 게 있으니까 고치라고 답변이 왔어요. 명석고등학교, 지금은 동국대학교 사대부속고등학교가 되었지만 그때는 참 심했지요. 한 학생이 자기는 여호와의 증인이라서 국기에 대한 경례를 하지 않는다고 해서 불합격이 되었지요. 종교 때문에 학생이 누려야 할 평등한 교육권이 침해당한 사례지요. 그때 김종만 선생이 자기 모교를 상대로 앞장서 싸웠어요.

이성인 처음 교협을 만들었을 때 모든 탄압이 회장한테 집중됐어요. 처음에 경인 교협을 만들었을 때 회장을 소명여고 오원섭 선생님이 맡으셨거든요. 그분이 너무 탄압을 받아가지고 암에 걸려서 얼마 못 사시고 돌아가셨어요. 그 다음에 경인 교협이 인천과 경기로 갈라지면서 김민수 선생님이 경기 교협 회장을 맡았어요. 그러니까 김민수 선생님한테 모든 탄압이 집중되는 거예요. 그분도 또 암에 걸렸어요. 그분이 그만두면서 이상선 선생님이 회장을 맡으셨는데, 전교조로 바뀌면서 지부장이 생긴 거죠. 지부장도 탄압받다 힘들어서 탈퇴했어요. 이상선 선생님도 김종만 선생님과 비슷한 시기에 위암 수술 받으셨지요. 경기도에 그런 역사가 있다는 걸 지금 후배 교사들이 기억했으면 해요.

진양숙 이 수락산채를 지을 때는 조그맣게 13평만 짓는다고 했어요. 그런데 의정부 시민단체들, 전교조 선생님들 와서 쓰라고 50평으로 늘어났지요. 그런데 짓자마자 꿈틀학교에서 사용하다가 올 10월까지만 쓰고, 집 지어서 나간대요. 그래서 여기다가 '흙내 책방'을 만들 생각이에요. 책을 전부 꺼내다가 책방 만들고, 사람들이 와서 모임도 하고, 책도 공유하자는 생각이에요. 애들이 한다니까 나는 잘 모르겠어요. 몇 년 후에는 할 수 있겠죠. 명퇴를 하니까.

이주영 4시간 동안 수고 많으셨습니다. 많은 이야기를 다 실을 수는 없고, 제가 순서에 맞게 간추리고 다듬어서 싣고, 전체 녹취 파일은 따님인 누리한테 주어서 보관하도록 하겠습니다. 또 다른 자리에서 좋은 자료로 쓸 수 있겠다 싶어서요. 또 이 수락산채를 '흙내 김종만 책방'으로 만들 계획이라고 하니 기쁩니다. 흙내 책방이 되면 김종만 정신을 기리는 좋은 공간이 될 거라고 봅니다. 끝으로 주한경 선생이 인사하는 말로 마무리 하지요.

주한경   김종만 선생님이 언젠가 학교 돈을 자기 마음대로 쓰는 관리자에게 벌떡 일어나서 '도둑놈'이라고 하셨다는 이야기도 들었습니다. 관리자에게 도둑놈이라고 하는 모습을 떠올리니 너무 하는 것 아닌가 생각했는데 딱 맞는 말을 속 시원히 하는 사람이 우리 중 몇 사람이나 있을까 생각해봅니다. 저는 김종만 선생님을 가까이서 오랫동안 뵙지는 못했고, 약간 낯설고 엉뚱한 느낌도 들지만 다시 곱씹어보면 정말 멋진 분이란 걸 느끼게 됩니다. 무슨 일이든 신명나고 거침없이 사는 모습이 저는 참 부러웠습니다. 그런 신명으로 우리 글쓰기회를 일으켰다는 것을 저는 알고 있습니다. 뜻이 좋으면 그 자리에 많은 사람이 모이기 마련입니다. 선생님과 선배 선생님들이 세워 주신 그 뜻을 잘 이어받아 참되게 살도록 힘쓰겠습니다. 선생님 고맙습니다.

때_ 2018년 1월 27일 곳_ 도성사, 수락산채
참석자_ 김민경(포천 태봉초), 배숙(의정부 가능초), 심우근(평택 비전고), 육기엽(포천 송우고), 이성인(서울경기글쓰기회), 임옥희(대금 동아리), 정낙묵(고인돌출판사), 진양숙(의정부 경의초), 주한경(장내초)
사회·정리_ 이주영

● 김종만 약력

1957년	음력 8월 17일, 전남 여천 출생
1960년	경기도 의정부시 수락산 아래 성골에서 살기 시작해 죽을 때까지 살았다
1971년	2월 의정부국민학교 졸업
1974년	1월 복지중학교 졸업
1977년	2월 의정부고등학교 졸업
1980년	2월 인천교육대학 졸업
1980년	3월 경기도 포천시 운담국민학교 첫 발령
1982년	3월 경기도 포천시 포천국민학교 근무
1983년	9월 한국글쓰기교육연구회 가입
1984년	3월 경기도 시흥시 도창국민학교 근무
1984년	3월 경기 글쓰기교육연구회 창립
1984년	4월 29일 결혼
1985년	6월 18일 큰딸 누리 태어남
1985년	부천 Y교협 결성
1985년	6월 민중교육지 사건
1985년	9월 경기도 시흥시 연성국민학교 근무
1986년	1월 한국글쓰기교육연구회 총무이사
1987년	경기 교협 창립
1988년	3월 경기도 의정부시 배영국민학교 근무
1989년	5월 28일 전교조와 관련하여 6월 14일 경기지부 의정부지회 지회장을 맡게 되어 6월 16일 직위해제, 7월 7일 파면처분 받고 해직
1990년	2월~1992년 12월, 쟁기출판기획 대표
1991년	2월 14일 둘째 딸 소리 출생
1992년	12월~1993년 12월 도서출판마루 기획조사부장
1994년	3월 1일 신규 임용 형식으로 복직
1994년	3월 경기도 포천시 내촌국민학교 근무
1995년	3월 경기도 포천시 송우국민학교 근무
1996년	11월 경기도 포천시 선단초등학교 근무
2000년	3월 경기도 의정부시 신동초등학교 근무
2002년	포천 금주리 자유학교 추진
2002년	3월 경기도 의정부시 솔뫼초등학교 근무
2003년	한국글쓰기교육연구회 사무총장
2005년	3월 경기도 의정부시 발곡초등학교 근무
2006년	2월 수락산채 완공

2008년   3월 경기도 포천시 지현초등학교 근무
2013년   2월 정부의 명예퇴직 반려로 일반 퇴직함(만 55세)
2013년   9월 7일 지병인 폐암으로 돌아가심
          마지막으로 근무했던 지현초등학교가 내려다보이는 사찰 도성사에 안치

선생님, 우리는 놀고 싶어요 2

점심을 먹고도 나가서 놀 수 없어요.
땀 냄새를 싫어하시는 선생님은
볕에서 뛰놀다 들어오면 땀 냄새가 난다고
점심시간 종이 울리면 곧 칠판에 문제를 내시고
"점심 다 먹은 사람은 이거 풀어요."
하시고 휭하니 교무실로 갔고
우리들은 반장의 수첩에 이름이 적히는 게 무서워
말없이 밥숟갈만 입에 퍼넣어요.
오전 시간 마치고 돌아가던 2학년 종천이가
낼름 창 밖에서 얼씬거려도
나는 나갈 수 없었어요.
축구공을 가지고 온 영천이가
책상 밑으로 내게 툭 공을 차 보내도
나는 모른 척했어요.
그러다 반장 몰래 벌떡 일어나
창 밖으로 운동장을 내다보니
4학년 아이들이 축구를 하잖아요.

에이!

야, 반장!

우리 나가 놀자!

혼나면 혼나지 뭐!

안 돼! 어제는 다섯 대지만

오늘은 열 대야!

그 소리에 풀이 죽어 다시 풀썩 주저앉지만

난 오늘따라 반장이 미웠어요.

갑자기 소리를 지르고 싶었어요.

선생님이 시키는 대로 꼬박꼬박

노예처럼 말 잘 듣는 반장이

오늘은 유난히도 미웠어요.

그래서 소리를 지르고 싶었어요.

"선생님, 우리 좀 놀게 해줘요!"

당장에 화난 선생님 얼굴이 눈앞에 나타난 듯해서

주위를 둘러보고 나는 다시 맘속으로 외쳤어요.

"선생님, 우리는 놀고 싶어요!"

어찌하다 여기까지 왔나

1. 길 찾기

나는 1957년 생으로 1978년에 교육대학에 들어갔으니까 내 또래보다 두 해가 늦은 편이다. 내가 1964년에 국민학교에 입학해야 하는데 내가 다닐 의정부국민학교는 학교 교실에 견주어 그해 입학할 아이들이 너무 많았다. 우리 또래가 이른바 '전후 베이비붐 세대'였기 때문이다. 교육 당국은 이럴 경우 생일이 빠른 차례대로 입학을 시키기로 해서 생일이 8월 1일 뒷날인 아이들은 다음해에 학교에 들어가게 하였다. 그런 탓에 나는 하는 수 없이 1965년 3월에 학교에 들어갈 수 있었다.

아무튼 의정부에서 초중고등학교를 평범하게 마친 나는 대학 시험에 낙방하였고 한 해 동안 산과 절을 떠돌며 재수생 신세와 방랑자 노릇 끝에 교육대학에 들어가게 되었다.

2년간의 교대 생활은 내 삶에 퍽 색다른 전환을 가져다주었다. 우선 중학교 때 다니다 말았던 경험을 살려 기독교에 심취하게 된 것. 그것도 아주 보수성이 강하고 선교 중심인 기독학생회 동아리에 들게 된 것이다. 이때부터 단순히 성경을 읽는 정도가 아니라 성경을 깊이 공부하는 기독교를 만나게 되었다. 5, 6년 뒤에 내가 기독교에서 떠나기까지 나는 신과 신앙과 신학에서 제법 많은 것을 읽고 깨닫고 주워듣게 된다.

두 번째는 본격으로 책읽기를 시작한 것이다. 신앙 서적부터, 교육, 역사, 철학 따위 닥치는 대로 읽어 제낀 책들 속에서 나는 길 찾기를 시작하고 있었다. 교대 2년간은 이 두 축에서 지낸 시간이었다.

나는 교사가 되어 아이들과 지내면 행복할 거란 막연한 상상만으로 교직에 발을 들여놓았다. 교육에 관해 고민하거나 진지한 살핌 없이 내 교직의 길은 탄탄대로였다. 1980년 3월 나는 경기도 포천의 한 시골 학교 교사가 되었다. 나는 지금도 한 개인의 사상과 가치관, 세계관 같은 건 시대 환경이 좌우하기 마련이라고 믿는다. 그해 3월이 그랬다.

바로 두어 달 전 계엄사령관인 육군참모총장을 부하인 보안사령관 전두환이 체포하는 하극상이 벌어져, 군부쿠데타로 권력을 장악한 '하나회' 무리가 정치 일정을 확실히 밝히지 않고 국민을 상대로 음모를 꾸미던 시기였다. 자고 나면 어깨 위에 별이 하나씩 늘어나 전두환은 두어 달 만에 육군 소장에서 대장이 되고 자기가 자기에게 훈장을 주는 웃지 못할 일이 벌어졌다. 대학생들은 날마다 민주화 일정을 밝히라고 요구하며 시위를 벌이고 김영삼, 김대중, 김종필 세 사람은 자기들의 대권욕을 위해 국민을 들먹이며 고양이 목에 누가 방울을 달까 하고 헛기침만 할 뿐이었다. 군부는 '사회정화'란 허울 좋은 구호로 비상계엄 아래 시정잡배들을 잡아들여 이른바 삼청교육대란 집단을 만들어 사람 잡는 훈련을 시키면서 국민을 협박하고 있었다.

내가 전두환 군부의 실상을 명확히 깨닫게 된 것은 바로 그해 5월 광주에서 있었던 학살 사건이었다. 마침 나는 광주가 집인 동창과 함께 근무했는데 여름방학이 끝나고 고향을 다녀온 그 친구는 광주에서 어떤 일이 있었는지 소상히 얘기해주었다. 이건 인두겁을 쓴 것들이 할 짓이 아니었다.

주말이면 서울로 달려가 친구 이성인을 만나 이런 저런 이야기를 나누고, 종로서적에 들러 책을 한 보따리 사 와서 읽어갔지만 마음속에 끓어오르는 분노를 삭힐 수가 없었다.

2. 이오덕 선생님과 글쓰기회

이때 내가 책이나 강연으로 만난 분들이 연세대 김형석 교수, 김동길 교수, 함석헌 선생님, 김교신 선생님이었다. 생각에는 날을 세웠지만 나는 뿌리 깊은 보수 신앙에서 쉽게 벗어날 수 없었다. 사회를 비판하고 부정한 국가 권력을 미워하면서도 개인 구원을 바라는 기복신앙을 버리지 못하는 이중생활을 하던 시기였다. 그때도 요즈음 젊은이들처럼 영어공부와 새로운 학력 쌓기에 목말랐던 것 같다. 그래서 대학 편입 시험을 보고 1981년부터 3년간을 교사와 야간대학생 신분으로 보냈다.

그러면서 내가 딛고 선 자리를 다시 들여다보는 계기가 되었다. 시골 학교 교사로 그럭저럭 현실과 타협하고 지냈더라면 나는 어떻게 되었을까. 하루 한 번 200리 길을 달려 도시로 나가는 생활이 나를 우물 안 개구리가 되지 않도록 다그쳤다고 생각한다.

그 즈음 대학 구내에서 사 읽은 책이 파울루 프레이리 《교육과 의식화》, 에버레트 라이머 《학교는 죽었다》, 이반 일리치 《의식의 축제》, 《공생의 도구》, 라이트 밀호, 황필호, 김지하 이런 류였다. 물론 이오덕 선생님의 《이 아이들을 어찌할 것인가》, 《삶과 믿음의 교실》, 《시정신과 유희정신》과 아이들 글 모음 《우리도 크면 농부가 되겠지》, 《일하는 아이들》, 성래운 선생님의 《선생님께》도 이 시절 읽었다. 영국의 실험학교 보고서인 《서머힐》을 읽고 진한 감동을 받았던 것도 그 시기였다.

본래 교대에서 배운 지식 나부랭이들이란 게 20세기 말로 치닫는 그 시골 학교 아이들에게 어떤 도움을 줄 거라고 애초부터 기대하지 않았지만, 학교는 황폐할 대로 황폐해져 있었다. 사람이 만든 모든 조직은 가장 큰 줄기에 이어져 있다. 따라서 큰 줄기를 닮기 마련이다. 정치가 부패하고 부도덕하니 교육도 그렇게 되었다. 학년 배정이나 승진에 상납과 줄서기가 통하고 학교장은 '작은 전두환'이 되어 울부짖었다. 지역감정, 학연이 사회를 거대하게 갈라놓고 세대 간, 계층 간 간격이 험악하게 나뉘었다.

교사의 권위나 권한은 학교장의 독재와 교직사회의 뒤틀린 현실 앞에 무참히 짓밟혀야 했다. 학급에서 아이들과 무슨 일을 계획하고 실행하려면 교장, 교감의 감시와 참견과 제지가 따랐다. 그런 것이 자꾸 되풀이되다 보면 어떤 교사라도 의욕을 잃거나 적당히 타협하여 '자기 검열'을 당연하게 생각하게 된다. 내가 그런 편이었다. 겉으로는 튀는 신출내기였지만 속으로는 '영감'이 되어가는 나를 어쩔 수 없었다. 뜻 있는 몇몇 교사가 모여 교육을 걱정하고 현실을 비판하는 공부를 해보았지만 꾸준히 이어지기에는 너무 미약했다.

1983년 여름이 끝나갈 무렵, 나는 지금도 그날 아이들하고 있었던 일을 생생하게 기억한다. 학교 뒤에 충혼탑이 있었는데 아이들과 거길 올라갔다. 바로 아래에는 성당이 있고, 사람들이 별로 없던 그 산속 쉼터에는 아이들만이 뛰고 떠들었다. 한 시간 쯤 놀다가 나는 아이들과 산을 내려가려는데 아이들이 모두 "선생님, 우리 내려가지 말고 여기서 공부하면 안 되나요." 하면서 내려가기를 주저했다. 그 순간 나도 사실은 학교에 내려가기 싫었다. 매일 강제로 공부만 시키는 학교, 숙제, 청소, 벌과 매가 기다리는 그 학교에 난들 내려가고 싶겠는가. 하물며 아이들은. 나는 순간 학교가 도대체 무얼 하는 곳인가 생각해보았다.

그러던 중 1983년 9월 어느 날 나는 경북 성주군 대서국민학교 교장이던 이오덕 선생님께 긴 편지글을 올렸다. (이 즈음 많은 교사가 이오덕 선생님에게 보낸 편지들은 뒷날 《우리 언제쯤 참 선생 노릇 한 번 해볼까》라는 제목으로 세상에 나왔다.) 이때의 심정은 막다른 골목에 막혀버린 심정이었다. 나 같은 놈 보고 교사를 그만두라고 권하시면 당장 때려치우겠노라고 다짐하고 있었다. 그러나 뜻밖의 답장은 나를 새로운 의욕으로 가득하게 했다. 위로와 함께 오히려 나 같은 사람이 아이들을 위해 교사로 남아야 한다는 선생님 말씀은 지친 몸과 마음에 활력소가 되기에 충분했다.

곧바로 글쓰기회에 가입하고 이듬해부터는 여럿이 경기 글쓰기회를 만들어 지역 일을 시작하였다. 아이들이 다시 보이고 교사의 몫이 얼마나 큰 지 아이들이 써내는 글을 보며 확인할 수 있었다. 아이들을 위해 그 어떤 불의와도 싸우리라 마음속에 칼날을 세웠다.

3. 전교조 결성과 해직

1984년 결혼을 하고 더욱 더 바빠졌다. 경기 글쓰기회 모임은 안정되게 꾸려져 가고 있었다. 그러다가 1985년 여름, 이른바 민중교육지 사건으로 나는 필화를 겪게 되었다. 지금은 유명을 달리한 임길택 선생님의 학급문 집 〈물또래〉를 읽고 평한 글이 실천문학사에서 펴낸 《민중교육》 창간호에 실린 것이 문제였다. 처음에는 해직이란 칼을 휘두르더니 보름 뒤 경찰서 대공과에서 며칠 동안 조사한 끝에 혐의를 찾지 못하자 감봉 3개월이란 징계로 마무리하였다.

민중교육지 사건이 일어난 뒤로 교사들은 부쩍 바쁘게 움직이기 시작했다. 1986년 5월 10일, 민중교육지 사건 해직 교사들을 중심으로 서울 YMCA 강당에서 '민주교육 선언' 대회를 당국의 탄압과 방해를 뚫고 열었다. 이를 계기로 전국에서 교사 소모임을 꾸리고 이른바 '금서'들을 비밀리에 돌려가며 읽었다.

한국글쓰기교육연구회는 이런 조류의 가장 앞자리를 차지하고 있었다. 1986년 초부터 나는 글쓰기회 총무를 맡고 있었다. 급기야 1988년 가을, 민주교육을 위한 전교협이 태어났다. 전국 규모의 교사단체를 결성하기는 4·19 교원노조 뒤 처음 있는 일이었다.

전교협은 4·19 교원노조의 맥을 잇는다고 공공연하게 표방하였다. 이 때부터 글쓰기회 회원 가운데 여러 사람이 지역 교협에서 중요한 자리를 맡았다. 나는 글쓰기회 총무를 하면서 경기 교협 사무국장이란 직책을 맡았다.

1989년 5월 결성된 전교조에도 글쓰기회 회원들은 깊숙하게 발을 들여놓았고 1989년 7, 8월에 1500명이 넘는 교사들이 해직당할 때 글쓰기 회원 30여 명이 함께했다는 사실이 이를 입증한다. 아무튼 1989년 7월 나는 전교조 경기지부 의정부지회장을 맡는 바람에 해직되고 말았다.

4. 복직, 또 다른 길 찾기

나는 지금도 내가 해직되지 않았다면 어떻게 아이들과 지냈을까 하고 가끔 생각할 때가 있다. 그만큼 해직 4년 8개월은 끔찍하게 내 인생의 길을 비틀어버렸다. 1989년 해직되자마자 어떤 후배 교사의 꾐에 빠져 출판사 일에 발을 들여놨다가 퇴직금을 다 날리고 결국 집을 저당잡혀 출판사를 꾸렸다가 1년 만에 당시로는 거금을 까먹고 나앉았다. 그 사이 함께 모시고 살던 아버지가 교통사고로 눕고, 간병하시던 어머니까지 과로하여 고질병을 얻어 1995년 초에 먼저 세상을 하직하셨다. 1년 뒤에는 하반신 마비로 4년을 누워 지내시던 아버지가 한 많은 세상을 떠나셨다.

그 바람에 올해 중학교 2학년인 둘째 딸아이는 이 집 저 집 옮겨가며 자라야 했다. 아버지, 어머니를 제각기 다른 병원에 눕혀놓고 병원 잠을 자면서 꾸었던 절망의 꿈자리를 나는 아직 잊지 못한다.

그나마 다행인 것은 한을 품고 병상에서 사위어가는 목숨을 부여잡고 아들이 다시 학교에 돌아가는 모습을 보고 싶다던 어머니가 그 소원을 풀고 돌아가셨다는 것이다. '신규 임용'이란 형식으로 복직을 시킨 김영삼 정부 시절, 어설프게 학교로 돌아온 나 또한 어설프기 짝이 없었다. 아이들이 달라져 버렸고 동료들도 그랬다. 가정의 불행과 겹쳐 내 생활은 말이 아니었다. 날마다 이어지는 폭음과 자학으로 글쓰기회를 멀리하게 되었고, 형제처럼 끔찍하게 가까웠던 글쓰기회 교육 동지들까지 피하게 되고 말았다.

5. 그리고 오늘, 나는

젊음을 다 보내고 나는 어느덧 장년에 턱걸이한 중년 교사가 되어 서 있다. 몇 해 더 있으면 원로 교사 대접을 받을 것이다. 세상은 많이 나아졌다고들 한다. 학교도 많이 변했다. 그러나 정말 세상이 우리를 행복하게 살도록 가만 놔둘 수 있게 바뀐 것일까? 학교가 아이들을 행복하게 하고 교사들을 보람과 의욕에 넘쳐나도록 달라진 것일까?

지난날 전교조를 결성할 무렵부터 글쓰기 교육이 침체하기 시작했는데, 그때 나는 전교조가 합법 단체가 되면 글쓰기 교육이 학교 현장에 널리 뿌리내릴 거라고 믿었다. 그러던 것이 이제는 배신당한 느낌을 지울 수가 없다. 어제도 젊은 전교조 교사들 모임에서 글쓰기 교육 이야기를 꺼냈더니 아무도 관심을 보이지 않는다. 교사들이, 아니 나부터가 교육이란 이름의 허섭 쓰레기에 파묻혀 어느 것 하나 제대로 해내지 못하고 그저 허우적거리기만 하고 있다. 컴퓨터란 귀신이 우리를 잡무와 고생에서 해방시킬 줄 알았는데 컴퓨터에 파묻혀 교사들은 퇴근 시간이 지나도록 옴짝달싹 않고 더욱 더 바빠지기만 한다.

교육운동이 그동안 교사들에게 진보적이랍시고 또 다른 잡동사니만 꾸역꾸역 머릿속에 집어넣어온 결과다. 이제는 삼삼오오 교사들이 모여서 아이들 이야기를 하고, 교육을 걱정하는 이야기며 함께 공부하는 풍경을 찾아보기가 어렵다. 컴퓨터와 승용차가 퇴근길 대포 한 잔의 이야기판을 깨버렸다.

한편에서는 학교가 무너진다며 대안학교, 대안교육이 퍼져나가고, 다른 한편에서는 아직도 틀에 박힌 제도교육이 아이들과 교사와 학부모의 발목을 잡고 있는 교육 현실에서, 나는 엉거주춤 몸 둘 바를 모르고 있다. 갈수록 괴팍스런 아이들 속에서 나도 괴팍스럽게 변하고 있다. 그러면서 나이만 먹고 있다.

2004년 7월, 《우리 말과 삶을 가꾸는 글쓰기》 제104호

가슴 두근거리며 듣던
그 많은 이야기는 다 어딜 갔을까

우리 아버지 이야기를 글로 써본 적이 있던가. 아득하다. 밤이면 고구마 대 껍질을 벗기면서, 메주 쑬 콩을 고르면서, 한여름 밤 마당에 모깃불을 피워놓고 간간이 부채질을 해가며 듣던 이야기들. 동지섣달 긴긴 밤에 새끼를 꼬시면서, 두레방석을 짜시면서 들려주시던 이야기들. 그 이야기들이 아직도 실타래처럼 내 머리에 감겨, 기억을 해보면 이리 저리 얽혀있다.

아버지는 열여덟 살에 두만강을 건너셨다. 1939년 가을이라 했지. 기차 안에서 유난히 들고 뛰던 말만한 가시내가 나중에 형수가 되었다는 이야기. 10월에 눈밭에서 볏단을 털어다가 타작했다는 이야기. 늑대가 사방에서 어슬렁거리는 밤에 소를 몰아다가 연자방아를 찧었다는, 늑대들한테 키우던 돼지를 뺏겼다는, 그 늑대들이 돼지우리에 뛰어들어 돼지 등에 타면 돼지는 우리를 부수고 뛰어나가는 바람에 그대로 뺏겼다는, 그 늑대들이 돼지를 몰아갈 때면 한 놈이 등에 올라타고 끌고간다는 그런 이야기.

치치하얼 탄광까지 가서 일하다가 갱도에 갇혔다가 살아난 이야기, 마적 떼한테 마을이 습격당해 솥단지 하나까지 빼앗긴 이야기, 만주개척단으로 겨우내 원시림을 베어 길을 내던 이야기. 그러다가 썩은 고목둥걸 속에서 겨울잠 자는 불곰을 톱으로 썰어 제끼는 바람에 눈 속에 몸을 묻어 살아난 이야기. 그 곰을 총으로 쏘아 잡아 300명이 먹었다는 이야기.

해방되어 돈화에서 큰고모와 헤어져 그대로 내려온 이야기. 베필을 팔아 여비나 하려다가 만주족 강도를 만나 간신히 목숨을 건진 이야기. 소련군에게 집안 여인네들이 겁탈당할 뻔한 이야기. 무수한 이야기 속에 이런 이야기도 있다.

함흥까지 기차를 타고 오다가 기차가 더 이상 꼼짝도 않아 모두들 내렸더란다. 그런데 갑자기 뒤에서 소련군이 쫓아온다고 해서 모두들 내린 짐을 이고 지고 다음 역까지 혼비백산 걸음아 날 살려라 하고 달아나던 중에 한 서너살 먹은 애가 내동댕이쳐져 울고 있더란다.

"나야 우리 식구들 기중에 안식구 하나뿐이고 짐이래야 등에 진 솥단지 하나뿐잉께 무작정 갸를 둘러메고 달음박질을 했지. 목구멍에서 단내가 나도록 달려서 다음 역마당에 모두들 모이지 않았겠어. 겨우 한숨을 돌리고 여기저기 밥을 해 먹는 너른 역마당에서 무동을 태워 그놈을 데리고 여기저기 다녔지. 느그 엄마 잘 봐라. 엄마가 보이기만 허면 무조건 '엄마' 하고 악을 쓰고 달라들어라. 알았지?

이리 기웃 저리 기웃하는데 한군데 강께로 아, 이놈이 벼락 총소리 나게 '엄마야' 하면서 내모가지 우에서 고함을 치는 거라. 코앞에서 쩨깐한 여자가 보더만 '아이고 내 새끼야' 하고 울고불고 난리굿이 났지."

그 대목에서 아버지는 목이 메이셨다. 그러면서 코를 펑하고 풀으셨다. 듣던 나도 눈시울이 뜨거워졌다. 어느 대목에서는 갑자기 이야기가 빨라졌다가, 어떤 대목에 와서는 역정을 내시면서, 실제 눈앞에서 일이 벌어지는 것처럼 핏대를 올리면 나도 모르게 침을 꼴깍 삼켰다.

일자무식인 아버지는 타고난 이야기꾼이셨다.

그런데 내가 그때 아버지 나이가 되었건만 가슴 두근거리며 듣던 이야기는 다 어딜 갔을까?

2014.11 《한국글쓰기교육연구회》 회보

온몸으로 교육 현실에 맞서신 분

1983년 9월 어느날 경기도 포천에서 교사 초년생으로 지내던 나는 이오덕 선생님께 편지 한 통을 부쳤다. 그 당시 이미 널리 읽히고 있던《삶과 믿음의 교실》,《이 아이들을 어찌할 것인가》,《시정신과 유희정신》으로 유명한 이오덕 선생님께 감히 편지까지 쓸 줄이야. 군사독재정권 서슬이 시퍼렇던 당시, 척박해질 대로 척박해진 교육 현장은 이제 학교생활 4년째인 스물일곱 살의 젊은 교사를 막다른 골목으로 몰아넣고 있었다.

졸업과 동시에 발을 내딛은 학교는 꿈에 그리던 학교와는 너무도 달라 있었다. 어찌어찌해서 구해 읽은 파울루 프레이리의《교육과 의식화》《억압받는 자의 교육학》이나 이반 일리치의《탈학교 사회》같은 글은 젊은 피를 분노에 끓게 만들기에 충분했다. 그러면서 한편으로 그 당시 나는 ㅂ출판사에서 문고판으로 나와 있던《서머힐》을 읽고 너무나 감동한 나머지 내가 하는 짓은 교육이 아니다 싶어 학교를 그만둘까 생각하고 있었다. 비상계엄으로 시작한 80년대 벽두에 시작한 교사 생활은 온갖 자질구레한 억압과 퇴폐와 비리로 얼룩져서 젊은 내게는 지루하기만 한 하루하루였다. 아무런 대안도 없이 속수무책으로 속앓이만 하다가 마지막으로 시도한 것이 '그래 이오덕 선생님께 편지라도 한번 드려보자'였다. 주소는 아마 출판사에 전화를 걸어 알아냈던 것 같다.

그리고 감히 생각지도 못하게 답장까지 받을 줄이야! 그것도 당시 붉은 색 칸이 그려진 갱지 원고지에 선이 굵은 만년필로 쓰신, 열 장 가까이 되는 두툼한 편지 묶음으로 말이다.

편지 내용은 대체로 이랬다.

선생님같이 이 나라 교육을 걱정하는 동지를 만나서 기쁘다는 것, 진정으로 우리 교육을 걱정하는 젊은 교사가 학교에 남아있어야 한다는 것과 우리 아이들을 진정 살리는 교육은 고뇌 속에서 나온다는 것. 그리고 편지 끄트머리에 글쓰기회를 소개하시면서 함께하자는 말씀도 쓰셨다.

그리고 나는 곧바로 글쓰기회에 가입하고 거기서 든든한 후원군을 얻게 되었다. 선생님이 주창하신 '아이들의 삶을 가꾸는 글쓰기 교육'은 교실에서 무엇을 할 것인가 고민하던 내게 비로소 숨통을 틔워주었다. 비단 나뿐이 아니었을 것이다. 이 땅의 피 끓는 젊은 교사들이 독재권력의 폭력 앞에 어찌할 줄 모를 때 이오덕 선생님은 글로 그 방향을 가리켜주셨다. 매달 새교육이란 잡지나, 한국교육신문에 쓰시던 칼럼은 검열당한 것이라 보기에는 생생한 현장 비판이었다. 막혔던 봇물이 터지듯 나는 아이들과 소통하기 시작했다. 한국글쓰기교육연구회가 꾸려지고 처음 열리던 그해 겨울 안동시 용상동에서 있는 가톨릭농민회관에서 열린 그해 겨울연수회가 새삼 기억에 떠오른다.

이듬해 경기글쓰기회를 여럿이 함께 만들고 우리 교육을 고민하고 걱정하는 모임은 날로 번창해갔다.

오늘날도 80년대 교육운동의 모태는 글쓰기 교육운동이라고 하는데, 그 누구도 반대하지 못한다.

이오덕 선생님께서는 글쓰기회 일뿐아니라 아동문학 일도 열심히 하셨는데 출판사에 볼일이 있어 주말에 서울에 오시면 지금은 이름도 없어진 종로2가 YMCA 뒤편 용일여관에 묵으셨다. 그러면 서울경기 회원들이 여관으로 몰려가 밤늦도록 이야기꽃을 피우곤 했다. 때로는 여관에 함께 묵기도 했다.

이오덕 선생님은 젊은이들과 어울려 이야기하시는 걸 즐거워하셨다. 술은 못하셔도 술자리에 끝까지 남으셔서 젊은 우리들과 어울리셨다.

　1986년 2월 어느 날 선생님은 갑자기 학교를 그만두셨다. 항상 따라다니던 감시와 간섭을 더 이상 견딜 수 없어 그렇게 하신 것이리라. 당시 거의 모든 교장이 군사독재의 파수꾼이나 마름이 되어 학교 안에서 제왕의 지위를 누리던 거에 견주면, 홀로 민주교육을 외치며 교육계의 불의를 캐내시던 이오덕 선생님은 참으로 훌륭하셨다. 그러나 교육 당국의 감시와 억압과 끊임없는 구속은 시골 학교(경북 성주 대서초) 교장이 참아내기에는 역부족이었을 것이다. 심지어는 학부모들이 마련한 송별회에도 참석하지 못하게 당국이 막아섰다는 얘길 들었던 기억이 난다.

　그해부터 3년간 나는 한국글쓰기교육연구회 심부름꾼(총무이사)을 맡아 선생님 곁에서 함께 일하게 되었다. 학교를 그만두시고 경기도 과천에 거처를 마련하신 선생님은 글쓰기회를 키우는 일에 온힘을 다 쏟으셨다.

　ㅇ출판사 좁은 공간을 빌려 철제가구 하나 달랑 들여놓은 것이 글쓰기회 살림이었다. 선생님은 회보 만드는 일에 특히 정성을 다하셨다. 당시에는 고급스러운 인쇄 형식인 사진식자를 택해 회보를 찍어냈는데 특히 교정을 세밀하게 보셨다. 틀린 글자나 빠진 글자는 하나하나 글자를 따서 붙여야 했는데, 사진식자기로 이 작업을 하는 사람이 원고 내용을 이해하지 못해 자주 글자를 빼먹거나 잘못쳤다. 이 작업이 힘들자 드디어 결단을 내리셨다. 회보 원고를 당신이 댁으로 가져가셔서 볼펜 글씨로 써서 회보를 만드신 것이다. 그러니까 회보 편집과 타자수가 할 일을 도맡아 하신 것이다.

　지금도 그 당시 회보를 보면 글자 하나하나를 꼭꼭 눌러쓴 이오덕 선생님의 필체가 남아있다.

　방학이 되면 나는 이오덕 선생님을 모시고 연수회 자리며 지역 모임을 방문해야 했다. 잠자리며 음식이 불편하실 텐데도 선생님은 조금도 개의치 않으셨다.

　어쩌다 지나가는 말로 걱정스럽게 말씀을 드리면 선생님은 오히려 역정을 내셨다.

방학이 되면 살림을 맡은 나와 회보 출판을 맡은 이성인 선생을 과천 댁으로 가끔 부르셨다.

선생님이 사시는 작은 아파트에는 선생님의 삶의 모습이 진하게 배어있었다. 빨래며 밥 짓기를 손수 하시는 것은 물론이요. 무엇하나 함부로 버리지 않으셨다. 종이 박스를 옆으로 뉘어서 바닥에 합판을 깔고 책을 꽂아 켜켜이 쌓아 책장을 만드셨다. 부엌살림을 살펴봐도 그릇은 대부분 1회용 그릇을 버리지 않고 닦아서 두고 쓰셨다.

어느 겨울 끝자락에 선생님 댁에 갔을 때 마침 선생님은 아드님이 가져 왔노라면서 싱싱한 채소를 한웅큼 내오셨다. 그리고 된장에 현미밥을 싸서 드셨다. 소박한 밥상이 그런 것이란 걸 아직도 나는 깊이 새기고 있다.

이오덕 선생님 곁에서 나는 여러 사람을 만났다.

판화가 이철수 선생님, 동화 쓰는 이현주 목사님, 이미 작고하신 봉화의 농사꾼 철학자 전우익 선생님, 그리고 안동 일직의 권정생 선생님이 그런 분들이다. 모두들 하나 같이 삶의 매운내를 풍기는 분들이다.

선생님은 아무리 가까운 분이라도 잘못되었다 싶으면 가차 없이 일갈하시는 분으로도 유명하다. 에둘러 조용하고 조심스럽게 비판하시기보다는 즉석에서 잘못을 지적하곤 하셨다.

동화작가로 유명을 달리한 임길택 선생을 혼내시는 걸 나는 몇 번 본 적이 있다. 그러나 웬만한 넉살이 없고서야 이오덕 선생님의 야단을 태연하게 받을 사람은 없을 터여서 여러 사람이 곁을 떠나기도 했다. 이 글을 쓰는 나도 부지기수로 야단맞은 사람으로서 한때 이오덕 선생님 곁을 떠나 지내기도 하였다.

그러나 같은 일을 여러 번 들먹이시며 그때마다 잘못을 저지른 사람을 들추어내신 것은 다시는 그런 잘못을 하지 않도록 의도하신 것이라 여겨진다.

이오덕 선생님이 동지들이나 후배들한테 엄격하신 것만큼 당신 자신한테 엄격하였음을 우리는 그분의 수많은 저서에서 고스란히 읽는다. 한 시대 이런 스승을 모시고 배운 게 참으로 자랑스럽다.

2010.5 《개똥이네 집》

페이스북 글 모음

　　요즈음 산에 나무하러 하루에도 몇 번씩 오릅니다. 죽어 넘어진 나무나 참나무에 치여 죽은 소나무나 큰 참나무 썩은 삭정이 같은 걸 모아 묶어서 어깨에 메고 오거나 크고 긴 둥치는 양손에 하나씩 끌고 내려옵니다. 힘이 아직 없어 지게질에 자신이 없네요.

　나무는 지천으로 널려있어요.

　예전에는 집집마다 나무하느라 낙엽까지 싹싹 긁어 땠죠.

　지게질은 초등학교 5학년 때부터 했으니 어지간히 몸에 익었습니다.

　나무를 모으면서 저절로 옛날 아버지 따라 다니면서 나무하던 생각이 떠오릅니다.

　오후 5시면 어김없이 황토방에 불을 넣습니다. 아내는 뜨거운 황토방에서 지지면서 하룻밤을 달게 잡니다.

　나는 기침이 나서 자주 깨는 탓에 황토방에서 두런두런 밤늦게까지 이야기하면서 뒹굴다가 잠은 거실에 와서 잡니다.

　요즈음 누리는 이 호사를 차마 입에 꺼내기 부끄럽습니다.

　이 추운 겨울 냉방에 자다가 부탄가스불이 옮겨붙어 타죽은 사건이 뉴스에 나왔네요.

　없는 사람들이 저처럼 구들방을 들여서 산에 나무를 주워다가 난방을 할 수 있다면 얼마나 좋을까요. 그러나 그건 사치스럽고 철없는 생각일 뿐입니다.

(2011년 12월 13일)

　　아버지는 초가을이면 벌써 조선낫 두어 가락을 대장간에서 벼려 오신다.

　그걸로 둔배미 뒷산 깊은 골짜기치들이를 훤하게 깎아 눕힌다.

　지난 여름동안 억새, 개암나무, 싸리나무, 갈참나무가 수북하게 자라 오른 것을 베어 말렸다가 단으로 묶어 지게로 져 내리는데 보통 어른 한 짐은 여섯 단이니까 서른 짐 정도 져 쌓으면 커다란 산만하다. 그걸 겨우내 다 아궁이에 때버린다.

　마른 풀나무를 단으로 묶을 때면 꽃뱀이 자주 튀어나와서 놀랄 때가 한두 번이 아니다.

　어머니는 점심때면 집에서 기르던 닭을 잡아 토막내어 닭곰탕을 끓여 내오시곤 했는데 그 맛을 잊을 수 없다.

　벌써 40년도 더 지난 옛날이야기구나.

(2011년 12월 14일)

벌써 아이들 곁을 떠난 지 오늘로 딱 1년이 지났네요.

내년 2월 말이면 이제 학교를 떠납니다.

나라의 은혜를 입어 이렇게 오래 쉬어도 되나 싶습니다.

이제 나는 학교 안에서 할일이 더 이상 없구나 싶어 미련 없이 홀가분하게 홀홀 털고 다음 길을 가야지 싶습니다.

지금까지 순전히 도움을 받으면서 살았으니 이제부터는 작은 도움부터 조금씩 실천하면서 살아야지 생각합니다. 얼마를 더 살지 모르지만 살아있는 건 기적이고. 기쁨이고 고마움이란 걸 날마다 느낍니다.

나도 모르게 무거운 글이 재미없게 이어졌네요.

어제 대학로를 걷는데 왠지 거리가 삭막하고 쓸쓸하데요. 크리스마스가 코앞인데

가난했지만 들떠 지내던 옛날이 그리워졌어요.

왜 모두 돈에 짓눌려 사는 삶이 되어버렸나요? 묻고 싶어요. 지금 당장 크리스마스캐럴을 들으며 추위를 이기며 경쾌하게 걸어봐요. 우리 모두 지금!

명바기 최면에 걸려서 살지 말자구요.

(2011년 12월 15일)

방학에는 누가 뭐래도 쉬고 놀아야 합니다.

그런데 방학 때 더 바쁘고 정신없이 나다니는 교사가 많습니다.

그렇다고 값비싼 돈 주고 멀리 가는 해외여행 가란 얘기가 아닙니다.

돈 안 들고 노는 놀이도 많고 쉬는 것도 재미있게 쉴 수 있는 게 많습니다.

문제는 오랫동안 지켜보니 방학 때 바쁜 사람들이란 뒷날 보니 출세한 사람들이 되더군요.

그 결과 한참 일할 나이에 겉늙어버리더군요.

겉늙으면 무표정해지고, 움직이기 싫어하고, 생각이 굳어버리고, 젊은 사람들 일하는 걸 도와주기는 커녕 되레 방해하고 짐만 지우는 사람이 됩니다.

우리 주위에 그런 사람들 널려 있어요. 그렇죠?

제가 놀란 건데요. 방학 때 관제연수 열심히 받고 학교 출근 열심히 한 분들이 대개 관리자나 관료가 되더군요.

그런데 그분들 하나같이 판에 찍어놓은 듯 닮아있어요.

무미건조한 사람들과는 얘기할 재미가 없죠.

이 추운 겨울 놀면서 재미난 얘깃거리 만들어보시죠.

제 좌우명인데요.

노는 게 남는 겁니다.

(2012년 1월 3일)

오래 전부터 생각해온 건데요.

나무를 소재로 글을 써야겠다는 생각을 이제 실천에 옮겨야겠습니다.

제가 건강할 때는 하루에 한 편씩 꼬박 1년간 써볼까 했는데 이젠 그런 생각도 주저하게 됩니다.

영국의 신학자 가운데 윌리엄 버클레이라는 분이 있는데 그분이 쓴 책 가운데 《그리스도인의 365일》이 유명한데요. 기독교인이 아닌 분이 읽어도 참 좋은 책이죠.

그 책이 하루한 편씩 읽게 쓴 책이라서 젊어서 저도 그렇게 글을 써야지 생각해오다가 나무에 관한 글을 그렇게 써볼까 했는데 제 내공이 미치지 못할 것 같아 언감생심입니다.

아무튼 나무에 관한 글이라면 제 경험과 그동안 읽고 들은 이야기를 바탕으로 도전해볼 만하다 여깁니다.

물론 재미있어야 하고 유익해야겠죠?

부디 이 글을 쓰면서 저절로 병마에서 헤어나길 바라야겠죠.

이렇게 선언을 해놓아야 그 부담으로 글을 이어갈 수 있겠지 하고 허풍처럼 선언합니다.

기대하시길.

(2012년 1월 10일)

너도나도 경쟁교육을 없애자고 입에 불을 토하면서도 진보교육감이 일하는 교육행정기관에서조차 여전히 상장이 춤을 춥니다.

어제 강원도 민병희 교육감님이 어린이에게 상장 주는 사진을 올렸길래 그 사진의 뜻과는 다르게 상장 좀 주지마시라 댓글을 올렸습니다.

사진에는 세심하게 교육감님이 아이 눈높이에 맞춰 무릎 꿇은 모습이 되어 상장을 주시더군요.

그걸 보고 생각하니 우리나라 공교육의 혁신이 딱 그만큼만 달라졌구나 싶었습니다.

딱 거기까지만 진보한 겁니다.

요즈음 학교에서 상장이 아이들한테 뿌려지면 그게 학원가서 붙어있다네요. 확인은 못했지만 아마 상장의 속성이 그러니 그럴 수 있을 겁니다.

어떤 학교는 전교생한테 모두 상장을 주더군요.

특히 졸업생들한테요. 그게 유행을 타버렸어요.

상장은 종이로만 뿌려지는 게 아닙니다.

학교마다 무슨 대회니, 시험이니 하면서 현수막에 이름 높이 써붙여 걸어놓는 것도 상장이죠.

대학생들이 죽기살기로 매달리는 그 스펙이란 게 모두 상장받기의 연장 아닐까요?

경기도의 혁신학교라고 하는 어떤 고등학교조차 누가 명문대 합격했다는 걸 크게 이름 써서 내걸었더군요.

벌은 없앴는데 왜 상은 그대로 남았을까요?

상장은 단순히 칭찬하는 수단이라서?

이 대목에 저는 고개가 갸우뚱해집니다.

한 번의 시험이 경쟁을 선동하는 거라면, 상장은 경쟁의 결과를 확인하고 내면화하는 것이라고 봅니다.

그러는 과정에서 양극화가 다져지고, 위화감이 만들어지고, 특권의식이 자연스럽게 생기는 거죠.

학교 다니며 상장 많이 받고, 사회에서 평생 많이 받은 분들 여의도에 몰려 계시잖아요.

모두 평등하고 자유로운 세상을 꿈꾸려면 당장 학교에서 상장부터 없애야 합니다.

몇몇 아이의 비뚤어진 기쁨 뒤에 수많은 아이의 마음에 멍울을 남기거든요.

(2012년 8월 25일)

한때 혁명을 꿈꾸었습니다.

부모형제 누구의 말도 내 귀에 들리지 않았습니다.

나이 든 분들은 당시에 나를 보고 젊은 패기라고도 하고 혈기방장하다고도 했습니다.

그런데 지금은 혁명을 꿈꾸지 않지만, 패기도 없고 혈기도 떨어졌지만, 젊어서 마음먹은 생각들이 아직도 유효한 것을 보고 한숨이 납니다.

그러면서도 절망하지는 않습니다.

교육민주화를 위해 젊음을 송두리째 던졌습니다.

그런데 혁신학교가 생기고

교실이 조금씩 행복해지는 것 같기는 한데

교육민주화가 정착된 것 같지는 않습니다.

여전히 학교에서 아이들은 주인이 되지 못하고

여전히 교사들은 머슴노릇에서 벗어나지 못하고 있습니다.

중앙정부의 횡포에 여전히 교육 자치는 제자리걸음입니다.

내 안의 노예, 내 안의 폭력, 내 안의 거짓을 몰아내면서 민주정부를 세울 대통령도 뽑아야지요.

넘을 수 없는 벽, 가로막는 장애물은 동시에 허물고 치워야 합니다. 순서가 따로 있나요?

(2012년 8월 29일)

오늘의 우리 정치와 교육의 위기는 진보와 보수 모두 진정성과 헌신성을 바탕에 두고 있지 않기 때문이라고 저는 진단합니다.

구호와 용어가 난무하고 담론 수준은 그럴듯한데 현장에서는 달라진 게 없으니까요.

20여 년 전 봉급을 조금 받아도 좋으니 학급당 아이들 수를 줄여달라고 외치고 다녔습니다.

그 결과 OECD 수준엔 아직 못 미쳐도 학급 아이들 수는 대폭 줄었습니다.

아직도 교육 현장에서는 교사가 지갑을 열어 학급문집을 만들고, 여행비를 내고, 아이들에게 먹을 것을 사주는 일이 자주 있습니다.

사람이 바뀌고 달라져야지 세상이 변하더군요.

세상을 바꾸는 지도자나 활동가들에게 찾을 수 있는 덕목이 이 진정성과 헌신성입니다.

제가 몸담고 있는 전교조가 살아남은 것도 보이지 않는 곳에서 빛도 나지 않는 일에 열정을 쏟는 교사들이 있기 때문입니다.

가만 보니 도회지 인근에서 자신은 봉급쟁으로 살아가면서 정파나 꾸리고 말댓거리로 소일하는 잡놈 조합원들이 더러 눈에 띕니다.

요즘에는 혁신 교육감까지 등에 업고 어깨에 힘주며 한자리 차지한 경우도 있는데요.

전교조가 헌신성과 진정성을 잃으면 그날로 무너집니다.

학교 밖에서 전교조를 공격하는 자들이 부쩍 많이 생긴 것도 다 이유가 있을 겁니다.

초심으로 돌아가야 할 때입니다.

(2012년 9월 9일)

집주인이 몸이 아프니까 집안에 변고가 한둘이 아닙니다.

지난여름 스무 해 넘게 잘 자라던 비단향나무 두 그루 가운데 한 그루가 새빨갛게 말라죽었구요.

두 그루 감나무에서 다섯 접 넘게 따던 감나무도 드물게 몇 개 달리다 말았네요.

오늘 가평 밭에 가보니 해마다 풍작이던 김장 무배추가 올해는 영 시원찮습니다.

내가 끙끙 힘을 써야 하는데 조금만 움직여도 숨이 차고 땅이 나를 잡아당겨 주저앉힙니다.

음력 7월 파가 소롯이 올라왔는데 아내더러 파밭을 매라고 해놓고 망연히 하늘만 바라보는데 나도 모르게 눈물이 주르륵 흐릅니다.

내 혼자 지어 백 집을 먹여 살리마고 밤이고, 주말이고, 방학이고 뼈가 으스러지게 해오던 농사인데요. 농사라면 이골이 난 놈인데요.

아홉 살 때부텀 애기지게 지고 나무해 나르던 강단인데 그 힘이 다 어디로 꺼졌는지 한숨만 나옵니다.

이 암덩어리를 이기고 새 세상을 볼는지 기대 반 절망 반 하루하루를 넘깁니다.

(2012년 10월 6일)

새해 첫날 고대하던 '레미제라블'을 식구들과 보았습니다.

제가 빅토르 위고의 책을 처음 읽은 것은 초등학생 시절, 그땐 책 제목이 '아, 무정'이었죠.

장발장의 정의감에 도취되어 단숨에 읽었죠.

그다음이 스무살 시절 펭귄페이퍼북에서 나온 영역본 《Les Miserrable》이었구요. 그다음이 마흔쯤 되어 드디어 불란서어 원역본을 읽었습니다.

그런데 오늘은 영화가 끝나고 솟아나는 눈물을 주체 못해 식구들 보는 앞에서 펑펑 울었습니다.

제가 이제 육십을 바라보니 철이 제대로 드나봅니다.

극중 장발장을 도저히 객관화하기 힘들었습니다.

그리고 남은 생애 제가 우리 젊은 세대, 자라나는 나무들을 위해 뭘 해야 하는지 저무는 골짜기를 향해 다짐해봅니다.

내일은 새해가 뜨며 밝아오니까요.

(2013년 1월 1일)

막걸리 한 잔

김익승(서울세명초등학교)

1985년 늦가을
서울경기 글쓰기교육연구회 모임 날
종로 2가 지식산업사 사무실에서
주머니에 사표를 써서 넣고 다니며 괴로워하던 나는
평생 동지가 될 귀한 사람들을 가슴 뛰게 만났어요.

이성인 선생 말대로라면
그날 거나하게 취한 내가
외롭게 교단에서 겪던
안타까움과 답답함을 온갖 분노들을
마구 털어놓았답니다.

그때 그곳에서 만난 여러 사람들 다 잊혀졌어도
이주영, 이성인, 김종만
형제 같은 이 세 사람을
나는 이제껏 한결같이
늘 동지로 믿고 살아왔네요.

그 귀한 동지 가운데 이주영이 먼저 학교를 떠나더니, 김종만 선생이 이번에 학교를 떠났다. 따스한 가슴으로 불의를 참지 못하는 종만 선생이 명예퇴직 아닌 일반 퇴직을 받아들이기가 얼마나 힘들었을까. 시대의 아픔을 온몸으로 느끼며 살아야만 견디는 그에게 우리는 빚을 진 거다. 몇 해 전가을, 믿고 가르치던 아이들에게 못난 스스로에게 너무나 큰 실망을 한 교실 이야기를 서울경기 글쓰기교육연구회 공부 모임에서 털어놓으며 온몸의 힘이 다 빠진 종만 선생 모습을 처음으로 보았다. 그 일 하나 때문만은 아닐 테지만 종만 선생은 그 뒤로 눈에 띄게 몸이 나빠진 것 같다. 병원 신세도 좀 지고, 거의 전문가 수준인 자연요법과 그밖에 몸을 되살리는 치료에 힘을 써서 어서 건강해지기를 바란다. 누구보다 재주가 많고 온갖 것에 관심이 많으신데, 몸이 좋아질 때까지라도 제발 몸에 도움이 되는 일에만 힘을 써주기 부탁 또 부탁한다.

김종만 선생이 쓴 《봄 여름 가을 겨울》 출판기념회에서 누군가가 "글쓰기회 총무 두 사람이 모두 몸이 안 좋다. 초대 총무 이주영 선생, 2대 총무 김종만 선생. 그런데 그 다음이…" 하는데 '그 다음 총무'가 누군가. 바로 나 아닌가. 사실 나도 몸이 썩 안 좋다. 얼마 전 큰 수술을 받았고, 여기 저기 자꾸 탈이 난다. 두 사람한테 미안하지만 나는 건강이 아무리 나빠지더라도 적어도 죽는 날까지 '막걸리 한 잔'은 마실 수 있을 만큼의 건강은 지키고 싶다. 지난해 겨울 아픈 종만 선생한테 강원도 황골 옥수수엿을 사 가지고 문병을 다녀온 일이 있다. 그리고 얼마 뒤 유방암으로 고생하고 있는 내 아내를 걱정하며 《힐링 코드》 책을 사서 집으로 부쳐주기까지 했다. "김익승 선생님! // 늘 받기만 하고 염치없이 살았네요. 감사드려요. / 이 책이 사모님께 조금이나마 도움이 되길 바랍니다. // 2012. 1. 19 / 김종만 드림" 참으로 정이 많은 사람!

막걸리가 가장 잘 어울리는 종만 선생이 막걸리를 마실 수 없다는 게 슬프다. 내가 건강에 집안 사정까지 여유라곤 한 구석도 찾아볼 수 없는 처지라 아픈 종만에게 맘대로 찾아가지도 못하는 현실이 가슴 아프다. "힘들게 고생하지 말고, 사표 써요!" 하는 주영 선생 말을 듣고도 무슨 미련이 남았다고 힘겹게 아직까지 이 자리를 지키고 있는지 내 모습이 하도 딱하다. 아무튼 나는 아직 학교에 남아 절뚝거리며 아이들과 지내고 있다. 몹시도 고단할 때 더러 이성인 선생이랑 종만 선생 따라 막걸리 맛나게 먹으려고 청진동 해장국집으로, 홍어회 잘하는 집을 찾아 막걸리 잔을 기울이던 시절을 되돌아본다. 두 사람이 주고받는 이야기를 주로 듣다가 더러 한두 마디 하는 모양새지만 나는 그 시간이 정말로 편안했다. 덕분에 만나보지도 못한 두 사람 주변 사람들 이야기를 참 많이도 들었지. 다 기억은 못하지만 참으로 아름다운 두 사람의 우정만은 아직도 뚜렷하다. 어서 건강을 되찾아 막걸리 한잔 종만 선생한테 따라 주고 싶다. 어깨 들썩이며 눈 그윽이 감고 부르는 민요 한 자락을 듣고 싶다.

글쓰기회 여름연수를 의정부 다락원에서 할 때, 옥수수를 참석 회원들이 넉넉히 먹을 만큼 삶아온 종만 선생. 이건 이성인 선생한테 들은 이야기인데, 의정부 지역 여러 집회에 참가자들이 먹을 어마어마한 양의 김밥을 사모님이 싼 것도 여러 번이라고 했다. 참 뭘 믿고 종만 선생은 그렇게 사모님에게 당당한지 모르겠다. 몸 아프면서 미안한 마음이 생겨서 아내에게 숙이고 들어갈 거 같은데. 내 보기엔 종만 선생이 대단한 게 아니라 사모님이 정말로 그릇이 크신 분이지 싶다. 풍류 선비인 종만 선생이 제 흥을 거두지 않고 여태껏 삶을 마음껏 누린 것이 어찌 종만 선생 혼자 힘만이겠는가.

이성인 선생이 전에는 이따금 전화를 하더니 요즘은 내가 하지 않으면 통화하기가 어렵다. 내 처지가 요렇게 딱하고 힘들어하는 이야기만 하니 전화 걸기도 부담스러웠을 거다. 오늘 이성인 선생 사모님이 손주 봐주시려 명예퇴직을 하셨다는 이야기를 들었다. 손주 보는 공통 이야기를 나눌 수 있는 우리는 둘 다 할아버지다. 이주영, 김종만 선생도 어서 자식들 시집 장가 보내서 할아버지가 되길 바란다. 집 짓는 일, 농사짓는 일, 아이들 놀이 연구, …할 일 많은 종만 선생은 학교 그만두면 '흙내'라는 이름처럼 온통 흙을 뒤집어쓰고 살아서 건강을 금방 되찾을 것 같다. 그렇지만 나는 오래 전 창비아동문고에 실렸던 〈선생님, 우리는 놀고 싶어요〉, 〈정선이네 집〉 같은 종만 선생 동시가 참 좋더라. 다른 글도 좋지만 동시를 마음껏 써서 우리 아이들에게 선물해주면 좋겠다. 솟구치는 울분을 담은 분노의 시도 읽고 싶다.

2013. 3. 19

건강하게 오래오래 함께해주세요

정영희(예술마당 살판)

김종만 선생님과의 인연을 이야기하자면 개인적으로는 나름 각별하지요. 시간을 거슬러 올라가볼까요?

90년대 초반, 제가 속한 지역의 단체에서 선생님을 초빙한 적이 있었습니다.

당시 단체 회원들이었던 우리에게 놀이 이야기를 해주셨었는데 그 말씀이 어찌나 생경하던지…… 그냥 놀면 되지 놀이에 대한 공부라니 신기하기만 했지요. 게다가 그 선생님의 면면을 보면 더욱 특별하셨죠.

해직 교사 신분이었고 큰 눈에 깊은 울림을 가진 음성의 (그 당시에도 그러셨음.) 젊은 총각 선생님이셨는데 진지하게 놀이 이야기를 하는 모습이 엄숙하기까지 했었거든요.

그 분의 책을 소개받았는데 이게 또 충격인거라.

《아이들을 매질하는 어른들의 나라》.

아 저 분은 아이들에 대한 철학과 사랑이 남다른 분이구나 느껴졌던 대목이었습니다. 물론 책 내용은 이제 기억나지 않지만요.

그 후였을까요 그 전이었을까요. 시점은 정확치 않지만 제 남동생이 선생님 해직 당시 담임반 학생이었다는 걸 알게 되었어요. 동생이 기억하는 선생님도 큰형님처럼 자상하고 좋은 분이셨고 학기가 진행되는 중에 해직되셨는데 당시 상황을 생생히 기억하고 있더라고요. 그 아이들에게도 큰 충격이었던 것이죠. 당시 배영초 그 아이들은 여전히 선생님과 연락이 닿

김종만 509

고, 제가 이번 퇴임식 이야기를 했더니 친구들에게 연락하여 함께하겠노라 약속했답니다.

선생님이 지방선거 후보자로 나섰을 때도 있었는데 그때도 그 아이랑 유세장에 함께 갔었어요. 지금은 없어졌지만 그 당시만 해도 학교 운동장 같은 곳에서 후보자들이 정견 발표를 할 수 있는 합동 유세가 있었지요. 선생님은 연설 중에 당신의 제자가 이 자리에 있노라면서 자랑스럽게 말씀하셨고 군중 속 맨 앞자리에 서 있던 동생이 손을 흔들었던 기억이 있습니다.

그 선거 날이 유월이었던 거 같은데 저 개인적으로는 성년이 되고 첫 선거였어요. 선거일이 쉬는 날이라 사업장에서 연천군 청산으로 1박 2일 수련회를 갔었는데 저는 선생님께 투표하기 위해 그 자리를 마다하고 의정부로 올라왔던 기억도 새롭습니다.

그 뒤로는 복직하시고 열심히 활약하시는 모습 간간이 전해 듣다가 공황장애로 입원해 계실 때 병원에 찾았고, 수락산채에서 두어 번 함께했을 뿐이지만 선생님은 지역의 대 선배님으로 평생을 올곧게 활동해오신 분이라 언제나 든든한 지원군이셨습니다.

지난해 말에는 선생님 내외분께서 살판 공연을 관람하시면서 박수와 응원 보내주셔서 눈물 나게 감사했었답니다. 견디기 힘든 모진 세월 모진 사연들 겪어오시면서 얼마나 힘드셨을까만 지금도 분명한 어조로 말씀하시는 그 신념의 선생님이 존경스럽습니다.

무쇠 같은 의지도 녹여버릴 암이라는 병마 앞에서도 의연히 견뎌내시는 선생님의 굳건함 또한 참으로 존경스럽습니다. 이제 퇴임을 맞이하여 그간 질기게 이어오신 역할에서 놓여나시면 더욱 더 건강해지시기를 그래서 오래오래 대 선배님으로 우리 곁에 힘이 되어주시기를 바라고 또 바랍니다.

사실 넉살이 좋은 편이 아니라서 그 긴 인연에도 살갑게 말 한마디 못했는데 이번 퇴임식에 뵈면 그리 한번 불러보고 싶어집니다. 아침이면 얼굴

붉히며 이 글을 삭제할지도 모르지만 그러기 전에 얼른 메일로 보내렵니
다. 선생님의 퇴직을 맞아 제 맨 마음을 담은 글이니 밤의 힘을 빌어서라
도 전달하려고요.

"종만이형, 존경합니다. 건강하게 오래오래 함께해주세요."

이 글 읽으시고 잠시라도 빙긋이 미소지어주셨으면 좋겠네요.

최금기

01, 03_군복무 시절(1971)

02_고등학교 3학년

04_증명사진

05_약혼(1975)

학교에서 아이들과 함께

참교육 실천에 앞장 선
최금기 선생

지인들과 함께

한평생 참스승이셨던 선생님 사랑합니다.
최금기선생님 정년 퇴임식

가족과 함께

01, 02_선생이 태어나 평생 가꾸며 살던 집
03_장례식장
04_선생의 묘소
05, 06_추도식

관련 기사와
기고글

교단에 다시 서는 기쁨과 실망

광주화정국민학교
교사 최금기

교단에 다시 서서

3월 1일자 정기인사에서 화정국민학교로 복직된 최금기 교사가 아이들속에서 함께 웃고 있다.

해직교사 다시 교단으로

'89. 전교조 활동을 이유로 해직되었던 최금기(48)교사, 전해직(43)교사가 '94년 3월 1일자로 복직되었다. ...

광주초등교사신문

제 32 호

발행인 : 전교조광주초등지회
발행일 : 초 등 지 회 장
1995년 12월 12일

현장에 다가서는 지회
현장과 함께하는 지회
현장에 꽃피우는 지회

광주초등교사 분노 폭발 2,845명(85%)서명

- 90개 학교 전체가 서명참여, 전교조만이 할 수 있음, 정원권에 주목 -

초등 우리교육

거짓말하는 정권은 오래가지 못한다

비 / 림 / 목

최금기
(유촌초등학교)

다시 머리끈을 묶으며!

최 금 기 (초등남부지회장)

작은 소리도 크게 듣겠습니

열린마당

새누리당 황우여

새로운 한국

참여 광장

01_자필 편지
02_병상 기록
03_추모식 자료

물길이 되어주신 최금기 선생님

이강수(광주시교육청 장학관)

최금기 선생님은 1947년 음력 3월 12일, 전라남도 나주시 공산면 백사리 1구 사동부락에서 아버지 최도구와 어머니 이옥순의 5남 4녀 중 장남으로 태어났다. 독자였던 아버지는 위로 딸 둘을 낳은 뒤 5년 만에 최 선생님을 낳았는데, 그 조모님이 얼마나 기쁘셨던지 지붕 위로 올라가 우리 집에도 아들이 태어났다고 온 동네에 외치셨다고 한다.

고향에서 유년 시절을 보낸 최 선생님은 부모님 속상할 일을 만들지 않아 어릴 때부터 애어른이란 말을 들으며 자랐다. 1960년에 광주로 올라와 고등학교 마칠 때까지 광주에서 보냈다. 중학교 때는 친척 어른 집에서 신세를 지다가 고등학교 때는 홀로 자취 생활을 하면서 가난하고 고된 학창시절을 견뎠다.

1966년, 고등학교를 졸업하고 서울로 상경해 대학에 응시했지만 실패를 맛봐야만 했다. 어쩔 수 없이 재수를 준비하고 있었는데, 그해 고향에 한해旱害 피해가 심각하다는 소식이 들려왔다. 어찌할 바를 몰라 전전긍긍하고 있는데 부모님이 "어떻게든 장남 너만은 뒷바라지할 테니 공부를 계속해라."라고 말씀하셨다. 그러나 최 선생님은 장남으로서 그냥 있을 수가 없어 학업을 포기하고 고향에 내려와 3년간을 농사와 방황으로 보냈다.

고민과 방황 끝에 서울에서 대학 다니는 것을 포기하고 국민학교 준교사 자격을 취득해 교사의 길을 걷게 되었다. 이 시절에 대해서는 평소 최 선생님이 말을 아꼈다. 아내인 김연순 여사도 이 시절의 사연에 대해서는 말하기조차 어려운 아픈 기억인 듯 싶어 최 선생님에게 자세히 물어보지 못했으며 다른 형제들에게 전해 들은 것이 전부라고 한다.

김연순 여사는 최 선생님의 삶에 대해 "농촌의 형제 많은 집 장남으로 태어나 항상 어깨가 무거웠고 마음속에 품었던 꿈을 제대로 펼치지 못해 채워지지 않은 그릇처럼 아쉬움이 가득한 생"이었다고 회고했다.

1970년대에는 교단에 첫발을 내디뎠고 군대에 갔으며 결혼을 하고 자녀들이 태어났다.

초등교사로 교단에 선 지 두 달만인 1970년 4월 1일, 군에 입대하게 되었다. 하루는 보초를 서다 깜빡 잠이 들었는데 일어나 보니 총이 없어지는 사건이 생겼다. 영창에 가야 할 만한 사안이었으나 다행히 용서를 받아 겨우 영창 가는 일을 면했다고 한다.

육군 병장으로 무사히 군 복무를 마치고 1973년 4월, 전남 영암 종남국민학교에서 교직 생활을 다시 시작했다. 종남국민학교는 평생의 동지인 아내 김연순 여사를 만난 곳이다. 3년 열애 끝에 1976년 1월 결혼을 했고, 그해 3월 전남 영암 금정북국민학교로 근무지를 옮겼으며 같은 해 9월 2일 아들 근형이, 2년 뒤 1978년 7월 26일 딸 선을이가 태어나 두 자녀의 아버지이자 한 집안의 어엿한 가장이 되었다.

1980년 5월. 지금은 광주광역시가 되었지만 당시는 전남 광산군에 속해 있던 본량국민학교에 근무하면서 5·18을 경험했다. 5·18과 관련해 최 선생님은 남다른 사연을 가지고 있었다.

그중 하나는 술 때문에 목숨을 건진 이야기다. 당시 최 선생님도 다른 광주사람들과 함께 도청 앞 시위에 참여하고 있었다. 그런데 친구분이 목마르다고 막걸리 한 잔만 하고 오자고 해서 얼른 다녀오자는 마음으로 막걸리 한잔하고 돌아왔는데, 그 사이에 군인들이 시위에 참여하고 있던 시민들을 무력으로 진압하기 시작한 것이다. 가끔 술을 드시면 그때 막걸리 먹으러 가지 않았으면 아마 당신도 죽었을 거라며, 술이 나를 살렸다고 말씀하시곤 했다.

또 다른 일화는 1980년 5월 21일, 전남대 앞 평화시장 입구에서 발생했다. 임신 8개월의 만삭이었던 임산부 최미애 씨가 총을 맞아 죽게 되는 끔찍한 사건이 벌어졌는데 그 최미애 씨가 최 선생님 사모님인 김연순 여사의 이종동생이었던 것이다. 그러니까 최미애 씨는 김연순 여사의 막내 이모 딸이었다. 최미애 씨는 학교 선생님이었던 남편의 퇴근 시간에 맞춰 집 앞에 나갔다가 군인들이 학생들을 향해 쏜 총에 맞아 죽은 것이다.

그 소식을 전해 들은 최 선생님은 다음날 가자고 말리는 사모님을 뿌리치고 당시 세 살, 다섯 살 된 남매와 가족들을 데리고 삼엄하고 살벌한 길을 기어이 나섰다. 전남대 후문과 가까운 광주역 앞을 지나가게 되었을 때 가족들 가슴에 총을 들이대고 못 가게 막는 군인들 앞에서 "한 번만 살려 달라. 부모님이 돌아가셔서 가야 한다."라고 싹싹 빌어 겨우 이종동생 집에 도착할 수 있었다. 김연순 여사는 남편의 고집 때문에 온 식구가 함께 죽을 뻔했다고 그때의 심경을 토로하였다.

1987년, 전남 광산군 송정서국민학교에서 근무하던 시절이었다. 86년 '5·10 교육민주화 선언' 이후 교육을 바로 세우자는 운동이 전국적으로 확산하면서 87년 8월 22일 전교협이 창립되었고, 이를 계기로 지역에서는 최초로 그해 12월 29일 광주전남 초등교사협의회가 창립되었

다. 이듬해에는 학교 단위 평교협 창립 운동이 확산되었으며 급기야 88
년 9월 8일, 최 선생님의 근무교인 송정서국민학교에서 광주지역 최초
의 평교협이 창립되었다.

지금은 퇴직한 교육계 선배는 그 당시 최 선생님을 이렇게 회고했다.

"그때는 평교협이 학교마다 조직되던 때라 송정서국민학교에서 연락
을 받고 최 선생님을 만나러 근처 식당으로 갔어요. 막걸리 한잔 놓고
이러저러한 이야기를 나누는 사람들 사이에 최금기 선생님이 계셨는데,
최 선생님이 한참 후배인 나를 안쓰러워하며 사무실은 어디인지, 사무
실에는 몇 명이나 나오는지, 힘든 일은 없는지 다정하고 상세하게 물어
보셨어요. 최 선생님은 평교협이 잘 되었으면 좋겠다며 조만간 사무실
에 나오겠다고 말씀하셨는데 그 뒤로 며칠이 지나지 않아 당신이 약속
한 대로 사무실에 나오셨고 그렇게 교육운동과의 인연이 시작되었던

거지요."

1988년 시작된 평교사회 조직은 89년 전교조 결성 전까지 계속되면서 광주지역 초등에서만 열두 개 학교에서 창립되었다. 회원 수도 그해 2월 28일 현재 437명에 이르렀다. 당시 행사나 집회 때에는 '늙은 군인의 노래'를 개사한 '늙은 교사의 노래'를 자주 불렀다.

> 나 태어나 이 강산에 교사가 되어,
> 꽃피고 눈 내리기 어언 삼십 년
> 무엇을 하였느냐 무엇을 바라느냐,
> 나 죽어 이 흙 속에 묻히면 그만이지
> 아~ 다시 못 올 흘러간 내 청춘,
> 분필 가루에 실려 간 꽃다운 내 청춘
>
> _'늙은 교사의 노래' 중

1989년 2월 전교협 대의원 대회에서 교원노조 건설 안건이 의결되었다. 5월 14일 '전교조 광주전남 발기인 대회 및 준비위원회'가 결성되었고, 드디어 5월 28일 역사적인 전교조가 결성되기에 이르렀다. 당시 문교부는 7월 1일 자로 전교조 조합원 전원 파면 해임 방침을 발표했으며, 이에 맞서 전교조는 지역별로 지부를 결성하고 광주 초등의 다섯 개 학교에서는 전교조 분회를 결성하기도 했다. 그해 3월 학교를 옮긴 최 선생님은 광주 화정국민학교에서 전교조 분회를 결성하는 데 주도적인 역할을 했다. 또한 7월 19일 전교조 광주지부 초등지회를 결성하면서 초대 부지회장을 맡았으며, 8월 12일 초등활동가 10여 명과 함께 '전교조 탄압저지와 합법성 쟁취를 위한 무기한 단식농성'에 참여했다.

1989년 9월 11일 문교부는 전국적으로 1527명의 전교조 교사를 파면, 해임시켰다. 최금기 선생님도 국가공무원법 제 78조 제1항에 따라 해임처분되었다. 전교조에 가입하고 활동했다는 이유로, 전교조 탈퇴를 거부했다는 이유로 해직된 것이다.

해직 당시, 최 선생님이 근무하던 광주 화정국민학교에서는 전체 교사와 일반직, 그리고 626명의 학부모가 나서서 최 선생님의 해임처분을 철회해달라고 탄원과 진정서를 제출했고, 해직 이후에는 100여 명의 학부모가 2년여 동안 매월 전교조 후원금을 보내주기도 했다. 해직이라는 힘든 결정을 했지만 절대 외롭지 않은 싸움을 할 수 있었던 힘이 아니었나 싶다.

1990년 4월, 해직 1년 차 되던 해다. 당시 광주시교육청에서 초등교사들의 근무 여건 개선을 위한 서명운동을 방해한 일이 발생했다. 시교육청에서는 일선 학교에 장학사, 감사계 직원을 파견하여 서명자 전원을 전교조 조합원으로 간주하고 이를 징계하겠다며 문답서를 요구하는 등 탄압을 계속했다.

당시 초등지회장이었던 최금기 선생님은 즉각 기자회견을 하고 성명을 발표하면서 탄압 사례 일부를 공개하였는데, 이 탄압 사례들이 중앙과 지역 일간지에 계속해서 보도되기도 하였다.

최 선생님은 다른 지부장들과 함께 시교육청(당시 시교육위원회)을 항의 방문하였다. 학무국장, 초등교육과장을 면담한 자리에서 최 선생님은 "서명은 내가 주도했다. 일선 학교 선생님들에게 징계 운운하며 문답서를 받아간 것은 명백한 탄압이다. 특히 모 학교에서는 주동자를 파면하겠다고 협박하고 부모님에게까지 연락하여 불안에 떨게 하였으며, 교장, 교감과 서명자 전원을 징계하겠다고 협박하고 심지어 수업권을 박탈해가면서 서명자를 교장실에 불러 '서명철회 서명'까지 받아가는 사례는 교사의 마지막 자존심을 짓밟는 반도덕적 행위"라며 "지금 당장 서명자에 대한 탄압을 중지하고 문답서를 돌려달라"며 강력하게 항의하였다.

전교조 탄압으로 해직된 다음 해인 1990년 12월, 최 선생님은 전교조 광주지부 초등지회장을 맡았다. 당시 광주지역 초등에서는 최 선생님을 포함해 두 분의 해직 교사가 있었다. 전교협 창립 때부터 광주 초등지회장을 맡아 조직을 만들고 이끌어왔던 정해직 선생님이 다른 한 분이다. 전교조가 탄압받던 시기였기에 함께 활동했던 활동가는 많았지만 그 누구도 지회장을 맡기가 쉽지 않은 상황인 터라 최 선생님 본인이 직접 나섰던 것이다.

전교조 초창기, 조직은 있으되 조합원이 거의 없는 상황에서 조직을 꾸려가기란 결코 쉬운 일이 아니었다. 더욱이 초등은 광주직할시 동구 장동에 별도의 전교조 초등사무실을 차려 활동을 하고 있었던 터라 어려움은 더했다. 당시 지회장이었던 최 선생님은 초등 활동가들과의 토론을 통해 초등지회 차원에서 전교조 후원금을 모금하기로 했다. 당시 교사들이 전교조 조합원으로 가입하기는 어렵겠지만 조직을 지지하고 후원하는 것은 가능하다고 판단해서 내린 결정이었다.

그때는 승용차가 일반화되지 않았던 때라, 활동가들이 학교에 직접 방문하여 후원금 모집을 해야 했다. 전교조 후원회 사업은 전교조가 합법화되는 90년대 말까지 계속되었다. 모금된 후원회비는 조합비와 함께 사무실 운영비, 초등신문 제작, 참교육 실천 사업, 어린이 사업, 교육 현안 사업 등을 추진하는 데 크게 기여했다.

다음은 당시 전교조 국민후원회 가입과 관련해 신문에 실렸던 광고글이다.

민족의 통일을 지향하며, 조국의 참된 민주화를 열망하며, 자라나는 새싹들에게 사랑을 심어주는, 인간다움을 노래하는 전교조는, 항상 여러분과 함께 새벽이 오는 쪽을 향해 올곧게 나아갈 것입니다. 30만 교사의 교육적 양심과 국민적 지지로 참세상, 참교육의 그 날을 위해 더욱 곧게 걸어가고자 하시는 분은 국민후원회에 문을 두드리십시오. 국민후원회에 가입하신 회원 여러분께는 전교조 신문, 각종 자료집 및 행사 참여의 권리를 드립니다. 월 1천 원 이상씩 다음 구좌로 보내주십시오.

_초등지회장 최금기

90년부터 92년까지 3년 동안 초등지회장을 맡았던 최 선생님은 조직 사업 외에도 전교조 창립 당시의 뜻을 잊지 않기 위한 참교육 실천운동에도 적극적이었다. 해직은 되었으나, 자신이 서 있는 곳이 교단이라는 마음으로 교사로서의 생활을 계속 이어갔다.

90년에는 광주교대와 공동주관으로 '제1기 어린이와 함께하는 문화교실'을 개설했다. 방학 동안 초등학생들이 우리의 문화를 접해볼 수 있도록 풍물·탈춤·놀이·단소반 등을 운영했는데 희망 학생 조직은 전교조에서 담당하고 교대 동아리에 속해있는 예비교사들이 수업을 운영하는 방식으로 진행되었다. 1년에 여름, 겨울방학 두 차례 개설된 이 문화교실은 2001년까지 무려 12년간 총 24기의 수료생을 배출하는 동안 한 해도 거르지 않고 지속했다. 문화교실은 광주교대 총학생회와 연대하면서 예비교사들과 정기적으로 만날 수 있다는 점에서 의미가 큰 사업이었다.

91년 8월에는 참교육학부모회와 공동 주관으로 '제1회 어린이 숲속학교'를 시작하였다. 어린이 숲속학교는 아이들에게 협동하는 생활 태도를 기를 기회가 되었다. 이를 계기로 참교육학부모회와 전교조는 다양한 연대 사업을 공동추진하게 되었다.

92년 2월에는 초등 참교육 실천 위원 20여 명이 참여한 가운데 '지회 참교육 실천을 위한 실천반 발대식'을 갖고 '글 사랑반·우리 것 사랑반·자연 사랑반' 등 세 개 반을 조직하고 운영하게 되었으며, 초등 참교육실천위원회 주최로 교사를 대상으로 '소풍을 위한 신나는 놀이마당' 행사를 개최하기도 했다.

1993년 6월 16일, 고등법원에서 전교조 해직 교사 해임 무효 소송 승소 판결을 내렸다. 최 선생님은 전교조 해직 교사 257명과 함께 6월 21일부터 30일까지 서울 명동성당에서 단식농성에 들어갔으며, 현직 교사들은 즉각적인 해직 교사 복직을 요구하는 '청와대 엽서보내기 운동'을 전개했다. 상황이 여기에 이르자 당시 오병문 교육부 장관은 6월 24일 '선 탈퇴 후 선별복직 방침'을 발표하였고 10월 15일 당시 정해숙 전교조위원장은 '탈퇴 조건부 복직'을 수용한다는 특별담화문을 발표했다. 89년 전교조 활동을 이유로 해직되었던 최금기 선생님은(당시 48세) 1994년 3월 1일 자로 해직 당시 근무처인 광주 화정국민학교로 복직하게 되었다. 4년 반 만에 그리웠던 교단에 다시 서게 된 최 선생님은 '현직에 남아있던 동료 교사들의 뜨거운 성원' 덕분에 복직이 가능했노라고 이야기했다. 최 선생님은 '앞으로 참교육 실현을 위해 더욱 몸 바쳐 헌신하겠다'는 각오를 다지기도 했다.

1998년 5월 21일, 광주 망월동 묘역 역사의 문에서는 고 김용근 선생 민족정신 계승을 위한 시상식이 개최되었는데 민족교육상 제4회 수상자로 최 선생님의 사모님이신 김연순 교사가 선정되었다. 이 상은 옥고를 무릅쓰고 일제에 항거하여 독립운동에 앞장서다가 해방 이후 광주일고와 전남고 등지에서 오직 후진들의 민족혼을 일구는 일에 매진하며 평생 교단 교사로서의 감동적인 생애를 마감하셨던 고 김용근 선생의 높은 뜻을 기리고자 그분의 제자들이 기금을 조성하여 마련한 상이었다.

수상자로 선정된 김연순 선생님은 전교조 출범 당시부터 전교조 조합원으로 가입하여 참교육 실현을 위해 혼신을 다해왔으며 해직 교사의 아내로서, 9남매 집안의 맏며느리로서, 그리고 두 남매를 훌륭히 길러낸 어머니로서, 일인다역의 모든 역할을 성실히 수행한 공이 인정되어 수상자로 선정되셨다. 상금으로 받은 300만 원 중 200만 원을 전교조 광주지부 소년소녀 가장 돕기에, 100만 원은 부모 없는 아이들을 데려다 키우는 가정에 희사하는 선행을 보여주셨다.

1999년 10월. 당시 광주는 대도시이면서도 지역이 협소해 동, 서부 두 개의 지원청밖에 없었다. 동·서부 간에 여러 여건이 비슷하여 구태여 따로 교원의 전보 인사를 할 필요가 없었으며, 교원의 수급을 원활하게 하기 위해서도 단일 인사구역으로 교사 전보를 해야 했다. 하지만 당시 광주시교육청은 학교 선호도를 조사해 이를 인사 급지에 반영함으로써 전보 기피 학교가 발생하게 되자, 97년부터 지역 만기 근무 교사에 대해 동, 서부 강제 순환전보를 시행하였다.

83%의 초등교사들이 반대함에도 당시 교육청의 잘못된 판단과 고집으로 많은 교사가 강제 교류되어 집에서 원거리까지 통근해야 하는 고통을 겪어야 했다. 당시 전교조 조직 업무를 담당했던 최 선생님께서는 교사 인사전보 정책이 발표된 96년 이후 3년 동안 '강제순환 전보 철회 투쟁'을 줄기차게 진행해 광주를 단일 인사 구역과 거주 지역 최우선으로 하는 인사관리 원칙을 개정하도록 하는 데 힘썼다.

2000년 11월. 전교조 합법화 이후 광주 초등지회의 조합원 수가 약 1300명(조직률 34%)으로 불어나면서 체계적인 조직관리가 필요했다. 초등지회는 12월 지회장 선거를 통해 한 개의 지회를 세 개의 작은 지회로 분할하고, 젊은 교사들을 중심으로 지회활동을 전개하기로 했다.

당시 초등지회 조직부장을 맡아 지회 분할을 주도적으로 이끌어온 최 선생님은 "1300명 조합원 관리에 매달리다 보니 정작 참교육 실천이나 분회 활동 지원 등 새로운 사업을 제대로 펴나가지 못했다"며 "이번 지회 분할로 젊은 교사들의 무궁무진한 역량이 최대한 발휘되는 미래지향적 조직으로 도약의 기회가 되기를 기대한다"고 말했다.

실제 지회 분할을 계기로 전교조 결성 이후 10년이 넘는 세월 동안 선배 교사들 중심으로 운영되었던 광주 초등 조직은 점차 후배 교사들로 자연스레 교체되는 계기가 만들어지게 되었다.

2001년, 최금기 선생님은 전교조 전임 휴직을 하고 지부 정책실장을 맡아 지난 2년 동안 진행되어온 단체교섭을 마무리하는 데 앞장서 일했다. 전교조가 합법화되고 1999년 단체교섭 요구안이 제출된 이후 17차에 걸친 교섭소위와 4차에 걸친 본교섭을 포함 총 서른세 차례 교섭을 통해 광주시교육청과 단체협약을 체결하는 성과를 냈다. 그해 단체협약을 통해 법정 장부를 제외한 각종 보조 장부에 대한 결재를 폐지하였으며 출석부, 학습지도안, 학급경영부, 클럽 활동 일지, 주번 일지, 초등학교 주간학습계획안 등 30여 가지의 각종 잡무성 장부들의 결재를 생략하게 되었다.

2002년 11월. 9남매의 장남인 최 선생님은 전남 나주시 공산면 백사리 사동부락 선산에 '낭주朗州 최씨 가족묘'를 세웠다. 가족묘는 24세손 최한영·김북산 부부, 26세손 최도구·이옥순 부부와 27세손 이하 자손들의 납골을 안치하기 위해 세운 것으로, 시대의 변천에 따라 전통적으로 내려오는 장묘문화를 개선하여 국토의 묘지화를 막고 후손들에게 조상님들의 묘지관리의 부담을 덜어줌과 동시에 참배의 편의를 위하여 납골묘를 설치하고 조상님들을 모시게 하였다.

2004년 3월에는 국회에서 선거법 9조 공무원의 선거중립의무 위반 등을 이유로 대통령을 탄핵하는 초유의 사태가 벌어졌다. 전국 각지에서 탄핵에 반대하는 촛불시위가 잇따랐고, 전교조도 전국 1만 7000여 명이 촛불집회에 참여해 '탄핵 무효, 부패정치 청산을 위한 시국 선언'을 발표하였다. 그해 하반기에는 '민주적 사립학교법 개정 범국민대회' 1박 2일 노숙 투쟁, 100만인 서명운동, 대국민 선전전 등 다양한 형태로 사립학교법 개정 투쟁이 전국적으로 진행되었다. 이 싸움은 2005년 12월 사립학교법 개정안이 국회를 통과할 때까지 2년여 동안 지속되었다. 사립학교 비율이 높은 광주지역은 법 개정에 대한 의지가 한층 더 높을 수밖에 없었다.

2005년 당시 초등남부지회장을 맡았던 최 선생님 또한 솔선수범의 자세로 법 개정투쟁에 앞장서 참여했었다. 최 선생님은 당시 사립학교법 개정을 위한 사이버 투쟁에도 적극적으로 참여했었는데 그 과정에서 여야 국회의원 홈페이지에 게시했던 글을 소개한다.

"참신하고도 기발한 사립학교법 개정안을 제안한다"

1. 학교운영위원회를 완전한 의결기구로 한다.

2. 교사회, 학부모회를 법제화하고 그 산하에 재단 이사회를 둔다.

3. 부정을 저지른 자들은 참수형에 처하고 자자손손 학원에의 복귀를 금한다.

4. 직선으로 구성한 인사위원회에 법인 내의 모든 인사권을 부여한다.

5. 부패 사학의 재산은 모두 몰수하고 공립학교로 전환하다.

6. 이사회는 전원 학교 구성원들이 민주적으로 선출한 이사로

구성한다.

최소한 이쯤은 되어야 개혁적인 법안이 되지 않겠는가. 미흡하기 그지없는 개정안을 가지고 시간만 끌면서 줄다리기 하고 있는 열린우리당이나 한나라당의 꼬락서니가 정말로 한심스럽다. 국회의원 과반수를 넘겨주어도 박근혜의 고쟁이 자락만 잡고 질질 끌려다니는 무능하기 그지없는 우리당이나 쿠데타로 집권한 박정희 추종 세력의 파렴치한 행위가 다를 바 없다. 2월 중에 반드시 사립학교법을 개정하라!

_2005년 2월 22일. 김동철 열린우리당 국회의원 홈페이지 게시글

"부패사학에 우리 아이들의 교육을 맡길 수 없습니다"

사립학교는 학교운영비의 90%를 국민의 세금과 학생의 등록금에 의존하면서도 이사장 1인의 소유물로 취급해오고 있는 실정입니다. 그들이 학교운영과 관련하여 아무리 비리를 저질러도 '갚으면 무죄'가 되고, 처벌을 받아도 '2년이 지나면 학교로 복귀'하여 또다시 비리와 횡포를 일삼게 해주고 있습니다. 학생 교육보다는 돈벌이에만 눈이 어두운 자들에게 어찌 아이들의 교육을 맡길 수 있단 말입니까?

사학의 비리는 사학의 문제로만 그치는 것이 아니라 점차 국공립학교로까지 퍼져나가고 있습니다. 교육자로서의 기본적인 양심마저도 없는 그러한 인간들이 다시는 신성한 교육기관에 발붙이지 못하도록 사립학교법은 반드시 개정되어야 합니다.

의원님들의 결단이 썩은 냄새가 진동하는 우리 교육계를 정화시키고 공교육의 정상화를 이루는 데 크게 공헌하리라고 믿습니다.

_2005년 4월 21일. 황우여 한나라당 국회의원 홈페이지 게시글

2004년 11월. 최 선생님은 모두가 꺼리던 초등남부 지회장에 다시 출마했다. 후배들이 고생한다고, 후배들에게만 무거운 짐을 지게 할 수 없다며 당신 스스로 최고령 지회장에 출마하신 것이다. 당시 출마하면서 하신 말씀은 아직도 기억에 생생하다.

"우리 전교조는 아직 초심을 버리지 않고 교육개혁과 교육환경 개선, 참교육 실천의 바른 방향으로 가고 있다고 자부합니다. 그렇지만 한편으론 자신의 보호막의 방편으로 가입한 일부 조합원들에게 발목이 잡혀 교사의 자정운동을 펼치지 못한 것도 솔직히 인정해야 합니다. 게다가 해가 갈수록 헌신적이었던 활동가들이 지쳐가고, 갈수록 어려운 일은 기피하는 경향으로 매년 집행부 구성에 어려움을 겪고 있는 실정입니다. 나이를 탓하며 뒷전으로 물러나 방관하고 있는 활동가들이 다시 도와주셔야 합니다. 그리고 집행부는 분회 창립과 분회 활동을 견고히 하는 데 노력해야 합니다."

2009년, 퇴임이 예정된 마지막 학교인 금호초등학교에 계실 때였다. 예고 없이 최 선생님 교실에 방문했던 적이 있었는데, 선생님은 홀로 고개를 숙이고 조합원들에게 보낼 자료를 작업하고 계셨다. 이제는 조합원으로서 역할만 하셔도 될 터인데, 아직도 조합원에게 보낼 자료에 우표를 붙이고 있는 선생님의 모습이 처음으로 애처롭고 쓸쓸해 보였다. 그 마르고 고단한 어깨가 대한민국 참교육의 모든 짐을 이고 있는 듯했다. 어느덧 예순이 넘으신 노老 선생님의 모습, 하필이면 후배인 내게는 그때의 모습이 가장 강렬한 모습으로 남아버렸다.

'우리 대한민국 현대사는, 교육은, 심지어 전교조라는 조직마저도 선생님께는 참으로 가혹하구나' 하는 생각에 죄송스럽고 먹먹한 마음이 들었다. 과연 예순 넘은 노老 교사는 언제까지 저렇게 홀로 묵묵히 우편 작업을 하고 계셔야 할까?

2010년 8월 31일. 최 선생님의 조촐한 퇴임 저녁 식사 자리가 있었다. 그동안 선배님을 가까이서 지켜봐 온 후배들은 오히려 홀가분함을 느꼈다. 선생님께서 짊어지고 있던 참교육의 짐을 내려놓을 수 있기 때문이었다. 모두가 기뻐하며 축하했다.

2011년 12월. 퇴직하고 1년이 조금 지났을 무렵 최 선생님은 목 쇄골 뼈 위에 멍울이 생겨 서울대병원을 찾아갔다. 검진 결과 '원발부 불명 말기 전이암'으로 판정이 나왔다. 그 당시 병명은 암 종류이기는 하나 어떤 종류의 암인지 정확히 알지 못했다고 한다. 서울대병원에서 항암과 방사선 치료를 병행하며 1년이 지나서야 '소세포 폐암'으로 판명되었다.

2014년 6월 20일. 서울대병원과 국립암센터에서 2년 6개월 동안 항암치료를 받으며 병마와 싸우던 선생님은 끝내 그해 6월 20일 세상을 떠나고 말았다. 전교조 교사로서는 너무나 긴 고난의 삶이었으나, 자연인 최금기로서는 야속하리만치 짧은 생이었다. 조금만 진짜 조금만 더

우리에게 자연인 최금기의 삶을 보여주셨다면, 당신께서 평소 즐겨 하셨던 영화감상도 함께해보고 낚시도 함께해보았을 텐데 너무 야속하기만 했다.

2014년 6월 21일, 광주교육의 큰 스승 참교사 '故 최금기 선생님 추모식'이 있었다. 최 선생님을 사랑했던 많은 분이 한달음에 달려와 마지막 가시는 길을 함께해주었다. 누구도 생각하지 못했던 선생님의 영면永眠 앞에서 우리 모두는 비통함에 눈물을 감출 수 없었다. 최 선생님의 마지막 가시는 길을 애도하고 추모하기 위해 연단에 선 지부장, 교육감, 교육 동지, 후배, 학부모의 추모사가 진행되는 동안 식장은 눈물바다가 되었다. 그렇게 최 선생님은 우리 곁을 홀연히 떠나버렸다.

낮은 자리를 지켜주신 큰 산 최금기 선생님

이주영 최금기 선생님 관련 자료는 그동안 이강수 선생님하고 사모님
이 보내주신 자료가 많습니다. 사진 동영상, 추모제 했던 거, 광
주초등교사신문에 썼던 거 다 모아서 살펴보았습니다. 따라서
여러분들은 '내가 최금기라는 사람을 언제 어떻게 만나서 어떤
일을 함께했는가? 최금기라는 사람은 어떤 사람이고, 후배 교
사들이 왜 기억해야 하는가?'를 자유롭게 말씀해주시면 녹취
한 것을 바탕으로 흐름에 맞게 배치하겠습니다. 좌담을 시작하
기 전에 최금기 동지를 위하여 1분간 묵념하겠습니다. (1분간 묵
념) 어느 분이 먼저 시작해주시겠습니까?

정양준 그러니까 우리가 만난 순서가 있습니다. 최금기 선생님이 교육
운동을 시작한 시점부터 시작하면 좋겠습니다. 최금기 선생님
이 송정서국민학교에서부터 일하기 시작했으니까 송정서, 화정
국민학교에서 같이 활동했던 사람부터 이야기하면 좋겠습니다.
그래야 이야기가 겹치지 않고 잘 이어질 것 같아요.

이주영 예, 그런 것을 염두에 두면서 말씀하시면 좋겠습니다. 비슷한 일
화더라도 이야기 겹칠 것을 걱정하지 마시고 마음에서 우러나

는 대로 이야기하세요. 겹치는 이야기는 제가 정리하겠습니다. 윤보현 선생님이 고등학교 동기시지요? 고등학교 때 이야기부터 시작해주시지요.

윤보현 예, 제가 먼저 말씀드릴게요. 고등학교 때 가장 큰 이슈가 한일회담 반대였는데요. 그때 같이 스크럼 짜고 시내로 진출했던 적이 있어요. 1964년 6·3 한일회담 반대시위. 그때 같이 데모하러 다녔던 추억이 있고요. 졸업한 뒤에는 전연 만나지 못하다가 1987년 평교협이 막 만들어졌을 때 만났어요. 그래서 너무 반가웠죠. 여러 가지 시국 얘기도 많이 했고, 최금기 선생 뒤를 항상 쫓아다녔어요. 지금 제일 생각나는 것은 전남상고에서 교장 선생님이 우리 동지들을 탄압해서 항의하러 갔는데 문을 잠가불어서 교장실을 들어갈 수가 없어요. 그런데 최금기가 주먹으로 유리창을 깨불어요. 유리창을 깨불고 거기를 들어가는 거예요. 저는 상상도 못 했어요. 그렇게 순했던 사람이 불의한 모습을 보고는 그걸 따지기 위해서, 항의하기 위해서 유리창을 깨고 교장실로 들어갔던 기억이 나요. 손에서 피가 흐르고…. 그때 깜짝 놀라기도 했지만 그런 투쟁력을 가지고 있구나 하는 것을 느꼈어요.

지금 생각해보면 최금기는 철저한 원칙주의자예요. 다른 것은 생각하지 않아요. 술은 고래처럼 많이 먹는 사람인데, 술 먹는 것 외에는 한 번도 자기 마음이 흐트러지는 사람이 아니에요. 무슨 생각을 하든지 오직 전교조. 다른 얘기, 농담하거나 좀 의지가 약한 얘기를 하면 같은 친구이지만 사정없이 막 나무라고 그런 기억이 많이 나요. 그래서 최금기 친구는 전교조를 하면서 참으로 원리 원칙에 맞게 복무했고, 한 번도 흐트러진 생각 없이 오직 참교육 열정에 살았던 사람이구나 생각해요. 지금은 옆에 없으니까 굉장히 마음이 안타까워요. 가끔 술 한 잔 마실 때도 생각나고. 같이 산에도 가고 그랬어야 쓸 것인데 그러지 못한 것들을 생각하면 너무 서글퍼지기도 해요. 어쨌든 우리 최금기 그러면 원리 원칙주의자. 한번 생각하면 끝까지 하고, 그다음에 어떤 어려움이 있더라도 그것을 돌파하는 돌파력 이런 것들이 지금 갑자기 생각이 나네요.

이주영   그러면 광주에서는 광고가 맨 먼저 한일회담 반대시위에 나섰네요? 한일협정 반대시위 나갈 때가 광주고등학교 몇 학년 때예요?

윤보현   1학년 때예요. 1964년 6월 3일, 날짜를 넣어서 6·3 한일회담 반대 데모라고 해요. 그때 광주고등학교에서 맨 처음 시위에 나갔는데, 다음 날 학교에 갔더니 나오지 말라고 그러던데, 쉬라고. 그때 우리가 제일 먼저 시위를 했는데 그것이 점차 확산되면서 광주 전체 고등학교 시위가 일어났고, 그다음에 대학교에서도 일어났죠.

이주영   고등학생들이 먼저 일어났고, 그다음에 대학생들이 시위에 참여 했던 거군요.

윤보현   예. 고등학생들이 대학생들에게 가서 왜 참여 안 하냐고 항의하고 그랬어요. 어쨌든 그때 함께 스크럼 짜고 갔던 추억이 남아 있어요. 또 최금기 선생이 굉장히 시적이에요. 감상적이었죠. 학교에 작은 동산이 있었는데, 거기서 자주 어울려서 지냈던 게 생각나요.

이주영   고등학교 때 이야기를 해주셨으니까 그다음 송정서국민학교에 같이 계셨던 분이 이야기를 이어가시지요.

이종식 1986년 5·10 민주화선언 이후니까 아마 1987년 3월쯤 됐을 거예요. 호헌철폐 서명하던 때 기억하시죠? 제가 송정서국민학교로 발령받아서 가게 됐는데, 그때 최금기 선생님이 송정서국민학교에 근무하고 계셨어요. 그날 저녁에 어떻게 연락이 돼서 만나게 되었어요. 제가 광산 담당이기도 했거든요.

지금은 없어졌는데 송정리 1003번지라고 하는 막걸리 골목이 있었습니다. 그 막걸릿집으로 오라고 해서 가보니 김희진 선생님, 최금기 선생님, 정병진 선생님 세 분이 거기 계셨어요. 제가 그분들을 처음 만나러 갔거든요. 저는 술을 못해요. 그런데 만나서는 막걸리 한 잔 주시면서 교협 사무실이 어디 있느냐. 사무실에는 몇 명이나 있느냐. 이런 식으로 질문을 죽 해요. 당시 초등은 다섯 명이었어요. 저하고 정해직 선생님, 이강수 선생님, 정낙주 선생님, 그리고 또 한 분이 더 있었는데…… 이렇게 다섯 명이 있다 하니까 웃으면서 "그것 가지고 어떻게 일을

해?" 하셨어요. 최금기 선생님이 도와주겠다고. 그날 인사불성이 돼서 어떻게 집에 왔는지 몰랐어요. 가끔 술에 취해서 저한테 농담하세요. "쫑식이 이 자식 때문에 인생 베렸다." 하면서 웃어요. 그렇게 웃으면서 교육운동을 하신 분입니다.

김선영 최금기 선생을 생각하면 부끄러운 기억이 떠올라요. 1988년에 효동국민학교 평교협을 조직했어요. 학교 교사 80명 중에서 55명이 회원으로 가입했고, 제가 회장이었어요. 언론에도 전국 최초로 학교 단위 평교협을 조직했다고 났어요. 그래서 굉장히 자부심을 품고 있었는데, 서울 집회에 가는 버스 안에서 최 선생님을 처음 만났어요. 최 선생님은 송정서국민학교에서 이미 1년 전에 평교협을 결성하셨고, 그동안 송정서국민학교 평교협 회장을 맡아서 많은 학내 민주화를 이루고 계신 것을 알게 되었어요. 언론에 안 나서 몰랐던 거지요. 아 그때 정말 부끄럽더라구요. 같은 광주에 있으면서도 모르고. 그때부터 저도 교협에 들어가 열심히 활동하고, 최 선생님을 모범으로 여러 가지 일을 많이 했습니다. 제가 제일 존경하고 좋아하고 사랑하는 진짜 동지였습니다.

전양준 최금기 선생님이 1989년 전교조 결성에 참여해서 화정국민학교에서 해직되셨다가 1994년 복직을 화정국민학교로 다시 했어요. 저는 해직될 때도 화정국민학교에 있었고, 복직할 때도 화정국민학교에 같이 있었지요. 화정국민학교에 있으면서 함께 의기투합해가지고 평교협을 조직했어요. 그때 뜻 맞는 교사가 여럿 있어서 활발하게 토의도 하고 술도 마시고 같이 사무실도 나오면서 굉장히 열심히 어울려 다닌 인연이 있어요. 그 후에 계속해서 학교를 옮겨 다니면서도 초등지회에서 여러 직책을 나눠 맡으면서 활동을 같이하고 서로 이야기 나누며 살았어요. 최금기 선생님하고 여러 가지로 뜻이 맞았어요. 다만 술 먹는 거 때문에 다투기는 했어요. 과음하고 담배 피우고 하셨거든요. 과음하시는 것을 제가 가장 많이 억제했을 거예요. 그거 때문에 다투기도 했지요.

이주영 술 많이 드시지 말라고 하면 최금기 선생님은 뭐라 그러셨는데요?

전양준 "뭐, 많이 먹고 죽은 귀신은 때깔도 좋다는데." 하면서 다퉜지요. 그러나 서로에게 믿음과 존경심을 갖고 있었죠. 안타깝게도 그런 동지가 갑자기 병마와 싸우시면서 끝내 별세하셨어요. 그래서 광주에서는 추도식을 매년 해오고 있습니다. 제가 집사 노릇을 좀 했어요. 우리는 학교에서 여러 관리자와 대치하고 이야기하는 과정에서도 뜻이 굉장히 잘 맞았어요. 관리자를 상대로 학교민주화를 위해서 많은 것을 얻어낼 수 있었고, 시내 전체 학교로 민주화를 파급하는 데 대단히 큰 공을 세운 그런 분이시죠.

이주영 학교, 학내 민주화운동 하면서 최금기 선생님하고 같이했던 거 딱 하나만, 한 사례를 꼽아보신다면 어떤 것을 이야기하고 싶으세요.

전양준 너무 많아가지고 하나만, 딱 떠올리는 건 힘든데요? 지금 그렇게 말씀하시니까 딱 떠오르는 것이… 교장, 교감의 일방적인 지시 사항들을 지시로 할 것이 아니라 직원회의에서 의논해서 결정하도록 한 일, 그 당시 일숙직이 있었는데 그것을 폐지하는 데 굉장히 앞장서서 싸웠고, 광주에서 전국 최초로 일숙직 폐지를 얻어내는 성과를 냈죠.

이주영 당시 직원회의 민주화, 일숙직 폐지, 주임 선출제 같은 사업을 추진했는데 광주가 모범을 보였던 거로 기억합니다. 주임 선출제는 하려고 했는데 안 됐어요.

차창도 전양준 선생이 말씀하신 대로 화정국민학교에서 평교협을 조직함으로 인해서 광주 시내에서 학교별로 상당한 움직임이 있었어요. 최금기 선생이 오셔서 더욱 활기를 띠었죠. 교장, 교감이 평교사회 의견을 안 들어주니까 최금기 선생이 며칠째 점심 단식투쟁을 하는 거예요. 나는 상상도 못 하는 일이었어요. 그 앞에 가톨릭센터에서도 단식을 했는데, 그것은 조직적으로 한 거잖아요. 그런데 최금기 선생은 학교 동료들 앞에서 홀로 단식투쟁을 하시는 거예요. 점심 식사 딱 차려 놓아도 안 드시는 거예요. 그렇게 대찬 투쟁을 봤어요. 한 가지를 결심하면, 정말 올곧은 사안이라면 굽힘 없이 하셨어요.

이주영 밖에 나가서 농성하거나 단식하는 것보다 근무하는 학교에서 수업하면서 단식하는 건 더 어려운 일이지요. 가까운 동료들이 다 보는 데서 혼자 해야 하니까요. 참 대단한 투쟁력이시네요. 최금기 선생님이 광주 초등지회장을 오랫동안 하셨지요?

차창도 그렇습니다. 그다음에 광주 초등지회를 창립하게 됩니다. 여러 사람이 전부 한 가지씩 일을 맡는데, 제가 재무를 맡게 됐어요. 그때 당시 재무는 굉장히 열악했습니다. 그래서 최금기 선생님이 지회장을 여러 번 하셨어요. 1~2년 하신 게 아니고 7~8년 하셨을 겁니다. 그렇게 하시면서 조직원들을 이끌어나갔어요. 돈이 없으니까 어떻게 할 거냐고 회의를 해서 각 학교에 다니면서 후원금을 걷었습니다. 그때 선생님들은 만 원 내기가 참 힘들었죠. 힘들어도 뜻이 있는 분들은 기꺼이 내주셨지만 그렇지 않은 분도 많았어요. 당시 우리가 촌지 반대운동을 하고 있었잖아요. 그러니까 너희가 촌지도 못 받게 하면서 돈 걷으러 다니느냐고 편잔도 듣고 그랬습니다. 그래도 우리가 열심히 노력해서 매월 후원금이 많이 들어왔고, 초등 자체 재정을 확보하게 되었고, 별도로 초등지회 사무실을 낼 수 있었지요. 최금기 선생님이 지회장이신데 지회 사무실 운영을 절약해서 하려고 많이 애쓰셨어요. 제가 재무를 맡았으니 잘 알지요. 점심을 어떻게 드신 줄을 모르겠어요.

이주영 투병 일지를 보니까 항암치료 과정을 꼼꼼하게 적어 놓으셔서 놀랐습니다. 자료 정리도 잘 해놓으셨고요. 평소 습관이셨나요?

차창도 대단하셨지요. 최금기 선생의 가장 큰 장점이 메모예요. 기억하기 위해서 조그만 종이에다 많이 쓰셔요. 학교에서도 들으면서 쓰고, 술집에서 이야기 나누면서도 쓰고, 일상생활하면서도 계속 자주 썼습니다. 메모광이세요. 제가 그 덕을 한번 크게 보았어요. 제가 학교에서 교장하고 충돌하는 사고를 쳤어요. 그 바람에 지회장이셨던 최금기 선생이 우리 학교를 방문하게 됐고, 그다음에 학교장 비리를 전부 조사해서 많은 것이 드러났어요. 최금기 선생이 그걸 일일이 쪽지에 적어서 갖고 나가 광주 초등지회 신문 호외판을 만든 거예요. 그러고는 나보고 급히 학생 명부를 전부 복사해서 보내라는 거예요. 신문을 보내겠다고요. 학구 내 학생들 집집이 다 뿌려버렸어요.

이주영 그렇게 전광석화처럼 추진하신 걸 보니 성격이 철두철미하시면서도 상당히 급하셨던 것 같으시네요.

차창도 물론이지요. 최금기 선생께서는 하고자 하는 일은 절대 굽힘이 없는 강직한 교육 열정을 가지고 계셨고, 주변 사람들에게는 정말 온화하고 다정다감하시지만 성격은 상당히 급했습니다. 가정에서 사모님이 좀 부대꼈으리라고 봅니다. 급해서 얼른얼른 무엇을 하지 않으면 자기가 먼저 해버리는 그런 스타일입니다.

이주영 좋은 말씀만 해주셨는데, 좀 서운했던 점도 말씀해보세요.

구재섭 이 양반 고약한 양반이에요. (웃음) 다들 유순하다 그러시는데 평소에는 유순하지만 비리와 불의에는 강력하게 맞서요. 평교협 끝나고 노조로 전환할 때 광주 화정국민학교로 전근을 오셨습니다. 화정국민학교 분회를 결성하는데, 관료들이 못 하게 막던 시절 아니었습니까? 심했었죠. 이 양반 교실에서 분회 결성식을 하는데, 교실이 복도 끝에 있어서 복도 밖에는 통로도 없었거든요. 거기서 하는데, 교장, 교감이 못 들어오게 망치로 교실 문을 못 열게 못으로 박아불고 플래카드 걸고 분회 결성하고 사진 찍었어요. 그렇게 고약스런 양반이었어요. (웃음)

윤보현 선생님께서 원칙론자라는 말씀을 하셨는데 정말 그래요. 구체적으로 원칙론자다운 일화를 소개하자면 초등 19시간 법제화 투쟁을 할 시절이었습니다. 대부분 초등교사가 '1학년은 24시간 정도면 받아들일 수 있는데 왜 19시간까지 줄이자고 하느냐. 그건 너무 욕심이다.'라고 생각했어요. 그런데 최금기 선생님하고 저하고는 그 일을 하면서 19시간으로 정하자고 했거든요. 서울에서까지 24시간으로 하자는 기류들이 감지되어서 광주에서 부랴부랴 19시간 법제화를 주장하는 호외, 전국으로 배포될 신문을 만들어가지고 서울 모임에 이야기해서 19시간 법제화를 관철했던 것입니다. 지금은 그 시간 가까이 왔는데, 당시만 해도 획기적인 주장이었지요. 위기 상황을 우리 최금기 선생의 원칙에 입각한 행동으로 돌파할 수 있었다는 것을 말씀드리고요.

그다음에 김영삼 정부 들어서면서 5·31개혁 이전에 전교조 조직 전환론이 제기된 적이 있었습니다. 그 진원지가 어찌 보면 광주였던 것도 사실이에요. 당시 엄청난 억압에 조합원들이 많이 지쳐있다 보니 전교조를 포기하고 특별단체로 전환하자는 이야기에 솔깃했던 것도 사실이었거든요. 그런데 우리 최금기 선생은 노조가 원칙이고, 여태까지 했으면 계속해야지 뭐 하려고 그러냐고 했어요. 그때 인동 사무실이었는데, 지부하고 같이 썼어요. 노조 포기하면 휘발유 사다가 불 질러버린다고 하면서 아주 강력하게 나서니까 지부에 있던 많은 사람이 더 이상 논의에 진도를 못 뺐어요. 전교조란 이름, 전교조라는 조직을 사수할 수 있었던 하나의 원동력이 되었다고 봅니다. 정말로 원칙론자 중의 원칙론자입니다.

장범호 그날 누가 있었냐면 윤영규 선생님하고 이종진 선생하고 내가 사무실에 있었어요. 최금기 씨가 휘발유통을 들고 와서 노조 포기하면 찌끄러버린다고 해가지고는 혼비백산했지요.

구재섭 최금기 선생님 지도력 부분에서는 그야말로 뛰어난 부분이 있었지요. 전교조 만들어가지고 그 양반 해직되어버렸단 말이오. 그리고 우리는 현장에 남았었소. 그 양반은 해직되어서 사무실에 근무하고, 우리는 학교에서 밤새 농성하고 있었어요. 투쟁 흐름을 조절해야 하니까 최금기 선생이 사무실에 계시면서 전화로 지도해서 성공적으로 투쟁을 이끌어갔던 경험이 있습니다.

특히 초중등 차별 철폐 운동을 했거든요. 그런데 지부 핵심 활동가들 대부분 중등 출신이고, 초등은 없었어요. 그래서 초등에서도 광주지부장 한번 해야 할 거 아니냐며 적극 추천을 했는데 그 양반이 낮은 데 임하시겠다고 절대 지부장을 안 하셨어요. 지회장도 사람이 없을 때 당신이 지회장을 하셨던 거예요. 재무나 조직을 맡아서 가장 낮은 데서 일하셨어요. 이 양반에 대한 신뢰도가 얼마나 높았냐면, 서울에서 집회가 있어서 최금기 선생이 전화하면 그때는 고개를 끄덕이며 아무 말도 안 하고 함께 갔어요. 전교조 합법화가 안 된 상황에서 복직하신데다가 그 당시 실명을 쓰기가 솔찮히 어려웠던 시절이었습니다. 초등교사신문 발행인 이름을 맡아주셨어요. 초등교사신문도 한 번 필화를 겪으면서 이름 쓰기가 솔찮히 곤란했던 시절이었어요. 그런데 처음에 "다른 사람들이 이름 안 쓰면 내가 쓸게." 하셨어요. 그래서 최금기 선생님을 발행인으로 우리 광주 초등교사신문을 발행해서 정착되었거든요. 길을 가다 보면 별일이 아닌데도 다들 두려워서 못 갈 때가 있거든요. 그런 상황에서 선각자로 앞장서서 길을 개척하신 분이 최금기 선생입니다. 항상 그 양반 생각할 때마다 가슴이 먹먹해지는데 그 양반 술 좋아하신 통에 나도 술 좋아해서 몇 번 얻어먹다 코가 걸려가지고 여기까지 인연을 맺어오고 있습니다.

장범호　광주 초등이 이렇게 끈끈한 조직으로 이어진 게 뭐냐면 정해직 선생님하고 최금기 선생님이 초등을 이끌어갔는데, 정해직 선생은 전국 초등위원장을 하면서 밖으로 나돌고 실질적으로 광주 초등을 최금기 씨가 주도적으로 이끌어가게 돼요. 최금기 선생이 장기집권하면서 어떤 체제를 만들었어요. 당시 광주 초등이 단독으로 학습지도안 폐지, 일숙직 폐지 싸움을 아주 치열하게 했어요. 그런데 그것을 할 때 어떻게 했냐? 교육청 분석자료 내고 꾸미고, 보통 밤새 연습을 해요. 교육청 가서 누가 무슨 질문을 하고, 누가 뭣을 하고. 어떻게 답변을 한다. 그것을 철두철미하게 했어요. 교육청 갔다 와서도 거의 대부분 날이 샐 때까지 했어요. 그게 광주 초등 사업 방식으로 체질화가 되어버렸어요. 사업을 시작할 때 반드시 사전 연습, 갔다 오면 사업평가, 반성. 이게 철두철미하게 훈련이 되어있었어요. 그게 광주 초등이 오늘날 은빛교사회까지 이어진 계기 아니냐, 그거예요. 최금기 씨가 맡으면서 이런 연습을 정말 처절하게 했어요. 교육청하고의 싸움에서도 거의 다 이겼어요. 강제전보도 철회시켰고, 일숙직도 폐지했고, 지도안도 없앴어요.

박성배 서두에서도 말씀하셨지만 중등은 해직이 많이 되었지만 초등은 두 분만 되었어요. 최금기 선생님이 주로 사무실을 지키고 관리했습니다. 저희한테 신뢰를 준 게 뭣이냐면 해직 5년 동안 거의 상주하다시피 했습니다. 그러면서 일을 지켜나가는데, 저희도 미안한 마음이 있죠. 그분이 또 대충대충 안 해요. 철저히 근무하듯이 아침에 왔다 저녁에 가고 하니까 신뢰하고 활동을 같이 했어요. 문건 하나 만들어도 아주 꼼꼼하게 만들어요. 학교 현장에서의 관행들, 학교장이 누리는 관행들, 예를 들면 명절 때면 인사를 안 하면 찍히는 그런 부분에 대해 전반적인 모든 문제를 세세히 잡아서 제시하는 것을 보고 상당히 공감했어요. '정말 교육계의 정화작업을 깨끗하게 하는 분이구나', 속으로 '이런 분이 검사를 해야 나라가 바로 잡힐 것인데'라는 생각을 했어요.

이주영 당시 광주에서 일숙직 폐지 운동을 선도해서 모범을 보였는데 어떻게 했어요?

박성배 초중등 활동가들이 많이 나서 싸워서 얻어냈지요. 광주는 광산

구라든가 외진 데가 많아요. 그때는 설명절, 공휴일에 교사들이 전부 일직했습니다. 또 방학 근무조라 해가지고 선생님들이 돌아가면서 근무했어요, 여선생 같은 경우 광산구가 외지니까 문을 잠가놓고 식구와 같이 와서 학교를 지키는 거예요. 그것을 깨트리는 겁니다. 전국에서 최초로 시작한 것이거든요. 그때 제가 부지회장을 할 때인데, 교육청에 이런 문제를 문건으로 만들어서 공문으로 보냈어요. 교육감이 공문으로 보내왔어요. 10학급 이하 소규모 학교부터 사람을 배치하겠다. 12월 안에 해결하겠다고 했어요. 지회 활동가들이 교육청으로 항의하러 갔지요. 그때 1년 만에 해결했어요.

차창도 한양대 집회가 그때 무슨 집회였지요? 그때도 재미난 일화가 있었는데.

이주영 한양대 집회면, 전교조 결성 집회죠. 한양대에서 한다고 했는데 경찰이 한양대를 완전히 둘러싸서 건대로 바꾸었다가 건대도 막혀서 연대에서 결성식을 했지요. 그때 제가 전날 밤에 한양대 학생회관으로 들어가서 지도하고 있었기 때문에 기억합니다.

박성배 그때 우리가 올라가서 최루탄이랑 돼지게 두들겨 맞고 차창도 선생이랑 최금기 선생이랑 표를 끊으라고 터미널로 먼저 보냈어요. 우리는 한양대에서 나와 버스를 타고 오다가 전경과 붙어버렸어. 그때 얼마나 심하게 붙었는지 김상식 선생 병원에 실려가고 그랬었어. 심각했지. 전경들하고 붙는 바람에 늦을 수밖에 없었지요. 인자 터미널 와서 표 어디 있냐 그랬더니 표가 없대요. 왜 못 끊었냐고 물어보니까 최금기 선생이 찢어버렸다는 것이여. 왜? 우리가 늦게 오니까 나오다가 술 먹고 늦게 온다고.

열몇 장을 싹 찢어부렀어. 그렇게 다혈질이여. 그래가지고 내가 표를 다시 끊었지. (웃음)

이주영 정해직 선생님은 최금기 선생님 처음 어떻게 만났어요?

정해직 아까 이종식 선생 말씀하셨다시피 광주서국민학교에서 조직하고 있었어요. 우리하고 함께 결합하면 좋겠다고 얘기했는데 생각이 조금 다르신 것 같더라고요. 얘기를 전해 들으니까. 우리가 무모하다는 입장을 가지고 있었어요. 그런 입장이라면 우리랑 같이하는 건 좀 어렵겠다. 시간이 좀 지나야 하겠구나 하면서 그다음에 진행한 것이 효동이었죠. 그다음에 극락, 우산국민학교 조직을 하면서 송정서도 같이 하자는 결정을 보게 됩니다. 그러다 전교조 결성으로 해직될 때 최금기 선생님하고 이야기 여러 차례 했는데 끝까지 하실란다고 하시더라고요. 그래서 둘이 같이 해직되었어요. 내가 서울 전교조 초등위원장으로 갈 때 최금기 선생님이 부지회장을 하고 계셨기 때문에 갈 수 있었지요. 최 선생님이 안 계셨으면 못 올라갔을 거예요.

윤영희 전교조 초등지회가 동명동에 있었어요. 우리는 현직에 있었기 때문에 퇴근하고 가면 그분은 사무실 지킴이예요. 얼마나 답답하겠어요. 혼자 있다가 우리 가면 얼굴이 쫙 펴져요. 어이 윤형 왔네 하고 먼저 악수하고. 술 좋아한다는 이야기했는데 제가 술을 좋아해요. 그분도 그렇게 좋아했고요. 최금기 선생하고 술을 제일 많이 먹은 사람이 저일 거예요. 사무실 끝나고 딱 가면 제가 그래요. "술 한잔 할까요." 내가 그때 가까운 주월동에 살았는데 버스에서 내리면 포장마차가 있어요. 술 먹으면서 이야기를 나눠보니 정말로 올곧고 정직해요. 거기에 마음이 끌리기 시작했어요. 그래서 내가 사무실 빠지지 않고 갔어요. 활동보다도 우리 최 선생, 그 남자의 참 매력에 빠져들기 시작했어요. 술 먹으면 얼굴이 짝 펴집니다. 확 펴져서 "윤 선생 한잔해. 안 먹으면 멋도 아니여." 그렇게 농담해가며 즐겁게 마셨어요.

그런데 한번은 최금기 선생이 대구를 간다 그래요. 뭐 때문에 가냐 그랬더니 초등 모임이 있다 그래요. 최 선생 혼자 가면 외로울 거 같아. 그래서 내가 같이 갔어요. 그때 내가 마흔일곱인가 먹었을 거예요. 거기서 내가 제일 나이를 많이 먹었어. 전국에서 온 선생들이 전부 젊어. 스물아홉인가 새파랗게 젊은 선생도 있었죠. 밤새워 토론하고 그랬던 기억이 나고.

박상철 제가 퇴임하시기 전에 가장 마지막에 같이 근무했던 것 같습니다. 금호초등학교에서 퇴임하셨고, 저는 금호초등학교에서 퇴임 2년 전부터 같이 근무했거든요. 저는 최금기 선생님 생각하면 항상 무거운 짐을 한아름 지고 계시는 것처럼 느껴요. 지회장 하실 때 제가 집행부에서 조직 담당을 했었는데요. 조직부장이 빨리 분회장들을 선임해야 해요. 그리고 연락책들을 다 완성해서 지회에 드려야 하는데 제가 좀 늦었어요. 그러면 최금기 선생님, 아시겠지만 못 보잖아요. 그다음 날 보니까 다 되어있더라고요. 최금기 선생님이 저녁 내내 다 전화하셔가지고 분회장 선출을 다 하셨더라구요. 저로서는 대단히 큰, 따끔한 회초리죠. 그런데 아무런 말씀도 안 하셔요.

당시 봉투 작업을 많이 했어요. 명예 퇴임하시기 2년 전이시니 어떻게 보면 연로하셨다고 할 수도 있잖아요. 그 많은 봉투 작업을 혼자 다 하시더라고요. 그것을 보면서 선생님이 진짜 강건하시고 근면하시다 이걸 떠나서 눈물 나더라구요. 왜 정의로운 분은 저렇게 고생하시고, 궂은일 다 하셔야 할까 이놈의 세

상이. 이런 한이 맺혔어요. 그리고 제가 금호초등학교 떠나고
나서, 거기에 2년 더 계셨는데, 다른 조합원들이 분회장을 안
하려 하니까 선생님이 분회장 역할도 하셨어요. 신문 배달도 하
셨어요. 금호초등학교에 조합원이 아주 많았습니다. 30명이 넘
었어요. 그런데 후배들 안 시킵니다. 본인이 직접 30여 학급을
들어가셔서 일일이 나눠줍니다. 퇴임 2년 놔두신 분이 그런 활
동을 하셨죠. 그리고 명예 퇴임하신 걸 봤죠. 한편으로 저는 좋
았어요. 계속 고생만 하시고 희생만 하셨으니까, 이제 퇴임하고
나서 짐을 좀 덜어내고 편히 좀 쉬셨으면 좋겠다. 세상이 어떻
게 되든 간에 당신도 챙기고 그러시면 좋겠다. 이런 생각을 하
고 있었는데… 불과 2년 뒤에 돌아가시니까 이게 너무 원망스
러운 거예요. 한 번도 마음 편히 본인을 위해 사는 삶이 아니셨
는데, 이제 좀 그런 여건이 갖춰지나 했는데 그런 비보를 들었
을 때 저로서는 좀 한이 맺혔죠. 최금기 선생님 생각하면 세상
이 아직도 야속하고 너무하다 싶고 이런 게 새록새록 떠오릅니
다.

정 석 저는 2000년도에 경기도에서 내려왔어요. 2000년 9월에 발령
이 나서 광주에 내려 와가지고 10월 정도에야 사무실에 들렀
어요. 그 전에 대학생 때부터 최금기 선생님 알고는 있었습니다
만. 저를 보시자마자 반갑게 맞이하시고는 제일 먼저 호주머니
에서 뭔가를 꺼내시는 거예요. 뭘 꺼내시나 봤더니 조합원 명
부를 꺼내시는 거예요. 내 이름이 있나 없나 확인하고, 그다음
에 연락처 주소를 적는 거예요. 그때 봤더니 초등지회가 지금은
네 개입니다만, 그때는 한 개 지회에 조합원이 1300명 정도였을
건데요. 명부를 호주머니에서 꺼내시는데 1300명에 대한 명부

가 다 있는 거예요. 조합비를 냈냐 안 냈냐 월별로 적어놓았어요. 그다음 연락처 주소, 그다음에 몇 학년 몇 반인가를 해마다 점검해서 기록하시고 관리하시는 거였어요. 제가 왔을 때는 연륜이 있는데도 굉장히 철두철미하게 관리하시는 걸 보고 굉장히 감동했어요. 그 후 조직관리 시스템인 '한국인'이라는 프로그램이 있었는데, 나이 드셨는데도 돋보기 끼고 독수리 타법으로 조합원 인적사항을 입력하고 관리하시는 모습이 굉장히 인상적이었어요. 그 뒤로 2003년 정도인가 지부 정책실장을 하실 때 단체교섭안을 만들고 있었는데, 그때 한여름이었어요. 무더운 사무실에서 에어컨은 아니고 선풍기인가를 틀어놓고 혼자 컴퓨터에 앉아서 독수리 타법으로 돋보기 끼시고는 열심히 단체교섭안을 만드시는 것을 보면서 그 연세에 이 정도 열정을 갖고 계신 것이 저한테는 이해하기 힘들 정도로 존경스러웠어요. 그다음에 같이 상무지구에 살다 보니까 퇴근하시면 가끔 저한테 소주 한 잔씩 하자라던가, 가끔 집으로 뭐하느냐고 전화가 와요. 집에 있으면 나오라고 해서 같이 술을 마시는데요. 아까 윤영희 선생님 말씀하셨는데 그때는 사무실에 계실 때와 매우 달라요. 개인적인 이야기, 사는 이야기 따뜻한 이야기를 많이 해주셔서, 공적인 자리에서 만났을 때와는 다르다는 느낌을 많이 받았고요. 포근하고 맑은 느낌을 받았습니다.

김승중 저도 합법 이후인 2004년 처음 뵀었죠. 2005년에 최금기 선생님이 지회장 하실 때 제가 사무국장을 했었어요. 박상철 선생님도 집행부 같이 하셨지요. 초등에서 공사가 가장 확실하신 분이에요. 비슷한 이야기인데요. 일할 때는 그렇게 철두철미해서 저희한테는 되게 무서운 분이셨어요. 워낙 일을 꼼꼼하게 하시고 실천가셨어요. 백 마디 말이나 글이 중요한 게 아니고 늘 먼저 가서 몸으로 실천하고 계셨던 분이에요. 저희 후배들이 여전히 최금기 선생님을 그리워하는 가장 큰 이유가 아까도 얘기 나왔는데 늘 낮은 곳에 계셨어요. 지금도 생각하면 후배들은 늘 애잔해요. 최금기 선생님이 떠오를 때마다 퇴직하기 전까지 오로지 전교조를 위해서 가장 궂은일을 끝까지 하셨던 분이어서 퇴직하고 나서도 편히 지내셨으면 하는 바람이었는데, 금방 돌아가셔서 안타까운 마음이 후배들에게 많이 남아있어요. 최금기 선생님이 늘 하신 이야기가 있어요. 봉투 작업을 하면서 손에 풀 한 번 안 묻히고 전교조 활동했다고 말하지 마라. 지금도 저희가 저희 후배들한테 그런 이야기를 우스개처럼 해요. 거기에 많은 게 담겨있죠. 그만큼 실천하는 활동가의 전형을 보여주셨어요. 낮은 곳에서부터 조합원들과 함께하는. 저희는 사실 그걸 보고 배웠어요. 지금도 최금기 선생님 활동했던 흔적들이 여전히 저희한테 남아있고 저희도 그걸 배우려고 노력했어요.

봉투 넣을 때도 저희가 빨리 끝내려고 봉투를 막 넣으면 그것을 다시 다 꺼냈어요. 왜 꺼내십니까 그랬더니 (보기 좋게 안 접었다고) 분회장이 딱 꺼냈을 때 뭐가 먼저 보여야 하냐 그것을 생각하고 넣어라. 분회장이 최대한 손이 가지 않게끔 해야한다. 이렇게 철두철미했던 분이었어요. 예전에 서울 교사 대회에 올라갈 때 마이크 잡고 소개하는데, 사위될 사람이 인사드리러 오는 날 교사 대회에 오셔서 마이크를 잡으신 거예요. 다들 속으로 '이거 너무한 거 아니야?' 했을 거예요. 그럴 때는 사모님도 너무 서운하셨지요?

김연순 사윗감이 인사하러 오는 날만 그러신 게 아니에요. 우리가 9남매 장남이잖아요. 9번째 동생이 목포에서 결혼식 하는데 그날 서울 집회가 있었어요. 그런데 장남이 동생 결혼식에 안 오고 전교조 집회에 갔어요. 그러니 우리 어머니, 아버지가 얼마나 서운하셨겠어요.

이강수   전교조에 대한 애정이 정말 엄청났죠. 저희 후배들은 그걸 본 거예요. 여기 계신 선배님들도 마찬가지죠. 늘 낮은 곳에서 현장과 가까이 실천하는 전교조 활동가 모습, 여기 계신 선배님들도 그런 기풍을 만드는 데 일조하셨죠.

박상철   짧게 한마디만 드리면, 굉장히 무서우셨어요. 왜냐하면 저희 후배들을 한마디도 야단치지 않고 솔선수범하셨거든요. 혼자 본을 보이시고 저희가 안 했을 때는 다 채워 넣으셔서, 그게 저희한테는 굉장히 무서운 부담이 되었어요.

김승중   그 큰 선배님이 우리가 하루만 늦으면 다 해놓으셨어요. 그래서 우리는 저거 얼른 해야지, 안 하면 최금기 선생님이 하신다. 이런 거 있잖아요. 그랬어요.

김영길   전교조 사업할 때 워드프로세서가 처음 나와서 그걸 치는데, 앉아서 하루 종일 치는 거야. 그걸 보며 이 선생님은 학교에서도 수업을 진짜 잘하겠다. 참교육 교사다 그걸 느꼈어요. 이건 보는 각도에 따라 다른데, 그때 설악산에서 전국초등교사대회를 했는데 거기 갔다가 나오는 길에 경포대 쪽에서 술판이 벌어졌어요. 술안주로는 딱 오징어 말린 것하고 노가리밖에 없지. 그런데 다른 사람은 다 나가떨어져도 끝까지 마시는데 자세가 흐트러지지 않아요. 말 한마디도 술 취한 것을 풍기지 않고. 그것을 보면서 진짜 선생님은 좋은 교사다 느껴서 내 마음속으로 굉장히 좋아했습니다.

송기호 나는 이야기 안 할라다가 크게 받은 선물이 있어서 할랍니다. 퇴직한 다음에 수업하지 않고 있을 때, 사모님도 기억하실라나 몰라. 옛날 한국영화부터 아이들 애니메이션 영화까지 죽 이어서 CD를 만들어가지고 나를 주었어요. CD 플레이어가 없으니 가지고만 있어요. 그냥 두고 가지고만 있어요.

김연순 참 소개해야겠네요. 본량국민학교 제자예요. 우연히 알게 되어서 투병 중 제자 다섯 명이 우리 집에 왔고 장례식에도 참석하고 그랬어요. 이주영 선생님이 제자도 소개해달라고 해서 전화번호를 드렸는데, 오늘 참석해주시면 어떻겠냐 해서 서울에서 왔어요. 바쁜데도. 나는 오늘 오는 줄도 몰랐어요. 아까 전화했더니 내려오고 있다는 거예요. 그래서 내가 얼른 나갔죠. 그 제자입니다.

김금자 여러 선생님들 말씀 잘 들었습니다. 선생님이 이 자리에 안 계신 게 애석합니다. 제가 초등학교 6학년 때 선생님이 오셨거든요. 저는 어머니가 일찍 돌아가셨어요. 선생님들께 정을 많이 느끼면서 다니고 있었는데 그중에서도 최금기 선생님이 저한테 가장 많이 신경 써주셔서 공부도 할 수 있게 되었어요. 지금도 친구들이랑 얘기하면 선생님 얘기를 제일 많이 해요. 선생님께서 공부 잘하고 집안이 괜찮은 친구들을 챙겨주신 게 아니고 어려운 환경에 있던 친구들을 먼저 생각해주셨거든요. 저희 동네가 학교에서 가장 먼 동네였어요. 그래서 선생님께서 그 당시에 다들 가정방문을 하셨을 거예요. 그런데 저희 집이, 마을이 멀다 보니까 선생님들이 거의 안 오셨는데, 최금기 선생님이 다른 곳을 안 가시고 일부러 저희 동네까지 오셔서 한 집 한 집 다 방문하셨어요. 그때 내가 창피해서 집에 안 있고, 가시고 나서 집에 왔는데 물을 드신 거예요. 아버지가 물을 드렸다고 그러더라구요. 그런데 그 밥그릇을 보니까 밥티가 그대로 남아있는 거예요. 제가 어려서 설거지를 제대로 못 한 것도 있고, 마을에 물 받을 수 있

는 데가 한 군데밖에 없어가지고 길어온 물로 밥하고 설거지까지 했거든요. 그러다 보니까 물이 없어서 설거지를 깨끗이 못 했는데, 그 밥그릇에 그냥 물을 드시고 가셨다 그래서 너무 창피했어요. 수학여행도 못 갈 형편이었는데 선생님께서 사비로 절 데리고 가셨고요. 하여튼 여러 가지로 초등학교 때부터 고등학교 때까지 선생님이 여러분 계시지만 그중에서 가장 기억에 남고 지금도 앞으로도 기억에 남는 선생님이 최금기 선생님입니다. 감사합니다. (박수)

김연순 먼저 감사드립니다. 올 6월 20일이면 4주기가 되는데 특히 광주 지부나 선생님들이 한 번도 잊지 않고 와주셔서 제가 황송할 따름이에요. 이번에 이주영 선생님이 부탁하셔서 집 컴퓨터를 다 뒤졌는데, 본인은 죽음을 알기 때문에 전부 준비를 했었어요. 컴퓨터에 실린 글을 찾다 보니 주례도 세 번인가 섰어요. 주례사밖에는 없더라고요. 본인 글은 다 지워버린 거예요.

　선생님들 한 분 한 분 말씀 듣고 보니까 그 한 분 말씀하실 때마다 생각난 이야기를 다 하라면 다하겠어요. 아까 메모광이었다는 얘기를 하는데, 이틀 걸음으로 머리를 감잖아요. 그분은

항상 머리맡에 내일 아침 머리 감기가 쓰여있어요. 열대어 먹이주기처럼 날마다 하는 일도 써놓았고요. 마누라 없이는 살아도 술 없이는 못 산다고 할 정도로 술을 굉장히 좋아했어요. 술을 엄청 좋아하니까 자주 늦게 들어오면 12시까지는 미워져요. 세상 이렇게까지 안 올까 안 올까 하다가 2시가 넘어가면 불안해집니다. 걱정되죠. 어디 가서 넘어져 있을까 현관문도 열어보고 그랬는데 2시가 넘어가지고 들어왔어요. 저는 자는 척했죠. 화가 나니까. 그런데 옷을 벗으려 하는데 단추가 안 끌러지는 거예요. 어쩌나 보자고 눈을 뜨고 봤더니 와이셔츠 단추를 끌르려다 단추가 똑 떨어져 가지고 농 밑으로 또르르 굴러가 버리더라구요. 그런데 못 찾겠으니까 어디로 갔나 한참을 있다 다시 오대요. 그다음 날 아침에 책상을 봤어요. 지렁이 기어가는 글씨로 '와이셔츠 단추 농 밑으로 굴러감' 그걸 써놨더라구요. (웃음)

그렇게 술을 먹었는데도. 2차 포장마차 누구와, 3차 맥주 입가심. 그걸 날마다 다 써놔요. 그래서 내가 하도 어처구니가 없어서 'MBC 여성시대'라는 아침 방송 있잖아요. 그게 너무 생각이 나서 한번은 방학이고 할 일도 없고 그래서 그 이야기를 썼어요. 글을 부치고 시골 갔다가 5일 뒤엔가 개학했는데 옆자리 젊은 선생이 그러는 거예요. 선생님 혹시 MBC에다 글 보냈어요? 그래서 어 그랬는데, 3일 전에 글 나왔어요. 이러는 거예요. 상으로 원목 침대 받았어요. (웃음) 그래서 '아, 이렇게 써도 되는구나' 해서 그 뒤로 또 썼어요. 세 번이나 당첨됐어요. 글솜씨는 없는데 그런 실마리를 저에게 많이 준 거지요.

그런데 성격이 급한 게 나를 미워해서가 아니에요. 그 순간을 참지를 못해요. 성격이. 구부러지는 게 없고, 꺾어버리죠. 그래서 처음에는 결혼도 안 하려 했지만 편지를 얼마나 썼으면 이만한 상자로 하나가 있어요. 아무튼 그 사람은 더없이 착하고, 또 저를 사랑하는 마음도 굉장했어요. 그래도 편하지 않은 남편이었죠. 성격은 아주 곧지, 9남매 장남으로 할 일은 말도 못하지. 학교 근무하고 다니면서 제사, 시제 다 제가 했잖아요. 제가 이런 푸념을 해서는 안 되는데. (애쓰셨네요. 고생하셨어요.) (박수)

한 가지 뭐가 미안하냐면 한번은 나한테 할 이야기가 있다 그러더라구요. 부모님도 돌아가시고 동생하고 둘이라서 굉장히 어려운 가정이었어요. 그 애를 우리 집에 데려와 가지고 같이 좀 살아야겠다는 거예요. 제가 우리 집 같으면 그러세요 그랬을 거예요. 그때는 전세살이할 때인데, 애 둘 키우면서 직장생활해야지. 토요일 되면 시골 가야지. 어떻게 하겠냐고 그랬죠. 맨날 다시 한번 생각해 보라고, 다시 한번 생각하라고. 그런데 그때 내 상황으로서는 어쩔 수 없었어요. 그래도 지나고 보니 따뜻한 밥이라도 우리하고 같이 먹게 해줄 걸 하고 나중에는 후회가 되더라구요.

이강수   최금기 선생님 돌아가시고 모여서 추모할 때 너무 많이 울었던 생각이 나네요. 그냥 막 눈물이 났던 거 같아요. 오늘 선생님들과 사모님 얘기 듣고 보니까 살아있는 저희가 최금기 선생님 전교조 활동만 이야기했지 집에서 장남으로서 본인이 가지고 있는 삶의 고민이나 그런 얘기를 별로 나눠본 적이 없던 것 같아요. 그런 얘기를 잘 하시지도 않았지만. 늘 제 기억 속에는 자신을 버리고 어떻게 보면 고생만 하다 가신 게 아니었나 하는 생각에 그때는 서러움이 많이 복받쳤던 것 같고요. 최금기 선생님은 지부에서도 지부장만 안 하셨지 정책실장, 조직국장, 총무국장 안 해본 역할 없이 다 하셨고 초등에서 후배들 어려울 때 솔선수범해서 지회장도 마지막까지 최대한 하시고, 지부나 지회에서 어떤 역할이 없을 때는 분회에 가서 분회장 역할을 마지막까지 하시고 어쨌든 저희가 지금 생각해보면 감히 따라갈 수 없을 만큼 참 무던하게도 하셨던 거 같아요. 그래서 저희가 최 선생님을 잊지 못하는 것 같기도 하고요. 그런 모습을 잊지 않고 살아가는 것이 선배님에 대해 가져야 할 바른 태도인 것 같아요.

때_대한민국 100년, 2018년 4월 9일 17시부터 21시
곳_전교조 광주지부 회의실
참석자_김금자(광주본량초 제자), 이종식(광주동부교육장 퇴직), 김춘식(광주경양초 퇴직), 박성배(광주우산초 퇴직), 전양준(광주계수초 퇴직), 김선영(광주유안초 퇴직), 차창도(광주율곡초 퇴직), 윤보현(고등학교 동기), 윤영의(광주금부초 퇴직), 송기호(퇴직) 장범호(퇴직), 구제섭(광주시교육청 퇴직), 정해직(광주 초등 해직 동지), 이강수(광주시교육청 장학관), 김승중(광주학강초), 정석(광주극락초), 박상철(광주만호초) 김영길(광주 초등지회), 김연순(유족)
사회·정리_이주영(서울참교육동지회)

● 최금기 약력

1947년   음력 3월 12일 전남 나주 출생
1960년   2월 전남 나주 공산북국민학교 졸업
1963년   2월 광주 무진중(남중) 졸업
1966년   2월 광주고등학교 졸업
1969년   11월 국민학교 준교사 자격 취득(전남도교육청)
1970년   4월 1일 전남 영암남국민학교 첫 발령
1970년   6월 5일~1973년 4월 19일 군 생활(육군 병장 제대)
1973년   4월 전남 영암 종남국민학교 발령
1976년   1월 결혼
1976년   3월 전남 영암 금정북국민학교 근무
1976년   9월 2일 첫째 아들 근형 태어남
1978년   7월 26일 둘째 딸 선을 태어남
1979년   3월 전남 광산군 본량국민학교 근무
1982년   2월 한국방송통신대학교 초등교육과 졸업
1984년   3월 전남 광산군 송정서국민학교 근무
1986년   2월 한국방송통신대학 행정학과(행정학사) 졸업
1989년   3월 광주직할시 광주 화정국민학교 근무
1989년   9월 11일~1994년 2월 28일 국가공무원법 제 78조 제1항에 의해
         해임(전교조 해직)
1990년   ~1992년 전교조 광주지부 초등지회 2대~4대 지회장
1994년   3월 해직 4년 반 만에 광주 화정국민학교 복직
1998년   3월 유촌초등학교 근무
1998년   5월 27일 금호초 김연순 교사(최금기 선생님 사모님) 민족교육상 수상
1999년   전교조 합법화
2000년   전교조 광주지부 조직국장.
2001년   3월~2002년 2월 전교조 노조전임자 휴직
         전교조 광주지부 정책실장(전임)
2002년   3월 유촌초등학교 복직
2002년   9월 계수초등학교 근무
2005년   초등남부지회장, 초등교육정상화, 표준수업시수 법제화 투쟁
2007년   3월 금호초등학교 근무
2006년   ~2010년 교직 생활 마지막 시기,
         현장에서 참교육 실천가로 교육운동가로 헌신
2010년   8월 31일 금호초등학교에서 정년퇴직
2011년   12월 암 발병
2014년   6월 20일 폐암으로 세상 떠남,
         전남 나주시 공산면 백사리 사동부락 선산 가족묘에 안치

나의 귀염둥이 순아에게

창에 비치는 달빛이 유난히 밝소.

장마에 물외 자라듯 둥글게 저렇게 벌써 컸구려. 언젠가 어깨동무하고 다리의 난간에 걸터앉아 저 달을 바라보던 때의 추억이 되살아납니다.

슬그머니 창문을 열고 은빛의 차가운 달빛에 얼굴을 묻어봅니다. 가느다란 실구름에 실려 은하의 세계로 흐르는 것 같은 저 달님에게 내 마음 실어 당신의 창가에 보내드리고 싶은 심산이오. 꿈속에서 나를 대하듯 이 글을 반겨주기 바라오.

연순! 자정이 훨씬 지난 지금은 잔잔한 숨결로 아기 모양 방긋 웃으며 곱게 잠들고 있겠지? 그렇게 따스하고 사랑스런 순아의 미소를 대하듯 저 달을 바라보고 있는 거야.

순아야. 별들의 속삭임을 들려줄까? 네가 내 곁에 있어주는 한 난 외롭잖아. 모든 슬픔과 괴로움도 잊을 수 있어. 네가 있기에 이 시간도 즐겁게 보낼 수 있다고 순아의 별에게 말해버릴까 봐!

달빛이 너무 밝아 나의 별은 흐미하게 비치는군. 은하수 건너 쪽 직녀별이 얄랑궂게 쳐다보고 있어서 이만 줄일래,

~잘자~

순아를 가장 좋아하는 머슴아

당신과의 긴 이별

김연순

당신이 우리 곁을 떠난 지 벌써 49일이네요.

당신은 떠날 준비를 언제부터 하였는데 나는 당신과의 이별을 생각조차 하기 싫어 이별 준비도 못한 채 엉겁결에 정말 엉겁결에 당신을 떠나보내고 장례식이 끝날 때까지 나는 땅에 서 있는지 공중에 떠 있는지 멍한 상태로 당신과 영영 다시 못 올 이별을 고해야만 했어요.

떠나는 날까지 환자답지 않게 당신의 성격대로 나에게 흐트러진 모습 보이지 않고 아침까지 죽 먹고 그 힘든 몸을 이끌고 화장실까지 다녀오고 오후에는 잠을 자고 싶다 했는데 그 잠이 다시는 깨지 못한 잠이 되었어요.

오후 4시가 넘어서부터는 힘든 숨을 몰아쉬고 버티며 견디려 애썼지만 밤 10시 20분 이 세상에서 마지막 긴 숨을 끝으로 당신은 다시 못 올 길을 떠났어요.

우리가 40년간 살면서 서로 토라지고 화내도 나에 대한 사랑이 없어서가 아니라 당신의 참지 못하는 욱하는 성격이라 생각하면서 당신이 했던 말을 늘 떠올렸지요 나를 만난 게 당신의 행복이고 인생의 전부라고 참 복이 많다고 했잖아요.

그래요. 우리의 마음 깊은 곳에는 진한 사랑이 자리하고 있기에 돌아서면 잊어버리고 살아왔던 것 같아요.

우리가 결혼 전 3년간 너무 가슴 설레는 사랑을 했기에 우리의 사랑을 시샘하여 당신과 나를 빨리 갈라놓은 것 같아요.

우리는 서로의 눈빛만 봐도 날마다 행복했던 추억이 있잖아요?

당신이 좋아하던 노래, 좋아하던 음식, 늘 함께하던 장소들 어느 것 하나 생각나지 않은 것이 없어요.

지난 기억이 아름다우면 추억도 아름답다고 하데요.

나도 몇 년을 더 살지 모르지만 당신 곁으로 가는 날까지 당신과의 아름답던 추억을 안고 살려고요.

그런데 당신을 보내고 가장 후회스러운 일은 40여 년간 고이고이 간직하고 그 시절 당신과 나의 구구절절한 사랑의 편지들을 언젠가 둘이 웃으며 보면서 추억을 되살리고 싶었는데 맹추 같은 나는 그 생각을 못한 채 당신을 떠나보내고 날마다 날마다 울면서 읽고 또 읽고 다 외웠어요.

당신이 보고 싶어서 꿈에서라도 한 번만이라도 보는 게 소원이었는데 어느 날 새벽녘에 건강한 모습으로 찾아와 가슴이 저리도록 안아줘서 "어떻게 왔어요?" 하면서 편지를 읽자 했더니 "그걸 아직도 간직하고 있어?" 하면서 아들과 딸 우리 네 식구 방에 모여있는데 당신이 서랍을 열면서 무언가를 열심히 찾아서 "뭐냐고, 나에게 말해요." 했더니 도장을 찾는다 하는데 잠에서 깨서 눈을 뜨니 당신의 체온이 아직 남아있는 것 같아 온몸에 힘이 빠져서 일어날 수가 없었어요.

제발 우리 꿈에서라도 만나요.

당신과 함께했던 추억들이 울컥 울컥 떠올라 가슴이 터질 것 같으면 당신과 함께 걷던 시민공원에 거의 날마다 나가 당신을 추억하며 '세상은 변하지 않고 남들은 저렇게 운동하는데 왜 당신은 떠나고 나만 슬프고 외로운거야' 하면서 울다울다 지치면 밤늦게 돌아와 잠을 청하면서 내일 아침 영원히 못 일어나던가 긴 시간 정신을 잃고 몇 년이 지난 후 깨어났으면 간절히 희망했어요.

얼마나 세월이 흘려야 당신을 잊을지……. 집안 곳곳에 남아있는 당신의 흔적들, 시골집에 가면 당신의 땀 흘린 발자취, 모두 나를 너무 힘들게 하

네요.

　때로는 당신을 잊으려고 독하게 마음먹고 당신이 나에게 화냈던 일만 골라서 생각하려는데 나쁜 기억들은 물거품처럼 사라지고 당신과의 가슴 설레던 좋은 추억들만 자꾸 자꾸 생각나 당신이 더욱 보고 싶고 잊을 수가 없네요.

　당신이 떠난 후 하루도 울지 않은 날이 없었어요.

　당신의 빈자리가 이렇게 클 줄 미처 몰랐어요. 언제쯤 얼마나 지나야 잊어질까요? 그날이 빨리 왔으면 좋겠어요. 너무 너무 힘드니까요.

　이렇게 이별이 빠를 줄 알았더라면 당신 힘들어도 곁에서 자줄 걸 혼자 편하게 자라고 한 것이 한없이 후회스러워요.

　2

　당신 병 이기려고 정말 고생 많았어요. 서울대병원 오르기 힘든 가파른 언덕길 2년……

　항암 주사 맞지 않았는데도 병원 건물만 보여도 구토가 난다고 내가 싸 간 김밥을 세 끼 먹어도 식당밥보다 맛있다고……

　병원 지하에서 김밥 먹던 때가 잊혀지지 않네요.

　어떻게 무슨 방법을 써서라도 당신을 꼭 살리고 싶었는데 내 정성이 부족했나 봐요.

　당신과 함께하는 동안 고마움을 모르고 살아서 지금 내가 벌을 받나 봐요. 미안해요.

　우리 이제 서로의 얼굴은 볼 수 없지만, 손 맞잡고 걸을 수도 없겠지만 나를 아끼고 사랑해준 당신과의 기억을 보듬고 살아볼게요.

　따라가고 싶으나 어쩔 수 없는 운명의 갈림길에서 당신과 나의 인연은 여기까지인가 봐요.

　나 이제 당신을 보내려 해요.

　끝까지 붙잡고 보내기 싫지만 그게 당신을 위한 길이고 당신이 덜 힘들어하는 길이라면 하늘에서 지도자가 필요해서 데려간다는 당신의 꿈대로 편히 가서 건강하게 잘 사세요.

　당신과 함께했던 40년이 고맙고 행복했어요.

　사랑했어요. 잘 가세요.

　　　　　　　　　　2014년 8월 7일 사십구재 당신의 아내가

최금기 선생 영전에

형!
부르고 나니 눈앞이 아득하지요.
산천은 푸르러 물기마저 묻어나건만
박달나무처럼 단단하던 형은
이제 그렇게 아득하게 먼 나라로 가셨구려.

하지만 어디 그리 쉽게 가실 수 있나요?
그 티 없이 맑은 미소로
손수 따 담은 매실주 꺼내며
종이 잔 권하던 모습
눈 감으면 바로 곁인데
아주 가신 건 아니지요?

참교육의 실천자로 한 치의 흔들림 없는 투사
고향 마을에 가면
밀짚모자 눌러쓰고 삽과 예초기를 든
흙에 땀 흘리던 그저 평범한
이 땅의 농부였지만
형은 그렇게 교육자였고 우리들의 지도자였지요.

힘들고 어려운 일 앞장을 서고

빛나고 폼 나는 일 베풀었지요.

첩첩이 깊은 산들이면 그 중 하나쯤 어찌 멋있지 않겠소?

허나 형은 너른 들판에 우뚝 선 산이었소.

들뫼!

아우는 형을 그리 생각하며 살았소.

옳고 바른 길 내주고

어렵고 힘든 일 안아주는

너른 들을 품어 모든 것을 아낌없이 내주는 산

고개 들어 우러르기보다

언제든지 찾아가

그저 등허리 기대어 눈 감고 쉴 수 있는 넉넉한 산

형!

눈이 내리면 눈이 좋아서

비가 오면 비가 좋아서 만났지요.

우리 가는 곳마다

눈에 들어오는 멋진 풍광에 반해

집도 사고, 배도 사고

산도, 섬도, 들판도 사자던 걸 기억하지요?

우리만큼 부자가 이 세상에 또 있을까요?

그렇게 넉넉한 웃음과도 함께했던

많은 시간을 걸어

긴 세월을 건너

이따금 그곳으로 형 만나러 가야지 하지요.

형과 함께하던 시간

형과 함께 걷던 세월 잊지 않고 살다가

언젠간 형이 먼저 간 그 나라로 가야지 하지요.

들뫼 형!

다시 만날 때까지

이제 그곳에서 편히 쉬세요.

2014년 6월 22일

들뫼 최금기 형을 먼저 보내며

아우 운당 김목 올림

그대의 오늘은

김선영(연산회원)

그대의 오늘은 정녕 세상이 열리던 첫날처럼 장엄하구나.
그대의 새로운 탄생을 위해 가장 어둔 밤 어딘가에
세상은 그 작은 빛 하나 숨겨두고 있었나 보다.
모든 강들이 작은 물꼬에서 비롯되고
세상으로 열린 모든 길들도 처음 누군가가 걷기 시작하여 길이
되었듯이,
그대의 오랜 시련 속에 투쟁으로 개척해낸 오늘은
이제 세상 모든 이의 횃불이 되고 도도히 흐르는 역사의 강물이 되고
마침내 참세상 열어갈 대로가 되리라.
이제는 모든 것 잊어야 하리.
오랜 세월 보듬고 살아온 고뇌와 숱한 절망의 벽들과
모든 삶을 바로 잡고자 하는 열망까지도
생애를 바쳐 희생한 진실이 무너지더라도
몸을 굽혀 그것을 다시 일으켜 세울 수만 있다면
그래서 다 잃더라도 다시 시작할 수만 있다면
자유와 정의와 참교육의 깃발 높이 들고 흔들림 없이 앞으로 나
갈 수만 있다면
그대의 오늘은 정녕 세상이 처음 열리던 그 날처럼 장엄하구나.

_2014년 6월 20일

어느덧 최금기 선생님께서 우리 곁을 떠나가신 지도 올해로 4주년이 되었다. 문득 최 선생님께서 가끔씩 지친 하루를 달래며 한잔 술에 부르시던 나훈아의 '찻집의 고독'이 듣고 싶어진다.

그 다방에 들어설 때에 내 가슴은 뛰고 있었지.
기다리는 그 순간만은 꿈결처럼 감미로웠다.
약속 시간 흘러갔어도 그 사람은 보이지 않고
싸늘하게 식은 찻잔에 슬픔처럼 어리는 고독.
아- 사랑이란 이렇게도 애가 타-도록 괴로운 것이라서.
잊으려 해도 잊을 수 없어 가슴 조이며 기다려요.
루루루루 루루루루 루 ---.

사실 언제부턴가 이 노래는 내 노래가 되어있었다. 올해 추모식에 가서는 최 선생님께 '찻집의 고독'을 불러 드리고 싶다.

최금기 선생님은 평생을 하루 같이 사셨던 분이다. 9남매의 장남으로서 참교사로서 자신에게 주어진 삶을 허투루 살지 않은, 자신의 안위보다는 가족과 사회의 대의를 위해, 짧지만 굵은 삶을 사셨다. 비록 지금은 함께하지 못하지만 당신의 그 삶이 늘 우리 곁에 함께하길 소망한다. 남은 자들이 당신과 함께 자유와 정의, 참교육의 깃발 높이 들고 흔들림 없이 앞으로 나갈 수 있기를 희망한다. 그렇게 되는 날 우리는 당신을 온전히 보내드릴 수 있을 것 같다.

선생님 보고 싶습니다

김금자(광주 본량국민학교 제자)

매서웠던 긴긴 겨울도 끝나고 바야흐로 꽃 피고 새 우는 봄 봄 봄이 왔네요. 3월 봄의 시작입니다. 그러니까 딱 39년전 6학년이 되던 3월, 최금기 선생님과 첫 만남이었습니다. 처음 선생님이 우리 학교에 부임하셔서 우리 반과 만나던 날 하회탈처럼 환하게 눈웃음 지으시며 웃으시던 모습이 아직도 눈에 선합니다. 그런데 벌써 초등학교 졸업한 지가 39년이나 지났다는 게 실감이 안 나네요.

그땐 왜 그렇게도 가난했던지. 그야말로 뭐 찢어지게 가난했던 시절. 난 참 인덕이 많아서 좋으신 선생님들을 만나 가난했지만 즐겁고 행복하게 학교생활을 한 것 같습니다. 그중에서도 우리 최금기 선생님을 영원토록 못 잊을 만한 것이 내가 이제 막 사춘기에 접어들어서 참 힘든 시기였는데 선생님께서 멘토가 되어주셔서 그때 나의 꿈이 간호사에서 선생님처럼 훌륭한 교육자가 되리라 바뀌면서 참 열심히 공부를 하게 되었습니다.

집이 가난한 탓에 아버지께서는 초등학교만 졸업하고 부산 신발공장에 가라고 일찌감치 나에게 못을 박아놓으셨는데, 선생님을 만나고 난 후부터 더 배워서 중학교, 고등학교, 대학을 나와 선생님처럼 훌륭한 교육자가 되겠다고 맘먹고 공부에 별취미가 없던 내가 지금 생각해도 웃음이 날만큼 밤낮없이 공부 공부만 했던 것 같습니다.

선생님이 얼마나 열정적으로 우리들에게 열심이셨는지 학기 초 친구들 하나하나 파악하셔서 어느 누구 하나 신경 안 써주는 아이 없이 개개인을 챙겨주시니 반 친구들 모두 선생님을 안 좋아할 수가 없었습니다. 아빠가 없는 친구에겐 아빠가 되어주시고 엄마가 없는 저에게는 엄마가 돼주시고 할머니랑 사는 친구에겐 아빠 엄마 역할을, 형님, 오빠가 필요한 친구에겐 또….

계절이 변할 때마다 특별한 교육법으로 산으로 들로 강으로 다니며 현장학습을 해주셨기에 선생님 밑에서 공부한 우리 반 친구들을 다른 반 친구들은 모두 다 얼마나 부러워하던지. 선생님이 열심이시니 우리 모두 한 뜻으로 선생님을 따라 공부도 열심히 운동도 열심히….

선생님께서 복이 많으신 건지 우리 복이 많은 건지, 저는 그때는 토요일 일요일이 있는 게 너무 싫었습니다. 학교에서 가장 먼 동네가 우리 동네여서 산 넘고 개울 건너 1시간 이상 걸어서 가야 갈 수 있는 먼 길을 선생님이 좋아서 가장 먼저 등교했고 선생님 책상 위에 꽃 담당은 제가 맡아 놓고 한 듯하네요. 진달래, 개나리, 찔레꽃, 수국, 도라지꽃, 백일홍, 작약, 동백꽃……. 그때 나한테 꺾인 꽃만도 족히 수백 송이는 넘을 듯합니다.

돌이켜보면 내 생애에 가장 행복했고 지금도 돌아가고 싶은 때가 바로 우리 최금기 선생님을 만났던 6학년 시절입니다. 선생님께서는 나뿐만이 아니라 모든 우리 반 친구들에게 너무도 다정하시고 인자하셨기에 그때가 그립습니다.

선생님 덕분에 부산 신발공장이 아닌 상급학교로, 완고하신 아버지를 이기고 진학할 수 있었습니다. 중학교를 가면서 선생님과 이별을 하게 되었지만 그래도 가끔 희망과 격려가 담긴 선생님의 편지 덕분에 나에게는 상상도 할 수 없었던 고등학교를 가게 되었고 3년이 지나는 동안 난 한 번도 선생님을 뵐 수가 없었습니다. 비록 형편상 대학교는 가지 못했지만, 그래서 선생님이 되겠다는 꿈은 이루지 못해서 늘 아쉬움은 남았지만, 그것이 제 운명이기에 순응하고 사회생활은 고향을 떠나 타향에서 시작했습니다. 그대로 선생님에 대한 그리움이 문득 문득 났었기에 틈틈이 고향에 있는 친구들에게 수소문도 해봤지만 선생님 소식을 들을 수가 없었습니다.

그러다 세월이 흘러 흘러 30년이 넘고 3년이 더 지났을까? 그때도 문득 선생님 생각을 하던 차 한 친구에게 선생님 소식을 듣게 되었습니다. 하늘도 무심하시지! 왜 하필 몹쓸 놈의 병마와 싸우고 계실 때 알게 하셨는지.

그래도 선생님을 뵐 수 있다는 반가운 마음에 뵙기를 청하였으나 처음엔 치료차 여기저기 병원 다니시느라 힘드셔서 한참 만에 몇몇 친구들이랑 선생님을 뵈러 갔었습니다. 33년 만에 뵙는 우리 선생님은 내가 상상했던 선생님과는 너무도 다른 모습이셨습니다. 얼마나 가슴이 메어지던지 지금도 그 모습이 생생하게 남아있습니다. 그렇게 선생님을 한 번 뵙고 딱 9개월 만에 선생님은 우리와 이별을 하셨습니다.

선생님!

아프지 않으시고 편안하게 잘 계시는 거죠?

선생님 많이많이 보고 싶습니다.

박정오

01, 03_서울교대 19회 졸업사진
02_서울교대 19회 국어교육과 A반
　　졸업사진
04_아들 백일, 가족과 함께(1999)
05_아들과 함께(2000)

01_운동회에서 아이들과
02_여름 캠프
03, 04_가락지 캠프

제주 4·3기행
(1994년 12월)

전교조 활동들

전교조 활동들

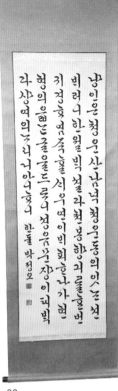

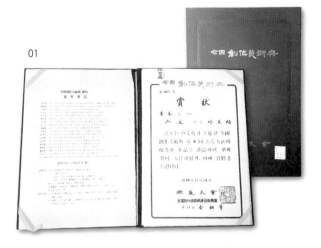

02

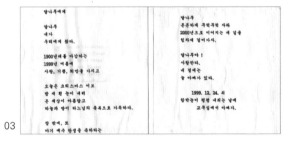

01, 02_서예활동
03, 04_아들에게 보내는 카드

03

04

01_회복 기원 편지글
02_선생의 묘소

영원한 지구장 박정오 선생님

김광철(전교조 전 초등위원장)

순둥이 농촌 총각

박정오 선생은 1962년 12월 20일, 전북 담양군 고서면 원강리 566번지에서 태어났다. 호는 '한돌'이다. 아버지 함양 박씨 해덕, 어머니 성주 현씨 오목 사이에서 맏아들로 태어났고, 여동생으로 정임, 정아, 정희, 정선이 있다. 고향 담양에서 초등학교를 다니다 4학년 때 철도청에 다니시던 아버지 직장 이동으로 서울로 이사를 왔다. 아들을 서울로 유학시키기 위해 서울로 전근했다 한다. 여동생은 시골에서 조부모 밑에서 살다가 늦게 올라왔다고 한다. 이사 온 곳은 서울에서도 가난한 달동네인 봉천동 산동네였다. 그곳에서 봉천국민학교, 남강중학교, 남강고등학교를 졸업하였다. 어려서부터 공부를 잘하고, 집에서 속 썩이는 일 하나 없었다고 한다. 할아버지가 교사가 되기를 바라셨고, 아버지도 적극 권유해서 1980년 서울교육대학교에 입학했다. 서울교대에서는 국어교육과 A반이었는데, 1학년 때부터 철학교육연구회 동아리 활동을 열심히 하였다고 한다. 1982년 서울 신영국민학교로 첫 발령을 받았고, 1987년 서울봉천국민학교로 발령받으면서 교내 교사 모임에 참여하기 시작했고, 1991년부터 전교조 관악동작지구 활동에 적극적으로 참여하기 시작하였다.

내가 처음 본 박정오 선생은 작달막한 키에 딱 벌어진 어깨, 우람한 근육질에 꼽슬꼽슬한 머리칼이 정리되지 않아 자연스럽게 흩어져 있고, 거기에 까무잡잡한 피부는 영락없는 순둥이 농촌 총각이었다. 거기에다 평소에도 청바지나 허름한 바지에 위에는 오래되어 빛바랜 반팔티셔츠나 남방 하나 걸치고 있고 남이 약간 놀리거나 어색한 말을 하면 씩 웃으며 얼굴을 돌리거나 숙이는 모습은 순수 그 자체인 50~60년대 농촌 총각인 것이다. 그런 청년이 허연 화선지에 궁서체나 또는 예서체를 일필휘지로 써내려가는 모습은 상상만 해도 흐뭇한 미소가 흐른다. 교직에 나와서도 계속 서예에 정진한 것으로 알고 있다. 서예 작품들을 써서 주변 동료 교사들이나 전교조 동료 교사들에게 선물을 하기도 하였다. 그런가 하면 담임을 맡은 반 아이들에게 리코더나 단소 등을 가르치고 연주회를 열었다. 이렇듯 예술에 대한 호감과 재능을 가진 섬세하고 서정적이며 다정다감한 청년 교사이기도 했다.

교대에 다니면서 했다는 철학연구회 동아리 활동은 그 자체로 박정오 선생이 세상과 교직을 어떻게 대하고 접근했는지 보여주는 단면이라할 수 있다. 물론 당시 피 끓는 20대 전후의 청년들 대부분 공통적인 생각이었는지 모르지만, 나름대로 삶의 문제, 가치의 문제, 정의의 문제 등에 대한 많은 고민을 안고 있었던 젊은 교사였음을 알만하지 않겠는가?

결국 이를 종합해 보면 박정오 선생은 교대를 다닐 때도 그랬지만 교직에 나와서 전교조가 태동하기 전부터 '좋은 교사', '아이들에게 친절하고 마음을 열고 교육을 하겠다는 교사', 그러면서도 시대의 요구를 외면하지 않고, 주체적으로 참여하면서 사회 정의, 교육의 정의 등을 많이 고민하고 마음을 주고자 부단히 노력했던 청년이었다고 감히 단정하고 싶다.

깃발을 들고 선봉에 서다

전교조 건설 투쟁의 시기에는 서울 2호선 주변 대학들은 전교조가 모이는 주요한 공간으로 자리 잡고 있었다. 워낙 경찰이나 교육청 장학사, 교장, 교감 등이 나서서 전교조가 모이는 것을 방해해, 각 대학 총학생회에서 학생들이 나와 화염병을 던지면서 최루탄과 백골단으로 상징되는 경찰력 투입을 어느 정도는 막아주었기 때문에 연대, 한양대, 동국대, 서강대, 건국대, 성균관대, 서울대 등 2호선 주변 대학에서 전교조 집회가 자주 열렸다.

전교조 시위와 집회가 열릴 때마다 박정오 선생은 머리에 붉은 띠를 매고 초등지회 깃발을 들고 대열의 맨 앞에 서 있었다. 최루탄이 날아오고 대학생들과 전경들이 돌과 화염병, 최루탄 공방을 벌이는 현장에서도 박정오 선생은 맨 앞에 서는 걸 주저하지 않았다. 지금도 당시를 회상하는 전교조 조합원들은 '박정오 선생'하면 떠오르는 이미지가 '붉은 머리띠'와 '깃발'이란다. 그만큼 박정오 선생은 투쟁의 현장에서 앞에 나서는 데 주저함이 없던 열혈 청년 교사였다.

해마다 열리는 전교조 결성 기념 대회에는 전국에서 1만 명 이상의 교사가 모였다. 구호를 외치면서 대정부 투쟁도 하고, 투쟁결의도 하고, 공연도 하면서 전교조가 건재해 있음을 과시하였다. 더 중요한 것은 조합원들끼리 만남의 공간과 시간을 제공하여 나 홀로 전교조가 아니라 우리가 있다는 것을 확인하면서 조합원 각자 투쟁의 결의를 다지는 아주 중요한 집회였다.

이런 집회들은 전국 단위로 열리기도 하지만 각 지부별 대회를 열기도 했다. 초등도 전국초등위원회를 중심으로 별도의 결의 대회나 초등 연수를 하였다. 초등교사끼리 서로의 존재감을 확인하고 전교조 초등 사업을 찾아내고, 힘을 모으고, 기반들을 다지기 위해서다. 이렇게 여러 대학을 찾아다니며 집회를 하다보면 항상 앞에는 전교조 본부 깃발이 휘날리고, 횡으로 각 지부별로 늘어섰다. 전교조 서울지부는 서울지부 조합원들끼리 맨 왼쪽 아니면 가운데 자리를 차지하고 앉는데, 대오 정리를 할 때도 초등은 초등끼리 모여서 앉게 된다. 그러다 보면 교대 동기나 선후배들, 같이 근무했던 동료 교사들을 반갑게 만나게 된다. 경찰의 최루탄과 백골단 공격으로 흩어지게 되더라도 삼삼오오 대학 인근 식당에서 뒤풀이를 하게 된다. 이런 뒤풀이 시간은 빼놓을 수 없는 친교와 단합의 시간이다.

집회와 뒤풀이 시간에 박정오 후배를 자주 만났다. 나는 전교조 운동에서 초등 1세대라 지구, 지회 건설 등 중요한 시기마다 전교조 직책을 맡았고, 그런 자리에서 후배 조합원들 만나기를 즐거워하였다. 동료들과 친분을 쌓고, 후배들을 격려하는 활동이 굉장히 중요하기 때문이다. 그런 자리에서 박정오 후배와 자연스럽게 만나게 되었고, 그 친구 역시 그런 자릴 좋아했다. 조직 활동에 열심이었기 때문에 그런 자리에서 만나지 않은 적이 거의 없다.

궂은일을 마다 안 했던 돌쇠 관동지구장

1990년 전교조 본부 내에서는 정해직, 조희주, 이청연 등 해직 초등 조합원들이 중심이 되어 전국초등위원회가 결성이 되고, 전국초등위원회는 전국 각 시도에서 가능한 지역부터 '초등지회'를 건설한다는 방침을 정했다. 그 결의를 가장 먼저 실천한 곳이 서울이었다. 서울 초등은 동부, 서부, 남부, 강서, 북부, 중부, 관악동작, 강동, 강남 아홉 개 지구를 두어서 초등지회 건설 준비위원회를 결성하였다. 그중 관악동작(관동)지구는 최영길 선생이 준비위원장을 맡고 있었다. 나는 준비위원회에서 부지회장 후보로 내정되어 준비위활동을 하게 되었는데, 준비위

회의를 하다가 집으로 돌아올 때 최영길 선생 등과 전철을 같이 타고 오면서 박정오 선생이 학교에서 앞장서는 전교조 활동 이야기도 듣게 되었다. 박정오 선생에 대해서 더욱 더 세세한 것들을 알아가기 시작하는 시간들이었다. 그리고 지회 건설 과정에서 박정오 선생은 최영길 지구장이나 당곡초 조합원들과 함께 신당동에 있는 지회 사무실에도 자주 함께 왔기 때문에 얼굴을 볼 기회가 많았고, 특히 뒤풀이 시간에는 학교 이야기나 살아가는 이야기를 술잔을 기울이며 자연스럽게 나누었다.

전교조 결성 시기에 많은 조합원이 해직되었는데, 박정오 선생이 근무하던 학교가 속한 서울 관악구와 동작구에서도 많은 교사가 해직되었다. 초등에서는 강남국민학교 김은미, 한영순 선생이 해직되었고, 청룡국민학교에서 이상길, 노세영 선생이 해직되었다. 이들이 해직의 길로 들어설 때, 현장에 남은 전교조 교사들은 심한 자괴감에 빠지는 등 많은 어려움을 겪었다. 해직 교사들은 현장 조합원들을 찾아다니면서 '해직의 길'에 함께하지 못한 마음들을 위로하고 다독이면서 조직 복원에 나서게 된다.

당시 관악동작 지역 초등 활동가들 중에는 남교사가 많았다. 이건, 최영길, 황순택, 오창환, 원태욱, 정환용, 김영목, 정영훈, 김기덕 같은 교사다. 그런데 전교조 조합원들이 대량 해직되고 나서 관악동작 지역에 있던 초등 활동가 중에 최영길, 원태욱, 정환용, 김영목, 박정오가 당곡국민학교로 발령을 받았다. 관악동작 지역의 남자 활동가들 대부분이 당곡국민학교로 모인 것이다. 사실 모인 것이 아니라 교육청에서 일부러 모아놓았다는 표현이 더 정확할 것 같다. 현장 영향력을 줄이기 위해서 한 학교로 몰아넣은 것이 아닌가 싶다. 그들 중 최영길 선생이 13회이고, 대부분 교대 18~20회여서 나이도 비슷한 또래집단이라 잘 어울릴 수밖에 없었다. 박정오 선생이 직전에 근무했던 봉천국민학교에서는 조합원이 적어서 활동하면서도 어려움을 겪었지만 당곡국민학교에서는 동지가 많아서 물 만난 고기가 된 것이다.

박정오 선생이 소속되어있는 당곡국민학교는 관악동작지회에 속했다. 교협 시절부터 전교조 준비위원회를 거쳐 전교조 결성과 대량 해직 사태가 올 때까지 이 지역의 초등 지구장은 정확하지는 않지만 내가 알기로는 황순택, 이상길, 김은미 등이 맡다가 원태욱 선생에 이어 초등지회가 건설될 당시에는 최영길 선생이 맡은 것으로 알고 있다. 그러다가 최영길 선생이 1년 정도 하고 나서 그 다음 박정오 선생한테로 지구장 자리가 넘어가고, 그 후 해직 교사들이 복직하던 1994년까지는 김기덕, 김정미 선생 등이 하다가 그 후에는 박정오 선생이 만년 지구장으로서 활동한 것으로 알고 있다.

우스갯소리로 장기집권한다고 했지만 전교조 지구장이라는 자리는 정말로 힘든 자리였다. 전교조 3D업종이라고 했다. 지구장은 2~4주 단위로 열리는 서울 초등지회 집행위에 참석하고, 거기에서 지회 사업을 열심히 논의하고, 사업이 확정이 되면 그 사업 내용을 들고 지구로 돌아와서 지구의 분회장들을 모아 지구 집행위를 소집하여 지회 사업을 어떻게 집행할 것인가를 논의하고, 어떤 결정이 내려지면 그 사업을 책임지고 집행하고 이끌어야 했다.

그래서 지구장은 1년 정도, 아니면 6개월 단위로 돌리면서 특정 개인한테 너무 많은 짐을 오래 지우려고 하질 않는다. 그렇지만 박정오 선생은 조합원들 중에서 지구장을 맡을 사람이 없을 때는 자의 반 타의 반 지구장을 맡아서 전교조의 가장 전위부대장이 되어 전교조의 유지, 발전에 혼신의 힘을 다했던 것이다. 내가 짐작컨대, 결혼하기 직전까지 6~7년 동안 초등관동지구 지구장을 역임하지 않았나 생각된다.

이만큼 박정오 선생은 전교조의 발이 되고, 첨병이 되어 전교조의 개마무사로서 전교조를 지탱하는 전국의 숱한 중간 간부들 중 의욕과 열정에서 둘째 가라면 서러워할 정도의 책임감의 소유자였다.

나는 1994년 3월 1일자 복직을 하여 서울대 앞에 있는 관악구 신림동의 신성국민학교로 발령을 받았다. 이용환 선생은 남성국민학교, 정기훈 선생은 이미 청룡국민학교에 근무하고 있어서 자연스럽게 이들과 지구 모임에서 잘 어울리게 되었다. 박정오 선생이 지구장이어서 다 함께 다양한 지구 활동을 하면서 지내게 되었다. 그러다 보니 지구모임이 끝났을 때 뒤풀이 시간에 어울려 학교 이야기, 살아가는 이야기, 전교조 이야기 등 다양한 이야기들을 나눌 수 있어서 더욱 더 박정오 선생의 살아가는 모습에 대하여 잘 알 수 있었다.

꺾일 줄 몰랐던 참교육의 꽃

전교조의 참교육 운동들은 조합원들 각자가 자신의 교육적 신념과 철학과 결부시켜 녹여내고, 각 조직 단위에서는 나름대로 참교육 실천을 위한 노력들이 활발하게 이루어졌다. 중등은 교과별로 교과 모임을 만들어 논의와 실천이 활발하게 이루어졌고, 초등에서는 아이들을 대상화하는 것이 아니라 주체로 세우면서 아이들을 존중하는 다양한 방식의 실천 활동들이 학급과 학교 내에서 이루어졌다. 물론 초등의 특수성 때문에 개인적 실천에 내맡겨질 수밖에는 없지만 다양한 연수와 세미나, 실천 사례 발표 등을 통하여 확대해나갔다. 이오덕 선생님이 중심이 된 삶을 가꾸는 글쓰기와 학급문집 만들기 운동, 김종만과 이상호가 앞장섰던 전통놀이, 이주영이 주장하던 방정환 어린이운동 정신을 되살리는 올바른 어린이날 만들기와 올바른 독서 문화 만들기 운동, 자연과 함께하는 올바른 캠프와 체험학습 문화 개척 활동, 생태, 환경, 통일과 같은 주제 활동, 풍물 및 전통 음악과 미술에 대한 이해와 접근, 초등 교과 모임 등. 이러한 활동들을 전국초등위원회나 초등지회, 또는 각종 주제 모임 등에서 사례 발표를 하거나 연수로 모아내고, 참교육 실천 대회를 통하여 전국적 발표의 장을 열기도 하는 등 '참교육' 확산을 위하여 굉장히 다양한 노력과 활동들을 해왔다. 촌지 거부 운동도 참교육을 위한 중요한 투쟁이었다.

이런 활동들을 학교 단위에서 책임 있게 중심에 서서 움직이는 조합원이 분회장이다. 박정오 선생이 교협 때부터 '신임교사 환영회' 등의 사진에 얼굴이 비치는 것을 보면 이미 교협 당시부터 전교조에 이르기까지 학교 단위 활동에는 빠짐이 없었던 것을 볼 수 있다. 다만 교사운동 초창기 때 학교 바깥으로 모습을 많이 드러내지 않았기 때문에 많이 알려지지는 않았지만 단위 학교에서는 분회장 등으로 지속적으로 활동해온 것이다.

박정오 선생을 알고부터 그가 학교에서 분회를 챙기는 이야기를 들어보면 남다른 데가 있었다. 겉으로는 수줍음을 잘 타서 남들에게 접근하는 것을 어렵게 생각할 것으로 보이지만 그는 결코 그렇지 않다. 타고난 부지런함과 솔선수범의 정신, 남을 잘 돕는 성격은 주변 사람들에게 많은 호감을 갖게 한다. 그렇다고 남을 귀찮게 할 정도로 부담을 주지도 않는다. 그렇기 때문에 그는 주변 교사들로부터 좋은 평을 받았다. 학급운영 내용을 들어보면 참교육 정신을 다양하게 살려내고 있었다. 특히 붓글씨와 음악에도 재능이 있어서 예체능 교육을 재미있게 잘하는 것 같았다.

그래서 그가 있는 학교는 조합원도 조합원이지만 후원회원이 기본은 30명이 넘을 정도로 많은 교사에게 다가가 전교조를 알리고 동참시켰던 분회장이었고, 뛰어난 활동을 하던 조직 활동가였다.

예나 지금이나 '박정오' 하면 떠오르는 이미지가 뭐냐하면 서슴없이 '의리의 사나이 돌쇠!'라고 함에 조금도 주저함이 없다. 박정오 선생은 누구하고나 잘 어울리고, 선거 때도 공정하고 슬기롭게 잘 처신해서 여러 조합원 중에 적이 없었다. 박정오 선생은 서울 초등지회의 일과 사업에도 누구보다 앞장섰다. 어린이날 행사 때는 반 아이들을 데리고 나가 같이 참가도 하지만 아이들을 손수레에 태우고 교대 운동장을 한 바퀴씩 돌아주는 힘든 일을 앞장서 했다. 어린이날 놀이 중에서 아이들이 가장 좋아하는 놀이여서 끝까지 땀을 흘리며 운동장을 돌았다. 여름캠프를 가면 텐트를 치는 것에서부터 물놀이 지도, 아침 체조 등 남들이 힘들어하는 일은 도맡아 했다.

　그리고 지회의 각종 연수에는 거의 빠짐없이 참석하여 공부하고 사람들과 어울렸다. 제주4·3기행을 가거나 지부 조합원 연수, 전국초등위원회 2박 3일 연수 등 주요한 연수와 회의에 박정오 선생은 거의 빠

지질 않았다. 이런 연수에 가면 새벽까지 이어지는 뒤풀이 시간이 끝날 때까지 자리를 뜨는 법이 없었다. 그런 열정과 그런 참여의식은 많은 전교조 활동가가 박정오를 '의리의 사나이'로 명명하는 데 조금도 주저함이 없게 했다.

박정오 선생의 참교육은 1995년 대림국민학교로 학교를 옮기면서 절정의 꽃을 피운다. 당시 전교조도 그렇지만 남북어린이어깨동무와 같은 단체에서는 북한어린이 돕기 운동이 한창 무르익던 시기다. 당시 북한은 몇 년째 맞는 흉년으로 많은 사람이 굶어 죽어간다고 했다. 남쪽 동포들에게는 굉장한 아픔으로 다가왔다. 남북어린이어깨동무에서는 당시 전교조 조합원들을 대상으로 북한 어린이들과 동포들을 돕기 위하여 점심 한 끼 굶고, 그 돈을 모아 식량이나 생필품 사보내기 운동을 하고 있었다. 전교조에서는 조합원들이 스스로 참여하고, 학급의 학생들에게도 이 운동에 동참하도록 안내하였다.

그 당시 박정오 선생은 대림초에 근무하면서 점심 굶기를 석 달 정도 지속하고, 학급 어린이들도 남북어린이어깨동무에서 나눠준 북한 어린이돕기 저금통에 성금을 모아서 보냈다는 이야기를 들었다. 사실 나는 며칠 상징적으로 참여하고 끝냈는데, 박정오 선생은 이렇게 진정성을 갖고 오래 참여했다는 소식을 나중에 들으면서 '역시 박정오야!' 하며 감동을 받았던 것이 기억으로 남아있다.

박정오 선생이 대림초에서 4학년 담임을 할 때의 학급에서 아이들과 생활하는 모습을 전해들은 적이 있었다. 자신은 아침 일찍 학교에 출근하여 아이들에게 리코더와 단소를 지도하고, 또한 학급에는 몇 명씩 모아 다양한 동아리들을 만들어서 자율적으로 여러 가지 활동을 할 수 있도록 한다고 했다. 그래서 매달 한 번씩 학급 학부모들을 모시고 학예회를 열었다고 한다. 그때 평소에 가르쳤던 리코더라든가 단소 연주는 물론이고 동아리별로 자신들이 활동한 결과를 전시하고 발표하는 기회를 만들었다고 한다. 박정오 선생이 서예를 잘 했으니 자연스럽게 서예전도 열렸을 것이다. 그런가 하면 미술 작품이라든가 동시, 글쓰기 작품 전시는 물론이고, 반 전체가 난타 공연을 하는 등 그 열정이 대단하였다.

체육 시간을 빼먹지 않고 하는 것은 물론이려니와 체육 시간에도 아이들이 재미없이 하는 활동보다는 우리 전래놀이를 중심으로 놀이 중심의 교육활동과 틈만 나면 운동장으로 나가 아이들이 즐기는 축구, 농구 같은 공놀이를 함께 뛰면서 어울렸고, 방과 후에도 자주 했다고 하니 아이들이 얼마나 좋아했겠는가?

또 박정오 선생은 휴일에도 아이들과 함께 많은 야외활동을 하였다. 학급 아이들을 데리고 등산을 가거나 고궁 탐사를 하였다. 방학 때는 1~2박을 하면서 여행하거나 아이들을 데리고 농구장, 야구장을 가거나 어린이를 위한 공연에 데리고 갔다. 이렇게 쉼 없이 바깥 활동을 한 것이다. 학교에서 공식적으로 할 수 있는 체험학습은 물론이고 근무 시간 이외에 자신의 시간을 할애하여 아이들과 함께 다양한 체험 활동을 한 것이다.

박정오 선생의 헌신적인 참교육 활동에 학부모들은 쌍수를 들고 환영하였다. 특히 이런 활동을 하다보면 돈이 들어가는 것도 사실이다. 그렇지만 박정오 선생은 자신의 용돈을 아낌없이 쓰면서 활동했다. 이런 박정오 선생을 교장이나 교감 등 학교 관리자들은 좋아할 것 같지만 그렇지 않았다. 예나 지금이나 이렇게 아이들을 위해서 열심히 교육 활동을 하다가 사고가 나거나 말썽이 날까 봐서다. 그렇지만 박정오 선생은 관리자들의 시선에 주눅이 들어서 활동을 포기할 그런 심약한 젊은이가 아니었다.

경우에 따라서 관리자들이 시비를 걸어오면 좋게 응대를 하다가도 안 되면 목소리를 높이면서까지 자신의 교육적 소신을 굽히지 않고 한눈팔지 않고 오직 참교육의 길을 앞으로만 앞으로만 돌진해갔던 전교조 참교육의 전사였던 것이다.

오늘날 같으면 혁신학교의 모범을 앞장서서 창출해가는 활동들인데, 이미 20여 년 전에 선구적인 활동을 해온 것이다. 비교하는 것은 그렇지만 오늘날 혁신학교에서 자신을 던져 헌신적으로 교육 활동을 하는 교사라고 할지라도 당시의 박정오 선생만큼 할 수 있을까? 전교조 본부 초등위원장 4년을 하면서 전국의 수많은 참교육 사례를 보았다. 많은 훌륭한 사례를 보았지만 박정오 선생이 학급과 학교에서 실천한 참교육은 그 어떤 교사 못지않았다는 말을 자신 있게 할 수 있다. 박정오 선생과 같이 근무했던 당시의 김태은 교사도 증언을 하는 일이다.

박정오는 어떤 전교조를 보고 싶어할까?

이렇게 열정적이고 원칙적인 전교조활동을 하는 박정오 선생을 이 학교 교장은 교장의 통제권 안에 잘 안 들어오기 때문에 눈에 들어가 있는 모래 같은 존재였을지 모른다. 하지만 박정오 선생을 좋게 보았던 것 같다. 교장이 전 학교에서 같이 근무를 했던 홍영희 선생하고 박정오가 만나게 다리를 놓아준 것이다. 박정오도 이미 그때 나이가 37세이니 당시에는 노총각 중의 노총각이었다. 그런가 하면 그보다 세 살 어린 홍 선생도 당시로는 나이가 적은 편은 아니었기 때문에 대림초 교장은 두 사람이 만나서 뜻을 합쳐 살면 좋겠다는 생각을 했던 모양이다. 그렇지 않아도 박정오 선생이 전교조 각종 집회나 참교육 활동 등으로 모임에 나오면 전교조 내에 나이가 좀 많은 여선생님이 많아서 선배들은 잘해보라고 하지만 그게 선배들의 생각처럼 잘 되지는 않았다. 인연

이 안 닿아서 그랬던 모양이다.

 박정오 선생은 결혼 이듬해 상도초등학교로 학교를 옮겼고, 전교조 모임에서 자주 보지는 못했다. 신혼이라 가정에 폭 빠져서 그러는가 보다 했다. 그러던 어느 날 병원에 입원해서 사경을 헤맨다는 말을 듣고 쫓아가보았는데, 그 사이에 사람을 알아보지 못하고 옆으로 누워있는 모습은 지금도 선명하다. 그렇게 다부지고, 패기에 차고 열정이 넘치던 젊은이가 저렇게 쓰러지다니 참으로 하늘이 무심하다는 생각이 들었다. 결혼하여 20개월짜리 아들 하나 두고, 사랑하는 부인과 부모님, 누이 넷을 두고, 그 무거운 어깨를 들어올려 버리시다니… 서울에서도 가난한 사람들이 모여 살던 봉천동 달동네에서 살면서 초중고등학교를 나오고, 교대를 졸업하고 학교도 관악구와 동작구 일대에서 근무하면서 40년 짧은 인생을 참교육의 혼 속에 묻고 전교조 곁을 떠났다. 전교조 내에서도 3D 업종이라는 분회장과 만년 지구장을 하면서 발품을 팔고 세워낸 전교조, 그 전교조는 박정오 같은 헌신적 교사, 조합원들이 받쳐낸 조직이었다고 감히 말한다. 그런 박정오를 묻은 전교조는 지금 현재 우리에게 어떤 모습으로 다가오고 있는가? 박정오와 같이 앞길을 헤쳐가다 그 뜻을 남기고 간 이름 없는 전교조 투사, 열사들 정신을 잘 계승하여 한국 교육과 사회변혁을 이끌어 가는 신형 기관차로 거듭나 달려나가야 하지 않겠는가? 박정오도 저 하늘에서 그런 전교조를 보고 싶어 할 것이다.

참교육의 돌쇠, 박정오 선생님

이주영   오늘 박정오 동지를 추모한다고 하늘에서 비까지 오시네요. 주
          룩주룩 내리는 소리에 녹음이 잘 안 될 수도 있으니 조금 큰
          소리로 말씀해주세요. 먼저 오늘 사진이나 글 같은 자료를 가지
          고 오신 분들 내놓아보세요.

홍영희   현수 어렸을 때 찍은 사진밖에 없어요. 사진을 안 찍어서. 백일
          즈음 해서 찍은 사진 있고, 처음 크리스마스 맞았을 때 카드 쓴
          거 가지고 왔어요.

김광철   옛날에 초등신문에서 사진 모아놓은 것을 버릴 때 받아놨는데,
          며칠 전 찾아봤더니 박정오 사진 들어간 게 몇 개 보이더라고.
          이게 박정오 맞나 봐.

김은미   서 있는 폼이 아닌 것 같아요.

김광철   맨날 앞장서서 깃발 들었는데….

이주영   동작지회에서 같이 활동했던 사진 없을까요?

이용환   그 당시에는 사진 안 찍어가지고…. (웃음)

김은미   제게 한 장이 있는 것 같은데, 집에 가서 찾아볼게요.

이주영   네 좋습니다. 갖고 오신 자료는 저를 주시고, 돌아가면서 나는

박정오를 언제, 어떻게 만났다. 그 다음에 무슨 일을 같이 했고, 지금 이 시대에 박정오를 왜 기억해야 되는가? 다른 동료 교사들에게 박정오를 뭐라고 말하고 싶은가? 이런 것들을 떠오르는 대로 말씀해주세요. 우선 김광철 선생님부터.

김광철 전교조 비합법 시절부터, 각종 전교조 집회 끝나고 초등끼리 모여서 뒤풀이할 때 보면 관악동작 지역 쪽 조합원들하고 같이 나와 자연스럽게 어울려가지고 술도 한잔 하고 식사도 하면서 만남의 기회를 가졌는데, 원래 과묵해 가지고 말수가 적어요. 그래서 눈에 띄는 사람은 아닌데 술을 좋아하니까 2차, 3차 뒤풀이 가면 끝까지 남아가지고 술을 먹으니, 그때 술 좀 취하면 같이 이러저러한 이야기를 나누면서 아, 이 친구가 가정형편이 어떻고 지금 학교에서 무슨 활동을 하고 무슨 역할을 하며 현재 무슨 생각을 가지고 있고 앞으로 어떻게 교사로서 삶을 살아갈 거다 하는 그런 대충의 감을 잡으면서 지내왔어요. 이상길 선생이 잘 알 텐데.

이주영 아, 이상길 선생. 전화해볼게요. 나하고는 1978년 서울양서협동조합에서 근대사 연구 모임 같이 했어요.

이상길(구암초, 전화) 반갑네요. 제가 전교조 결성 참여로 파면되고 한참 있다가 전교조에 나와서 만나게 되었어요. 처음 전교조에 가입하고 나올 때까지 어려웠어요. 조합원 중에서 봉천국민학교에 같이 근무하던 선생님이 계셨는데, 자기네 학교에 박정오 선생님이라고 우리와 뜻을 같이할 수 있는 참 좋은 선생이 있는데 모시고 나오려고 끈질기게 이야기를 했지만 나오지 않는다고 안타까워했어요. 봉천국민학교로 발령받은 83학번 후배 여러 명이 소모임을 만들어서 공부하는데 박정오 선생님도 같이

하게 되었고, 그 소모임에서 활동하기 시작한 것이 계기가 되어서 조합에 가입하고 나오게 되었어요. 그렇게 처음 나오기까지는 시간이 많이 걸리고 힘들었는데, 일단 나오고부터는 누구보다 열심히 끈기 있게 활동하였어요. 나보고 항상 "누님 복직시키고 내가 해직될게."라고 말했던 기억이 나요.

김은미   제가 94년 복직해서 서부로 오기 전에 관악동작지구에서 같이 일하면서 만났어요. 강남국민학교에서 해직돼있을 때죠. 한 2년 지구 집행부 회의할 때 만난 기억이 나요. 말을 많이 하지는 않고 회의할 때 묵묵히 잘 듣고 참여했던 기억이 납니다. 전국초등위원회 연수에 같이 가서 밤늦게까지 술 마셨던 기억, 광철 선배님이랑 박정오랑 술 마시는 거 말렸던 기억이 나요.

이용환   저는 교대 1년 후배니까 그 전부터 잘 알고 있었어요. 본격적으로 같이 활동한 건 94년에 제가 남성국민학교로 복직했는데, 거기가 관악동작지구잖아요. 지구 활동을 1년 동안 같이 했어요. 조용히 활동하는 스타일이니까 기억나는 건 서예 잘 쓰는 것 하고 술 많이 마셔 가지고 얼굴 꺼멓다예요. (웃음)

유금자   남들 따라 행사 가면 박정오 선생님을 뵙거든요. 체구가 크시지는 않고 얼굴빛은 까무잡잡하세요. 그렇게 잘 웃으세요. 말씀을 하는 모습보다는 웃는 모습이 저는 너무 기억에 남거든요.

이주영   어떻게 웃어요? 소리 내서 웃어요?

유금자   소리 안 내고 웃는 모습이 조용하고 그랬죠. 항상 웃는 모습밖에 생각이 안 나요. 말씀은 안 하시고. 나중에 선생님 돌아가셨을 때, 아 그 선생님! 하고 얼른 떠오르더라구요. 그런 정도의 기억이 나요.

김도균   저는 95년에 동작지구 영화국민학교로 옮겼습니다. 지구 모임에 나갔는데 뒤풀이 때 술 마시면서 본 게 처음이었어요. 동작 아람단에 계셨는데, 아람단 캠프에 가면 박정오 선생님하고 제가 제일 젊었어요. 그 당시 다른 아람단 지도자들이 나이가 많았어요. 아람단을 박정오 선생님하고 저한테 다 맡겨놓고 들어가서 위스키 마셨어요. (웃음) 그래서 둘이서 그 많은 아이를 지키면서 이런저런 얘기를 나눈 기억이 나요. 그때 아마 제일 길게 얘기했을 거예요. 그 다음에 숲속학교 같은 데서 봤는데, 궂은일이 있거나 뒷정리할 게 있으면 박정오 선생님이 제일 앞장서서 했어요. 누가 얘기 안 해도 본인이 다 하신 거예요. 그 다음에 지구 모임에서 봤을 때는 결혼은 안 했을 때예요. 선배 조합원들이 계속 술자리에서 놀렸어요. 박정오 이렇게 좋은 총각인데 처녀하고 짝 지워줘야겠다고 할 때 그냥 엷게 웃기만 하셨어요.

김두림 저한테는 1년 선배인데, 교대에서 이 선배를 본 기억이 없어요.

1년을 같이 다녔을 텐데. 1991년도 서울 초등지회가 하나로 묶이면서 거기서 처음 제대로 봤던 거 같고. 기억나는 모습은 집행위에 갔을 때 소파에 앉아있는 얼굴 동그란 (웃음) 선배랑 지구장들 모여서 회의하던 거, 기행 갔을 때지요. 처녀 총각이었음에도 불구하고 수줍어서 스쳐가듯 한 것 같아요. 따로 개인적으로 얘기를 나눠본 기억이 없어요.

이영주 저도 같은 지역도 아니었고, 같이 집행부를 한 것도 아니어서 정오 선배하고는 별로 친분이 없었는데 전체 집회라든가 연수 때 항상 그 자리에 계셨던 거 기억나고요. 김덕일 선생님하고 비슷하다고 사람들이 많이 그랬어요. 외모, 얼굴형도 그렇고, 밥 많이 먹는 거, 술 많이 먹는 거 두 분이 닮았다고 그랬어요. 두 분이 잘 붙어 다녔어요. 박정오 선생님은 말씀이 별로 없는데 엷게 소리 없이 항상 웃는 얼굴이고 화내는 모습 못 봤거든요. 그것도 김덕일 선생님하고 비슷해서 두 분이 형제 같다는 얘기요. 김덕일이 형 같고, 박정오가 동생 같다는 얘기 많이 했어요. 역사기행 갈 때 고속도로 휴게소에서 선배가 빵인지 호두과자인지를 사 가지고 와서 나눠주었어요. 그때 남자 선배들이 여자 후배들하고 사귀어보려고 빵 사줬다고 놀렸던 기억이 나요. 그래도 웃기만 했어요.

정애순 저도 해직되고 충남으로 내려갔다가 94년에 복직해서 서울로 와서 만났어요. 초등지회 집회나 행사 때 나가면 주로 깃발을 들고 김덕일 선생님 옆에 웃으면서 서 계시던 모습. 산행 대회 때, 초등집회 때, 잠실 행사 때 항상 깃발 들고 서 계시던 모습이 생각나요. 그때 사모님도 옆에 서서 같이, 사모님도 그 근처에서 같이 항상 계셨던 느낌이에요. 나중에 보니까 그때가 한참 연애 시작하실 쯤이라고 그러시더라구요. 외모하고는 좀 다르게 붓글씨 쓰셨어요. 나중에 기억을 해보니까 내가 대학 때 묵향 서클이었는데, 선배 모임 때 한 번 왔었다는 생각이 얼핏 났어요. 제가 24회니까 저보다 한참 위인데, 묵향은 졸업한 선배들이 방문해서 서예전을 해줄 때가 있어요. 그 선배가 딱 왔는데 좀 안 어울린다 생각했어요. (웃음)

정영훈(전화) 박정오 선배 하면 '인간적인, 너무나 인간적인'이라는 말이 먼저 떠오릅니다. 모습은 울퉁불퉁 피부는 거무스름해서 장비를 연상시키기도 했지만, 저와 제 아내인 김정미한테 뿐 아니라, 모든 동료나 후배에게 다정하고 친하게 친절하게 대해주셨어요. 가끔 막걸리도 마셨는데, 그 선배님과 함께할 때는 항상 마음이 편하고 즐거웠습니다. 한편으로는 참교육 정신, 정의감, 정당한 원칙에 대한 의지가 강하셨습니다.

홍영희 저는 1998년 2월쯤에 만난 거 같아요. 만나게 된 계기는 대림학교에서 박정오가 많은 문제를 일으켜서예요. 이근선 교장 선생님이 저하고 강남학교에 계셨다가 그리로 가셨는데 얘가 계속 속을 썩이니까 자기 손아귀에 넣으려고 저를 소개시켜준 거였어요. (웃음, 놀람) 사실 나쁜 의도는 아니었겠죠. 얘도 혼자 있고, 얘도 혼자 있으니까. 나이는 들었지. 그래 너희 만나봐라. 사실 그런 의도가 약간 포함되어있어서 솔직히 저 만나면서 교장한테 말하기 어려워하는 부분이 있었어요. 교장 선생님한테 좀 대드는 스타일이잖아요.

처음에는 마음에 안 들었어요. 못 생기고 시커멓고 (웃음) 무슨 초등교사가 저래? 시커멓고 농사꾼 같은 느낌이 드는 거예요. 마음에 안 들었는데 몇 번 만나보니 사람이 진솔하더라구

요. 그리고 점점 괜찮아진 게, 처음에 낯익다 싶은 생각이 든 게 우리 셋째 오빠랑 이미지가 너무 닮았어요. 아휴 별로다 싶으면서도 뭔가 친근감이 있었던 거 같아요. 그래서 계속 만났어요. 그냥 마음에는 안 들었는데 사람은 진국이네, 괜찮네, 이렇게 생각하면서 만났어요. 저는 그때가 서른네 살이었고, 박정오는 서른일곱 살이었으니까 세 살 차이. 결혼을 해야겠다 사람은 괜찮다. 외모로 먹고사는 거 아니니까라고 생각하고 결혼을 8월 말쯤 결정했던 거 같아요. 그래서 10월에 결혼했어요. 빨리 한 편이죠.

이용환 박정오는 마음에 들어 했네.

홍영희 박정오는 마음에 들어 해야죠 당연히. (웃음) 제가 한 성깔을 하는데 거기서도 다 마음에 들었겠어요? 안 들었겠지. 그런데 거기도 막냇동생이, 시누랑 저랑 성격이 비슷한 거예요. 그러니까 제가 틱틱거리고, 약속 안 지키고 그러면 탁 와버리는 경우가 있었거든요. 그래도 봐준 거죠. 많은 부분에서. 제가 성깔이 좀 있어요.

이주영 전교조 조합원이 아닌데 전교조 조합원을 소개했을 때 기분이
어땠나요?

홍영희 제가 조합에 들지는 않았지만 전교조에 대해서 좋은 마음도 있
었으니까요. 사실은 나쁜 마음도 있었어요. 이용환 선배랑 남
성국민학교에 같이 있을 때 선배가 아침에 왜 녹색어머니를 서
야 되냐고 따지는 거예요. 그게 너무너무 싫어 가지고 박정오한
테 맨날 그랬어요. 좋은 생각으로 학교를 변화시키는 건 좋지
만 자기가 먼저 서보고 따져야지 서보지도 않고 따지면 돼냐고.
그게 싫었어요. 그 당시 제 생각으로는 내가 할 일은 하고 말을
해야 먹혀 들어가지. 자기 할 일도 안 하고 가서 따지면 말이
되냐, 이런 생각을 했던 거예요. 그래서 박정오한테도 맨날 얘
기했죠. 따지기 전에 생각을 먼저 해라. 논리적으로 맞는 말이
라 하더라도 내가 책임감 있게 행동을 하고 말을 해라. 그러면
서 제가 닦달했던 생각이 나요. 박정오는 착한 편이었어요. 제
가 술 마시는 거 담배 피우는 거 싫다 그러니까 저를 만나면서 끊
었어요. 그래서 그 전에 술을 그렇게 많이 마셨는지는 몰랐죠.
(웃음) 사실 그걸 조금 알아보고 결혼했어야 했는데. 아, 진짜
이렇게 될 줄 몰랐죠.

이주영 이근선 교장 선생님이면 나도 알아요. 춘천교대 선배님이라서
동문회에서 만났지요. 온화하고 부드러우신 분인데, 전화드려볼
게요.

이근선(전화) 대림국민학교로 가기 전에 박정오 선생 이야기를 많이 들
었어요. 그런데 가보니까 사람이 괜찮아요. 나쁜 사람은 아니더
라구. 혼자 노총각으로 있는데 안됐다 싶고, 결혼해서 자리 잡
으면 좋겠다 싶었어요. 그런데 전 학교에 같이 있던 홍 선생이

학교로 놀러 온 거야. 홍 선생도 참 씩씩하고 유능한데, 결혼이 늦었잖아. 그래서 내가 꼭 소개해주고 싶은 총각 선생이 있다고 했지. 그런데 사람은 좋은데 전교조야. 홍 선생이 전교조라도 괜찮다고 보겠다고 하더라고. 그렇게 얼마 못 살고 먼저 가니까 너무 가슴 아프고, 장례식에 갔는데 내가 죄인 같아서 어떻게 할 수가 없더라고. 그런데 홍 선생이 너무 따스하게 맞아주고, 고맙다고 해서 고마웠지. 참 씩씩해. 고생은 했어도 아들이 잘 컸다니 정말 기쁘다. 그리고 17년 동안이나 그렇게 해마다 추모해주고 있다니 정말 고맙고 고마운 일이야. 홍 선생한테는 내가 나중에 전화할게. 이 선생도 건강하게 잘 지내요.

이주영   춘천교대 1회 선배님이세요. 나는 13회고. 현수 이야기하니까 너무 좋아하시네요. 자 다시 하던 이야기 계속하지요.

홍영희   저도 나이 들어서 결혼했으니까 너 할 일 나 할 일 정하자. 그래서 나눠서 했어요. 저는 밥하고 설거지하는 거고 너는 집 안 청소하고 빨래하라고 했어요. 그걸 다 했어요. 반항 안 하고 다 했는데, 저 때문에 스트레스를 많이 받았죠. 제가 귀걸이, 목걸이, 안경 아무 데나 놓으니까 자기 치울 일이잖아요. 저보고 제자리에 놓으라 막 그러고. (웃음) 굉장히 꼼꼼한 스타일이에요. 저는 옷을 막 벗어놓고 걸쳐놓고 그런 스타일이고. 그것 때문에 좀 스트레스를 받았어요.

김도균   진짜로 그랬어요. 어질러져 있는 걸 못 봐요.

홍영희   못 봐요. 집 안도 굉장히 깔끔하게 치우는 스타일이어서 청소를 굳이 안 시키는 데도 자기 담당이 청소면 일주일에 두 번은 온통 다 들어내고 뒤에까지 청소해요. 그렇게까지 할 필요가 뭐 있어? 앞에만 하고 일주일에 한 번만 하지. 그래도 아니에요. 좀 그런 스타일이에요. 꼼꼼한 스타일. 얘도(아들) 꼼꼼한 스타일이었어요. (웃음) 애기 땐 꼼꼼했는데 저랑 같이 살면서 엄마의 헐렁헐렁한 걸 배워서 바뀌었어요. 아빠 닮은 부분이 많아서 초등학교 5학년인가 그때부터 문단속을 얘가 했어요. 제가 피곤하면 일찍 자고 그러는데, 얘가 꼼꼼하게 챙기고 시장 가면 들어주러 따라오고 이랬어요. 착한 면이 있죠. 박정오를 닮은 면이 있어요. 좋은 면으로 보면.

이주영 현수는 주변 어른들로부터 아버지에 대해 어떤 이야기를 들은 기억이 나요?

박현수 착하고 소심하고 꼼꼼하다고 했어요.

홍영희 한 번 싸운 적이 있어요. 신혼 지나고 3~4개월 됐을 때 싸움이라고 할 거까지 없지만 박정오가 속상해한 적이죠. 술을 계속 끊고 안 마시다가 한 5개월 때 술을 한 번 마시고 온 적이 있어요. 제가 싫어하는 게 술 마시고 얘기하는 거예요. 맨 정신으로 얘기해. 왜 이성적으로 말을 못 하고 술을 마시냐. 저는 그런 스타일이거든요. 굉장히 냉정하고 이성적이고 박정오는 굉장히 감성적이고 세심하고.

김은미 마지막 학교에서 같이 활동한 김태윤 선생한테 기억나는 거 있냐고 물었더니 신규 후배들 오면 시집 같은 책을 선물로 줬던 기억이 난다고 해요. 그리고 빨간 수건을 머리에 동여매고 교실에서 리코더를 많이 불었던 게 기억난다고 해요. 더 필요한 게 있으면 전화주셔도 된대요.

김태은(전화) 같은 학교 근무하기 전에는 지회활동 하면서 만났는데, 항상 술에 취해있고 주사가 심해서 인상이 안 좋았어요. 그런데 같이 근무해보니 과묵하시고 내성적이면서도 동료 교사와 아이들한테 친절하고 자상하신 선생님이셨어요. 신규 교사가 오면 꼭 시집을 한 권씩 선물 하셨고, 남이 싫어하는 분회장을 맡아서 하셔요. 조합원이 아닌 일반 교사들도 참 착한 선생님이라면서 잘 챙겨주셨어요. 관리자들이 교사나 전교조에 대해 부당한 대우를 하면 나서서 맞서주셨지만 기본 예의를 잘 지켜 가면서 다투셨어요. 남교사 조합원들 가운데는 옆에서 보기에 무척 무례하게 하는 경우가 있었는데 박정오 선생님은 그러지 않으면서도 할 말을 다 하면서 바꿔내셨어요.

유금자 그때 학급 인원수가 꽤 많았을 거예요. 왜냐하면 제가 학교에 있었을 때도 학생수가 50명, 60명, 70명까지 됐는데, 그 사이에서 모둠 활동을 하는 건 되게 어려운데 그런 걸 그때도 하시고 그랬잖아요.

홍영희 아침에 매일 걸어갔어요. 학교를. 봉천동 고개 있잖아요. 이름이 뭐였지. 봉천동 아파트거든요. 거기서 상도초등까지 걸어갔어요. 그게 한 4km 될 텐데. 군인도 아닌데 발목에다 무거운 모래주머니인가 납주머니인가를 차고 걸어가고요. 옷도 후줄근하게 입었는데, 질경이 같은 데에서 파는 생활한복을 입고 아침마다 아이들하고 약속을 했다고 맨날 일찍 갔어요. 아침에 조기축구 하러. 그렇게 학교를 아침 일찍 걸어다녔어요.

이주영 그거 무술 훈련이네요. 그렇게 운동을 열심히 하고 아이들하고 아침에 만나 축구를 했군요. 이용환 선생은 생각나는 거 없어요?

이용환 제 활동도 이제 기억이 안 나는데. (웃음) 그때 관악동작지회가 사람이 별로 없었어요. 그래서 지구장을 오래했어요. 그때 복직해가지고 지구 활성화시키겠다 계획을 짰는데 모여 봐야 다섯,

많이 모이면 일곱. 지구 모임에 그 정도밖에 안 나왔거든요. 맨날 지구 조합원을 어떻게 늘려야 하나 논의했던 기억이 나요. 끝나면 순대골목 가서 술 마시고, 그 기억이 제일 많이 나요.

김두림 지금 흙바람 카페에 사진 있나 찾아보는데 제가 지금 뭘 보고 놀라고 있냐면요. 하하하. 2003년의 광철 선배를 보고 놀라고 있어요. 너무 젊어서. 흙바람 카페에서 사진 더 찾아볼게요.

이용환 저는 요즘 말에 대해서 많이 생각하는데, 박정오 그러면 말이 없는 친구였다. 그런 걸로 기억이 되거든요. 그런데 늘 있어야 할 곳에는 있었잖아요. 말은 없어도 항상 있어야 될 곳에 있었다고 하는 거는 저한테 되게 많은 걸 생각하게 해줘요. 지금은 너무나 말이 앞서는 시대인데 늘 그렇지만 말보다는 실천이죠. 실천과 행동이 중요한데, 그런 걸 잘 보여주는 친구였다고 저는 생각해요. 그런 것들을 우리가 다시 한번 생각해봐야 하지 않을까. 그런 삶의 태도.

정애순 오늘 아침에도 산하 아빠(이용환 선생)하고 기록이 없어서 너무 아쉽다는 얘길 했어요. 조금 더 있었으면. 지금 보면 선배가 한 게 혁신교육이잖아. 지금도 못 해 그만큼. 잘 기록해놨으면 좋은 참교육 실천 사례로 남아서 도움이 많이 되었을 텐데. 오늘 아침에 얘기하면서 너무 아쉽다고, 지금 우리가 혁신교육이라고 하고 있는 게 교실에서 아이들 재능 살려주고 동아리 발표하고 학부모 모임하는 건데, 박정오 선배가 20여 년 전에 했던 만큼 못 해요. 그런 선배가 조금만 더 살아계셨으면…. 산하 아빠도 좋은 후배가 너무 일찍 가서 안타깝다고 그랬어요. 이런 선배들의 노력이 있었는데. 사실 혁신교육이라고 우리가 핀란드니 어디니 가서 배워오고 그러는데 사실 박 선배가 교실에서 했던 것이 외국에서도 못 했던 혁신교육이었어요. 그걸 우리가 후배들한테 꼭 이야기해줘야 해요.

이주영 　우리가 아무리 핀란드 가서 물어보고 와도 그걸 가지고 와서 어떻게 할 건지 답답하지요. 우리가 80년대, 90년대 현장에서 했던 이야기들을 잘 되살려서 그걸 더 발전시켜 나가는게 훨씬 우리 현실에 맞지요.

이영주 　저는 정오 선배에 대해서 잘 모르지만, 아까 차타고 오면서 전교조에 대한 이야기 많이 했거든요. 우리가 처음에 참교육 이야기를 했었는데, 정오 선배가 그 옛날 했던 모습들 이야기 들으니까 반성도 되고, 우리가 중요하게 생각했던 참교육에 대해서 다시 한번 생각해봐야 되지 않을까. 전교조를 참교육 중심으로 재정립할 필요가 있다. 재구성할 필요가 있다 그런 얘기를 했었어요.

정애순 　지금 혁신학교 제일 잘한다는 사람도 얘기를 들어보면 그만큼 못 해요. 저는 한편으로 되게 마음이 아픈 게 사실은 정오 선배가 그 짧은 시간 묵향에 와서 선을 그리고, 그 다음에 아이들과 생활한 이야기, 신임 교사들에게 분회장으로서 시집 선물했다는 얘기를 들으면서 정오 선배는 어쩌면 굉장히 감성적인 사람이고 순수한 교사였다 싶어요. 그 시대가 그런 청년들을 강한 사람이 되어 싸우게 만들고 악에 받치게 만들고, 스트레스를 받게 했어요. 사실은 굉장히 선이 곱고 아이들과 아기자기하게 정답게 살고 싶었을 텐데…. 그 시대가 아름다운 교사 하나를 그렇게 죽음으로 몰아갔다는 생각이 들어요.

김은미 　비슷한 얘기일 것 같은데 저는 들으면서 아, 전교조의 원형 같은 인물이다. 외부에서는 전교조의 주로 투쟁적인 사람들을 보

면서 전교조가 너무 과격하다는 식의 얘기를 하는데 사실은 대부분의 전교조 조합원들이 박정오 같은 사람이거든요. 자기 교실에서 정말 좋은 교사가 되고 싶어서 시작했던 사람들, 그런데 그걸 못 하게 하니 어쩔 수 없이 싸우게 되는 거죠. 그래서 참 전교조의 원형과 같은 사람. 굉장히 상상력도 풍부하고 창의적이었던 그런 교사였구나 생각이 들고. 요즘은 그런 것들을 권장하는 환경이 만들어지고 있잖아요. 그러니까 참 뜻을 펼칠 수 있는 그런 시대를 못 보고 너무 앞서 갔구나. 이런 생각이 드네요.

이주영 홍영희 선생님 동료 교사로서, 그리고 동반자로서 마무리 말씀을 해주세요.

홍영희 사실 박정오가 먼저 가버림으로 인해서 현수와 저한테는 굉장히 큰 고통을 준 거잖아요. 그래서 어떤 면에서는 원망도 되는 부분이 있고 그랬지요. 힘들 때마다 푸념식으로 하죠. 어디 있다고 생각하고. 그러긴 하지만 참 행복한 사람이구나 하는 생각이 들었어요. 왜냐하면 매년, 제가 한 번 아파서 못 온 적이 있고 오늘도 사실 감기 들어서 안 좋긴 한데, 항상 요맘때엔 몸이 안 좋더라고요. 왜 그런지는 모르겠어요. 7월 되면 아파요.

그때 전교조장으로 치르고 나서 제가 전교조에 얼마쯤 기부를 하려고 했어요. 돈을 많이 썼잖아요. 그런데 그때 조희주 선생님이 "애 데리고 사는 것도 힘든데 그건 아니다. 그러면 전교조 가입을 해라." 그래서 가입했거든요. 사실 결혼하면서 저는 절대로 전교조 안 든다고 그랬거든요. 너는 똑바로 해라. 나는 반대편에서 보겠다. 이런 입장이었는데 그분이 그렇게 말씀해주셔 가입했어요. 제가 전교조 가입을 하고 활동은 많이 못했지만 학교에서 분회장 역할을 하고는 있어요.

올해가 17주년이에요. 그런데 정말 한 해를 거르지 않고 이렇게 17년을 와주시니 참 대단한 거예요. 선배님들 후배님들이 이렇게 기억해주는 걸 보면서 전교조가 참 대단하다는 생각을 했어요. 박정오는 참 행복한 사람인 거예요.

때_ 대한민국 100년, 2018년 7월 1일 17시부터 21시
곳_안성추모공원
참석자_ 김광철(서울신은초 퇴직교사), 김은미(서울신도초 교사), 홍영희(서울봉천초 교사. 유족), 이용환(서울서부교육지원청 교육장), 김도균(서울원효초 교사), 김두림(서울월천초 교사), 이영주(서울신월초 교사), 정애순(서울덕양초 교사), 유금자(전교조 서울참교육동지회) 박현수(서울대 1. 아들)
전화 취재_ 이상길(서울구암초 교사), 김태은(서울은빛초 교사), 이근선(퇴임 교장), 정영훈(퇴임 교사)
사회·정리_ 이주영(전교조 서울참교육동지회)

● 박정오 약력

1962년	12월 20일 전북 담양 출생
1968년	담양군 월곡국민학교 입학
1971년	4학년 때 서울로 이사
1974년	서울 봉천국민학교 졸업
1977년	서울 남강중학교 졸업
1980년	서울 남강고등학교 졸업
1980년	서울교육대학교 입학
	철연구회 동아리 활동
1981년	철학연구회 회지《지향》편집장
1982년	9월 1일 서울 신영국민학교 부임
1987년	3월 1일 서울 봉천국민학교 부임
	87, 관동지역 신입 교사 환영회에 참석
1991년	3월 1일 서울 당곡국민학교 부임
1993년	전교조 서울관악동작지구장
1995년	3월 1일 서울 대림국민학교 부임
1998년	10월 25일 홍영희 교사와 혼인
1999년	3월 1일 서울 상도초등학교 부임
1999년	8월 9일 아들 현수 태어남
2000년	6월 24일 1호 질병 휴직
2001년	6월 23일 서울 상도초등학교로 복직
2001년	6월 25일 의원면직
2001년	7월 4일 강남성모병원(현 서울성모병원)에서 돌아가심
	인성추모공원(경기도 안성시 보개면 보상로 319-34)에 안장
	전교조 서울 초등지회 동지들이 해마다 7월 묘소에 가서 추모

친구, 정오를 그리며

홍동식(서울교대 19회, 서울중평초 교감)

1980년 3월은 학원이 자율화되고 민주화의 봄이 무르익을 때였다. 정오와 나는 서울교육대학교에 입학을 하였고, 학내에서는 학원자율화 운동으로 인하여 수업을 전면 거부하고 있었던 시기다. 그리고 그 당시에는 학교수업에 대한 학생들의 만족도가 높지 않아서 대학생활에 어려움을 겪었던 것으로 기억된다. 그리하여 철학연구회 동아리활동에 관심을 갖게 되었다. 나와 정오는 우연한 기회에 같은 동아리에 가입하였다. 우리는 동아리활동에 만족했고 선배님들도 충실하게 우리를 지도해주려고 무던히도 애를 썼다. 이에 감동하여 더욱 동아리활동에 열심히 참여했다.

우리는 "역사의 부름 받고 어둠에서 일어난 서울교대 철학회는 인간혁명 외친다. 우리 모두 따라가자 가능의 바다로 지혜의 등대불은 험한 창파 비친다"라는 철학회가를 주문처럼 불렀고, "우리는 인간혁명의 기수이다. 자부와 긍지로 이 사명 다하자. 우리는 인간을 사랑하는 휴머니스트이다. 멋지고 보람차게 인간교육 이룩하자. 우리는 불의 증오하는 민주시민이다. 불굴의 의지로써 정의를 수호하자. 우리는 학문을 존중하는 학도이다. 성실과 근면으로 진리를 탐구하자. 우리는 고락을 같이하는 한 뜻의 가족이다. 신의와 협동으로 신천지를 건설하자"라는 서울교대 철학회 이념을 되뇌이며 커다란 꿈을 꾸며 신천지를 건설해보고자 수많은 나날을 고민하였다.

그러나 그 시대의 5월은 암울했고, 마음은 항상 공허했고, 생각은 늘 혼란스러워서 우리는 그대로 머무를 수 없었다. 1학년 때에는 선배님들과 함께 매일 7시 30분부터 철학개론 등의 교재를 바탕으로 아침공부를 하였다. 저녁에는 남영동 다 허물어져가는 자그마한 건물에 선배들이 마련해 놓은 철학연구회 회관에서 학문을 존중하는 학도로서 끝임 없는 토론을 이어갔다. 학교 등나무교실 아래에서는 그 시대 주제에 맞는 세미나를 개최하여 토론을 이어갔고, 마음의 고향인 경기도 가평에 도대리에 있는 철학수련관에 자주 갔다. 술만 먹으면 아무 생각 없이 청량리에서 기차를 타고 가평역까지 가서 무작정 걸어갔던 기억이 새롭다.

　2학년 때에는 정오가 철학연구회에 더욱 심취하여 철학동아리 편집장으로서 분기별로 발행하는 《지향》이라는 문집을 발간하였으며, 축제 기간에는 철학연구회 주관 철학연극인 'The Death of Socrates'의 주연을 맡아 그 많은 양의 대본을 모조리 외워서 당당하게 연기를 해서 학우들에게 커다란 박수를 받았으며, 지향페스티벌, 철학의 밤을 앞장서 이끌었다.

　그 당시에는 정오뿐만 아니라 교대에 입학한 학생들 형편이 다들 어려워서 선배님들이 학교에 방문하여 삼겹살이라도 사주는 날이면 배탈이 날 정도로 먹었다. 그때는 통행금지 시간이 있었는데, 우리는 자주 통행금지에 걸려서 오르간실에 몰래 들어가 신문지와 골판지를 깔고 잠을 청하였다. 그런 날은 아침 굶는 것은 일상이었다.

　우리는 틈만 나면 도대리를 자주 방문하였고, 그곳에 있는 도대국민학교에서 교육 봉사활동을 전개하였다. 또 어려운 학생들 지원을 위해 선배를 방문하여 각종 도서, 학용품 지원을 요청해서 받아오는 일에 앞장섰다.

　아울러 정오는 성품이 워낙 올곧고 바르기 때문에 항상 정의를 부르짖었고, 워낙 성실하여 다른 사람들의 모범이 되었다. 도대리 봉사활동할 때면 추운 새벽에 나와서 군불 때기, 나무하기, 밥 짓기 등 남들이 싫어하는 일을 앞장서서 했던 기억이 새롭다. 그리고 명지산을 등반할 때는 체력이 좋아서 앞장서서 길을 안내하면서 회원 전체를 이끌어 나가는 선도적 지도자였다.

그러나 안타깝게도 정오가 꿈꾸던 세상을 보지 못하고 일찍 우리와 이별을 하고 말았다. 아마도 정오는 다른 세상에서도 인간혁명의 기수로서, 인간을 사랑하는 휴머니스트로서 멋지고 보람차게 인간교육을 이룩하고 있는지도 모른다. 보고 싶다 친구야!

박정오! 너를 오랜만에 불러본다

김기명(광주시 진만초 교사)

베이비부머 세대들에겐 등짐으로 남는 학번, 살아온 이야기 나눔 속에 '내가 더 힘들었다' 유세하며 마치 제 자리가 밀려날까 걱정해 감싸쥐듯 내뱉는 세월, 그게 학번이고 그러니 속 편한 세대 나눔이다. 예비고사와 2년제 교육대학의 마지막을 차지한 정오의 자리는 학번 80이다. 대학 입학이란 건 당시에도 축하받을 만한 상황이지만 단지 교련복이 군복으로 바뀌면서 시작된 RNTC 군사 훈련 속에 우린 대학생활이 뭔지 생각할 여유도 없었고, 당대의 화두가 되던 PD와 NL이란 건 알지도 못해 이야기조차도 나눠본 적 없는 운동권의 사각지대 서울교육대학이니 그저 정신없이 바쁜 고등학교 4학년의 시작이었다.

게다가 바로 이어진 5·18광주민주화운동 ─ 나중에 학교에서 아이들을 만나면서도 광주사태로 기억했던 ─ 으로 장갑차가 진을 치고, 장전한 총을 든 군인이 가로막은 교문은 우리 세대 모두의 아픈 기억이다. 그런 교문은 모두의 만남을 막았고 7월말이 돼서야 통제된 생활 속에 얼굴을 볼 수 있었다. 남한산성 아래 육군행정학교에서 실시된 군사훈련으로 다시 입학 때처럼 만나 2학기 개강 후에 비로소 편하게 같은 국어교육과란 걸 느낄 수 있지 않았을까?

하지만 전두환으로 상징되는 1980년, 학생운동, 시위란 말은 서울교대 몫은 아니었지만 그 일당의 7·30 교육조치는 가난한 교대생의 유일한 밥줄이던 과외를 범죄로 만들어버렸다. 차비조차 막막했던 몇몇은 지하철 공사 현장의 흙탕길을 걸어야 하는 지경까지 이르렀다. 공부에 앞서 먹고 사는 걸 걱정하며 휴교로 한 학기를 지낸 교육대학 2년, 같은 과였지만 정오와의 기억은 솔직히 그저 가끔 나눈 술자리가 전부다. 졸업 후엔 발령이 나지 않아서 또 다른 고통이 이어지다 그의 얼굴을 다시 본 건 1989년 전교조 시작 이후다.

워낙 남자가 적었던 서울교대 80학번, 대학 때는 꿈도 못 꿨던 집회에 나가 얼굴을 보면 그렇게 반가웠다. 집회 장소조차 비밀이던 초기엔 단지 얼굴 보는 정도였지만 훗날 여의도든 대학이든 집회마다 자주 만나게 된 정오, 거기엔 같은 과였던 또 다른 친구 강남훈도 함께했다. 만나면 반가움에 손을 감싸지만, 지역이 다르니 뒷자리까지 이어지는 경우는 많지는 않았어도, 그것만으로도 즐거웠던 벗들을 함께 기억하며 힘을 얻곤 했다.

특별하게 기억해 자랑할 만한 일화를 이끌어낼 수는 없지만, 그저 막역한 벗으로 남아있는 정오에 대한 마무리에는 80학번 전교조 친구들을 빼놓을 수 없다는 거다. 80학번은 남학생들이 1년 선배나 후배들보다 반도 안 되는 적은 수였다. 그중에서도 전교조 참교육 운동을 함께한 모두의 벗 박정오, 상남자 강남훈, 어린 민중 정세기는 이 자리에서 함께 불러보고 싶은 동기들이다.

처음에 말한 '짠 함'을 고백한다. 학번 겨룸이 나오면 설레발치듯 다른 어떤 세대보다 힘들게 세월을 지키며 나름대로의 자리에서 교육 운동에 함께했다 자랑하던 80학번 이 친구들을 지금은 만날 수 없다는 거다. 뭐가 아쉬웠는지 다 하늘가는 지름길을 먼저 택했다.

어느 자리든 중심이 되던 남훈은 고향, 하동으로 간다는 말이 마지막이었고, 누구에게나 친구가 되던 정오가 아쉬운 듯 바로 그 뒤를 따랐다. 봉천동 '어린 민중'을 이끌며 끝까지—개나리 가지에도 / 덕지덕지 붙어 있는 똥 / 해님이 누고 간 똥. // 긴 겨울 웅크리고 있던 / 땅이 더운 입김을 내쉰다.— 추운 세상에 더운 입김을 그리던 우리 시대의 교사 시인 세기도 하늘 자리를 찾아 떠났다.

　이젠 정년을 운운하는 나이, 정말 주책없이 남아있는 나를 보게 된다. 정오를 생각하다 훗날 함께 나눌 뒷이야기를 편하게 할 수 있을 방법을 찾는 이 자리……

그 사람, 박정오!

정기훈(은빛초교사 퇴직, 전 전교조 전국초등위원장)

박정오 선생과의 생전 얘기를 써달라는 부탁을 받고 오래된 시간을 거슬러 떠올려본다. 해마다 7월이 되면 후배들과 함께 안성 천주교 공원에 누워있는 그를 추모하러 다닌 지도 벌써 20년이 다 되어간다. 작년엔 그의 유일한 아들이 서울의 명문대학교에 입학하였다는 기쁜 소식을 들으며 먼저 간 박 선생도 참 좋아할 거라는 생각을 했다. 세월은 그렇게 이어지고 우리는 의자를 비워 놓을 준비를 하는 게 세상의 순리다.

다시 교직으로 복직하여 강서 쪽에 근무하다 원거리 내신으로 관악구에 전근 온 것이 1994년이니까 내가 박선생을 가까이서 만난 게 그즈음이다. 그때는 서울에 초등지회가 하나였고 각 교육청을 묶어 아홉 개 정도의 '초등지구'로 구성되어있던 시기다. 물론 '전교조'는 소위 비합법조직이고 학교 현장 내의 조합원 조직율도 형편없던 시절이다. 오죽하면 자기가 근무하는 초등학교에 자기 말고 조합원이 한 명이라도 더 있어 터놓고 교육적 고민들을 의논할 수 있으면 좋겠다는 말을 했을까… 나 역시 92년도에 복직하자마자 학교 내에 《전교조신문》과 《우리 아이들》을 돌리고 후원금을 걷으러 다녀 이상한 놈으로 관료와 교사들의 따가운(?) 눈총을 받던 시절이었다.

이런 아웃사이더로서의 이질감과 심리적 괴리감을 해소하고 참교육에

박정오 623

대한 열정과 에너지를 충전할 수 있는 곳은 모래밭의 바늘같은 조합원들이 매주 모이는 지구 모임이었다. 관동지구(관악동작)에서 매주 모이는 회의에는 평균 넷에서 일곱 명 정도의 교사가 참석하여 지금도 그 이름을 외울 수 있을 정도다. 그 얼굴에서 빠지지 않는 사람이 바로 박정오 선생이다. 듬직한 체격에 거무스레한 얼굴색, 그리고 매사에 진지하고 각종 집회와 모임, 회의에 빠지지 않고 참석하며 학급 어린이들과도 친구처럼 잘 어울리며 노는 그의 모습은 항상 주변사람들에게 신뢰를 주었다. 더운 야외 활동 때 머리에 띠(집회 머리띠 말고 손수건을 길게 접어 두른 땀받이 머리띠)를 두른 모습은 아직도 내 뇌리 속에 각인된 박 선생의 이미지다. 그 신뢰만큼이나 빠질 수 없는 것이 매주 회의 뒤에 이어지는 뒤풀이 술좌석이다. 당시 우리를 둘러싼 모든 사회적, 교육적 환경은 변명같지만 우리를 술 마시게 하기에 충분했다. 늦게 회의를 끝내고 한 잔, 또 한 잔… 참 많이도 마셨다. 그중에 노총각이었던 박 선생은 체격만큼이나 사양없이 마셔댔으니…. 결국 젊은 날의 울분과 술과 열정들이 알게 모르게 우리의 건강을 좀먹어 들어간 것이 아닌가 생각이 들기도 한다. 서울지부 여름 연수 때 다리안 계곡에서 소백산 연화봉까지의 등산이 유독 기억에 남는 것은 엄청난 빗줄기와 안개 때문이기도 했지만 2박 3일의 연수를 끝낸 홀가분함과 서울 초등 후배 활동가들과의 깊은 인간적 신뢰감 때문이기도 하다. 난 그때 많이 힘들었는데 박 선생은 꾸준히 한 발 한 발 쉬지 않고 힘있게 올라 따라가기가 벅찼다. 그러던 그가… 한참이나 후배인 그가 먼저 유명을 달리 하다니 세상일은 알 수가 없다. 굵은 다리만큼이나 축구를 즐기는 반면에 매우 섬세한 측면이 박 선생에게 있었으니 붓글씨(한글서예)를 아주 잘 쓰고 단소와 리코더를 잘 연주하였다. 내가 졸라서 박 선생이 쓴 서예 한 점을 얻어 한동안 방의 벽에 붙여놓았었는데 글의 내용이 기억나지 않아 아쉽다.

그러다 서부 지역으로 근무 학교를 옮겨 매주 보던 얼굴에서 이제는 초등지회 행사나 연수, 집회 등에서 반갑게 만나는 시간들로 만남이 이어졌다. 박 선생이 늦은 결혼을 하고 늦게 아들을 볼 즈음에 아프다는 소식을 듣고 잘 믿기지가 않았다. 그 튼실한 체구가 아프다니, 그러나 병실에서 마지막으로 본 그의 얼굴은 예전의 모습이 아니라 상상이 어려운 체구의 모습이기만 했다.

전교조 본부의 바쁜 업무(전국초등위원장) 속에 그의 부음을 들었을 때 느낀 감정은 억울함, 억울함이었다. 이제 전교조가 합법화(노동2권으로 불완전하지만) 되고 현장에서 할 일이 그렇게 많은데, 우리가 얘기해왔던 그 많은 것을 벽돌 쌓듯 하나 하나 해나갈 수 있는 때가 왔는데 죽다니…. 그러나 어쨌든 그가 갔다. 그게 2001년도 7월 즈음의 일이었다. 할 수 있는 일을 생각했다. 서울지부에 연락하여 박 선생 부음을 알리고 '서울지부장'으로 장례를 치르도록 하여 아주 조금은 위안이 되기도 했으나 지나보니 부질없는 일에 지나지 않는다.

발인날 영정을 들고 그가 마지막으로 근무했던 상도초등학교의 교정을 돌았다. 한때 그의 교육에 대한 꿈과 아이들의 열정이 뭉쳐 함께 땀 흘리던 학교. 항상 성실하고 열정적이며 지위나 자리, 권력에 연연하지 않고 삶과 교육열을 불태웠던 그에게서 구한말의 의병이나 독립군의 초연한 기개를 떠올림은 지나친 것일까? 역사는 그런 무명의 전사들이 있어 느리지만 꾸준히 이어져 간다. 대통령부터 교육부총리, 교육감들이 소위 진보 일색으로 자리되어 옛날의 고초가 영화로 뒤바뀌어지는 시대에 들어 그 의미는 깊은 울림으로 새겨져야만 할 것이다.

이제 그는 갔다. 그러고도 오랜 세월이 흘러 박 선생을 회고하며 이 글을 쓴다.

이제 학교도 은퇴한 나이에 그런 생각을 한다. 주변의 적지 않은 아픔과 죽음들을 지켜보며 나 스스로도 몇 년 전에 죽음의 문턱까지 갔다가 현대 의학의 혜택으로 다시 살아났다. 5년 전 그의 무덤 앞에 섰을 때 그런 말을 했다. 나도 죽을 뻔 했다고, 그런데 다시 살아났다고…. 뭔가 남은 일은 남은 사람들의 일이라고 말하곤 했다. 그런데 그 남아있는 일이란 뭘까? 쉽게 말할 수도 있을 것이다. 그런데 내겐 쉽지 않은 일이다. 아마도 그 일을 찾는 데 남은 시간을 소비하지 않을까 싶다.

박 선생! 죽음에 있어선 그대가 나의 선배이니 내게 그 지혜를 빌려주지 않겠나? 늦은 밤, 아주 오래전 신림동 골목길에서 "형님, 한 잔만 더 하죠." 그랬던 것처럼….

2018. 7. 19 박정오 선생을 그리며

향을 피우며

김광철(2016. 7. 3)

다시 찾은 안성천주교공원묘지
늦장가 들어 그렇게 깨를 쏟던 그 녀석이 돌아누워 있는 땅
하늘조차 서러워
그렇게 장대비를 쏟아붓던 그날이 오면 여지없이
다시 뿌리며 아픈 기억을 몰고 온다
혈육이라곤 한 점 핏덩이를 세상에 내려놓고 돌아누울 때
하늘인들 어찌 울지 않을 수 있었으리
오늘 그가 돌아누운 한 평도 안 되는 무덤 앞에
제 아비의 얼굴 기억도 없을 한 점 피붙이가
향 한 개비를 피우고 술 한 잔 따라 올리며
지난 한 해 살아온 이야기를 줄줄이 풀어놓고 있는 것이다
소리 없이 맘으로
아들 먼저 앞세우고 한숨이 병이 되어
손주 얼굴조차 잊어버리던 고약한 병마에 시달리던 할아버지는
기어이 아빠 곁으로 가셨는데 반갑게 해후는 하셨냐고 여쭙고 있다
제 아비의 못다 산 육신까지 얹어
육척 장신, 우람한 체격으로
나, 서울고를 호령하고 있노라고 보고드리고 있는 것이다
오늘은 산허리를 낮게 감싸 안은 구름도 포근히 다가오고
가랑비 줄기조차도 정오의 눈길인양 더욱 살갑게 다가오고 있었다

유상덕

01_젊은 시절
02, 03_개인 사진

01, 02, 03, 04_80년대 초 야학 생활
05_호남지역 YMCA 중등교육자 연수

01_ILO 대표 전교조 방문

02_정해숙 전교조 위원장,
　　유상덕 수석부위원장

03_미국 방문

01, 02_호주 방문
03, 04_미국 방문

01_상해 임정에 가서
02_싱가포르 공항에서 시원이와
03_민준 박사학위 받던 날

01_에덴 동산에서
02_에덴 요양원에서
03_겨울 마곡사에서 시원이와
04_마석 모란 공원

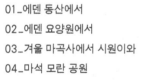

대한민국 교육운동의 맏형 유상덕 선생님

심임섭(복합성교육연구소 소장)

유상덕 선생은 1949년 여름 경남 함양군 안의면 상원리 덕유산 자락 용추사 계곡 연촌부락에서 부 유태문과 모 조봉달 사이에 태어났다. 비극의 한국전쟁이 발발하기 1년 전이다.

낙동강까지 아군이 밀리던 상황에서 연합군의 인천상륙작전으로 전세가 역전되었으나 중공군의 개입으로 1·4후퇴로 이어지던 상황에서, 선생이 태어난 지리산 자락에서 빨치산과 군경 토벌대의 전투가 벌어졌고 마을 이장을 지낸 선생의 아버지는 낮에 들일을 하다가 군경에 끌려가 함양읍 근처 당그래산 아래서 죽임을 당한다. 공비에 협력했다는 이유로 일어난 민간인 학살 사건이다. 이 학살로 약 700여 명의 민간인이 피살당했다. 집단학살의 참혹한 구덩이에서 결국 시신을 찾지 못했다. 선생은 대한민국의 비극과 함께 태어난 운명이었던 셈이다.

난리 통에 어머니는 형제를 할머니에게 맡기고 친정으로 돌아가서 개가하였다. 이후 선생은 할머니와 삼촌댁에서 자랐다. 할머니는 공부를 안 시키려고 했다. 선생은 할머니께서 당시 좌우 대립 속에서 대한민국 지식인들이 짊어져야 할 비극적 운명을 손자가 겪지 않기를 원하셨을 것이라고 했다. 그래서 선생은 꼴망태 메고 다니다가 1년 늦게 국민학교에 입학하였다. 안의중을 나와 고학으로 거창고를 다녔다.

선생은 기독교 학교와의 인연이 깊다. 선생은 자신의 운동 신념을 형성한 것은 거창고등학교에서 경험한 교육의 힘이 크다고 말하곤 했다. 거창고등학교는 '한가운데가 아니라 가장자리로 가라', '왕관이 아니라 단두대가 기다리고 있는 곳으로 가라' 등 직업 선택 십계명으로도 잘 알려진 '여호와를 경애하는 것이 지식의 근본'이라는 구약 성서 잠언 1장 7절을 교훈으로 하는 기독교 학교다. 선생은 이러한 교육사상과 철학을 가진 거창고 전영창 3대 교장을 흠모하였고 또한 그로부터 각별한 사랑을 받아 사부로 섬기었다. 전영창은 일본 유학중 신사참배 반대운동으로 후쿠오카 감옥에 수감되어 옥고를 치른 경험도 있는 교육사상가이자 실천가다.

좌우 대립으로 인한 부친의 죽음과 거창고등학교에서의 전영창 선생의 가르침은 유상덕 선생의 인생에 많은 영향을 준 것으로 보인다. 할머니의 의도와는 다르게 선생은 대한민국의 비극을 짊어지고 살아갈 지식인으로 성장하게 된 것이다.

선생은 1969년 서울대 사대 지리교육과에 입학한다. 1학년 때부터 야학 강학으로 활동하였고 '경암회'에 가입하여 농민운동에도 관심을 가졌다. 3학년 때 경암회 회장이 된다. 그러던 1971년 4월 14일 당시 교련 반대 데모를 하던 서울 사대생들이, 대통령 일행을 제일 앞에서 에스코트하면서 용두동 서울사대 앞을 지나던 군용 세단에 돌을 집어 던진 사건이 발생한다. 우연히 일어난 사건이었지만 일파만파 나비효과로 증폭된다.

수십 명의 무장경관들이 교내로 진입했고 박정희 대통령이 걸어 들어왔다. 박 대통령은 맨발로 뛰어나온 당시 서명원 학장에게 "학생들이 공부는 안 하고…." 하고는 되돌아갔다. 그러고 나서 바로 무장경찰이 진입하여 59명의 사대생을 연행했다.

이 사건을 계기로 서울사대는 학생운동의 중심에 더욱 다가서게 된다. 파울루 프레이리의 《피억압자의 교육Pedagogy of the Oppressed》이 강의 교재가 되고 '실천하는 교육', '실천하는 교사' 등의 각성이 시작되어 후의 교사 교육운동의 맹아적 요소가 형성된 것도 이 즈음이다. 선생은 1971년까지 서울대 사대 학생운동의 중심에서 활동하다가 그해 10월 박정희가 위수령을 선포했을 때 '전국 대의원 학생회'를 구성하고 명동에서 시위를 계획하다 체포된 후 강제 징집된다.

군대를 마치고 1974년 가을 복학한 선생은 채광석, 박부권과 함께 '야학문제연구회'를 만든 후 서울 지역의 고대, 연대 등의 야학교사들과 야학문제 써클 연합체를 조직한다. 이후 사회 문제에 관심 있는 웬만한 서울사대생들은 야학교사의 길을 걷게 되는 전통이 만들어진다.

한편 선생이 복학한 다음 해인 1975년 4월 30일에 월맹군 탱크에 의해 사이공이 함락되면서 월남이 공산화된다. 이를 계기로 박정희 유신 정권은 5월 13일, 유언비어 유포와 유신헌법 부정, 반대 선동 및 왜곡행위 그리고 학생들의 정치적 집회 및 시위 등 일체의 반정부 활동을 금지할 뿐 아니라 이를 보도하거나 전파한 행위도 처벌할 수 있고, 위반한 자를 영장 없이 체포 구금할 수 있도록 하는, 유신 시절 가장 강력한 긴급조치 9호를 선포한다.

선생은 온 나라가 얼어붙은 상황에서, 서슬 푸른 긴급조치 9호가 선포된 지 열흘도 지나지 않은 1975년 5월 22일 김상진 열사 추모제 사건(이른바 '오둘둘' 사건은 서울대생 500여 명이 교문으로 진출한 사건으로 이로 인해 당시 서울대학교 한심석 총장이 사퇴했고 박현식 치안본부장과 서울남부경찰서장이 경질되었으며 학생 29명이 구속되었다)에 사대 책임자 중 한 명으로 가담하여 긴급조치 9호 위반으로 6개월의 수배생활

끝에 구속, 1년 6개월의 실형을 살고, 대학에서는 제적된다. 옥중에서는 단식투쟁으로 고문을 당하기도 한다.

선생은 1977년 여름 출소한 후 한국기독교장로회 선교교육원에서 민중신학을 공부하면서 동시에 야학운동, 기독교 청년운동을 통하여 반유신 투쟁에 참여한다. 문동환 박사가 설립한 민중교육연구소에 근무하면서 야학에 대한 체계적 연구를 하고, 교재도 개발한다.

긴 겨울도 끝나 1979년 '10·26 사태'로 유신 정권이 막을 내린다. 이른바 '서울의 봄'이 찾아오고 유상덕 선생은 복권되고 복학하여 관악 캠퍼스 내 학생 집회에서 후배들과 시국과 관련된 토론을 벌이기도 하였다. 대학생활을 하던 중 5·18과 전두환 등장으로 인한 계엄령하에서 진행된 학사 일정에 따라 1980년 9월 졸업한다. 졸업하기 전 1979년 교회운동권에서 만난 김덕자와 결혼하여 아들 민준을 낳고 그 후 4년 터울 딸 시원을 슬하에 둔다. 1980년 9월 기독교 이념의 서울 신일고등학교 전임강사로 교단에 섰으며 그 후 학교에서 정교사 발령 제의를 하였으나 보다 폭넓은 교사운동을 조직하기 위해 공립 발령을 신청하여 1981년 서울 서초중학교에 근무하게 된다.

선생은 1981년 여름부터 한국 Y교협 결성을 주도하고, 그 후 5년 동안 전국으로 교사운동을 조직화하는 일에 전념하게 된다. 선생은 교사운동의 의미를 누구보다도 먼저 확신하고 있었고 엄혹한 5공 시절 합법 공간에서의 조직 활동이 필요하다고 보았다. 선생은 신일고등학교에 근무할 때 인연을 맺었던 신정식, 오장은 등 중견 교사들과 함께 1982년 2월 1일 서울 Y교협(상록회)을 결성하여 전국적인 조직 사업과 함께 교육 연구 결과 등을 회보《상록》을 통해 널리 알리는 활동을 한다.

당시《상록》창간호에 실린 내용을 보면 '교육세 신설을 통해 본 한국 교육재정의 현황과 문제(유상덕)', '교사의 자유와 권리-교사를 위한 권고문의 내용을 중심으로(송상헌)', '제도교육의 특징과 문제점(심임섭)', '일본 교과서 왜곡과 우리의 역사 교육(김용희)' 등 그동안 침묵했던 교사의 자유와 권리, 제도교육에 대한 비판적 접근, 교과서 문제 등을 20~30대의 풋풋한 젊은 교사들의 관점에서 논한 것들로 이후 교육운동의 주요 아젠다를 망라한 것들이었다고 감히 말할 수 있다.

상록회는 소소한 교사의 권리를 찾아가는 실천 활동도 게을리하지 않았다. 당시까지만 하더라도 신임교사를 발령할 때, 3월 1일 발령이 아니라 일부러 근무 시작하고 며칠이 지나서 정식 발령을 내주었는데 그 이유는 수당 지급액을 줄이기 위한 관료적 횡포였다. 상록회는 이에 대해 민원을 제기하는 등 투쟁을 통해 신임교사가 3월 1일 정식 발령을 받게 하도록 하였다. 80년대 교사운동 최초의 승리였던 셈이다. 젊은 교사들은 종로2가 YMCA 회의실에서 정기적으로 모여 운동에 대한 논의를 하였고 그 중심에 선생이 있었다.

1983년 겨울, 선생은 경기고 재직 당시 기독교사회문제연구원이 주관한 교과서의 통일정책 분석 작업에 참여한다. 당시 기독교사회문제연구원 김용복 부원장이 제안하여 우리 교과서 안의 통일 관련 내용을 분석하는 것을 사업으로 채택하게 된다. 간사 역할을 한 이미경 전 국회의원이 유상덕 선생에게 분석팀 조직을 의뢰하였다. 노웅희, 송상헌, 이순권, 김한조, 송영길, 안승문, 이상길, 손명선 등 교사들과 김진균, 강만길, 리영희 교수 등이 참여하였다. 그러다가 당시 이장원이 작성하여 지하 운동권에서 돌던 〈야학비판〉을 수사하던 경찰이 김한조의 집을 수색하다가 교과서분석과 관련된 메모를 발견하여 수사에 들어가 12월 초 이 교사들은 남영동 대공분실로 전원 연행된다. 수사팀은 87년 박종철 학생 고문·치사와 관련된 박처원, 유정방, 조한경 등. 처음에는 강경하게 사회주의자로 몰아가며 고문 수사하기도 하고 리영희, 강만길 등 교수 쪽으로 수사의 중심이 옮겨가면서 거대 공안 사건으로 확대되는 것처럼 보였으나 두 교수가 교사들을 다치게 하지 않으면 본인들이 절필을 하겠다고 호소하고, 당시 전두환 정권도 북한과의 관계를 고려하여 더 이상 확대하지 않고 마무리한다. 이 '교과서분석 사건'(이른바 상록회 사건)으로 선생은 1984년 3월 성동고로 강제 전출된다. 선생에 의하면 당시 수사 책임자가 통일 문제는 자신들 정권의 역린을 건드리는 일이니 앞으로 자중해 달라는 말을 했다고 했다. 통일 문제가 지금도 그렇지만 당시에도 정권 입장에서 매우 민감한 문제였던 것이었다.

1984년 겨울, 선생은 무크지 《민중교육》 기획에 참여한다. 당시 실천문학사를 근거로 활동하던 오월시 동인 김진경, 윤재철, 고광헌 등의 제안으로 이루어진 것이다. 원래 《민중교육》은 문화공보부의 내용 검토를 거쳐 납본필증을 받아 5월 20일 합법적으로 출간된 책이었다. 그러나 이 책은 당시 청와대 기획 공안의 먹잇감이 되고 만다.

집필에는 이철국, 심임섭, 이순권, 조재도, 강병철, 유도혁, 송대헌, 전인순, 전무용, 최교진 등이 참여하였다. 《민중교육》은 교사들의 폭발적 호응을 얻으며 초판 3000부가 바로 판매된다. 그러던 중 6월 25일 여의도고 교장 김재규가 서울시교육위원회 학무국장에게 보고한다. 학무국장은 상주하던 안기부 조정관에게 검토를 의뢰했다. 탄압의 조짐은 7월 16일 종로2가 고려대 동창회관에서 출판기념회를 하려고 하였는데 종로경찰서가 행사 장소를 원천봉쇄하면서 나타났다. 7월 18일 서울시교육위원회가 핵심 교사들을 소환조사하고, 7월 22일 유상덕, 김진경이 경찰에 연행된다. KBS는 8월 6일 "민중교육, 당신의 자녀들을 노린다"는 섬뜩한 제목의 특별보도 프로그램을 방영한다. 이를 즈음하여 각 시도교육위원회는 해당 교사들의 징계 절차에 들어간다. 8월 5일 문교부는 "《민중교육》이 민중을 계급 투쟁의 주체로 내세워 혁명적 방법으로 현존 체제를 붕괴시키려는 급진좌경주의자들의 투쟁이념인 민중교육론을 대변하고 있다"는 내용의 보도자료를 발표한다.

유상덕, 고광헌, 심임섭 등은 KBS 특별 프로그램이 방영된 날 종로 운당여관에서 만나 대책을 협의하고 기자회견을 열어 '문교부장관에게 보내는 공개 질의서'를 통해 대응에 나섰지만 8월 9일 윤재철과 김진경이, 8월 12일에는 실천문학사 송기원 편집주간이 안기부에 체포되고, 교사들이 경찰에 연행되기 시작한다. 사건에 대응하기 위해 피해있던 유상덕, 홍선웅, 심임섭, 고광헌, 이철국 등 교사 여섯 명은 10일 '경찰 당국의 소환에 즈음한 우리의 입장'이란 성명서를 발표하고 경찰에 자진 출두한다.

결국 이 필화 사건으로 열 명(유상덕, 김진경, 윤재철, 고광헌, 이철국, 홍선웅, 이순권, 심임섭, 조재도, 송대헌)이 파면되고 일곱 명(심성보, 유도혁, 강병철, 황재학, 전인순, 전무용)이 강제 사직되었으며, 두 명에게 감봉, 한 명에게 경고 징계가 이루어진다.

역설적으로 5공 정권에 의한 교사들의 해고와 구속은 그 후 지속된 교육민주화운동의 밑거름이 된다. 전국의 교사들이 민중교육지 해직 교사들을 위해 1000만 원이 넘는 돈을 지원해주었고 해직 교사들은 11월 서대문 근처에 '교육출판기획실'을 열고 차분하게 교육운동의 질적 도약을 위해 조직 활동과 출판 활동을 전개해나간다. 사무실에는 유상덕 선생과 고광헌, 이철국, 심임섭 등이 상근하였는데 선생은 이즈음부터 교원노조의 가능성을 염두에 두고 있었던 것으로 보인다. '교육출판기획실'은《교육노동운동》,《교육현실과 교사》등을 기획 출판하였고 교사들의 현장 실천 및 교육민주화운동을 지원한다. 선생은《교육노동운동》에서 〈한국노동운동의 현황과 당면과제〉라는 논문을 통해 30만 교원이 대중운동으로 나아가기 위해서 교육노동운동의 개념이 필요하다는 것을 주장한다.

해직 후 수개월간 조직 사업 및 출판 사업으로 어느 정도 교육민주화운동의 세력이 확장되자 선생은 '민주교육실천협의회' 결성을 주도하여 사무국장을 맡게 된다. '민주교육실천협의회'는 1986년 5월 15일 창립되었다. 성래운(연세대), 이오덕(교장, 아동문학가), 문병란(시인)이 공동 대표를 맡았고 문동환(목사), 이돈명(변호사), 이효재(이화여대), 이우정(여성단체), 윤영규(Y교협 회장) 등이 자문위원이 되었다. 운영위원으로는 정해숙(아람회 사건 구속·해직 교사), 박영숙(여성단체), 김희선(여성의 전화 대표), 박석무(다산학자, 교사), 이상신(고려대), 송기숙(전남대), 윤구병(충북대), 김성재(한신대), 원동석(민미협 대표), 김동현(변호사), 유상덕, 심성보, 고광헌, 이철국(이상《민중교육》해직 교사), 정해직, 이상호(이상 5·18광주민주화운동 해직 교사), 최교진(참교육 실천 해직 교사), 주세영(사립 해직 교사), 송현(시인), 이창식(YMCA 간사) 등이 활동하였고 운영위원장은 김성재, 교권대책위원장은 박석무, 편집부장은 고광헌이 맡았다.

'민주교육실천협의회'는 1986년 7월 20일 회지《교육과 실천》을 창간하여 1989년 2월 22일의 6호까지 발행하였고 교사운동과 관련된 글을 주로 실었다. 1987년 3월 1일에는 신문판형의《민족과 교육》을 창간하여 7호까지 발행하였는데 당시 이러한 소식지를 통한 교육선전 활동으로 교사들의 조직화에 기여하였다.

또한 '민주교육실천협의회'는 당시 교사들이 하기 어려운 공개적인 집회와 정치 투쟁의 장을 지속적으로 만들어나갔으며 민주언론운동협의회나 자유실천문인협의회 등 문화계 여섯 단체 등과의 연대 활동을 통해 1987년 6월 항쟁에 이르기까지 민주화운동에 기여하였다.

1986년은 교육민주화운동이 왕성하게 전개된 해이기도 하다. 5월 10

일부터 Y교협의 '교육민주화선언'이 이어졌고, 5월 20일에는 여성의 전화 등 네 개 여성단체가 '교육민주화를 위한 우리의 입장'을 발표하면서 학부모의 학교 교육 참여권 보장을 촉구하였다. 5월 31일에는 서울 네 개 공개 교사단체의 '자살학생위령제' 행사에서 '교육민주화실천결의문'이 채택되었고 6월 30일에는 목포여상 문희경 해직 교사가 목포 KNCC에서 단식농성에 돌입하기도 하였다. 선생은 전국을 다니면서 주로 교사들을 대상으로 한 강연회 등을 통하여 '비판적이고 주체적인 활동을 할 수 있는 용기 있는 사람의 행동'을 강조하기도 하였다.

그러던 중 7월 중순 어느 날 민주교육실천협의회 사무실로 유상덕 선생에게 전화가 한 통 걸려온다. 여교사인데 교권 문제와 관련하여 상담을 하고자 한다는 전화였다. 선생은 전화를 받고 출타하였다. 그런데 그 전화가 다름 아닌 안기부가 선생을 체포하기 위해 여교사로 가장하여 한 전화였던 것이었다. 수일간 선생의 행방이 묘연했다. 당시에는 사람을 잡아가도 가족에게 알리지도 않았다. 주변에서 다수가 연행되어 선생과 관련한 취조를 받았다는 소리가 들려왔다.

고광헌, 이철국, 심임섭 등은 당시 딸 시원을 업은 선생의 아내 김덕자와 함께 굳게 잠긴 남산 안기부를 찾아가 철문을 지키고 있던 헌병의 제지를 무릅쓰고 선생의 면회 및 소재 확인을 요구하며 농성과 몸싸움 등 실랑이를 한 결과 선생이 그곳에서 조사를 받고 있음을 담당자로부터 확인할 수 있었다.

민주교육실천협의회 출범 두 달 만인 7월 15일, 실무 핵심인 유상덕 사무국장을 안기부가 체포한 사실이 확인된 것이다. 고문 취조 끝에 안기부는 이른바 '이병설 교수 간첩단 사건'을 발표한다. 안기부는 유상덕 선생의 교육운동 관련 활동이 간첩 이병설의 지시로 이루어진 것으로 발표하였다. 법원은 이적 표현물 소지와 회합통신죄를 적용하여 실형 2

년 자격정지 2년을 선고하였다. 선생에게 간첩죄를 적용하지 못한 것에 주목할 만하다.

민주교육실천협의회 공동대표였던 성래운의 말에 의하면 당시 북한은 김정일의 권력 기반이 말단의 이른바 주체소조를 통해 다져지던 때였고 항공사진 전문가인, 유상덕 선생이 졸업한 서울사대 지리교육과 교수 이병설 교수를 조총련 주체소조에 포섭하였던 것이라고 하였다. 이병설 교수는 유상덕 선생에게 책 두세 권을 전달해 주었는데 이것이 화근이 되어 간첩단의 일원처럼 조작된 것이었다.

9월 11일 유상덕 선생은 간첩 조작 사건에 항의하여 14일째 단식한 후 양심 선언을 통해 안기부의 고문 조작 사실을 밝힌다. 선생은 또한 1987년 6월 민주항쟁과 전교협 출범 등을 맞이하면서 옥중에서, 교사 운동을 하기 위해서는 "아부하지 말고, 돈 받지 말며, 때리지 말고 공부하고 연구하며, 통일에 대해 이야기하는 교사가 되자"는 윤리적 당부를 하기도 했다.

1986년 유상덕 선생이 옥고를 치르고 있는 중에 민주교육실천협의회는 주로 심성보에 의해 실무 책임이 진행되었고 고광헌과 이철국 그리고 심임섭이 상근하면서 일을 하였다. 교육민주화운동은 지속되었다.

7월 12일 '전북교육민주화선언'이 지역 Y교협으로 이어져갔고, 7월 17일에는 '민주교육 탄압 저지 대회'가 교사 수백 명이 운집한 가운데 명동성당 사도회관에서 민주교육실천협의회 주최로 이루어졌다. 당시에는 사복형사들과 장학사들이 행사장 안팎에서 교사들을 감시하고 체크하는 상황이었다. 그래서 늘 행사장 안팎에서 실랑이가 벌어지곤 하였다.

8월 21일에는 국립극장 도덕 교사 연수장에서 조용진 교사 부당징계 항의 유인물이 민주교육실천협의회 주도로 배포되어 연수교사 1200여

명 중 700여 명이 연수를 받다 동조 퇴장하고 같은 달 25일 강원도에서는 여교사 300여 명이 올림픽 접대용 영어 연수를 거부하면서 퇴장하는 등 교사들의 투쟁이 지속적으로 전개되는 상황이었다.

전국에서 전개된 교사들의 교육민주화 선언에 대한 징계가 이어졌다. 8월 30일에는 27일부터 부당징계 항의 농성 중인 윤영규, 김경옥, 주진평 교사 벽지 발령 규탄 대회를 경찰이 봉쇄하고 31일에는 규탄 대회 참석자 열한 명을 연행하는 일이 발생하기도 하였다. 10월 6일에는 충남 음암면 지역주민 107명의 음암중 이우경 교사 징계 철회, 부당 전보 반대 서명이 있었고, 10월 10일에는 전북 오수고 학생들이 김혜선 교사 징계 항의 유인물 배포 건으로 징계를 받았다.

이러한 상황 속에서 민주교육추진 전교협이 전국적으로 번진 평교협 결성 운동을 기반으로 전교협으로 해소 발전되면서 교원노조 건설을 위한 논의가 이루어지기 시작하게 된다. 선생은 1988년 8월 대전교도소에서 만기 출소 후 민주교육실천협의회 공동대표로 민주주의민족통일전국연합의 전신인 전국민족민주운동연합과 전교조 결성에 참여한다.

몸과 마음을 가다듬은 선생이 교원노조 결성을 위한 조직 사업과 진보적인 교육 연구 활동을 위한 연구소 설립에 나선 것이다. 전교조의 전신인 전교협 내에서는 향후 조직 전망을 교원노조로 하자는 입장과 자주적 교원 단체로 하자는 입장이 충돌하였다. 임원 연수를 통해 이와 관련된 논의가 이루어졌는데 선생은 전국의 주요 활동가들을 만나 교원노조로 가는 것이 옳다고 설득하고 격려하였다. 결국 1988년 12월 27일에서 29일 사이 선생의 모교인 거창고등학교에서 열린 전교협 제3차 임원연수에서 참가자 300여 명은 교원노조를 건설할 것을 결의한다. 결국 험난한 진통을 겪으면서 1989년 5월 28일 전교조가 결성되었고 선생은 전교조 결성 배후로 지목되어 2년간의 수배생활을 하게 된다.

선생은 1989년 전교조 창립 당시 대외사업국장, 1990년에는 연대사업위원장으로 민자당 해체 국민연합 집행위원으로 활동하고 1991년에는 전교조 정책실장과 강경대 열사 치사 사건 범국민대책회의 정책실장으로 파견되어 활동하다가 6월 11일 안기부에 의해 또 한 차례 구속된다.

선생은 수배중인 상태에서도 전교조 대외사업국장으로 활동하면서 전교조 사수 투쟁을 거쳐 조직 복원이 이루어질 때까지 '전교조 탄압 저지 및 참교육 실천을 위한 공동대책위원회' 결성 및 활동을 통해 전교조를 지키는 일에 전념하였고 이러한 과정에서 참교육학부모회 창설에도 크게 영향을 미쳤다.

한편 선생은 당시 진보적인 소장파 교육학자들과 전교조 결성을 주도한 교사들 중 연구 역량이 있는 교사들을 규합하여 준비위원장을 맡아 서울 서대문구 북아현동에서 1989년 4월 8일 한국교육연구소를 창립한다. 그 전에 전교협은 윤영규(전교협 회장), 이부영(서울 교협 회장), 이재원(대구 교협 회장), 정진관(대전 교협 대의원회 의장) 등 4인의 중앙위원을 연구소 이사로, 그리고 15개 시도 교협에서 1인 이상이 발기인으로 참여하기로 의결하였다.

초대 이사로는 김경태, 김금수, 김동현, 김성재, 김정환, 김진균, 노향기, 리영희, 성래운, 송기숙, 윤영규, 이규환, 이부영, 이석태, 이오덕, 이우재, 이재원, 전성은, 정진관, 정해숙, 최용섭 등이 참여하였고, 창립 임원은 성래운(이사장, 광주경상대학장), 이규환(소장, 이화여대), 유상덕(부소장, 해직 교사), 정진곤(연구기획실장, 한양대), 정재걸(제1연구실장, 한국교육개발원), 이혜영(제2연구실장, 한국교육개발원), 김진경(제3연구실장, 해직 교사), 심성보(제4연구실장, 쌍문중), 하정숙(자료실장, 연세대), 윤재철

(교육출판기획실장), 이수일(총무, 해직 교사) 등이 맡았다. 이후 한국교육연구소는 한국 교육의 이념과 제도 및 교육 현장에 대한 체계적이고 전문적인 연구, 교육운동에 필요한 교육 프로그램의 기획 및 협력사업 등을 지속적으로 전개한다. 창립 후 학술지를 발간하기 시작한 1994년 에는 이규환(이화여자대학교 교수, 소장), 송병순(영남대 교수, 이사장)과 이사로는 김정환(고려대 교수), 박성규(우리교육 대표), 유상덕(전교조 수석부위원장), 이석태(변호사), 임선희(충남대 교수)가, 운영위원으로는 강순원(한신대 교수), 고형일(전남대 교수), 임재택(부산대 교수), 심성보(고려대 박사과정), 김민남(경북대 교수), 윤철경(이화여대 강사)이, 편집위원으로는 강승규(우석대 교수), 김대용(충북대 교수), 이영수(경기대 교수), 이종각(강원대 교수), 정순우(정신문화원 교수), 정영수(인하대 교수), 정홍섭(부산여대 교수), 한준상(연세대 교수) 등이 참여하게 된다. 그 후에도 계속하여 진보적인 소장 교육학자들의 참여가 이어진다.

선생은 1993년과 1994년에 정해숙 위원장과 함께 출마한 뒤 당선되어 전교조 수석부위원장으로 활동한다. 이 시기에 선생은 해직 교사의 복직 문제를 해결하기 위해 노력하였고 결국 해직 교사들이 복직하게 된다. 1995년과 1996년에는 전교조 부위원장으로 활동하다가 1995년에는 미국 코넬 대학교 초빙연구원으로 다녀오기도 한다. 1997년 전교조 위원장 선거 출마를 준비했으나, 여의치 않아 접고 전교조 활동의 일선에서 물러난다.

선생이 전교조 수석부위원장으로 출마할 때쯤인 1993년 1월 26일에는 국제적으로 양대 교원단체인 IFFTU국제자유교원노조연맹와 WCOTP세계교원단체연맹가 통합하여 EI국제교원노조총연맹가 창립되는 세계교원노조운동사에서 주목할 만할 사건이 이루어진다. 현실 사회주의 붕괴로 인한 이념적 조직의 해소, 그리고 산업노조주의industrial unionism에서 전문직 노조주의professional unionism로 나아가는 교원노조 운동의 흐름 속에서 이루어진 통합이었다. 미국에서도 1980년대부터 'Rethinking Schools' 등 교사들의 전문적 책임을 기반으로 한 교육혁신을 지향하는 단체들이 만들어지기 시작하였고, 이 후 2000년대에는 노조union 형태인 AFT와 협회association 형태인 NEA의 통합 시도가 이어지는 등 교원노조운동이 국민에 대해 전문적 책임을 다하기 위해 단결과 자율성을 확보한다는 기조의 흐름이 이어지는 상황이었다. 이는 교사단체의 조직 형태가 반드시 노동조합일 필요는 없다는 의미이기도 하다. 이러한 변화는 1997년 국민의 정부 출범을 전후하여 합법화 진로를 모색하던 일부 전교조 활동가에도 영향을 미치게 된다. 특히 코넬 대학 연구원으로 이러한 흐름을 보고 온 선생은 김진경, 김민곤 등과 함께 노동조합이 아닌 단체로의 합법화를 주장한다. 그러나 전교조 내부의 활동가들이 반발하고 당시 IMF 상태에서 국민의 정부의 구조조정과 노동시장 유연화 필요와 민주노총의 전교조 합법화를 통한 조직 강화 등의 이해관계가 합의점을 찾게 되어 전교조가 특별법에 의해 노동조합 형태로 합법화된다. 이로 인해 전교조가 합법화된 한편으로 전교조 내에서 선생의 입지는 축소되게 된다.

이후 선생은 전교조 활동을 사실상 접고 1997년 6월 기독교 100주년 기념관에서 열린 한국교육연구소 정기총회에서 3대 이석태 이사장과 함께 소장으로 인준된다. 선생은 한국교육연구소 소장을 하면서 연구소를 전국 단위 특수 분야 연수기관으

교육개혁 시민연대 창립 대회

로 하여 '전통문화 교원연수'를 실시하기도 하는 한편 교사를 위한 교육정책 세미나를 지속적으로 실시하여 교육운동에 기여한다.

1997년 12월 29일 교육정책세미나에서 선생이 발표한 '교육정책과 교육운동'을 보면 정보화 사회와 산업구조 조정정책 및 교육개혁의 문제를 다루는데, 특히 교육운동의 패러다임이 구체적인 문제 해결을 위한 이슈중심 '네트워크net-work'형의 운동이어야 함을 주장한다.

국민의 정부에서 선생은 1998년부터 2001년까지 대통령 자문 새교육공동체위원회 위원으로 활동하였고, 2000년에는 당시 이재정 국회의원이 주도하는 국민정치연구회 관악지부 준비위원장 및 새천년민주당 창당준비위원으로 활동하면서 총선에 출마할 준비도 하였지만 동교동계 막내뻘 되는 모 의원에게 밀리면서 뜻을 접고 2000년 3월, 민중교육지 사건으로 파면된 후 15년 만에 서울 면목고로 복직한다.

참여정부 때는 2003년부터 2005년까지 대통령 자문 교육혁신위원회 수석전문위원으로 활동하였다. 2004년에는 학위논문 〈생활권 중심 교육자치 단위 설정에 관한 연구〉로 교육학 박사(교육정책) 학위를 받았다. 참여정부 이후에는 주로 교육 문제와 관련된 학문활동에 전념하였다. 2005년 강화도에서 민중교육지 사건 20주년을 기념하여 관련 당사자들의 모임이 있었다. 홍선웅 선생의 제안으로 판화 그림에 각자의 이름과 당시의 상황을 적게 되었는데, 선생은 '아, 이 학교 제도를… 교육학자 유상덕'이라고 썼다.

학문에 정진하는 동안에 선생은 영성교육과 마음공부에 많은 관심을 갖고 있었다. 선생은 자신이 물에 흠뻑 젖은 솜옷을 입고 있었던 것 같다고 하기도 하였다. 이러한 물에 젖은 솜옷을 벗어버리려고 노력하기 위해 마음공부도 하고 인도 여행도 했던 것으로 보인다. 그러나 선생은 그 솜옷을 끝내 벗어버리지 못한 것 같다.

본 부인과 이혼 후 선생의 아픔을 안타깝게 여긴 교육 동지 이우경과 2010년 재혼한 뒤 2011년 7월 12일 오후 2시 50분 서울 면목동 녹색병원(병원장 고인의 친구 양길승)에서 영면한다. 공교롭게도 날짜가 24년 전 교통사고로 운명한 막역지기 채광석 시인과 같았다. 당시 선생은 서울 경일고 교사(전교조 평조합원), 동국대학교 겸임교수, 한국교육연구소 이사장이었다. 2012년 2월 정년퇴임을 8개월 정도 앞둔 나이였다. 오랜 해직 기간으로 연금 대상자도 되지 못하였다. 서울 가톨릭 성모병원 장례식장에서 전교조장이 엄수되었고 7월 14일 성남 연화장에서 화장하고, 마석모란공원 납골당에 안치하였다. 선생은 1982년부터 1987년까지 서울 화양동 성심학교에서 야학교사로 활동하기도 하였다.

전국을 뛰어다니며 교사들을 엮어낸
유상덕 선생님

이주영   안녕하세요? 오랜만입니다. 오늘 좌담은 자유롭게 말씀하시면
        녹취록을 보고 제가 수정보완하면서 정리를 할 겁니다. 좌담하
        는 큰 틀은 세 가지예요. 하나는 내가 만난 유상덕, 나는 맨 처
        음에 유상덕을 어떻게 만났다. 그 다음에 일화 한마디씩 해주
        세요. 나중에 글로 써 보내주시면 사이에 끼워 넣겠습니다. 마
        지막으로 유상덕을 현재 젊은 교사들에게 어떻게 얘기하고 싶
        은지, 왜 우리가 유상덕을 되살려야 하는지, 이런 순으로 자유
        롭게 얘기하시면 됩니다.

           그러면 이 중에서 가장 먼저 만나신 분이 박부권 선생님이시
        니 먼저 말씀을 시작해주시죠.

박부권   저는 69학번입니다. 3학년 때인 71년도부터 유 선생하고 만남이
        시작이 됩니다. 나는 사범대학교 학생회 학술부장이었고, 유 선
        생은 대의원 부회장을 했습니다. 그때가 어떤 해냐면 1971년 4
        월 27일 대통령 선거가 있어서 굉장히 긴박한 정국이었어요. 박
        정희하고 김대중이 후보였지요. 교련반대 데모가 개학부터 시
        작됐는데, 3월부터 거의 날마다 일어났어요. 그때 유 선생을 만

났어요. 사범대학 뒤 체육관에서 만나서 같이 교련반대 데모를 하자 그랬죠. 그랬더니 첫마디가 OK예요. 그래서 같이 하게 되었는데, 4월 14일 큰 사건이 일어났어요.

　박정희 대통령이 청량리 쪽으로 가는 길이었어요. 고대 앞으로 가려다 데모를 하니까 틀어가지고 서울사대 앞으로 지나갔어요. 그때 사범대학 학생들은 교련반대 데모를 하면서 경찰들하고 대치 상태에 있어서 돌 던지고 야단이 난 거예요. 그 앞으로 지나가다가 대통령 차가 돌에 맞았네. 대통령이 그냥 지나갔으면 상관없는데, 차를 세우고 교문으로 들어온 거예요. 그때 서명원 학장이었는데, 학장이 무좀이 있어서 양말 벗고 있다가 급하니까 맨발로 뛰어나간 거예요. 대통령한테 혼났죠.

　대통령이 그렇게 하고 나간 후, 경찰들이 들이닥친 거예요. 그때 총도 빼고 야단법석이 났어요. 학생들이 교수실이나 도서관에 숨었을 게 아닙니까. 그거를 한 명씩 한 명씩 잡아내가지고, 두들겨 패고, 두릅 엮듯이 줄줄이 엮어서 끌고 간 거예요. 학교 분위기가 아주 참혹했어요. 그 사건이 있고 난 뒤에 교수들도

학생들도 질려가지고 아무 소리도 못하는 거야. 그때 제가 활동한 거예요. 아무도 나서는 사람이 없어서. 수학과 학생들 몇 명이 적극적으로 도와주더라고요. 같이 4·14 진상조사를 했다고요. 참여한 사람들 녹취록 떠서 진상조사서를 만들어 각 신문사와 대학으로 보냈어요. 박정희 대통령이 국무회의에서 사대는 문 닫아버리자는 말까지 했다고 해요. 선거 전이니 실행은 못 했지만.

4월 27일 대통령 선거 투표장마다 대학생들이 참관인으로 가자는 결성대회를 열려고 했는데, 나는 도착해보니까 다 잡혀갔더라고. 몇 천 명이. 그래서 다른 곳에 모여 다시 조정해서 나는 법대 30명을 데리고 평창에 갔어요. 유상덕은 다른 곳으로 갔고. 선거가 끝나고, 결국 박정희가 온갖 부정선거를 통해 다시 집권했지요. 그래서 5월 11일 우리가 교생 가는 학생들 다 데리고 11시부터 오후 4시까지 데모한 거예요. 그때 대의원 유상덕을 비롯해 각 단과대학 회장들이 죽 발표했어요. 그 다음에 우리가 징계를 먹었을 텐데 기억에 잘 없고, 7월 1일 유상덕 선생하고 나하고 그때 서명원 학장을 찾아갔어요. 징계받은 학생들 문제하고 몇 가지 학내 문제 해결을 요구했지요. 그 뒤로 상덕이하고, 채광석하고 셋이 맨날 붙어다녔죠. 광석이 형이 문재잖아요. 서울대학 전체 성명서를 다 썼어요. 셋이서 그렇게 다니다가 71년 10월에 나하고 채광석 형은 제명되고, 상덕이는 군에 가면서 헤어져요.

유상덕이 75년에 군에 갔다가 다시 복학을 합니다. 그때 5·22 사건이 나거든요. 그거는 들어봤을 거예요. 그해 4월 21일 김상진 열사가 할복자살을 했어요. 그런데 그걸 쉬쉬하고 넘어가는 거예요. 그 무렵 서울대학에 있는 모든 클럽들은 다 없어졌는데 사대에 야학문제연구회하고 문리대 탈춤패가 남아있었어요. 이 사람들이 모인 거예요. "야 누구는 죽는데, 감옥 가는 게 대수냐." 이렇게 된 거예요. 그때 학생들 안 모이니까, 딱 약속한 시간에 비상벨을 울린 거예요. 학생들이 다 불난 줄 알고 밖에 나왔는데 그 학생들을 데리고 나온 거예요. 그렇게 일어난 5·22 사건으로 난리가 난 거죠. 그때 서울경찰청장하고 다 날아갔어요.

며칠 있으니까 상덕이한테서 연락이 오더라고요. 쫓기는 거죠. 난 제명당했다가 복학하고 가까스로 졸업하고 서대문에서 아르바이트를 하고 있었는데, 그때 연락이 와서 종로에선가 만났어요. 만났더니 자기가 부천에서 양계도 하고 농장도 하고 있는 원혜영 선생 집으로 들어간다고 해요. 얼마 뒤 유상덕 엄마가 나한테 와서 옷을 줬어요. 어느 날 내가 옷을 가지고 들어가니까 조금 있다가 형사들이 들이닥치더라고. 둘이 잡혀서 수갑 차고 동대문 경찰서로 갔지. 그 사람들은 되게 좋아했을 거야. 한 번에 두 명 잡았으니까.

곽동찬 유상덕 선생님을 처음 뵌 것은 1979년 대학교 3학년 때입니다. 아시다시피 1979년은 박정희 대통령이 사망하고 정국이 혼란에 빠져있을 때입니다. 나는 화양동 성당 지하실에서 신부님의 허락을 받아 성심학교라는 야학의 대학생 교사를 하고 있었지요. 그 암울하고 불안한 1979년 겨울에 어느 분이 성심야학에 찾아오셨습니다. 유상덕 선생님이었습니다. 유상덕 선생님은 야학의 대학생 교사들을 모아서 소그룹 학습 지도도 하고 야학운동론을 정립하고 전파하는 등 야학운동에 깊숙이 몸담고 있었습니다. 마침 유상덕 선생님 댁이 화양동이라 화양동성당을 직접 찾아와서 야학교사를 하겠다고 자원하신 것입니다.

그때는 저도 유상덕 선생님도 대학생 교사들, 그리고 인근 아남전자, 삼성제약, 대한제지 등 화양동 공단 지역 여공 학생들이 30여 년 세월 동안 인연을 맺게 될 줄은 아무도 몰랐습니다. 유상덕 선생님은 나중에 '성심학교 생활이 제일 행복하였노라'고 회상하기도 하였습니다. 유상덕 선생님은 뒤늦게 1981년 서초중학교로 발령받은 이후에도 성심야학이 없어지는 1987년까지 졸업생 지도도 하시면서 야학교사 생활을 하셨습니다.

상덕이 형이 민중교육연구소에서 야학 이론의 체계를 잡았습니다. 그때는 노동야학과 검정고시야학이 있었잖아요. 그런 야학 대표자들을 모아서 선교교육원에서 연수를 했었습니다. 그때 저도 갔어요. 30~40명 모였는데, 상덕이 형이 거기 모인 사람들 한 명 한 명을 다 쫓아다녔어요. 그 사람들을 너댓 명씩 모아서 화양동에서 그룹 지도를 했습니다. 거기에 내가 들어갔는데 그때 이장원하고 같이 들어갔습니다.

신정숙 저는 1980년 성심야학 제자입니다. 큰 키에 넉넉해 보이시고 늘 환한 미소로 반겨주셨습니다. 교무실에 드나들면서 선생님들 대화를 어깨너머로 많이 들었습니다. 그때가 5·18광주민주화운동 직후라서 광주 이야기나 노동운동 같은 이야기를 많이 하셨습니다. 선생님들 대화를 들으면서 막연히 사회에서 일어나고 있는 불평등은 느꼈지만 그때는 선생님이 저에게 전하려 했던 뜻은 잘 와닿지 않았어요. 성심학교 선생님들은 나와 환경이 다르다고 생각했지요. 그분들은 좋은 대학을 나왔잖아요. 또 저에 대한 자괴감이 깊었던 때이기도 했고요.

노웅희 저는 짧게 할게요. 상덕이 형 처음 만난 거는 80년 5월, 서울역 나갈 때지요. 각 대학의 대학생들이 다 나갔잖아요. 나가기 전에 학교 도서관에서 밤샘을 먼저 했었어요. 그때 상덕이 형이 발언을 많이 했어요. 나는 상덕이 형하고 같은 과였는데, 복학하면서 우리 과에 온 거지요. 처음에는 워낙 학번 차이도 많이 나고, 대화가 잘 안 돼서 이상한 사람이네 그랬어요. 그러다 서울역 나가기 위해 도서관에서 밤샘 토론하면서 더 알게 되었던 거지요.

이주영 80년 5월, 나도 그때 서울역에 나갔던 기억이 나요. 문창국민학교에서 교사할 때인데 같은 하숙집에 살던 서울대 대학원 학생들 따라서 갔었어요. 대구대 교수로 있는 홍승용하고 같은 방을 썼거든요. 그래서 서울대 학생들 자리에 가서 앉아있었는데, 그때 다 같은 자리에 있었군요. 하하.

노웅희 상록회 사건도 상덕이 형이 주도한 거예요. 그때는 통일이란 말 자체가 금기어였는데, 통일을 주제로 교과서분석을 한 거지요. 리영희, 강만길 교수, 현직 교사 아홉 명이 참여 했는데 손명선, 이상길, 안승문이 함께했지요. 다 끌려가는 거죠. 학교 현장에서, 굉장히 충격적이었죠. 사회면 톱으로 나오고 그랬죠. 상덕이 형이 이제는 통일이 화두가 되어야 한다는 것을 그때부터 제시했다고 생각해요. 83년 12월에 끌려가서 84년 2월 말에 사건이 종결돼요. 그렇게 큰 사건이었는데, 연혁에서 이걸 유야무야됐다고 그러면 어떻게 해.

김민곤 노웅희가 당사자이지만 맥락은 또 내가 연구를 했으니까.

노웅희 아니 유야무야됐다라는 게 세상에 (웃음) 리영희 교수가 목숨에 위협을 느끼고 우리 교사들 안전을 위해서 절필 선언까지

한 사건인데, 그 결과물로 당시 정권의 정책이 바뀌는 거죠.

이주영 노웅희 선생 뜻은 알았어요. 상록회 사건은 다음에 더 이야기하기로 하고, 유상덕 선생이 복학하고 난 다음 이야기를 조금 더 해봐요.

노웅희 상덕이 형이 80년 복학했을 때 첫 인상이 날카롭다고 느꼈는데 장학금을 받아요. 복학하자마자. 나나 다른 친구들 같은 경우는 당황스럽지. 선배가 와 가지고 처음부터 장학금을 받으니까. 나중에 알고 보니 이병설 교수가 추천을 한 거예요. 군대 가기 전에 가르쳤던 은사님이셨던 거지요. 그 무렵 이병설 교수가 우리를 집에 불러가지고 차도 주고 대화도 나누고 그랬는데 그걸 들어줬어요. 러시아 볼세비키 혁명가. 상덕이 형 같은 사람은 되게 좋아하더라고. 나는 그때 처음 들어본 노래예요.

심임섭 저는 대학 다닐 때는 상덕이 형을 전혀 몰랐어요. 저도 대학교 1학년 때부터 야학을 했는데, 학번 차이가 많아서 몰랐던 것 같아요. 야학은 제가 85년도에 민중교육지 사건으로 잘릴 때까지 7년 했어요. 우리가 대학을 졸업할 때쯤 되어서는 교직 나갈 애들끼리 모여서 공부를 했죠. 우리가 교직에 나가면 그냥 교직에 나가지 말고 교육운동을 하자. 그때는 모여서 학생들 책 읽는 것도 잘 못 했으니까 우리도 청죽이라는 이름을 지어서 조정묵, 여명희 기타 등등 78학번들끼리 모여서 공부했어요. 그러다가 졸업한 선배들 중에 교사운동하는 사람이 있다. 거기를 가보라는 얘길 들었는데, YMCA였어요. 그래서 졸업하자마자 가서 김민곤, 송상언, 이순곤, 유상덕 선생을 만났지요. 유상덕 선생님이 키가 크시잖아요. 굉장히 폼을 잡고 앉아서 말씀하시는데, 눈이 깊다는 인상을 받았어요. 눈동자가 잘 안보여서요. 그게 참 인상깊어요. 그리고 뭔가 운동을 이끄는 말씀을 많이 하신 것 같아요. 저는 당시 막내라 뭘 잘 모르는 상황이었기 때문에 유상덕 선생님은 저를 막내 동생 정도로 생각해주시고, 뭐 할 때 꼭 챙겨주고 어디 갈 때 같이 가자 그랬어요. 그래서 친해졌던 거 같아요. 민중교육지 사건으로 같이 잘리면서 동지가 되어서 더 자주 같이 생활하게 되었지요.

노웅희 유상덕 선생이 야학을 하면서 우리 시흥 쪽에도 영향을 미치고, 그게 구로공단 쪽으로 갔어요. 이런 것처럼 밝혀지지 않았던 얘기가 나오면 어떨까 싶어요. 처음에는 시흥에서 한 거예요. 우리가 아니라 제가 개인적으로 영향을 받고 거기 가서 같이 만든 건데, 그때 같이 만든 사람들이 지금 교원공제회 이사장하는 차성수, 민주시민 교육을 하러 다니는 곽형모 등이 있어요. 굉장히 오래된 거죠. 야학운동을 거쳐 간 사람 뽑으면 400~500명은 될 거예요.

이주영 잠깐, 그건 따로 이야기해야 할 것 같아요. 나도 춘천에서 남춘천재건학교라는 야학을 했는데, 야학운동은 따로 조명이 되어야 할 겁니다. 곽동찬 선생이 정리하고 있잖아요? 다음은 김민곤, 민곤이 형은 언제 어떻게 만났어요?

김민곤 나야 79년에 교직에 나왔는데, 사립학교고 과목도 프랑스어고. 그런데 가만히 보면 전부 야학을 했는데 나만 안 한 거 같아. (웃음) 5·18 대혼란 이후 Y교협을 만들어나갈 때 이동진이가 나를 나오라 그런 것 같아. 내일신문 장명국 사장하고 유상덕 선생하고 관계가 있으니까, 장명국 사장하고 가까웠던 이동진이가 나를 끌어내리고 왔던 거 같아. 그래서 Y교협 갔더니만 1~2년 후배들이 토론하는데, 토론 내용이 내 수준을 확 넘어가요.

그래서 나는 가서 조용히 듣는 편이었어. 그 시절에 유상덕 선생 존재가 그 모임에서 뚜렷하게 내 기억에 별로 없어요. 유상덕 선생은 Y교협 서울 교사 모임에는 그렇게 많이 안 나왔어. 그때 주로 전국 책임을 맡아서 이창식 YMCA 간사하고 총무하고 전국 조직을 만드는데 주력했단 말이야. 유상덕 선생은 전국을 맡아 뛰기 때문에 주말만 되면 전국을 쫓아다니는 거야. 그런 식으로 쫓아다녔던 거예요.

내가 유상덕이라는 인물을 좀 가깝게 느꼈던 것은 교과서분석 사건으로 유상덕이 부각되면서예요. 교과서분석 사건 이후 민중교육지 사건 때, 상덕이 형이 나한테 뭘 맡겼냐면, 고대교우회관에서 민중교육지 출판기념 집회를 하기로 했다면서 나보고 현장의 열악한 부분에 대해 상황 발표를 하라고 하더라고. 민중교육지 사건으로 탄압받는 인물들이 교우회관에서 뭔가를 하겠다고 모였는데, 그쪽에서 회관 문을 닫아버린 거야. 문을 안 열어줬어. 그래서 내가 발표를 못했지. 하여간 민중교육지 사건으로 잡혀가고 구류 살고 하는 그때에 잡혀가기 전날 우리가 어떤 신혼집에 밤에 모여가지고 대책회의를 하고 이랬거든. 민중교육지 대책회의를 했는데 여하튼 그 시절에는 무슨 술을 그리 많이 먹었는지 (웃음) 그래서 가깝게 되었지.

이우경 저는 졸업하고 84년에 홍성 발산고등학교로 발령을 받았는데, 발령 나고 한 6개월인가 뒤에 홍성 YMCA 간사가 저를 찾아왔어요. 남자 간사였는데 이름은 기억 안 나요. 그래서 YMCA를 시작했죠. 제가 공주사대 선후배를 찾아다니며 만들었어요. 최교진 선생도 그때 만났어요. 홍성 Y교협 만들고, 1주년 기념대회 할 때도 유상덕 선생님이 오셨던 기억이 나요. 윤영규 선생님도 오셨습니다. Y교협에 논의를 하다 보면 어떤 문제가 얽혀서 논쟁이 한참 진행될 때 유상덕 선생님이 딱 고리를 열어버리시는 논쟁의 명쾌함, 그런 게 저한테는 보였습니다.

이주영 그러고 보니 이 중에서 교사 발령은 내가 제일 먼저 났네요. 나는 교대니까 2년제여서 76년도 졸업하고 발령을 못 받고 있다가 77년에 발령을 받았어요. 처음에 서울에 와서 정성헌 선배 소개로 백기완 선생이 하던 백범연구소에 드나들다가 계훈제 선생님이 나를 서울양서협동조합으로 연결시킨 거예요. 양서협동조합 활동하면서 내가 교사 모임, 그때는 이름도 거창하게 전국평교사 모임, 소위 전평이라고 이름까지 지어놓고 교사 조직을 만들려고 했어요. 그때 양협 오균형 전무가 대한 YMCA 이창식 선생님을 소개했어요. 그래서 이창식 선생님을 만났더니 유상덕을 만나라해서 유상덕을 만나서 Y교협을 알게 됐고, 의논한 끝에 난 초등 Y교협을 만든 거지요. 그때 유상덕 선생님이 도움을 많이 주셨죠. 처음 만난 이야기는 다 되었고, 생애사는 심임섭 선생이 잘 쓸 테니까 여기서는 간단한 일화, 잘 알려지지 않은 이야기 하나씩 해주세요.

노웅희 89년 수배 생활을 할 때 이부영 선생님도 같이 수배가 됐던 거 같아요. 유상덕 선생님하고 몇 명 아파트인가? 연립주택인가? 이런 데서 숨어서 대화 나누고 이런 거 할 때 보면 남들은 뭐 쉽게 말해서 카드도 치고 놀잖아요. 이 양반은 그런 걸 안 해. 만날 교육이나 사상운동을 얘기하고 그랬던 기억이 나요.

김민곤 유상덕 선생도 고스톱도 치고 그랬어. 노웅희하고는 안 쳤나 보네. (웃음) 내가 본인한테 들은 얘기인데 그러니까 70년대 후반에 학교에서 잘렸을 때 운동 노선에 대한 소수의 논쟁이 있었다고. 유상덕 선생은 교사운동이 중요하다 이야기하고. 다른 쪽에서는 노동운동이 중요하다고. 격렬한 논쟁이 있었단 말이야. 유상덕 선생은 논쟁 끝에 교사 또는 교육 부분도 중요한 운동의 장이 된다고 하면서 방향을 잡았는데 저쪽에서는 변질했다고 비난했다고 해요. 그런 비난을 받으면서 80년대 초에 우리 교사운동의 토대를 놓는 마중물 역할을 한 거죠, 유상덕 선생이.

이주영　사회변혁운동이 확산될 때니까 그런 논쟁이 여기저기서 많이 일어났던 것 같아요. 강원도에서도 그랬어요. 강원도 춘천에는 정성헌 선배가 이끌던 거멀못이라는 학생단체가 있었는데, 노동운동하러 사북탄광으로 가거나 농민운동 쪽으로 갈 때인데 내가 교육운동을 하겠다고 했더니 술자리에서 너 혼자 독재정권 시녀가 돼서 잘 먹고 잘 살 거냐면서 따귀를 때린 동기도 있었거든요. 그런 논쟁이 많을 때였지요.

박부권　그런 논쟁하고 관련해서 얘기를 하면 77년 7월이지 싶어요. 새벽의집에 갔어요. 유 선생이 같이 가자 그러더라고. 거기서 민중교육연구소 같은 것을 세워가지고 야학운동을 하겠다고 그러더라고. 그러면서 새벽 4시까지 토론이 붙었어요. 나는 그때 솔직히 굉장히 실망했어. 교육을 노동운동의 수단으로 삼는 건 말이 안 된다. 그래 가지고 붙은 거야. 교육은 그렇게 되면 교육운동도 아니고 노동운동도 안 된다. 죽도 밥도 안 된다. 즉 방법 자체가 좋지 않다. 운동의 방법으로서. 그런 식으로 내가 토론을 한 기억이 있어요. 그때 유 선생은 해방신학에 굉장히 심취해있었어요. 그게 문동환 목사의 깊은 영향이었던 것 같아요.

노웅희　나는 상덕이 형한테 한편으로 미안한 마음도 들어요. 상덕이 형이 그런 얘기를 한 적이 있어요. "후배들이 왜 나를 전교조 위원장 안 시켜?" 이런 얘기를 한 적이 있어요. 그것도 진지하게. 내가 생각할 때 이 양반은 자기가 생각하는 그런 거를 직접 해보고 싶은 열망이 많았지요. 그런데 그걸 못 만들어드린 아쉬움이 있죠. 국회의원을 하려다가도 안 됐고, 학교정책위원장을 하려다가도 안 됐고.

김민곤   상덕이 형이 이병설 간첩 조작 사건에 연루되고 이러면서 비합법 시대 전교조 내에서도 유상덕이가 조직의 대표가 되면 좀 곤란하지 않겠냐는 움직임이 있었어요. 그래서 윤영규 선생님 다음에 후배들이 유상덕 선생이 아니라 정해숙 선생님을 찾아가 전교조 위원장을 맡아달라고 부탁드린 거지요. 간첩 사건에 연루된 사람이라고 해서 그렇게 되었는데, 상덕이 형은 표현을 안 했지만 상당히 억울하게 생각했어. 그래서 미국 가기 전에 1996년 위원장 선거에 작업 나왔던 거지요. 유상덕 위원장, 김진경 수석부위원장으로 짝을 지어서, 그런데 결국은 내부 토론 끝에 후보 등록을 안했어요. 그래서 이수호 선생이 위원장을 했지. 상덕이 형은 전교조 위원장을 참 잘해보고 싶어 했어요. 그런데 항상 여러 가지 조건이 안 맞아서 결국 유상덕 선생은 미국으로 유학을 가버립니다. 유학 갈 때도 어떻게 보면 자의반 타의반 상태로 유학을 가게 됐다고. 전교조 내에서 일종의 정치적 실각 비슷하게 당했기 때문에 그렇게 된 거죠. 그래서 미국 유학 갔다 와서 우리한테 이야기하는 거야. 세상이 엄청나게 바뀌었다. 그랬어요.

이우경   에덴요양원에서 제가 병간호 휴직을 내고 3개월 같이 있었잖아요. 그때 이런저런 얘기를 많이 했는데, 제가 "선생님은 제가 젊어서 늘 보면 키도 크고 잘 생기셨고 그래서 어느 자리에 계셔도 늘 보스처럼 보였어요. 중요한 사람처럼 보였어요." 그랬더니 되게 억울한 표정을 하시더니 "그거 때문에 내가 얼마나 견제를 당하고 불리했는데." 이렇게 말씀하시더라고요.

심임섭 상덕이 형이 저한테 그런 말을 한 적이 있어요. 그런 일 다 겪고 나서 스님을 만났대요. 스님이 하는 말이, 너는 내 눈에 딱 물에 잔뜩 젖은 솜옷을 늘 걸치고 다니는 사람처럼 보인다. 온갖 어려운 책임을 다 뒤집어쓰고 사는 사람으로 보인다고 했대요. 그래서 나중에는 그것을 떨쳐내기 위해서 굉장한 노력을 했어요. 그래서 나중에는 누가 이런 건 상덕이 형이 책임지고 해야 하지 않냐 그러면 화를 냈어요.

김민곤 나하고 전교조 결성하고 난 다음에 본부에 어쨌든 일을 했으니까 초기에 자주 이야기도 하고 술도 먹고 토론도 하고 그랬는데 그냥 둘이서만 시간을 보낸 적이 있어요. 단 둘이. 그게 89년도에 내가 석 달 동안 감방생활을 하고 나와서 좀 어리버리해 가지고 있는데, 단 둘이서 지리산을 가자 그러더라고. 11월에 둘이 지리산을 갔어요. 지리산 의신부락으로 올라가면 주인 없는 감나무에 감이 파랗게 달려있었거든. 지리산에서 2박 3일을 보냈는데 그때 같이 걸으면서 자기 살아온 이야기, 이제는 책에 다 나와 있지만 그때는 책 나오기 전이니까 그런 이야기를 나한테 죽 해줬어요. 어쨌든 상덕이 형 위에 선배들은 어떻게 했는지 모르겠는데, 상덕이 형은 후배들 챙기는데 정말 어느 누구보다도 탁월한, 공을 들인다 그럴까 친화력이 있다 그럴까. 목적의식적으로 그랬는지는 모르지만 진짜 사람들을 많이 챙겼어.

심임섭 그러느라 가정을 별로 못 돌보셨죠. 형수님이 고생 많으셨죠.

노웅희 아, 우리 지리과 후배들한테는 아주 냉정했는데…. 그냥 니들은

내말 듣는 거야 이랬는데. (웃음)

이우경 저는 Y교협이나 전교조 때보다는 나중에 더 많은 기억이 나요. '새로운교재를만드는사람들'이라는 현장 실천 조직을 하고 있었고, 유상덕 선생은 그걸 엄청 좋아하셨던 거예요. 그게 뭔가 당신이 이루지 못했고, 해야 할 일이라고 생각하셨어요. 저희 모임에 담임교사를 자처하셨어요. 그래서 저희가 매월 공부를 기획하면 그에 맞는 교수들을 다 연락해서 연결해주시는 역할을 하셨죠.

이주영 모임 담임을 맡으셨다고요?

이우경 네, 우리가 다 젊은 교사들이니까요. 담임을 맡으면서 경제적 큰 지형이 변화했기 때문에 전교조가 지금 되게 우려스럽다는 얘기를 많이 하셨어요. 그러면서 이제 교사들이 완전한 교육 전문가로 서는, 그런 운동들이 일어나야 된다고 하셨어요. 거기서 더 나아가서 교사가 바로서려면 영적인 힘, 이런 게 있어야 된다고 생각을 하셔서 마음공부에 많이 집중하셨어요. 지금 생각해봐도 늘 그 시대보다 15년 20년 앞서가는 고민을 하신 게 아닌가 싶어요. 요즘 현장에서 교사가 전문가로서 자기를 세우기 위한 운동들이 지금 막 일어나고 있잖아요.

이주영 어느새 시간이 많이 흘렀네요. 마무리로 유상덕 선생님이 우리 삶에서 어떤 의미가 있고, 우리가 어떻게 기억해야 하고, 지금 현재를 사는 후배들한테 어떻게 이야기해주고 싶은가 말씀해주세요.

노웅희 유상덕에 대해 느끼는 게 다 다른가 본데, 어쨌든 저는 어떤 과제나 방향이나 이런 것들을 항상 저한테 제시해줬다고 생각을 하거든요. 상덕이 형이 그렇게 발로 뛰면서 조직한 것을 우리가 어떻게 다시 한번 조직할 것인가. 그것을 우리 과제로 삼으면 좋겠어요.

곽동찬 유상덕 선생님은 참 비운의 변혁운동가였다라고 생각합니다. 남한 사회의 변혁운동을 추구했고, 그 씨를 뿌렸고, 씨앗이 자라 열매를 맺었는데, 성과에는 동참을 못 한 것이지요. 다 아시겠지만 나중에는 어떤 의미에서는 오히려 소외당했잖아요. 그래서 비운의 변혁운동가라는 생각이 들어서 안타깝지요.

이우경 살아계셔서 '비운의 변혁운동가'라는 말을 들으셨다면 아마 '비운'은 빼고 그냥 변혁운동가라고 해주면 안 되겠냐고 하실 거예요. 말년에는 그게 나의 업이라고 하셨어요. 그때 인도에 갔어요. 도마 순교지에 간 거지요. 그게 자신의 업이라고 생각하셨던 거지요. 자신을 내려놓고, 마음을 비우는. 그런 삶을 배워야겠다 싶어요.

박부권 유상덕 선생은 늦은 나이에 대학원 공부를 시작했어요. 그것도 나한테 와서 공부하겠다고 하더라구요. 친구한테 와서 대학원 공부를 하겠다고 하는 건 대단한 결심이지요. 그리고 대학원 공부를 시작하고 난 뒤에 나를 친구로 대하는 게 아니고 진짜 선생으로 대했어요. 놀라운 이야기예요. 지금 생각해보면 그때 자기를 내려놓기 시작했구나, 그렇게 생각을 합니다. 사람은 다 한계가 있죠. 한계가 있는데 일찍 죽는 이 한계가 참 무서운 거 같아요. 자기를 다시 돌이킬 수 있는 기회를 놓친 거잖아요. 그래서 유 선생은 나에게 굉장히 많은 교훈을 줍니다. 그 자체로.

심임섭 유상덕 선생이 저한테 해주셨던 것처럼 요즘 교사들이 조금이라도 더 후배를 아끼고 사랑하는 마음을 갖고, 그런 마음을 실천했으면 합니다.

김민곤 후배는 곧 미래잖아요. 미래인 후배들을 선배들이 잘 보살피고 도와주어야지요. 유상덕 선생은 그런 점에서는 최고였지요. 비록 자신이 이룬 성과를 제대로 나누어받지 못했지만. 그럼에도 불평등한 이 사회를 바꾸기 위해 온 힘을 다한 변혁운동가로서 꿈꾸었던 사회를 우리 후배 교사들이 꾸준히 일궈나갔으면 합니다.

신정숙 언젠가 선생님이 "고향에서 피 땀 흘려 갖은 고생하며 농사짓는 분들이 당연히 잘 살아야 하는데, 가난과 병을 안겨주는 현실이 부당하다. 그런데도 이러한 사회 모순에 순응하며 자기 탓으로 여기며 사는 사람들에게 진실을 알리고 싶었다"는 말씀을 하였어요.

　　　　30여 년이 흐른 지금도 여전히 사회 곳곳에 불평등이 존재합니다. 그래도 보이지 않는 곳에서 선생님을 따르는 사람들 희생으로 우리가 희망을 꿈꿀 수 있지 않나 생각됩니다. 저도 미약하나마 책 읽기 선생님을 하며 만나는 아이들에게 선생님이 제게 전하려 했던 생각들을 전하려고 노력하고 있습니다. 선생님! 너무 빨리 하늘나라로 가셨지만 선생님을 생각하고 사랑하는 사람들 마음속에 선생님이 영원히 남아 전해질 거예요.

이주영 네, 오랜 시간 수고 많으셨습니다. 유상덕 선생님 마음과 정신을 우리 마음에 끊임없이 되살아나기를 기원하면서 이만 마치겠습니다. 고맙습니다.

때_ 대한민국 100년, 2018년 10월 19일
곳_ 우리교육 사무실
참석자_ 김민곤(서울참교육동지회), 노웅희(차세대콘텐츠연구소), 심임섭(복잡성교육연구소), 이우경(온양중학교), 곽동찬(효문고등학교), 박부권(전 동국대 교수), 신정숙(성심야학 제자)
사회·정리_ 이주영(전교조 서울참교육동지회)

● 유상덕 약력

1949년 경남 함양군 안의면 상원리 연촌부락 출생
1969년 서울사대 지리과 입학, 야학, 학생운동 참여
1971년 구속, 강제 징집
1974년 복학하여 박부권, 채광석 등과 '야학문제연구회' 조직
1975년 이른바 '오둘둘 사건'으로 구속(긴급조치9호 위반), 1년 6개월 실형
1977년 한국기독교장로회 선교교육원에서 민중신학 공부, 야학운동,
        기독교 청년운동을 통하여 반유신 투쟁에 참여함
1979년 '10·26 사태' 이후 복권, 복학하여 1980년 9월 졸업
1979년 김덕자 씨와 결혼. 아들 민준, 딸 시원을 봄
1980년 9월 신일고 전임강사로 교단에 선 후 서초중, 경기고, 성동고에 근무
1981년 한국 Y교협 결성 주도, 전국 교사 조직 사업에 힘씀
1983년 겨울 '교과서분석 사건'(이른바 상록회 사건)으로
        남영동 서울시경 대공분실에서 고문당함
1984년 3월 성동고로 강제 전출
1985년 '민중교육지 사건'이 터져 파면됨. 해직 동지들과 교육출판기획실 설립
1986년 5월 '민주교육실천협의회' 결성 주도. 사무국장 역임
        7월 15일 안기부에 불법 연행되어 온갖 고문 끝에 이른바
        '이병설 교수 간첩단 사건'에 얽혀 징역 2년 자격정지 2년형을 선고 받음
1988년 8월 대전교도소에서 만기 출소. 민교협 공동대표, 전민련 결성 참여
1989년 전교조 결성 배후로 지목되어 2년 간 수배 생활
1989년 3월, 한국교육연구소 설립 주도(준비위원장), 부소장, 소장 등 역임
1989년 ~1991년 전교조 대외사업국장, 연대사업위원장, 정책실장 역임
1991년 강경대 열사 치사 사건 범국민대책회의 정책실장으로 파견, 구속됨
1993년~ 1996년 전교조 수석부위원장, 부위원장 (95년 코넬대학교 초빙연구원)
1997년 전교조 활동 일선에서 물러남
1998년 ~2001년 대통령 자문 새교육공동체위원회 위원
2000년 3월 민중교육지 사건으로 파면된 후 15년 만에 서울 면목고로 복직
        경일고 교사, 동국대학교 겸임교수, 한국교육연구소 이사장 역임
2003년 ~2005년 대통령 자문 교육혁신위원회 수석전문위원
2004년 교육학 박사(교육정책),
        학위논문 〈생활권 중심 교육자치 단위 설정에 관한 연구〉
2010년 6월 담낭암 발견, 투병 시작, 8월 15일 이우경 씨와 결혼
2011년 7월 12일 오후 2시 50분 서울 면목동 녹색병원에서 영면

공교육의 위기와 극복 방안

1. 들어가는 말

사람들이 떠나가고 있다. 파탄 지경에 빠진 공교육, 눈덩이처럼 불어나는 사교육비, 교사의 권위가 사라지고 교실은 난장판이 된 학교, 자고 나면 바뀌는 입시제도, 실용과 담쌓은 무기력한 졸업생만 양산하는 대학… 출구가 보이지 않는 암담한 우리의 교육 현실에 절망한 사람들이 무리를 지어 이 땅을 떠나고 있다.

버클리나 MIT 같은 명문대학에서 박사를 따서 국내 2, 3류 대학에 교수로 간 친구들이 처음 2~3년 열심히 하다가도 술꾼으로 변한다. "내가 노벨상을 타도 좋은 아이들이 우리 대학에 안 올 텐데 뭐하러 하냐"고 자포자기한다. 서울대 교수가 된 친구도 술만 먹는다. "공부 안 해도 좋은 학생 계속 들어오는데 왜 안 놀겠냐"고 한다. 위에서도 놀고, 아래서도 논다. (조선일보 2001, 3월 5일자)

7차 교육과정은 고교교육을 완전히 무너뜨립니다.
선택형 교육과정이 실시되면… 고등학교는 이렇게 망가진다.
7차를 막지 못하면, 공교육은 완전히 무너집니다.
(전국교직원노동조합 서울지부 리플릿에서, 2001, 4월)

교육 문제에 관해서 얘기할 때는 평상심平常心이 필요하다.

우리의 교육은 교육 현장에서 학교와 코드가 맞지 않아 몸부림치고 있는 학생들을 대하기도 벅차다. 그러한 교육 현장을 생각하면 적어도 교육 문제를 다루는 기사나 주장들이 차분해질 필요가 있다.

우리나라에서 교육개혁 담론은 역대 정권이 바뀔 때마다 나온 얘기였지만 본격적으로 사회적 변화를 반영한 교육개혁을 시도한 것은 1995년 5·31 교육개혁안부터다.

1972년 오일쇼크 이래 세계 자본주의 경제는 구조적 위기를 맞고 그간의 과학과 기술적 진보를 반영한 경제구조 조정을 시도하게 된다. 그러한 경제구조 조정은 더 근본적인 사회적 변화를 반영한 것이다. 세계 각국은 경제구조 조정을 지식기반 사회 혹은 지식기반 경제에로의 구조개혁으로 인식하고 있었으며, 따라서 교육개혁이 세계 각국의 경제와 사회 구조개혁의 핵심과제로 떠오르게 되었다. 근대 산업사회가 물질 중심의 사회였다면 정보통신을 근간으로 하는 지식 산업이 사회의 기간 산업으로 등장하는 탈산업사회에서 교육이 새로운 중요성을 가지고 재조명되었기 때문이다.

이러한 시기에 5·31 교육개혁안이 논의된 것은 늦었지만 대단히 중요한 일이었다. 선진국들은 이미 70년대 중반부터 경제 구조개혁과 교육개혁을 추진해왔지만 우리는 고착된 분단체제와 관료적 권위주의 국가를 유지해왔던 개발독재 이데올로기에 갇혀 20세기가 다 가도록 변화를 추구할 수가 없었다. 1995년에 작성된 개혁안마저 당시의 문민정부하에서는 실천단계로 들어가지도 못하고 현정부하에서 5·31 교육개혁안에 들어있던 몇 가지 정책을 추진해보려다가 교육 관련 이해집단 간의 갈등만 심화된 채 난항을 겪고 있다.

우리의 공교육 위기는 개혁부진 그 자체에 있다. 교육과 관련되는 제 집단의 이해를 잘 조정하고 확실한 방향성을 가진 교육개혁을 추진하는 길

밖에 교육위기로부터 탈출할 다른 방법이 없다

이 글에서는 우리의 교육 위기를 극복하기 위해서 공교육 위기의 사회적 구조와 개혁을 추진하기 위해 필요한 전제들을 검토해보고자 한다.

2. 공교육 위기의 사회적 구조-Fordism에서 Post Fordism으로의
사회변화와 교육이해집단들의 부적응 현상들

현재의 공교육은 근대 시민사회의 성립과 함께 제도화된 것이다. 근대 시민사회의 철학적 정립은 데카르트 이후의 서구 합리주의(이성주의) 사상과 맥을 같이 한다. 근대 합리주의 사상은 근대적 국민국가의 성립과 발전을 통해서 실현되어왔다. 근대 국민국가의 발전은 근대 산업사회의 발전을 통해 이루어졌고, 산업사회와 국민국가를 강화시키기 위해서 공교육제도가 체계화, 구조화되어왔다는 것은 주지의 사실이다.

따라서 근대적 공교육제도는 근대 산업사회와 시종始終을 같이 할 수밖에 없는 제도였다. 현재 나타나고 있는 공교육제도의 위기는 근대 산업사회에서 탈산업사회로의 사회적 변화과정에서 나타나는 현상이다.

산업사회에서 탈산업사회로의 변화를 가장 명료하게 설명하고 있는 논리는 'Fordism에서 Post Fordism으로의 사회적 변화'다. 근대 산업사회는 대량생산, 기계화, 자동화, 그리고 이를 획일적으로 지배하는 이념적 틀로서 특징지워진다. 그것이 경영 형태로는 국가보호주의, 관료적 위계조직, 분업화, 표준화 등으로 나타나며, 이것을 이른바 'Fordism'이라고 한다. 근대 공교육제도는 그러한 Fordism적 구조에 의해 산업사회와 국민국가에 필요한 인력을 생산해내는 제도적 장치였다.

그러나 사회는 산업화에서 탈산업화, 현대Modern에서 탈현대Post Modern로의 빠른 변화를 겪고 있고, 그 변화의 중심에는 정보, 통신, 그리고 기술의 지구화가 작용하고 있다. 그러한 지구화Globalization를 통해 시간과 공간이 압축되고, 생산성이 증가되고 의사결정 과정이 빨라지고 있다. 위성통신 및 광섬유 원격통신과 함께 컴퓨터는 정보와 통화시장에서의 거래를 세계화하고 있다. 이와 같이 기술의 지구화는 경제생활을 지구화하고 있다. 그 결과 지금까지 경제적, 정치적, 문화적 실체로서의 '국가'는 그 존립 자체를 위협받고, 쇠퇴하고 있는 징후를 보이고 있다(Hargreaves, 1997).

Post Fordism이란 경제에서 '소품종 대량생산 체제에서 다품종 소량생산 체제로의 변화'라는 말로 많이 설명되고 있다. Post Fordism은 혁신, 질, 부가가치 상품과 서비스를 통한 지구적 경쟁에서 이기기 위해 고도의 기술을 지닌 노동력에 내적 투자를 강화하는 경영 방식이다. 따라서 이것이 교육제도에 적용될 때 종래의 국가중심, 관료주의적 교육제도를 보다 신축성 있고 다양성과 창의성을 강조하는 학습조직으로 변화시키려는 것이다.

이와 같은 변화과정에서 지금까지 근대 국민국가의 의지를 충실하게 실현시켜온 공교육제도는 새로운 위상을 요구받을 수밖에 없다. 공교육제도로서의 학교를 구성하고 있는 국가(정부), 교원, 학생, 학부모, 지역사회, 기업 등이 지금까지 국가가 거의 전일적으로 지배하던 학교에 대해 각자의 요구와 목소리를 갖게 되는 것이다. 이러한 현상이 보는 이에 따라서는 학교위기, 또는 공교육제도에 대한 집단적 아노미 현상으로 보일 수도 있다.

위와 같은 사회적 변화와 공교육의 변화에 따라 교육을 둘러싼 이해 당사자 간의 갈등은 다음과 같은 세 가지 측면에서 나타난다.

1) 공급자 간의 갈등

현재 우리나라 교육개혁을 둘러싼 논쟁에서 가장 두드러지고, 교육 문제의 해결을 어렵게 만들고 있는 것은 종래의 교육공급자였던 국가(정부)와 교원단체와의 갈등 현상이다. 국가중심주의적인 교육체제하에서는 국가가 교육정책과 내용을 수립하여 일방적으로 제공하면 교원들은 이를 비판 없이 학생들에게 전달하는 것이 바로 교육이었다. 그러나 교육에서 국가의 독점적 위상이 변하고 교육수요자인 학부모와 학생의 요구가 커지자 교육공급자였던 국가(정부)와 교원들의 위상에 변화가 오기 시작했다. 이 대목은 교육개혁을 성공시키기 위해서 아주 중요하고 민감한 부분이었다. 그러나 교육개혁을 추진하면서 정부는 스스로를 교육개혁의 강력한 추진 주체로 인식하고, 학부모와 학생의 목소리를 비호하며 마치 교원들이 새로운 사회로의 변화를 거부하는 집단인양 몰아붙이는 실책을 범하였다. 이러한 틈새를 노려 보수언론들이 교원집단을 부도덕하고 시대에 뒤떨어진, 즉 개혁의 걸림돌이 되는 집단으로 매도하는 현상까지 일어났다. 정부는 이러한 현상을 방기했다.

교원들의 입장에서는 억울하기 짝이 없는 일이다. 과거 국가중심주의 교육제도하에서 교원들은 국가가 독점적 권한을 가지고 있는 교육의 전달자에 불과했다. 교사들의 전문성과 자율성은 국가의지라는 이름으로 극도의 통제를 받아야 했다. 그런데 이제 와서 원래의 공급자이자 교사 통제의 주체였던 정부가 교사들을 국민들 앞에서 매도하고 있다고 생각할 만한 상황으로 여론이 전개되어왔다(교원 정년단축에 관한 교원들의 반발, 성과급제 문제를 둘러싼 비판들).

정부의 제7차 교육과정 개혁방침에 의하면 교육개혁의 핵심은 바로 교육과정 개혁이고, '교사는 곧 교육과정이다'라고 밝히고 있다(교육부, 2000). 교육부의 이러한 방침이 사실이라면, 즉 교사가 교육개혁을 위해서는 결정적으로 중요하다면, 그간 교육부가 교육개혁 정책을 추진하면서 교원들에 대한 정책적 배려는 좀더 신중해야 했다.

교원단체가 교육개혁 정책에 임하는 자세에도 문제가 없는 것은 아니다. 우선 교원들이 사회변화에 따른 교육개혁 정책 자체에 대해서 원칙적인 동의를 하고 있고, 더구나 학교 현장에서 매일 겪는, 변화된 학생들을 위한 새로운 교육내용을 제공해야 한다는 절박한 인식을 보다 철저하게 한다면 교육 문제에 대한 교원들의 대처는 보다 유연하고 신중해야 한다. 자칫 신분상의 불안이나 근무상의 어려움을 국민들과 학생들에게 토로하는 형식으로 주장이 비쳐질 때 결국 그것은 교원의 정체성 확립에나 교원들의 이익에도 결코 유리하게 작용하지 않을 것이기 때문이다.

아무튼 이와 같은 교육공급자 간의 갈등은 현재 지체되고 있는 우리나라의 교육개혁이 한 발짝이라도 나아가기 위해서는 가장 중요한 문제라고 생각된다.

2) 공급자와 수요자 간의 갈등

교육수요자인 학부모들은 변화되는 사회에서 아이들이 안정된 직업을 구할 수 있는 능력을 학교에 기대하고 있으나 학교는 이를 채워주지 못하고 학부모들에게 불안감을 주고 있다. 학부모들은 변화된 사회에서 아이들이 살아갈 미래를 불안하게 생각하면서도 명백한 학교 변화의 조짐이 보이지 않는 상황에서 여전히 다수는 과거와 같은 형식의 지식교육을 통해 아이들이 입시경쟁에서 살아남기를 바라고 있다. 그래서 학교에 입시교육을 더욱 강화해줄 것을 바라고 있으며, 그러한 바람조차도 학교에서 잘 실현될 것 같지 않은 불안감에 더욱더 사교육에 집착하는 모습을 보이고 있다 (유상덕, 2001).

교육수요자인 학부모의 이와 같은 이중적 태도는 교육 현장에서 교육개혁 추진에 갈등요인으로 작용한다. 고교평준화 정책을 시행하는 과정에서 나타나는 현상을 보면, 평준화 정책이 처음에는 강남 8학군과 같은 특수한 계층 형성 혹은 지방 기득권 계층을 형성하는 지방 명문고의 특권의식 등으로 인한 사회적 불평등을 해소하는 데 중요한 역할을 했고, 십여 년간 이 정책을 시행해오는 과정에서 어느 정도 정착이 되어왔다. 그러나 요즈음 고교 비평준화 지역에서 나타나는 학부모들의 요구는 일부 입시 명문고등학교에의 입학을 둘러싼 이해관계에 얽힌 갈등으로 나타나고 그것은 쉽게 정치 문제화되어서 다양화, 특성화로 이행해야 할 학교제도의 변화에 오히려 역작용을 초래하는 면도 없지 않다.

교육개혁 정책을 추진하는 정부는 상대적으로 정치적 취약성을 가지고 있기 때문에 정치권에 민감한 반응을 불러일으키는 학부모들의 여론에 취약하여 교육개혁을 추진하는 데에 어려움을 겪고 있다. 이는 교육개혁의 일관성 있는 추진을 위해서는 대단히 불행한 일이다. 학교단위에서 보더라도 단위학교에 상당한 정도의 자율성이 이양되어 있음에도 불구하고 지역주민이나 학부모의 여론에 민감한 학교장이나 교육청의 소극적인 자세로 인해 변화가 지체되는 경향도 없지 않다.

NGO로서의 학부모운동과 정부 및 교원들과의 교육개혁 정책을 위한 수준 높은 결합이 절실히 요구된다.

3) 학생문화와 기성세대와의 갈등

학교 현장에서 현상적으로 나타나는 학생의 문제는 다수 학생의 무기력증과 소수의 입시경쟁에 몰입하고 있는 양상, 그리고 소비지향적 문화라고 할 수 있다. 학교에서 이러한 문화가 심해지는 경우에는 어떤 기존의 가치도 거부하는 반문화적인 풍토로까지 악화된다. 이러한 현상은 소위 '학교붕괴' 또는 '교실붕괴'라고 하여 사회적인 문제로 부각되기도 한다.

지각과 결석을 밥먹듯이 하고 학교에 오자마자 엎드려 자는 아이, 한 반에 열 명이 넘는, 책가방도 책도 연필 한 자루도 없이 학교에 와서 멍하니 앉아있거나 자는 아이들을 어떻게 보아야 할까?

이 문제는 일본에서는 십여 년 전부터 '신인류'라는 용어로 중요한 사회문제로 지적된 현상이고, 우리나라에서도 그 심각성에 있어서 크게 뒤지지 않는 문제다. 심한 경우는 아예 시간 개념이 없어서 '약속도 할 수 없는 아이'(조한혜정, 2000)도 많다.

인터넷 세대인 학생들의 입장에서 보면 낙후된 학교 교육 시설, 변하지 않는 교육방법, 실생활에 어떻게 연결되는지 알 수 없는 딱딱한 지식교육, 전근대적인 학교규율 등이 부당하기 짝이 없는 일로 보일 수 있을 것이다.

근대 합리주의 철학은 근대 산업사회가 형성되면서 시간을 잘게 나누고 공간을 합리적으로 배치하는 것을 핵심적인 생활양식의 특성으로 만들어 놓았다. 이러한 생활양식을 어려서부터 집중적(강제적으로)으로 연습시키는 것이 학교생활이다. 그러한 생활에는 인간에 의하여 합리적으로 계산된 이성적 질서가 지배할 뿐 인간의 본성인 감성과 영성Spirituality이 자리잡을 공간이 없다(한명희, 2000).

어쩌면 학생들의 행태는 피상적으로 보면 나태하고 무질서하게 보일지 모르지만 서구 합리주의 생활양식이 만들어놓은 문제점에 도전하는 시대적인 의미를 내포하고 있는지도 모른다.

이와 같은 학생문화를 기성세대는 어떻게 이해해야 하는가?

학교에서 '학교붕괴' 또는 '교실붕괴'가 나타나는 핵심적인 이유는 교사와 학생 간 대화의 단절이다. 그렇다면 '학교붕괴'란 학생과 교사 혹은 교육시스템 그 자체와의 '코드code 불일치'라고 파악하는 것이 옳지 않은가? '학교붕괴'란 다시 말해 사회변화에 적응하지 못하고 있는 학교구성원(교원, 학생, 학부모, 학교행정 시스템) 간의 '코드 불일치' 그 자체라고 해야 옳을 것이다. 그중 가장 중요한 것은 학생과 교사의 '코드 불일치'고 이것은 학생문화와 기성세대 문화와의 문화적 갈등이라고 해야 할 것이다.

비단 학교사회뿐만 아니라, 사회 전체의 세대 간의 갈등도 신세대가 요구하는 새로운 사회질서와 근대주의적 기성세대 가치와의 갈등으로 설명하는 사람도 많다.

우리의 교육개혁은 이와 같은 세대 간의 갈등 문제를 해결하는 것이어야 하고 그러한 다양한 시도가 나오고 있음은 다행이라고 할 것이다.

3. 위기 극복을 위한 전제들

1) 전망vision과 주장voice의 조화

포스트모던 사회는 전망이 불확실한 사회다. 근대사회가 이성으로 시공간을 재단해서 합리적으로 절대적 가치관을 수립한 것으로 보이지만 그 속에는 여전히 계급적 계층적 지역적 또는 사회문화적 주관을 객관화하고 있으며, 객관성이라는 이름으로 특정 집단의 이데올로기를 관철하고 있다.

인간은 물질적 존재임과 동시에 영적 존재다. 그리고 인간은 이성적 존재임과 동시에 감성적 존재다. 서구 이성주의의 기준으로 보면 감성은 불안정하고 때로는 부도덕하기까지 하다. 또한 그 기준으로 보면 영성은 허황되고 미신적으로 보이기까지 한다.

인간이 영적 존재임을 인정하면서도 인간의 영성을 미신적으로 보는 것은 이율배반적이다. 한마디로 이성주의는 인간의 풍부한 감성과 영혼의 문제를 자그마한 이성의 잣대 속에 가두어놓은 것이나 다름이 없다.

근대사회로부터의 탈출은 인간의 감성과 영혼의 해방을 의미한다. 나아가 이성주의의 극복은 인간만이 아니라 자연이 가지고 있는 풍부한 영적 존재로서의 가치를 인정하는 일이다. 이것은 인간과 인간, 인간과 자연, 나아가서 모든 물질세계와 영적 세계의 온전한 창조와 해방을 인정하는 일이다.

이와 같은 시대적인 가치관의 변화에서 볼 때 특정집단의 이해관계가 이데올로기로 포장된 객관적 합리성은 인간중심주의가 낳은 좁은 가치관으로 볼 수밖에 없다.

우리 사회의 비전vision과 전망을 이야기할 때는 이와 같은 논지에서 볼 때 신중을 요한다.

근대에서 탈근대사회로의 변화에서 두드러진 양상은 주장voice이 많아지는 것이다. 근대의 획일적인 가치질서에 억눌렸던 제 집단들의 목소리가 터져 나오는 것이다. 여성들의 목소리(페미니즘), 지역자치의 요구, 인종적 견해들, 지방언어의 해방, 관료적 통제에 억눌렸던 제 부문과 계층의 이해관계가 각기 독특한 목소리를 담고 주장된다.

교육과 관련하여서 볼 때 국가주의 교육체제하에서 억눌렸던 수요자인 학부모, 학생들의 교육에 대한 요구, 관료적 통제하에서 제한되었던 교원들의 요구, 사회경제구조의 변화에 따른 기업들의 교육적 요구, 심지어는 국가주의 교육하에서 기득권을 향유하던 집단들의 요구 등이 다양하게 제기될 수밖에 없다.

중요한 것은 그와 같은 주장voice들이 주장하는 당사자들에 의해 주관적으로 확대되어 자기 집단의 전망을 다른 집단에게 강요하는 데서 문제가 발생한다는 것이다. 교육개혁은 이러한 주장voice들이 그야말로 '주장voice'이라는 것을 인정하는 데서 비로소 출발할 수 있다. 다양성의 시대에 다양한 주장은 조화를 향해 나아가야 교육개혁이 가능하다.

2) 구조변화와 문화개혁의 통합

교육개혁은 사람을 가르치는 일을 개혁하는 것이다. 사람이란, 사티쉬 쿠마르의 비유에 의하면, 도토리와 같다고 한다. 자그마한 도토리 하나에 온 생명체의 진화가 다 들어있고, 또 나아가 그 작은 도토리 하나가 앞으로 수천 수만 그루의 거대한 참나무가 될 것을 생각하면 도토리 속에 우주가 들어있다고 생각해야 한다는 것이다(사티쉬 쿠마르, 1999).

교육은 영적인 존재인 사람을 가르치는 일이다. 근대 이성주의의 잣대로 만들어놓은 교육제도를 변형하는 것으로 모든 교육 문제를 해결할 수 있다고 생각한다면 오산일지도 모른다. 그렇다고 제도적 변화가 중요하지 않다는 말은 아니다. 교육개혁은 이제 그간 위로부터 청사진을 제시해놓고 하향식으로 제도를 개혁하는 단순 게임에서 벗어나야 한다. 사람과 사람의 집단인 사회는 이성, 감성, 영혼을 가진 풍부한 문화적 주체이기 때문에 오히려 역사적으로 보면 제도적 변화보다는 문화적 변동이 선행되고 그 결과 제도적 정착으로 귀결된 사례가 더 많았다고 볼 수 있다. 특히 커다란 시대적 변화를 가져온 중요한 가치관의 변화가 수반될 때는 더욱 그러했다. 이것을 패러다임의 변화라고도 부른다. 지금은 패러다임이 변화하고 있는 시기다.

지금은 그간의 교육개혁과 교육시민운동에 대한 발상의 전환이 요구되는 시기다.

이러한 주장을 강조하는 데는 '관점의 변화'가 중요하다고 보기 때문이다. 제도적 변화라는 관점에서 교육을 바라볼 때는, 혁명과 같은 중요한 제도적 성과가 나타나지 않으면 항상 변화에 대한 부정적인 시각을 갖게 된다. 그러나 역동적인 인간의 풍부한 문화적 변동을 면밀하게 관찰할 때 우리는 낙관적인 전망을 가질 수 있다. 우리가 생명의 존엄성을 믿는다면 그 생명체가 이미 이룩한 문화적 업적들을 확인하고, 그것을 누리면서 더욱더 높은 생명체의 고양을 위해서 노력하는 것이 올바른 관점이다.

근대에서 탈근대로의 변화는 인류가 문화를 창조한 이래 근대 산업사회까지 이룩해놓은 성과들을 부정하는 것이 아니라 그 성과들을 확인하지만 그것을 절대화하지 않고, 그 기초 위에 새로운 전진을 모색하는 일이다. 우리는 우리가 이룩해놓은 교육적 성과를 확인하고 사회적 변화를 놓치지 않으면서 새로운 교육을 모색해야 할 것이다.

이러한 관점에서 긍정적인 전망이 나오며, 지금 우리에게 필요한 것은 그러한 긍정적 전망을 가져다주는 풍부한 문화적 관점을 견지하는 일이다.

4. 맺음말

지금은 공교육 위기를 극복하고 교육적 전망을 열기 위해 교육 전문가와 양심적 지식인들이 교육시민운동의 대의에 따라 목소리를 만들어야 할 때다.

21세기에 들어선 우리 사회는 아직 20세기적 퇴행과 지체를 반복하고 있다. 학교 현장은 여전히 학생들의 요구를 외면한 채 타성적인 교육관행이 지속되고 있고, 그 와중에 소수의 헌신적인 교육자들의 노력이 빛을 보지 못하고 있다.

지식산업으로의 구조전환에 기업의 운명을 걸고 있는 재벌 기업들과 이를 대변하고 있는 몇몇 보수언론들의 공교육에 대한 무차별한 공격은 국민들의 마음을 불안하게 하여 형편이 되는 중산층을 교육이민 대열에 합류시키고 있다. 다가오는 대통령 선거에 한 표라도 보탬이 되고자 하는 정치권은 교육개혁의 원칙과 사명을 버려둔 채 즉자적인 교육이해집단의 요구에 편승하여 교육개혁 정책의 일관성을 흐트러뜨리고 있다. 그런 와중에 정부의 무력함은 더 말할 필요도 없다.

이러한 시기에 교육시민운동과 교육 전문가, 그리고 양심적 지식인들은 우리의 교육을 위해서 무엇을 해야 할 것인가?

조선일보와 같은 보수언론의 교육을 해치는 발언들을 두고만 볼 것인가? 대선 정략에 표류하는 교육정책들을 그냥 구경만 할 것인가? 더 이상 교육정책 당국의 무력한 정책을 바라보며 침묵만 하고 있을 것인가? 그러기에는 우리 아이들의 고통이 너무나 크다. 또 몇 년간 정권의 향방을 가늠하는 시기를 교육개혁 정책이 표류하도록 바라만 보기에는 우리의 양심이 허락하지 않는 일이 아닌가?

우리는 그간 교육개혁에 관심을 갖고 나름대로의 대중에 기반한 목소리들을 만들어왔지만 지금은 우리 자신들의 현주소를 확인할 때인 것 같다. 누구 때문에, 무엇 때문에 우리가 교육 문제를 놓고 다투고 갈등해왔는가? 우리 자신의 주장을 가지고 마치 전체적인 전망인 양 다른 사람들의 의견을 묵살하지는 않았는가? 우리 아이들은 도외시한 채 이해다툼을 위한 제도적 논쟁에 매몰되고 있지는 않았는가?

위와 같은 물음들을 우리는 평상심을 가지고 자문해볼 일이다.

지금은 공교육 위기를 극복하고 교육적 전망을 열기 위해 교육 전문가와 양심적 지식인들이 교육시민운동의 대의를 따라 목소리를 만들어야 할 때다.

참고문헌
• 교육부(2000), 〈제7차 교육과정 시행에 대한 교육부의 입장과 대책〉,《교육과정운영 자료》교육부 교육과정 지원센터, 2000. 12.
• 사티쉬 쿠마르(1999),《작은 학교가 아름답다》보리출판사, 1999.
• 유상덕(2000), 〈제7차교육과정의 안정적 정착을 위한 단위학교의 시행전략〉,《한국 교육과정평가원 창립 3주년 기념 심포지엄 자료집》, 2001. 2.
• 조한혜정(2000),《학교를 찾는 아이, 아이를 찾는 사회》또하나의문화, 2000.
• 한명희(2000), 〈변화하는 교육 패러다임과 인간상의 문제〉,《한국교육의 탈맥락적 현실과 포스트모던적 재구성》한국교육사회학회, 2000년 연차학술대회 자료집, 2000.
• Hargreaves(1997), Andy, "Restructuring Restructuring: Postmodernity and the Prospects for Educational Change" 「Education」ed, A. H. Halsey at al, Oxford University Press, 1997

21세기 교사론

문제 의식

지금까지의 교사론의 관심은 주로 교사의 집단적인 성격을 분석하고 당위적 행위를 도출하여 이러한 가치와 행위양식을 교사집단에게 요구하려는 목적에서 논의를 전개해온 것이 주를 이루고 있었다. 그것은 학교 교육의 목적이 근대 시민사회와 이를 추동하는 근대 국민국가Nation State를 발전시키는 부분적 요소로 파악하고 그러한 부분적 요소에 가장 적합하게 교사집단의 성격을 규정하고 그러한 가치에 교사집단의 당위적 행위를 훈련시키려는 요구에서 나온 것이다.

이상에서 진술한 교사론의 동기와 목적을 20세기의 교사론이라고 부른다면 21세기의 교사론은 그러한 좁은 문제 의식으로부터 교사집단을 과감하게 해방시키는 데서부터 출발하지 않으면 안 된다. 교사란 집단으로서도 존재하지만 보다 구체적으로 존재하는 양태는 개인으로서 인간으로서 존재하고 있는 것이며, 존재하는 교사가 직면하고 있는 현실은 구체적인 교육 현장이다. 교사가 직면하고 있는 구체적인 교육 현장은 우선 학생들의 생기발랄한 삶이 있으며, 학생들의 삶을 조건지우고 있는 변화해야 할(적응해야 할) 학교제도라는 환경이 있다. 교사는 이 학교제도의 일부로서도 존재하고 있지만(존재하기를 강요당하고 있지만) 어찌보면 그러한 제도적 존재양태로부터 교사들 자신이 스스로의 주체임을 선언하고 증거하고 해방될 필요가 우선적으로 있는 것이다. 21세기 교사론은 우선 여기서부터 출발하지 않으면 안 된다.

　교사에 대한 논의를 이러한 문제 의식에서 출발한다고 해서 교사집단이 일정한 법적 지위를 가지며, 계층적 성격을 가지고 있고, 또한 일정한 집단적 행동양태를 보이고 있다는 가정을 전부 무시할 필요는 없다. 그것은 그것대로 일정하게 파악할 수 있는 데까지 파악하고 참고해야 할 일이로되, 그러한 가설에 얽매여서 교사들의 실체와 삶을 읽어내는 데 실패하면 안 된다는 점이다. 오늘날 가설적 집단의 성격에 맞는 기능과 소양을 훈련시켜서 교육 현장에 투입하고 일정하게 기대되는 행위의 결과를 기대한다는 일이 교사가 실제로 부딪히는 교육 현장의 상황과 어긋나고 따라서 교육에 실패하고 있다는 것은 너무나 많은 교육 현장의 사례에서 보여주고 있다. 오히려 그러한 가설이 의도적으로 설정된 비현실적인 당위라고 보는 편이 더 솔직한 표현일지도 모른다. 그러나 그러한 행동양태를 과학적(?)으로 만들어내려고 하는 노력들이 닿는 귀결은 교사에게 주로 필요한 것은 교수방법론이라는 결론에 이르고 각 교과의 교수방법을 터득하여 현장에 내보내면 된다는 교육과학적인 귀결에 이르고 만 것이 오늘의 교사론이다. 다른 요소들이 논의되고 있기는 하지만 이러한 요구에 부속하는 하위적 혹은 참고적 지위에 처하고 있는 것이 현실이다.

　21세기 교사론은 "가설적 집단에게 훈련시키는 교수방법론"에 머물러서는 안 된다는 문제 의식에서 출발한다. 가장 주체적이고 창의적인 가치창출을 할 수 있는 지위를 필요로 하는 교사가 집단이건 개인이건 이러한 전제하에 일방적으로 규정당해서는 이미 교사는 교사라고 볼 수 없는 상황에 처하게 된다. 가설은 가설을 설정한 사회적 세력의 의도가 있을 것이고, 방법론은 그러한 방법론을 적용하여 분명히 이익을 보는 집단이 있을 것이므로 '교사론의 사회학적 분석'이 필요한 이유가 여기에 있다. 20세기 근대 국민국가가 일정한 계층적 이익을 관철시키는 기제라고 본다면 거기에 근거한 교사론은 이제 과감하게 해방시킬 필요가 있다.

교육은 세대교체에 관여하는 일이다. 그것도 미래가 아닌 지금 여기서 세대교체와 관계되는 일을 하고 있는 것이다. 교육이 세대교체에 관여하는 일이라면 교사는 자기와 다른 세대를 살아가게 될 학생들을 대할 때 우선적으로 고려해야 할 일이 자기의 이해관계를 버리는 일이다. 나와는 다른 시대에 나와는 다른 삶을 살아갈 학생들에게 내가 관여할 수 있는 도덕적인 근거는 나의 이해관계를 버리는 데서부터 나오지 않으면 안 된다. 이는 학교 교육뿐만 아니라 가정에서 부모가 자식을 가르칠 때도 마찬가지다. 이 원칙이 제대로 지켜지지 않을 때 가정교육도 학교 교육도 아이들과의 갈등만 키울 뿐 '교육적'인 상황이 전개되지 않는다는 것은 아마 누구나 경험적으로 느낄 것이다. 세대교체에 관여하는 교사에게 제일 먼저 필요한 것은 하심下心이다. 하심은 수심修心을 통해서 달성되고 수심이 된 사람은 자기의 정체성이 확립된 사람이다. 교사에게 가장 필요한 덕목은 이러한 인간인 교사로서의 자기정체성이라고 볼 수 있다. 정체성을 확립한 교사가 교육이라는 사회생활에 개입을 할 때 타인에 대한 나아가 생명과 우주에 대한 한없는 자비와 사랑의 마음이 없으면 교사로서의 에너지가 나오지 않는다. 많은 종교적 성자에 의해 강조되어온 인간으로서의 자기정체성과 사랑, 자비 등의 덕목이 21세기 교사론에서는 새롭게 조명되어야 한다.

교사가 수심을 열심히 한다고 할 때 그다음에 오는 것이 무엇일까? 인간과 모든 생명 있는 것과 화합하고 교류하는 기술을 터득하는 일일 것이다. 교류의 원리도 따지고 보면 자기를 버리는, 즉 희생하고 봉사하고 남을 먼저 생각하는 삶의 자세에서 나온다. 리더십 이론에서 희생 봉사하는 서번트리더십servant leadership이 장사하는 기업 교육에서는 매우 중요시하는 교육과목인데 교원교육을 하는 커리큘럼에서는 볼 수가 없는 것도 하나의 아이러니라고 볼 수 있다. 정체성과 교류화합의 기술을 터득한 교사에게 필요한 것이 이제는 삶과 생활에 대한 지식과 지혜일 것이다. 과학기술능력과 인문사회 소양교육이 수단적 지식으로 필요한 것이다. 교과목 지식과 인문사회에 대한 소양이 잘 갖추어질수록 유능한 교사가 될 수 있을 것이다. 그러나 지식과 지혜가 잘 갖추어지지 못한 교사라고 해서 즉 유능하지 못하다고 해서 훌륭하지 못한 교사라고 생각해서도 안 된다. 교사에게 있어서는 유능함 못지 않은 훌륭함이 따로 있기 때문이다. 학생들이 보고 배우는 것은 말로 지식을 잘 가르치기 이전에 거짓말 안 하고 죄 안 짓고 사는 교사의 행동(인격)이기 때문이다.

21세기 교사론은 이와같이 20세기의 교사론이 무시하거나 뒤로 젖혀놓은 부분을 다시 들추어내서 회복하는 일이라고도 볼 수 있다. 좀 더 솔직히 말하면 교사에게 정말로 필요한 품성교육과 수단적 지식교육이 역전되어있는 것을 바로잡는 일이다. 이것은 논리적으로 뒤집고 바꾸고 해서 다 되는 일은 아니다. 수세기 동안 관습화된 교사관과 교육관을 다시 구축하는 일이기에 비상한 각오와 끈질긴 노력이 실천적으로 수반되지 않으면 안 되는 일이다. 그것은 오늘날 무력한 모습으로 밥벌이하고 있는 교사들이 교육 현장에서 아이들의 삶에 직면하여 현실적인 처방에 성공함으로써 교사로서의 자신감을 갖게 하는 일이다. 결론적으로 말해 21세기 교사론은 교사에게 혼을 불어넣는 일이며 우리의 교육을 살리는 가장 핵심적인 화두다.

유상덕 선생! 그 이름은
내 가슴에 너무 깊이 박힌 이름입니다

김귀식(전 전교조위원장)

1985년, 제가 성동고등학교 연구부장으로 부임했을 때, 그 연구부에 유상덕 선생이 앉아있었습니다. 그때 유선생은 이미 전국에 알려진 의식화 교사의 표상이었습니다.

그때는 전교조가 출범하기 전인데도 붉은 물이 든 불량한 의식화 교사 유상덕으로 매도한 군사 정권의 탄압이 극에 달했습니다. 항상 얼굴엔 미소가 스며있고, 수업 잘하고, 학생들이 좋아하는 실력 있는 유상덕 선생은 권력의 눈에는 문제의 교사로 제거의 대상이었습니다.

그러던 어느 날 유상덕 선생은 학교에 출근하지 않았습니다. 교무실에는 월요 조회 직전이라 여기저기서 조간신문을 보면서 "간첩단 일망타진"에 유상덕 이름이 크게 난 것을 확인하기에 모두 바빴습니다. 교사들 입에서는 "유 선생과 가까이 안 하기를 참 잘했어." 수군대는 소리가 들려왔습니다. 저도 신문을 읽었습니다. 열 번 이상 반복해서 읽고 읽었습니다. 저는 고개를 좌우로 흔들었습니다. 이건 아니다. 조회가 시작되자 저는 자리에서 뻘떡 일어나 조간신문을 흔들면서 "유상덕 선생은 간첩이 아닙니다. 조작된 기사입니다." 했을 때 교무실의 분위기는 상상하고 남을 것입니다. 그 후 몇 년 옥고를 치르고 무죄 석방은 됐으나, 이미 파면된 몸으로 또 세상과 싸워야 했습니다.

유상덕 선생의 일생은 그야말로 형극의 길이었습니다. 유상덕 선생의 꿈은 '사람 사는 세상', 그런데 그 꿈을 실현해보지도 못하고 훌쩍 우리 곁을 떠났습니다.

오늘은 벌써 유선생 추모 2주기, 선생 묘소 앞에 서니 부끄럽고, 분통이 터질 것만 같습니다. 유 선생이 떠난 지금 우리의 현실은 '사람 사는 세상'과 더 멀어지고 있기 때문입니다. 지금 '종북몰이 마녀사냥'이 극으로 치닫고 있습니다.

우리의 동지, 유 선생을 슬퍼하는 이 자리, 슬픔에만 젖어있기에는 우리의 현실이 너무 절망적입니다. 오늘 이 추모의 자리에서 우리는 다시 결의를 다져야 합니다.

유형의 땅, 노예의 땅, 속박의 땅, 억압의 땅에서 평화의 땅, 희망의 땅, 자유의 땅, 참교육의 땅으로 해방되는 그날을 위하여 우리는 다시 싸워야 합니다.

그리하여 언젠가는 다시 이 자리에서 진정한 해방의 노래, 참교육의 노래를 함께 부를 수 있기를 갈망합니다.

그리운 유상덕 선생! 보고 싶어요.

선생님,
이 땅의 교육노동운동을 일으킨 분으로
영원히 기억하겠습니다

이장원(문화고등학교 교사)

유상덕 선생님,

선생님을 처음 만난 지 벌써 35년이 넘었군요.

선생님을 처음 만났던 것은 1979년 제가 야학을 시작할 때였지요. 야학 활동을 직접 하시면서 야학교사들과 야학 연합회를 만들어 이끌고 계시던 선생님은 제가 만들어가던 묵동 야학에 와서 강학을 하시면서 경험이 얕은 저희에게 많은 조언을 해주셨습니다. 선생님의 신혼집에도 자주 가서 야학운동에 대해 많은 이야기를 나누었던 기억이 생생합니다. 선생님을 따라 야학연합회에도 나가 많은 분을 만났고, 많은 경험을 쌓을 수 있었습니다. 그리고 그 경험은 제 삶을 바꾸어놓았습니다. 참으로 소중한 경험을 하게 해주신 선생님, 정말 감사합니다.

그때 선생님이 하신 말씀 중 아직도 기억에 남아있는 말은, 검정고시 야학을 노동야학으로 변경시키려 하는 저에게, "노동야학만이 옳은 것은 아니다, 검정고시 야학을 하면서도, 그 속에서 노동자 학생들을 제대로 교육한다면 오히려 야학의 역할을 더 제대로 할 수 있다."라고 하신 말씀이었습니다.

당시 저는 선생님의 말씀을 이해하지 못하고 따르지 않았지만, 지금 생각해보면 참으로 현명한 조언이었습니다. 군부독재의 엄혹한 현실 속에서 학생운동과 야학운동을 한 걸음 한 걸음 일궈온 고난의 경험이 우러난 유연하고 현실적인 조언이었다는 것을 뒤늦게야 깨달았습니다.

미안합니다, 선생님. 선생님의 조언 따르지 않아, 결국 당시 유일한 대사업장 단일 야학이었던 묵동 야학은 폐쇄의 아픔을 겪을 수밖에 없었습니다. 미안합니다. 선생님의 혜안을 이해하지 못해서….

야학에서의 진한 인연 후에 선생님을 다시 뵌 것은, 오랜 시간이 지난 1988년 8월, 이병설 교수 간첩단 사건으로 구속되었던 선생님이 만기 출소할 때였습니다. 너무나 반가웠습니다. 그리고 그때부터 선생님과 참으로 오랜 기간 교육노동운동의 길을 함께 걸어왔습니다. 민주교육실천협의회, 전교협, 전교조를 거치며….

그 길을 함께 걸어오면서, 그리고 교육노동운동의 역사를 연구하고 공부하면서, 선생님께는 늘 고마움을 느껴왔습니다. 선생님께선 제가 거의 무임승차하다시피 한 교육노동운동을 한 땀 한 땀 일구고 개척해온 교육노동운동의 선구자임을 절감했기 때문입니다.

선생님께선, 교직에 나오기 전 야학에 몰두하며 70~80년대 야학운동을 일으켰던 것처럼 80년 교직에 나오면서 교사들의 교육운동을 일으키는 선구자가 되셨습니다.

81년 한국 Y교협 결성을 주도하고 전국 방방곡곡을 뛰어다니며 전국 각지에 Y교협을 만들어내 87년 전교협, 89년 전교조로 나아가는 전국 교사운동의 디딤돌을 놓으셨습니다.

뿐만 아니라 선생님께선 84년, 80년대 교육노동운동 담론을 불러일으키는 촉매가 된 무크지 《민중교육》 기획·편찬에 참여하였고, 그로 인해 해직된 후, 해직 교사들과 '교육출판기획실'을 설립해 교육노동운동 담론을 생산·전파하고, 89년엔 한국교육연구소 설립을 주도해 교육노동운동의 과학화에 앞장서셨습니다.

선생님, 제가 86년 교직에 나오면서 읽었던, 선생님이 글이 실린 《교육노동운동》(1986, 도서출판 석탑)이란 책을 읽은 기억이 납니다.

그 책에서 선생님은 교사들이 교육자이면서 노동자라고 생각하면서 교사들의 집단적인 운동의 가능성을 예견하고, 교사들의 교육운동을 '교육노동운동'이라 명명하셨습니다. 그리고 "교육운동 혹은 교육노동운동은 이제 소수의 각성된 교사들의 소그룹운동 단계를 넘어서 30만 교원들의 집단적인 운동으로 발전하여야 한다"고 우리 운동의 방향을 제시하셨습니다.

우리 운동은 실제 선생님이 제시한 방향으로 발전해왔습니다. 80년대 초 소모임 운동에서 87년 전교협 교사대중운동으로, 그리고 89년 전교조 교육노동운동으로….

그리고 발전과정에서 선생님은 또다시 선구자로서 역할을 하셨습니다. 87년 전교협을 건설할 때는 감옥에 계셨지만, 89년 전교조를 건설할 때는 그 중심에 서셨습니다. 전교협이 노조 결성을 결의하고 실천으로 옮겨가는 과정에서, 그리고 노조 결성 이후 정권의 혹독한 탄압 속에서, 전교조가 후원대를 꾸리며 현장에 뿌리박아, 10년 후 합법화를 이루는 토대를 쌓는 전략을 수립 실천하게 하는 데 결정적인 역할을 하셨습니다. 그래서 선생님은 언제나 역사 속에 우리 교육노동운동을 일궈온 선구자로 기록될 수밖에 없습니다.

선생님, 정말 자랑스러운, 존경스러운 삶을 사셨습니다.

선생님,
지금 선생님이 주춧돌을 놓은 우리 교육노동운동은
무너질 위기 속에 놓여있습니다.
그러나,
선생님이 암흑 같은 현실 속에서 새로운 길을 개척해왔듯이
우리 후배들은 오늘의 교육노동운동의 위기를 극복하며

새로운 교육노동운동을 일구어가고자 합니다.

선생님, 멀리 천상에서 계시지만,

우리 후배들에게 이 위기를 넘을 용기를 주십시오.

그리고 용기를 내는 후배들에게 격려의 미소를 보내주십시오.

사랑합니다. 선생님! 존경합니다. 선생님!

우리 후배들은 선생님을

이 땅의 교육노동운동을 일으킨 선구자로 영원히 기억할 것입니다.

편히 주무십시오!

이제야 쓰는 편지

-못난 제자가

박정주(효문고등학교 교사)

안녕하세요? 선생님!

저는 성동고등학교 제자 박정주입니다.

하늘에서도 치열하게 사시는지요?

거기서는 조금 편안하게 사셔도 좋을 듯한데 어떠신지요.

살아계실 때 한번 찾아 뵙고 인사드렸어야 하는데 그렇게 하지 못한 것이 죄송스럽습니다. 곽동찬 선생님이 "선생님께 글을 한번 써보면 어떻겠냐"고 하셔서 이렇게 뒤늦은 편지를 올립니다.

글을 쓰려고 하니 기억이 아련해집니다.

저는 성동고등학교 1학년 때(1983년)에 선생님에게 지리를 배운 학생입니다.

선생님은 저를 기억하지 못하시겠지만 저는 선생님을 뚜렷이 기억하고 있습니다. 수업 시간에 차분하면서도 날카로운 사회 비판을 하시던 선생님의 수업이 생각납니다. 지리 수업 내용보다도 사회와 역사에 대해 이야기하실 때 빛나던 눈빛과 열정어린 목소리를 기억합니다. 선생님의 수업은 뭔지 모를 답답함에 짓눌려있던 학생들에게 어떤 깨우침을 주셨던 것 같습니다. 그런 선생님이 좋아 저도 지리 교사가 되어야겠다는 꿈을 꾸기 시작했고 결국 지리 교사가 되었습니다.

지금도 만나고 있는 고등학교 친구들과 가끔 선생님들 이야기를 하곤

합니다. 고2 담임 선생님이셨던 오석하 선생님. 키가 150cm도 되지 않았던 선생님이 180cm도 넘을 것 같은 신병철 선생님과 운동장을 걸어가시던 모습은 아직도 한 장의 스냅 사진처럼 남아있습니다. 시인이셨던 목소리 굵고 사람 좋으셨던 윤재철 선생님, 그리고 사회문제를 치열하게 이야기하셨던 선생님까지…. 성동고등학교는 그렇게 선생님들과 친구들로 내 삶에 깊이 들어와있습니다. 그리고 고등학교 3학년때 일어났던 민중교육지 사건까지….

고등학교를 졸업하고 얼마 지나지 않아 선생님을 TV에서 보게 되었습니다. 서울대 지리교육과 간첩단 사건이라면서 조직도를 보여주는데 선생님의 이름이 거기에 계셨습니다. 얼마나 황당하고 어처구니 없었던지… 고등학교 친구들하고 만나면 가끔 그때 이야기를 하곤 했습니다. 그 사건 뒤로 저는 TV나 신문에서 나오는 기사들을 철저히 가려 보고 듣는 사람이 되었습니다.

대학에 들어가고 군대에 가고 다시 복학하고 정신없이 살던 한 시점에 선생님을 다시 만나게 되었습니다. 기억이 정확한지 모르겠지만 단국대에서던가 선생님이 흰 옷을 입고 풍물치던 모습을 본 것 같습니다. 전교조 집회였을 것입니다. 소심했던 저는 멀리서 바라볼뿐 선생님에게 다가가 인사할 용기를 내지 못했습니다. 그렇지만 마음 한편이 뿌듯해지면서 선생님과 비슷한 길을 가는 저 자신이 자랑스럽기까지 했습니다. 선생님께서 교사로 복직하셨고 전교조 활동을 한다는 것도 알게 되었습니다.

교직에 나오자마자 전교조에 가입했고, 전교조가 주최하는 각종 행사나 집회에 참여하면서 어쩌면 다시 선생님을 만날 수 있으리라는 막연한 기대를 가졌습니다. 선생님은 집회에 자주 나오셨고 여전히 수줍음 많고 용기 없던 저는 그저 선생님을 먼 발치에서 바라보기만 했습니다. 그때 용기를 내어 선생님에게 다가갔어야 했는데…. 그 뒤로 또 몇 년이 훌쩍 흘렀고 뒷풀이 자리에서 선생님과 합석할 기회가 우연히 생겼습니다. 제가 선생님의 성동고등학교 제자이며 지리 교사라는 이야기를 드렸더니 무척 기뻐하시던 모습이 아직도 생생합니다. 그렇게 인사드린 것이 마지막일지는 몰랐습니다. 곽동찬 선생님으로부터 선생님께서 투병 중이라는 소식과 얼마 후 돌아가셨다는 소식을 전해 들었습니다.

선생님과 저는 한 번도 사적인 자리에서 만난 적 없지만, 저는 저의 선생님으로 유상덕 선생님을 기억합니다.

"선생이란 어떤 존재여야 하는가? 나는 어떤 선생이 되어야 하는가? 지리를 통해 세상을 가르치는 교사!"

그런 큰 질문과 실천을 할 수 있도록 씨를 뿌리신 분이 선생님이십니다.

선생님은 이 세상에 계시지 않지만

저에게는 늘 살아있는 선생님이십니다.

시대와 더불어 아이들과 민중의 삶을 위해

끊임없이 자신의 삶을 치열하게 살아가셨던 분으로 말입니다.

저 또한 선생님처럼 살아가도록 노력하겠습니다. 선생님!

유상덕 선생의 발

김진경(시인)

메마른 몸에서 그대로 남아있는 건 그의 큰 발이다.
먼 길을 걸은 어느 늦은 밤 따뜻한 물에 담그며
나의 가장 밑바닥에 있는 이것이 나의 삶을 이루어왔구나!
새삼 놀라서 낯설게 바라보기도 했을 그 큰 발은
대부분이 뼈로 이루어져 있다.

살을 이루고 있는 것들은
우주의 먼지로부터 와서 먼저 돌아가지만
뼈를 이루고 있는 것들은
빛나는 항성의 폭발로부터 왔기에 오래도록 남는다.
이제 거의 모든 살을 돌려줘 앙상한 그의 몸에서
유독 수고로운 그의 큰 발만이 그대로 남아 빛난다.

머나먼 별로부터 왔을 그의 큰 발은
이 작은 행성에서 오래도록 길 없는 길을 걸었었다.
우리가 두려움의 가시와 철망에 갇혀
스스로 외톨이들이 되어가고 있을 때
그는 큰 발로 가시와 철망을 밟으며 우리에게 다가왔었다.
우리도 그가 했듯이 가시와 철망을 헤치고

서로에게 다가가 서로에게 길이 되었다.

길이 길을 열고,
무수한 길들이 광장이 되고
광장을 거니는 사람들은 발의 수고로움을 잊어버렸지만
그의 발은 무수한 길들의 기억으로 여전히 빛난다.
그가 처음 다가와 우리의 젊음에 던졌던
고골리 '어머니'의 신선한 잉크 냄새
낯설고 신선한 말 몇 마디
그것이 빛처럼 느껴졌었는데
정작 빛을 낸 것은 이 큰 발의 상처와 수고로움이었다.

"그래, 우리 열심히 살았지?"
그가 큰 발을 어루만지는 나를 보며 희미하게 웃는다.
그는 이제 먼 항성으로 돌아가지만
저렇게 어느 날 문득 다가와 쪼그리고 앉아 웃으며
우리들의 수고로운 발을 씻어 주리라.

"그래, 우리 열심히 살았지?"

●참교육을 지키다 돌아가신 분들●

곽영석	인천	김해동	인천
계득성	서울	김현준	서울
국승인	강원	김형선	인천
권경복	부산	나규식	경북
권순삼	인천	남광균	충남
권영국	충북	류타원	경남
권영숙	서울	박동근	서울
길옥화	서울	박문곤	경남
김경림	강원	박미경	대구
김관식	전북	박순보	부산
김덕일	서울	박영상	인천
김명호		박정오	서울
김상복	충남	배주영	경북
김용관	인천	백인석	서울
김익선	인천	서현수	경기
김인봉	전북	성기득	부산
김종덕	충북	성하성	서울
김종만	인천	송 철	전북
김종삼	부산	신성철	서울
김종철	서울	신연식	서울
김찬국	기타	신용길	부산
김창환	경북	신필순	서울
김 철	전북	심광보	충북, 학생
김철수	전남	심복종	경남

안준석	부산	임희진	서울
양호규	부산	전성하	서울
엄익돈	전남	정 관	경북
오원석	경기	정수진	서울
유상덕	서울	정영부	경남
윤수근	경남	정영상	경북
윤양덕	전남	정충일	서울
윤영규	광주	정치수	인천
이 목	대구	조영원	서울
이광웅	전북	채희성	인천
이규삼	서울	최금기	광주
이규황	경기	최성근	부산
이기주	서울	최용기	서울
이상구	인천	탁덕수	부산
이상희	기타	한상선	전북
이석욱	서울	한승흠	서울
이순덕	충남	현정희	제주
이문호	서울	황시백	강원
이윤림	서울	황현자	경북

*조사가 부족해서 미처 못 올린 분들이 더 계실 겁니다. 교육민주화 운동에 적극 참여하셨다가 돌아가신 분인 데 빠졌다고 생각하시는 분이 계시면 문자나 전자우편으로 알려주세요. 명단을 완성하는데 큰 도움이 되겠습니다. 혹시 명단이 잘못되었다고 생각하시거나 이번 추모집에 실리지 않은 분에 대한 생전 자료를 갖고 계신 분들도 알려주시거나 자료를 보내주시면 더 고맙겠습니다. 이주영 juyoung7788@hanmail.net

김태은	서울 은빛초 교사
김평우	김덕일 유족
김평이	김덕일 유족
김헌택	안동지회
나병식	이광웅 제자
노웅희	차세대콘텐츠연구소
도종환	시인, 국회의원
문호상	군산 제일고 교사
민병성	홍동중 교장
박경이	이순덕 동료
박경자	이순덕 제자
박동호	원주여고 교사
박두규	시인, 지리산지킴이
박두술	이광웅 제자
박병섭	순천지회
박봉선	길옥화 후배
박부권	전 동국대 교수
박무식	안동지회
박미선	부산지부
박상철	광주 만호초 교사
박성배	광주 우산초 퇴직
박원경	정영상 유족

박원자	길옥화 후배
박일환	교육문예창작회
박정석	오송회
박정주	유상덕 제자
박재성	광주시교육청 교육국장
박태건	원광대 교수
박현수	박정오 유족
배용환	안동지회
배 숙	의정부 가능초
백창우	작곡가
서유나	충북지부
서정오	한국글쓰기교육연구회
성낙주	길옥화 동료
송기호	광주 퇴직 조합원
신정숙	유상덕 제자
심우근	평택 비전고 교사
심임섭	복잡성연구소
안도현	시인, 단국대 교수
오창훈	퇴직 조합원
유긍노	정영상 동료
유금자	김덕일 유족
육기엽	포천 송우고 교사

윤성호	이광웅 제자, 전북지부장
윤보현	최금기 고교 동기
윤영의	광주 금부초 퇴직
윤재철	시인
윤지형	부산 조합원
윤태규	한국어린이문학협의회
이귀임	윤영규 유족
이강수	광주시교육청 장학관
이근선	서울 반원초 교장 퇴직
이기봉	5·18기념재단 사무처장
이부영	전 전교조 위원장
이상길	서울 구암초 교사
이상석	전 부산지부장
이상호	교육민주화유공자회
이성대	이광웅 제자, 서울지부장
이성인	서울경기글쓰기교육연구회
이수경	배주영 동료
이수미	충북지부
이수호	전태일재단 이사장
이순욱	부산대 교수
이승범	충북지부
이영주	서울 신월초 교사
이용우	경북지부
이용환	서울서부교육지원청 교육장
이우경	유상덕 유족
이을재	전교조 편집실장
이인호	충남지부
이장원	서울 문화고 교사
이종식	광주동부교육장 퇴직
이준범	보령 월전초 교사
이중현	당시 전교조 경기지부장
이진명	이광웅 유족
이춘희	이순덕 동료
이현훈	신용길 제자
이향근	군산남중 교장
임명숙	길옥화 동기
임옥희	김종만 대금동아리
전양준	광주 계수초 퇴직
전영옥	전교조 총무부
전재승	이광웅 제자
장범호	광주 퇴직 조합원
장혜옥	전교조 교권국
정도원	전 대구교육연구소장
정기훈	전 초등위원장